Angela Bol

Corporate Governance

Jahrbuch für Wirtschaftsgeschichte

Im Auftrag der Herausgeber des Jahrbuchs für Wirtschaftsgeschichte herausgegeben von Alexander Nützenadel und Jochen Streb

Beiheft 29

Angela Bol

Corporate Governance

Normen, Legitimation und Praktiken in deutschen Unternehmen, 1870–1930

DE GRUYTER
OLDENBOURG

ISBN 978-3-11-071679-5
e-ISBN (PDF) 978-3-11-071699-3
e-ISBN (EPUB) 978-3-11-071706-8
ISSN 1869-0971

Library of Congress Control Number: 2020947453

Bibliografische Information der Deutschen Nationalbibliothek
Die Deutsche Nationalbibliothek verzeichnet diese Publikation in der Deutschen Nationalbibliografie; detaillierte bibliografische Daten sind im Internet über http://dnb.dnb.de abrufbar.

Umschlagabbildung: Thomas Wolf, Deutsche-Bank-Hochhäuser in Frankfurt am Main, 2011, Fotografie, Wikimedia Commons, CC SA
Satz: Integra Software Services Pvt. Ltd.
Druck und Bindung: CPI books GmbH, Leck

MIX
Papier aus verantwortungsvollen Quellen
FSC www.fsc.org FSC® C083411

www.degruyter.com

Danke

Meine Dissertation ist im Rahmen des DFG-geförderten Forschungsprojekts „Die Beherrschung der Aktiengesellschaft. Politische Ökonomie, Gesetze, Statuten und die wirtschaftlichen Effekte von Corporate Governance in Deutschland, ca. 1860–1940" entstanden. Ich möchte mich besonders beim Projektleiter, und meinem Doktorvater, Prof. Dr. Carsten Burhop für das herausfordernde und spannende Thema aus der Unternehmensgeschichte bedanken. In zahlreichen Gesprächen habe ich interessante, inhaltliche und methodische Anregungen bekommen, und es sind dabei viele neue Ideen entstanden. Er hat meine Arbeit mit einem kritischen Blick begleitet und mir einen großen Freiraum eingeräumt. Dadurch war es mir möglich, mein Projekt in dreieinhalb Jahren zu realisieren. Ich danke ihm für eine lehrreiche und inspirierende Zeit an der Universität Wien.

Prof. Sibylle Lehmann-Hasemeyer, Ph.D., und Prof. Dr. Ziegler danke ich für die Übernahme des Gutachtens meiner Arbeit.

Meinem ehemaligen Kollegen im Forschungsprojekt, Dr. Felix Selgert, danke ich für ein freundschaftliches Arbeitsklima in Wien, die interessanten Diskussionen und seine kritischen Kommentare.

Für die Dissertation habe ich Material im Historischen Archiv der Deutschen Bank, im Institut für Stadtgeschichte in Frankfurt, im Archiv des Technikmuseums in Berlin, im Siemens Historical Institute und im Bundesarchiv Berlin eingesehen. Ich möchte mich bei den Mitarbeitern für die Bereitstellung der Akten und die zahlreichen Hinweise bedanken.

Auch danke ich den Teilnehmern des 38. Wissenschaftlichen Symposium der Gesellschaft für Unternehmensgeschichte, der Economic History Society Annual Conference 2016 in Cambridge, des II. Kongress für Wirtschafts- und Sozialgeschichte 2017 in Bonn und der wirtschaftshistorischen Forschungskolloquien in Berlin, Bochum, Bonn und Wien für weiterführende Fragen und Kommentare.

Prof. Dr. Liselotte Glage danke ich für das sorgfältige Korrekturlesen und die anregenden Gespräche in Hannover. Sie hat mich immer darin bestärkt, meinen eigenen Karriereweg zu gehen.

Meinen Eltern und meiner Schwester danke ich für ihre Unterstützung und ihr Vertrauen in mich und in meine Entscheidungen.

https://doi.org/10.1515/9783110716993-202

Inhaltsverzeichnis

Abbildungsverzeichnis

https://doi.org/10.1515/9783110716993-204

Tabellenverzeichnis

https://doi.org/10.1515/9783110716993-205

Abkürzungsverzeichnis

§	Paragraph
ADHGB	Allgemeines Deutsches Handelsgesetzbuch
AEG	Allgemeine Elektricitäts-Gesellschaft
AG	Aktiengesellschaft
AktG	Aktiengesetz
Bd.	Band
BEW	Berliner Elektrizitätswerke
BHG	Berliner Handels-Gesellschaft
BörsG	Börsengesetz
ca.	circa
Co./Cie./Comp.	Compagnie
DANAT-Bank	Darmstädter und Nationalbank
DEG	Deutsche Edison-Gesellschaft für angewandte Elektricität
Deutsch-Lux	Deutsch-Luxemburgische Bergwerks- und Hütten-Aktiengesellschaft
DEWB	Deutsche Effecten & Wechsel-Beteiligungs-Gesellschaft
ebd.	ebenda
f.	folgende
ff.	fortfolgende
GBAG	Gelsenkirchener Bergwerks-AG
Gesfürel	Gesellschaft für elektrische Unternehmungen
GmbH	Gesellschaft mit beschränkter Haftung
Hg.	Herausgeber
HGB	Handelsgesetzbuch
HHI	Herfindahl-Hirschman-Index
HIMAX (K)	Historischer Marktindex Kurs
IPO	Initial Public Offering
Jg.	Jahrgang
KGaA	Kommanditgesellschaft auf Aktien
KWG	Reichsgesetz über das Kreditwesen
Likra	Elektrische Licht- und Kraftanlage AG
Ltd.	Limited Company
M	Mark
MAN	Maschinenfabrik Augsburg-Nürnberg
MICUM	Mission interalliée de Contrôle des Usines et des Mines
Mio.	Millionen
Mrd.	Milliarden
MW	Mittelwert
Nr.	Nummer
OHG	Offene Handelsgesellschaft
p. a.	per annum
RGBl.	Reichsgesetzblatt
RM	Reichsmark
S & H	Siemens & Halske
S.	Seite
SEO	Secondary Equity Offering
SRSU	Siemens-Rheinelbe-Schuckert-Union GmbH
SSW	Siemens-Schuckertwerke GmbH

https://doi.org/10.1515/9783110716993-206

SW	Schuckert Werke
TERP	Theoretical Ex-Rights Price
UEG	Union Electricitäts-Gesellschaft
vgl.	vergleiche
z. B.	Zum Beispiel

1 Einleitung

1.1 Fragestellung

In meinem Buch gebe ich einen Einblick in die Entwicklung des deutschen Corporate-Governance-Systems – der Entwicklung von Finanzmärkten, deren Ordnungsrahmen und Funktionsweise. In Deutschland entwickelte sich zwischen der Reichsgründung und dem Ersten Weltkrieg ein gut funktionierendes Corporate-Governance-System. Mit der Verbreitung von Aktiengesellschaften während der Industrialisierung und nach der Abschaffung des Konzessionszwanges im Jahre 1870 etablierte sich ein florierender Aktienmarkt. 1913 hatte Deutschland 28 börsennotierte Unternehmen pro eine Million Einwohner und ihr Marktwert erreichte 44 Prozent des Sozialprodukts – beide Kennzahlen indizieren eine stärkere Marktorientierung des deutschen Finanzsystems vor dem Ersten Weltkrieg als im Jahre 1990.[1] Insgesamt schnitt das deutsche Corporate-Governance-System in der ersten Hälfte des 20. Jahrhunderts im internationalen Vergleich gut ab. Die historische Forschung beschäftigt sich schon lange mit der Frage nach den Erfolgsfaktoren für den markanten Aufstieg nach 1870. So bezeichnete Alfred D. Chandler, der Pionier der modernen Unternehmensgeschichte, das deutsche Modell als einen leistungsfähigen Managerkapitalismus.[2] Neuere Forschung dagegen betont, dass in Deutschland ein *Insider System* vorherrschte.[3] Aus Sicht einiger Ökonomen ist die bemerkenswerte Entwicklung des deutschen Corporate-Governance-Systems nach 1870 doch überraschend. Nach der *Law and Finance School* hätten Civil-Law-Länder wie Deutschland schwächere Corporate-Governance-Systeme als Common-Law-Länder. Dafür sei der rechtliche Investorenschutz verantwortlich, so die These. Das *Civil Law* gewähre einen schwächeren Investorenschutz und bewirke, dass sich in den Unternehmen ein *Insider System* mit einer konzentrierten Aktionärsstruktur entwickelt. Das *Common Law* dagegen fördere einen starken Aktionärsschutz und ein *Outsider System* mit Streubesitz.

Die Geschichte zeigt allerdings ein anderes Bild. In meiner Arbeit knüpfe ich an die *Law and Finance* Debatte aus einer mikrohistorischen Perspektive an. Ich zeige auf, wie das deutsche Corporate-Governance-System in der Praxis funktionierte, obwohl es der Theorie nach nicht funktionieren sollte. Ein gutes Corporate-Governance-System bietet den Aktionären optimale Bedingungen, die ihnen garantieren, dass

1 Vgl. Raghura G. Rajan and Luigi Zingales: The Great Reversals. The Politics of Financial Development in the Twentieth Century, in: Journal of Financial Economics 69/1 (2003), S. 5–50, hier 15 ff.

2 Vgl. Alfred D. Chandler: Scale and Scope. The Dynamics of Industrial Capitalism. Cambridge/London 1990, S. 587–592.

3 Vgl. Julian Franks/Colin Mayer/Hannes F. Wagner: The Origins of the German Corporation – Finance, Ownership and Control, in: Review of Finance (2006) 10, S. 535–58, hier 582 f.

https://doi.org/10.1515/9783110716993-001

sie aus ihrem investierten Kapital einen guten Gewinn ziehen, und die sie vor opportunistischem Verhalten seitens des Managements oder anderen Akteuren schützt.[4] Aktionäre müssen bereit sein, ihr freies Kapital in Aktien zu investieren, damit Unternehmen ihr Wachstum über den Aktienmarkt finanzieren können. Welche Rolle kann Recht bei der Gestaltung guter institutioneller Arrangements spielen und welche Rolle übernehmen private Akteure? Wie setzen private Akteure Rechtsnormen um und welche Auswirkungen haben solche Normen auf ihre Handlungen in der Praxis? Um diese Fragen zu beantworten, habe ich vier Fallstudien – die Deutsche Bank, die Berliner Handels-Gesellschaft (BHG), die Allgemeine Elektricitäts-Gesellschaft (AEG) und Siemens – ausgewählt. Dabei habe ich untersucht, wie die Unternehmen Kapitalerhöhungen[5] durchführten. Bei Kapitalerhöhungen wird das Grundkapital durch die Ausgabe junger Aktien erhöht. Sie stellen somit wichtige Entscheidungen dar, die über die Finanzierung und den zukünftigen Erfolg des Unternehmens entscheiden. An Kapitalerhöhungen lässt sich gut darstellen, wie sich der faktische und formale Investorenschutz in Deutschland entwickelt hat. Um den Investorenschutz zu bestimmen, habe ich einen an das historische Material angepassten Analyserahmen verwendet. Ich habe mir angeschaut, wie sich bei der Ausgabe junger Aktien die Machtverteilung zwischen dem Management, dem Aufsichtsrat und den Aktionären gestaltet hat, ob Aktionärsrechte ausgeweitet bzw. eingeschränkt wurden und welche Governance-Konflikte zwischen den Akteuren aufgetreten sind. Die in der quantitativen Forschung verwendeten Indices, die vorgeben, den Investorenschutz zu messen, sind zur Identifikation von großen Trends nützlich, eignen sich für historische Fallstudien jedoch nicht, da sie Informationen zu stark aggregieren. Der Untersuchungszeitraum erstreckt sich von 1870 bis 1930. Er umfasst mit der Ersten und Zweiten Aktienrechtsnovelle 1870 und 1884, dem Börsengesetz 1896 und dem Handelsgesetzbuch 1897 alle wichtigen Gesetze und mit der Gründerkrise 1873, dem Ersten Weltkrieg, der Inflation und der Hyperinflation 1923 und der Weltwirtschaftskrise 1929 viele entscheidende politische und ökonomische Phänomene der zweiten Hälfte des 19. und der ersten Hälfte des 20. Jahrhunderts.

Anhand von vier Fallstudien zeige ich in meinem Buch auf, dass sich das deutsche Corporate-Governance-System aus verschiedenen Komponenten zusammensetzte und private Akteure unterschiedliche Corporate-Governance-Strukturen in den Unternehmen etablierten. Der Gesetzgeber setzte die Rahmenbedingungen, indem er regelte, wie sich die Machtverteilung zwischen dem Vorstand, dem Aufsichtsrat und den Aktionären gestalten sollte, gewährte den Aktionären wichtige Verwaltungs- und Vermögensrechte und sorgte für mehr Transparenz bei der Ausgabe neuer Aktien. Allerdings herrschte eine größere Satzungsfreiheit vor und private Akteure hatten

---

4 Vgl. Michael C. Jensen/William H. Meckling: Theory of the Firm, Managerial Behaviour, Agency Costs and Ownership Structure, in: Journal of Financial Economics 3/4 (1976), S. 305–360.

5 Auch berücksichtige ich die Börseneinführung der Unternehmen.

Handlungsspielraum. Die Unternehmen passten sich teilweise den gesetzlichen Standards an, sodass sich der formale Investorenschutz verbesserte. Andererseits nutzten sie den Handlungsspielraum und implementierten die für sie passenden Strukturen. In der Praxis unterschieden sich die Unternehmen somit in der Zusammensetzung der Akteure. Kennzeichnend für alle Unternehmen war, dass sich eine Trennung zwischen Leitungsmacht und Teilhaberschaft durchsetzte. Die Deutsche Bank war mehrheitlich im Streubesitz und hatte keinen kontrollierenden Großaktionär. Die BHG, die AEG und Siemens hatten einen bzw. mehrere kontrollierende Großaktionäre. Besonders auffällig war bei allen Unternehmen, dass auf den Generalversammlungen *Inside Shareholders*, Banken, Familien oder andere Unternehmen dominierten und Kleinaktionäre überwiegend passiv bei Unternehmensentscheidungen blieben. Alle Unternehmen hatten ein gut ausgebildetes professionelles Management. Die Aufsichtsräte waren dagegen bei der Deutschen Bank, der BHG und der AEG weniger funktionsfähig, da sie vor allem in der Weimarer Republik zu groß waren und eine hohe Anzahl an Trittbrettfahrern aufwiesen. Ein besonderes Merkmal der Aufsichtsräte war die hohe Präsenz an Banken, die für die Eigenkapitalfinanzierung bei den Unternehmen zuständig waren. Wie gut *Corporate Governance* in der Praxis funktionierte, hing in Entscheidungssituationen insgesamt von den Handlungen und Lösungen der privaten Akteure ab. Bei der Durchführung von Kapitalerhöhungen setzten private Akteure Rechtsnormen unterschiedlich um, führten eigene Mechanismen ein und verfolgten mit ihren Entscheidungen unterschiedliche Interessen. In allen Unternehmen gestaltete sich die Macht abweichend von der formalen *Corporate Governance*. Zwischen dem Vorstand, dem Aufsichtsrat und den Aktionären kamen Finanzintermediäre hinzu und sie bildeten eine entscheidende Komponente des deutschen Corporate-Governance-Systems. Sie übernahmen Aktien bei Kapitalerhöhungen, verkauften sie an das Publikum und trugen somit bei der Eigenkapitalfinanzierung das komplette Risiko. Auch fungierten sie als Berater bei der Eigenkapitalfinanzierung und übernahmen die Vertretung der Aktionärsinteressen. Banken hatten in der Regel ein Interesse daran, die Aktien bestmöglich zu verkaufen, und waren dabei von der Marktsituation abhängig. In allen Unternehmen gestaltete sich der Investorenschutz in der Praxis teilweise schlechter als der gesetzliche. In vielen Fällen blieben Aktionäre jedoch passiv, sodass sie mit den Unternehmensstrategien der Entscheidungsträger einverstanden waren. Eine mögliche Erklärung sind hierfür sicherlich die hohen Dividendenrenditen der Unternehmen. Insgesamt hingen Aktionäre in der Praxis davon ab, dass die Entscheidungsträger im Interesse des *Shareholder Value* handelten. In allen Unternehmen traten trotz institutioneller Vorkehrungen Governance-Konflikte auf. Politische und wirtschaftliche Krisen, wie der Erste Weltkrieg, die Inflation und die Hyperinflation, hatten zusätzlich Einfluss auf die Entscheidungen der Verantwortlichen und wirkten sich negativ auf die Situation der Aktionäre aus.

Mein Buch gliedert sich in drei Teile. Im zweiten Kapitel meines Buches beschreibe ich, wie sich *Corporate Governance* in Deutschland im Kaiserreich und der Weimarer Republik entwickelt hat. Ich untersuche, wie sich der gesetzliche Investorenschutz gestaltet hat und wie Unternehmen ihn in ihren Unternehmensverfassungen implementierten. Im dritten Kapitel betrachte ich die wichtigsten Akteure auf der Unternehmensebene im Corporate-Governance-System. Ich analysiere die Zusammensetzung der Aktionäre, des Vorstandes und des Aufsichtsrats. Im vierten Kapitel schaue ich mir an, wie *Corporate Governance* bei Kapitalerhöhungen funktioniert hat. Ich untersuche, wie private Akteure den Investorenschutz in der Praxis umsetzten, welche eigenen Mechanismen sie etablierten und welche Governance-Konflikte zwischen ihnen auftraten.

1.2 Fallstudien und Datenmaterial

Für meine Untersuchung habe ich vier Fallstudien ausgewählt. Zu den Unternehmen gehören mit der Deutschen Bank und der BHG zwei Finanzinstitute und mit der AEG und Siemens[6] zwei Elektrounternehmen. Die Unternehmensauswahl wurde nach vier Kriterien getroffen. Erstens, es handelt sich um Großunternehmen, die in ihrer jeweiligen Branche die größten Unternehmen waren und zu den Marktführern gehörten. Die Deutsche Bank zählte zu den vier großen „D-Banken"[7] im Kaiserreich, die ein besonders hohes Wachstum und eine umfangreiche Geschäftstätigkeit verzeichneten. Die BHG gehörte im Emissions- und Industriegeschäft zu den wichtigsten Banken Deutschlands. Siemens und die AEG waren beide in der neuen Industrie der Elektrotechnik führend, die in den 1890ern einen Aufschwung erlebte. 1913 war die Deutsche Bank mit einer Bilanzsumme von 2,2 Mrd. M das größte deutsche Unternehmen. Unter den Industrieunternehmen war die AEG mit einer Bilanzsumme von 463 Mio. M 1913 das zweitgrößte Unternehmen und Siemens mit einer Bilanzsumme von 189,6 Mio. M das sechsgrößte Unternehmen.

Das zweite Auswahlkriterium war das Gründungsjahr der Unternehmen. Die BHG und die Deutsche Bank wurden 1856 und 1870 noch während des restriktiven Konzessionssystems von Privatbankiers gegründet, sodass ihre Gründung und ihre Statuten staatlich genehmigt werden mussten. An den Unternehmensverfassungen beider Finanzinstitute kann man gut sehen, wie sich *Corporate Governance* vor dem Erlass der Ersten Aktienrechtsnovelle 1870 gestaltet hat. Die AEG und Siemens wurden nach der Ersten und Zweiten Aktienrechtsnovelle 1887 und 1897 in eine Aktiengesellschaft umgewandelt.

Drittens, die Unternehmen sind interessant, weil sie sich in ihrer *Corporate Governance* unterschieden. Die BHG war eine Kommanditgesellschaft auf Aktien (KGaA). Die KGaA hat zwei Gesellschaftstypen. Die persönlich haftenden Gesellschafter (Komplementäre) übernehmen die Geschäftsführung. Die beschränkt haftbaren

6 Für meinen Untersuchungszeitraum ist es das Unternehmen Siemens & Halske, aus dem Siemens hervorgegangen ist.

7 Deutsche Bank, Dresdner Bank, Disconto-Gesellschaft, Darmstädter Bank für Handel und Industrie.

Kommanditaktionäre sind nur mit einem bestimmten Anteil am Unternehmen beteiligt.[8] Die Deutsche Bank und die AEG gelten als managergeführte Unternehmen. Siemens ist demgegenüber aus einem traditionellen Familienunternehmen hervorgegangen, das 1847 von Werner von Siemens gegründet wurde. Unterschiede bestanden auch in der Zusammensetzung der Aktionärsstruktur, wie ich im 2. Kapitel aufzeige.

Viertens, an der AEG und Siemens lässt sich verdeutlichen, welche Rolle Finanzinstitute im deutschen Corporate-Governance-System einnahmen. Siemens pflegte seit seiner Umwandlung in eine Aktiengesellschaft gute Beziehungen zur Deutschen Bank. Die Deutsche Bank übernahm die Eigenkapitalfinanzierung, fungierte als Kreditgeber und war im Aufsichtsrat von Siemens tätig. Die AEG auf der anderen Seite arbeitete eng mit einem Finanzkonsortium zusammen, das sich aus verschiedenen Großbanken zusammensetzte.

In der Arbeit wird erstmals der Bestand der Zulassungsstelle der Berliner Börse im Bundesarchiv umfassend ausgewertet. Seit 1896 mussten börsennotierte Aktiengesellschaften bei Kapitalmaßnahmen bestimmte Unterlagen einreichen, darunter einen Generalversammlungsbeschluss mit einer Liste der anwesenden Aktionäre, einen Geschäftsbericht, die Unternehmensverfassung sowie ein Prospekt. Für die Analyse, wie sich der formale Investorenschutz gestaltete, werden die Unternehmensverfassungen ausgewertet. Die Unternehmensverfassung wurde von den Gründern erstellt und konnte nur durch einen Generalversammlungsbeschluss verändert werden. Für die Untersuchung der Aktionäre im zweiten Teil der Arbeit wurden die Aktionärslisten ausgewertet. Sie sind die einzige Quelle, die systematisch Auskunft darüber gibt, wer zwischen 1896 und 1930 Aktien an deutschen Großunternehmen besessen hat, und wurde in Fallstudien bisher noch nie verwendet. Aus den Aktionärslisten kann man ablesen, welcher Aktionär mit wie viel Aktienkapital und Stimmen auf den Generalversammlungen der Unternehmen anwesend war. Die gesamte Aktionärsstruktur der Unternehmen lässt sich demgegenüber nicht bestimmen. Für die Arbeit ist dies unproblematisch, da die Generalversammlung der Ort war, an dem die Aktionäre ihre Rechte wahrnahmen und über wichtige Unternehmensentscheidungen wie Kapitalerhöhungen entschieden. Die Namen der Vorstands- und Aufsichtsratsmitglieder der Unternehmen wurden den Geschäftsberichten und Saling's Börsen-Papieren entnommen.

Für den dritten Teil der Arbeit zur Funktion von *Corporate Governance* bei Kapitalerhöhungen in der Praxis wurden zuerst Bilanzdaten aus den Geschäftsberichten und den Saling's Börsen-Papieren gesammelt. Daran kann man den Anteil des Eigen- und Fremdkapitals und damit die Finanzierungsstruktur der Unternehmen bestimmen. Danach wurden Akten zu Kapitalerhöhungen und zur Korrespondenz des Vorstandes

8 Diese Unterscheidung machen auch die Aktienrechtsnovellen von 1870 und 1884.

aus den einzelnen Unternehmensarchiven[9] ausgewertet. Das Quellenmaterial ist für die Deutsche Bank und Siemens umfangreich. Es kann für beide Unternehmen aufgezeigt werden, wie sich der Investorenschutz bei Kapitalerhöhungen in der Praxis gestaltet hat und welche Governance-Konflikte zwischen den Akteuren auftraten. Für die BHG und die AEG gibt es keine Korrespondenzakten des Vorstandes oder des Aufsichtsrats.

1.3 Forschung zu Corporate Governance

1.3.1 Law and Finance-These

Adolf Berle und Gardiner Mean haben in *The Modern Corporation and Private Property* die fachliche Diskussion um *Corporate Governance* in Gang gesetzt.[10] Unter *Corporate Governance* wird im engeren Sinn der „faktische und rechtliche Ordnungsrahmen von Unternehmen verstanden, der eine gute und ordnungsgemäße Unternehmensführung, -kontrolle und -überwachung im Sinne aller Shareholder und Stakeholder gewährleistet".[11] Im weiteren Sinn fasst unter einem Corporate-Governance-System die Forschung die Entwicklung von Finanzmärkten, deren Ordnungsrahmen und Funktionsweise zusammen. Wissenschaftler beschäftigen sich seit Langem mit der Frage, welche Faktoren das amerikanische *Outsider System* einer liberalen Marktwirtschaft beeinflussen, in der die Aktiengesellschaft durch eine klare Trennung zwischen Unternehmensleitung und Eigentum gekennzeichnet ist. Während starke Manager unabhängig die Unternehmen leiten, stellen die Aktionäre das Kapital zur Verfügung. Das Aktienkapital verteile sich auf viele Privatanleger, so Adolf Berle und Gardiner Means.[12] Einige Ökonomen und Rechtswissenschaftler vertreten die These, dass Recht sei dafür verantwortlich, dass sich in den USA ein *Outsider System* und in vielen europäischen Ländern ein *Insider System* entwickelt habe. Wie gut Aktionäre in einer Ökonomie geschützt sind, beeinflusst das Corporate-Governance-System. Recht kann positive Auswirkungen auf die Investitionsentscheidungen von Aktionären haben. Wenn Aktionäre gegen opportunistisches Verhalten seitens des Managements oder der kontrollierenden Großaktionäre abgesichert sind, dann sind sie geneigt, Aktien

9 Die Bestände befinden sich im Siemens Historical Institute, Historisches Archiv der Deutschen Bank AG, Technikmuseum Berlin (AEG) und Institut für Stadtgeschichte Frankfurt.

10 Vgl. Adolf Berle/Gardiner Means: Modern Corporation and Private Property. New York 1933.

11 Martin Welge/Marc Eulerich: Corporate-Governance-Management. Theorie und Praxis der guten Unternehmensführung. Wiesbaden 2014. In dieser Arbeit liegt der Schwerpunkt auf der Perspektive der Shareholder.

12 Vgl. ebd.

an den Kapitalmärkten zu erwerben.[13] Ein bestimmter Rechtsrahmen kann sich folglich förderlich auf die Finanzierung von Unternehmen auswirken. Welche Rechtsnormen in diesem Kontext wichtig sind, darüber gibt es konträre Meinungen. Rechtswissenschaftler und Ökonomen benutzen bestimmte Indizes, um den Investorenschutz zu messen und seinen Effekt zu bestimmen. Diese Indices sind allerdings umstritten.

Rafael La Porta, Florencio Lopez-de-Silanes, Andrei Shleifer und Robert W. Vishny benutzten für ihre erste Studie einen *Antidirector Rights Index* (*ADRI*), der sich aus sechs Elementen zusammensetzt und für 49 Ländern auf Basis der Gesetzeslage der 1990er Jahre ermittelt worden ist. Der Index misst, wie stark das Gesellschafts- oder das Handelsrecht Minderheitsaktionäre vor dem Management oder dominanten Großaktionären im Entscheidungsprozess des Unternehmens schützt. In Deutschland hat der *ADRI* nach den Autoren einen Wert von eins und damit einen niedrigen Investorenschutz. Die USA haben einen Wert von fünf und in Europa ist der Investorenschutz in Großbritannien mit einem Wert von fünf am höchsten.[14] Der *ADRI* ist in der Forschungsliteratur umstritten und erwies sich als nicht robust, um den Investorenschutz zu messen. Holger Spamann überprüfte die Datenauswahl von Rafael La Porta, Florencio Lopez-de-Silanes, Andrei Shleifer und Robert W. Vishny für den *ADRI* und korrigierte die Werte von 33 Ländern. Er kritisiert, dass die Autoren beliebig kodiert und keinen Unterschied zwischen zwingendem und dispositivem Recht gemacht haben.[15] Nach Holger Spamann hat Deutschland einen *ADRI* von vier, Großbritannien vier und die USA zwei.[16] Allerdings hält Holger Spamann den Index für geeignet, um den Investorenschutz zu messen.[17] John Armour, Simon Deakin, Prabirjit Sarkar, Mathias M. Siems und Ajit Singh kritisierten dagegen, dass der *ADRI* das angloamerikanische System mit der Auswahl der Variablen bevorzuge.[18] Sie erstellten einen eigenen Index mit zehn Komponenten und zeigten auf, dass sich der Investorenschutz in Deutschland von 3,58 im Jahr 1995

---

13 Vgl. Jensen: Theory of the Firm (wie Anm. 5), S. 305–60; Sanford J. Grossman/Oliver D. Hart: One Share–One Vote and the Market for Corporate Control, in: Journal of Financial Economics, 20/1-2 (1988), S. 175–202; Oliver D. Hart: Firms, Contracts, and Financial Structure. Oxford/New York 1995.

14 Vgl. Rafael La Porta/Florencio Lopez-de-Silanes/Andrei Shleifer/Robert W. Vishny: Law and Finance, in: Journal of Political Economy 106/6 (1998), S. 1113–1155, hier S. 1130 f.

15 Vgl. Holger Spamann: Law and Finance revisited, in: The Harvard John M. Olin Fellow's Discussion Paper No.12/2 (2008), S. 1–31, hier 5–9.

16 Vgl. ebd., S. 26 f.

17 Vgl. ebd., S. 19.

18 Vgl. John Armour/Simon Deakin/Prabirjit Sarkar/Mathias Siems/Ajit Singh: Shareholder Protection and Stock Market Development. An Empirical Test of the Legal Origins Hypothesis, in: Journal of Empirical Legal Studies 6/2 (2009), S. 343–380, hier 348–351.

auf 6,25 im Jahr 2005 verbessert habe.[19] In den USA und GB hatte der Index 1995 bereits einen Wert von 6,25 und 6,5.[20]

Auch als Reaktion auf diese Kritik erweiterten Rafael La Porta, Florencio Lopez-de-Silanes und Andrei Shleifer ihre Variablen und konzentrierten sich auf das Kapitalmarktrecht von 1993. Sie schauten sich Rechtsnormen an, die für Investoren bei der Ausgabe neuer Aktien wichtig waren, darunter Offenlegungsvorschriften *(Disclosure Requirements Index)*, Haftungsvorschriften bei Falschinformationen (*Liability Standard Index*) und die Effizienz der Börsenaufsichtsbehörde (*Public Enforcement Index*).[21] Die Ergebnisse sind nicht überraschend. In Deutschland beträgt der *Disclosure Requirements Index* 0.42, *Liability Standard Index* 0.00 und *Public Enforcement Index* 0.22. Damit hat Deutschland einen niedrigen Investorenschutz. Der Investorenschutz ist in Großbritannien und in den USA im Vergleich höher.[22] 2008 entwickelten Simeon Djankov, Rafael La Porta, Florencio Lopez-de-Silanesc, Andrei Shleifer einen *Anti-self-dealing Index*, um den Investorenschutz gegen Ausbeutung durch *Insider* für 72 Länder für 2003 zu messen.[23] Der *Anti-self-dealing Index* hat in den Civil-Law-Ländern einen Wert von 0.35 und in den Common-Law-Ländern einen Wert von 0.66.[24]

Die Autoren der *Law and Finance School* haben in ihren Studien nicht nur die Eigenschaften des Rechtssystems kodiert, sondern auch getestet, wie sich der Investorenschutz auf die Aktionärsstruktur von Unternehmen und die Finanzmärkte auswirkt. Ein höherer Investorenschutz wird mit gut entwickelten Finanzmärkten (Verhältnis Aktienmarkt zu BIP), mehr börsennotierten Unternehmen und Streubesitz assoziiert.[25] Nach Rafael La Porta, Florencio Lopez-de-Silanes und Andrei Shleifer haben von den 20 größten deutschen Unternehmen in den 1990er Jahren nur 50 Prozent Streubesitz, während 10 Prozent von einer Familie, 30 Prozent vom Staat und 25 Prozent von Finanzinstituten beherrscht werden.[26] Marco Becht und Ekkehart Boehmer weisen für 1996 eine noch größere Konzentration in deutschen Unternehmen

19 Vgl. Mathias Siems u. a.: CBR Extended Shareholder Protection Index, in: Centre for Business Research, University of Cambridge 2009, S. 1–105, hier 42 ff.

20 Vgl. ebd., S. 101–105.

21 Vgl. Rafael La Porta/Florencio Lopez-de-Silanes/Andrei Shleifer: What Works in Securities Laws?, in: Journal of Finance 61/1 (2006), S. 1–32, hier 5–13.

22 So hat Großbritannien einen Disclosure Requirements Index von 0.83, einen Liability Standard Index von 0.66 und einen Public Enforcement Index von 0.68 (vgl. ebd., S. 15 f.).

23 Vgl. Simeon Djankov/Rafael La Porta/Florencio Lopez-de-Silanes/Andrei Shleifer: The Law and Economics of Self-Dealing, in: Journal of Financial Economics 88 (2008), S. 430–465.

24 Für die einzelnen Länder werden die Ergebnisse nicht aufgelistet (vgl. ebd., S. 441).

25 Eine Zusammenfassung der Ergebnisse s. Rafael La Porta/Florencio Lopez-de-Silanes/Andrei Shleifer: The Economic Consequences of Legal Origins, in: Journal of Economic Literature 46 (2008), S. 285–332, hier 294–297.

26 Kontrolle wird an einer Beteiligung von 20 Prozent gemessen.

nach.[27] Die positive Korrelation zwischen dem Investorenschutz und der Aktionärsstruktur sowie der Entwicklung der Finanzmärkte wird von einigen empirischen Studien widerlegt. Holger Spamann zeigt auf, dass sich mit der Korrektur des *ADRI* keine Auswirkung mehr auf das ökonomische Endergebnis nachweisen lässt.[28] Auch John Armour, Simon Deakin, Prabirjit Sarkar, Mathias M. Siems und Ajit Singh kommen zum Schluss, dass der Investorenschutz gemessen am eigenen Index für die Finanzmärkte keine Rolle spielt.[29] Auf Basis aggregierter Daten konnte somit kein Konsens, weder über die Kodierung von Gesetzesnormen noch über den Zusammenhang von Gesetzesnormen und Finanzmarktentwicklung, erzielt werden. Fallstudien über spezifische Entscheidungen in einzelnen Unternehmen können möglicherweise erste Hinweise auf kausale Prozesse liefern.

Rafael La Porta, Florencio Lopez-de-Silanes und Andrei Shleifer haben sich neben den ökonomischen Auswirkungen des Investorenschutzes mit der Frage beschäftigt, welche Faktoren dafür verantwortlich sind, wie gut Aktionäre in einem Land abgesichert sind. 1998 machten sie die These populär, dass die Rechtstradition prägend sei. England und ihre ehemaligen Kolonien gehören zum *Common Law*, das vordergründig auf richterliche Urteile und Präzedenzfälle basiert. Deutschland und Kontinentaleuropa gehören dagegen zum *Civil Law*, das sich auf kodifiziertes Recht stützt. *Common Law* gewähre den Investoren einen stärkeren Schutz im Vergleich zum römisch-germanischen Rechtskreis, weil es die Sicherung von Verfügungsrechten (*Property Rights*) fördere, eine bessere Durchsetzung privater Verträge aufweise und marktorientiert sei.[30] Folglich weisen *Common-Law*-Länder stärkere Finanzmärkte als *Civil-Law*-Länder auf.

1.3.2 Wirtschaftshistorische Forschung

Rechts- und Wirtschaftshistoriker hinterfragen die Law and Finance-These grundsätzlich. Sie zeigten, dass sie für die zweite Hälfte des 19. Jahrhunderts und die erste Hälfte des 20. Jahrhunderts nicht funktioniert. Studien, die sich mit der Entwicklung der Finanzmärkte beschäftigen, belegen, dass 1913 viele kontinentaleuropäische Civil-Law-Länder eine stärkere Marktkapitalisierung (im Verhältnis zum BIP) hatten als Common-Law-Länder. Erst in der zweiten Hälfte des 20. Jahrhunderts

27 Vgl. Marco Becht/Ekkehart Boehmer: Voting control in German Corporations, in: International Review of Law and Economics 23 (2003), S. 1–29, hier 7–15. In der Deutschen Forschung und Öffentlichkeit hat sich der Begriff der Deutschland AG für die zweite Hälfte des 20. Jahrhunderts entwickelt, der die gegenseitige Kapitalbeteiligung großer deutscher Aktiengesellschaften beschreibt.
28 Vgl. Spamann: Law and Finance (wie Anm. 15), S. 15–17.
29 Vgl. Armour: Shareholder Protection (wie Anm. 17), S. 364–371.
30 Vgl. La Porta: The Economic Consequences (wie Anm. 25), S. 309 f.

fielen Civil-Law-Länder hinter Common-Law-Länder zurück.[31] Insbesondere Arbeiten zu Großbritannien widerlegen die Korrelation zwischen dem Investorenschutz und dem ökonomischen Endergebnis. In Großbritannien herrschte um 1900 eine Laissez-faire-Politik vor und somit war der formale Investorenschutz niedrig. Viele britische Unternehmen hatten trotzdem Streubesitz und auch die Finanzmärkte waren gut entwickelt.[32] Andere Mechanismen, wie Vertrauen, Dividendenpolitik, Finanzintermediäre und Regulierung durch die Londoner Börse wirkten sich positiv auf das Investitionsverhalten der Aktionäre aus.[33] Wirtschaftshistoriker plädieren dafür, die Besonderheiten der Corporate-Governance-Systeme einzelner Länder zu berücksichtigen.[34]

Auch für Deutschland gibt es mikrohistorische Studien zum Corporate-Governance-System zwischen 1870 und 1930. Für die Arbeit relevante Ergebnisse können in drei Bereiche eingeteilt werde: Erstens wird in einigen Arbeiten der formale Investorenschutz betrachtet und seine formale Umsetzung in den Unternehmen. Der Investorenschutz in Deutschland – gemessen am aktuellen Rechtsstandard – war um 1900 niedrig. Der *ADRI* in Deutschland lag bei 1, der *Private Enforcement Index* hatte den Wert 0 und der *Public Enforcement Index* einen Wert zwischen 0 und 0,5.[35] Die Situation war in Großbritannien und anderen europäischen Ländern vergleichbar. Schaut man sich allerdings die Entwicklung grundlegender Governance-Regeln an, dann hatte Deutschland um 1900 im europäischen Vergleich einen guten Investorenschutz.[36] Carsten Burhop beschäftigt sich mit der Umsetzung von *Corporate Governance* in den Unternehmensverfassungen um 1872. Er veranschaulicht, dass Banken gesetzliche Vorgaben schlecht umsetzten. Der Investorenschutz in den Unternehmensverfassungen war niedriger als die gesetzlichen Standards von 1870. Viele Governance-Regeln wirkten sich allerdings nicht auf die Unternehmensbewertung, den Unternehmenserfolg und die Fortdauer von Unternehmen aus. Banken, die die Regelung *One Share –*

---

31 Vgl. Rajan: The Great (wie Anm. 1), S. 16 f.

32 Vgl. Julian Franks/Colin Mayer/Stefano Rossi: Ownership: Evolution and Regulation, in: The Review of Financial Studies 22/10 (2009), S. 4009–4056.

33 Vgl. Franks: Ownership (wie Anm. 32); Brian R. Cheffins: Does Law Matter? The Separation of Ownership and Control in the United Kingdom, in: Journal of Legal Studies, 30/2 (2001), S. 459–484; Gareth Campbell/John D. Turner: Substitutes for Legal Protection: Corporate Governance and Dividends in Victorian Britain, in: Economic History Review 64/2 (2011), S. 571–597; Brian R. Cheffins: Corporate Ownership and Control. British Business Transformed. Oxford 2008.

34 Vgl. Leslie Hannah: The 'Divorce' of Ownership from Control from 1900 Onwards. Recalibrating Imagined Global Trends, in: Business History 49/4 (2014), S. 404–438.

35 Vgl. Franks: The Origins (wie Anm. 4), S. 544–552.

36 Vgl. ebd.; Carsten Burhop/David Chambers/Brian Cheffins: Is Regulation Essential to Stock Market Development? Going Public in London and Berlin, 1900–1913, in: Preprints of the Max Planck Institute for Research on Collective Goods. Bonn 2011/15, S. 1–37, hier 6–9.

One Vote implementierten und eine Konzession erhielten, hatten jedoch eine höhere Unternehmensbewertung.[37]

Zweitens beschäftigt sich ein Großteil der Arbeiten mit der Gestaltung von *Corporate Governance* in der Unternehmenspraxis, indem sie sich die Eigentümerstruktur und die Zusammensetzung des Vorstands sowie des Aufsichtsrats anschauen. Eine erste Makrountersuchung der Kapital- und Aktionärsstruktur deutscher Unternehmen zwischen 1860 und 1950 bieten Julian Franks, Colin Mayer, Hannes F. Wagner. Sie zeigen auf, dass deutsche Aktiengesellschaften in der zweiten Hälfte des 19. Jahrhunderts und der ersten Hälfte des 20. Jahrhunderts hohe Wachstumsraten hatten. Ihre Expansion finanzierten sie vor allem durch Eigen- und nicht durch Fremdkapital, denn Unternehmen nutzten vermehrt den Aktienmarkt.[38] Sie widerlegen damit die ältere Forschungsthese, dass deutsche Unternehmen sich hauptsächlich durch Bankkredite finanzierten. Allerdings war die Eigentümerkonzentration in deutschen Unternehmen hoch und sie nahm von 1890 bis 1950 kontinuierlich zu. Eine Trennung zwischen Eigentum und Leitungsmacht fand in den meisten Unternehmen statt. Der Aktienbesitz von Vorstands- und Aufsichtsratsmitgliedern war anfangs hoch, nahm jedoch bis 1950 ab. Zu den Großaktionären gehörten Banken und andere Unternehmen. Bei den Bankaktien handelte es sich nicht um Eigenbesitz, sondern um Aktien, die die Banken für ihre Kunden vertraten (*Proxy Voting*).[39] Mit ihren Ergebnissen dokumentierten Julian Franks, Colin Mayer und Hannes F. Wagner die Entwicklung des *Insider Systems* in Deutschland für die zweite Hälfte des 19. Jahrhunderts und die erste Hälfte des 20. Jahrhunderts. Ein wesentlicher Unterschied zu Großbritannien war, dass in Deutschland Banken das meiste Aktienkapital vereinigten und die Kontrolle ausübten, so die Autoren. In Großbritannien konnten sich Kleinaktionäre besser schützen als in Deutschland, da Banken ihre eigenen und nicht die Aktionärsinteressen vertraten.[40]

Im Vergleich zu den Aktionären sind Vorstände und Aufsichtsräte deutscher Unternehmen besser erforscht. Die meisten Unternehmen hatten einen kleinen bis mittelgroßen Vorstand, der sich in verschiedene Funktionsbereiche unterteilte und häufig von einem Generaldirektor geleitet wurde. Mit der Trennung von Eigentum und Leitungsmacht entwickelte sich eine neue Elite des Managements heraus. Manager gehörten dem Mittelstand an, hatten eine höhere Schulbildung und zusätzlich ein naturwissenschaftliches oder technisches Studium absolviert.[41] In der Regel sammelten sie Praxiserfahrungen in verschiedenen Unternehmen oder im Staatsdienst,

---

37 Vgl. Carsten Burhop: No Need for Governance? The Impact of Corporate Governance on Valuation, Performance and Survival of German Banks during the 1870s, in: Business History 51/4 (2009), S. 569–601.

38 Vgl. Franks: The Origins (wie Anm. 4), S. 559 f.

39 Vgl. ebd., S. 562–581.

40 Vgl. ebd., S. 581–583.

41 Vgl. Carsten Burhop: Wirtschaftsgeschichte des Kaiserreichs 1871–1918. Göttingen 2011, S. 145 f.

bevor sie in den Vorstand wechselten. Familiäre Kontakte oder wirtschaftliche Beziehungen waren neben den Fähigkeiten ein wichtiges Kriterium, um aufzusteigen.[42] Wie die Vorstände waren auch die Aufsichtsräte klein bis mittelgroß und nach den Zahlen von Caroline Fohlin 1913 weniger gut entwickelt.[43] Mehrere Untersuchungen zeigen auf, dass in der Weimarer Republik ein Großteil der deutschen Unternehmen durch Aufsichtsratsmandate miteinander verbunden (*Interlocking Directorate*) war. Paul Windolf verdeutlicht, dass die Aufsichtsräte in Deutschland als Netzwerke fungierten, die das Management kontrollierten und über die strategische Ausrichtung des Unternehmens bestimmten.[44] Auch neuere sozialwissenschaftliche Arbeiten betonen die Verdichtung der Personalverflechtung in deutschen Aufsichtsräten im Kaiserreich.[45] Carsten Burhop und Caroline Fohlin verweisen auf die quantitative Bedeutung von Bankiers und Bankdirektoren in den Aufsichtsräten.[46]

Drittens, bleibt die Frage nach der Rolle von Universalbanken im deutschen Finanzkapitalismus aktuell. Für die ältere wirtschaftshistorische Forschung waren Universalbanken für den industriellen Aufschwung in Deutschland verantwortlich. Sie finanzierten durch die Vergabe von Krediten eine große Anzahl an Industrieunternehmen.[47] Ihre Vorteile für das deutsche Wirtschaftssystem fasst Alexander Gerschenkron wie folgt zusammen: „But the German banks [. . .] established the closest possible relations with industrial enterprises. A German bank, as the saying went, accompanied an industrial enterprise from the cradle to the grave, from establishment to liquidation throughout all the vicissitudes of its existence. Through the device of formally short-term but in reality long-term current account credits

---

42 Vgl. Jürgen Kocka: Entrepreneurs and Managers in German Industrialization, in: Peter Mathias/ Michael M. Postan (Hg.): The Industrial Economies. Capital, Labour and Enterprise (The Cambridge Economic History of Europe, Bd. 7). Cambridge 1987, S. 180–230.

43 Vgl. Carolin Fohlin: Finance Capitalism and Germany's Rise to Industrial Power. Cambridge 2007, S. 132f.

44 Vgl. Paul Windolf: Unternehmensverflechtung im organisierten Kapitalismus. Deutschland und USA im Vergleich 1896–1938, in: Zeitschrift für Unternehmensgeschichte 51/2 (2006), S. 191–222.

45 Karoline Krenn: Alle Macht den Banken? Zur Struktur personaler Netzwerke deutscher Unternehmen am Beginn des 20.Jahrhunderts. Wiesbaden 2012, S. 170.

46 Vgl. Caroline Fohlin: The History of Corporate Ownerhship and Control in Germany, in: Randall K. Morck (Hg.): A History of Corporate Governance around the World. Family Business Groups to Professional Managers. Chicago 2005, S. 223–277, hier 237; Fohlin: Finance Capitalism (wie Anm. 43), S. 133–144; Carsten Burhop: Banken, Aufsichtsräte und Corporate Governance im Deutschen Kaiserreich, 1871–1913, in: Bankhistorisches Archiv 32 (1), 2006, S. 1–25; Dieter Ziegler: Kontinuität und Diskontinuität der deutschen Wirtschaftselite 1900 bis 1938, in: Dieter Ziegler (Hg.): Großbürger und Unternehmer (Beiträge zur europäischen Gesellschaftsgeschichte, Bd. 17). Göttingen 2000, S. 30–53, hier 41.

47 Vgl. Otto Jeidels: Das Verhältnis der deutschen Großbanken zur Industrie. Leipzig 1905; Jakob Riesser: Die deutschen Großbanken und ihre Konzentration. Jena 1910; Rudolf Hilferding: Das Finanzkapital. Wien 1910; Alexander Gerschenkron: Economic Backwardness in Historical Perspective. A Book of Essays. Cambridge 1962.

and through development of the institution of the supervisory boards to the position of most organs within corporate organizations, the banks acquired a formidable degree of ascendancy over industrial enterprises, which extended far beyond the sphere of financial control into that of entrepreneurial and managerial decisions."[48] Die neuere Forschung modifizierte die Bedeutung von Universalbanken. Finanzinstitute hatten einen positiven Einfluss auf die Realwirtschaft in Deutschland während des *Take Offs*. Für die Hochindustrialisierung lässt sich keine kausale Beziehung mehr nachweisen.[49] Darüber hinaus waren Finanzinstitute generell nicht nur als Fremd-, sondern auch als Eigenkapitalgeber im deutschen Finanzsystem wichtig. Sie beteiligten sich an der Gründung neuer Unternehmen in risikoreichen und schnellwachsenden Branchen und platzierten ihre Aktien an der Börse.[50] Auf dem Aktienmarkt dominierte zwischen 1871 und 1913 eine Gruppe von Universalbanken, die ein Oligopol bildeten und in scharfem Wettbewerb untereinander standen.[51]

Viertens, sind Wirtschaftshistoriker an der Entwicklung von Kapitalmärkten im 19. und 20. Jahrhundert interessiert. Nach Raghuram G. Rajan und Luigi Zingales waren in den meisten Industrieländern der Welt die Kapitalmärkte 1913 besser entwickelt als 1980 und 1990.[52] Mikrohistorische Studien zum deutschen Kapitalmarkt geben ein genaueres Bild. Carsten Burhop, David Chambers und Brian Cheffins verdeutlichen, dass zwischen 1900 und 1913 IPOs auf dem Finanzmarkt im internationalen Vergleich recht erfolgreich waren.[53] Die Gesamtaktienrendite war zu dieser Zeit ebenfalls hoch. Sie nahm in den Inflationsjahren nach dem ersten Weltkrieg stark ab. Die hohen Renditewerte vor dem Ersten Weltkrieg erreichten deutsche Aktien erst wieder Ende der 1950er und Anfang der 1960er.[54]

In der Forschung zum deutschen Corporate-Governance-System in der zweiten Hälfte des 19. Jahrhunderts und der ersten Hälfte des 20. Jahrhunderts bleiben viele Fragen noch offen. Wie gestaltete sich *Corporate Governance* in den einzelnen Unternehmen? Und welche Auswirkungen hatten Governance-Regeln auf die Praxis

48 Gerschenkron: Economic (wie Anm. 46), S. 14.

49 Vgl. Carsten Burhop: Did Banks Cause the German Industrialization?, in: Explorations in Economic History 43 (2006), S. 39–63.

50 Vgl. Carsten Burhop: Die Kreditbanken in der Gründerzeit. Stuttgart, 2004; Carsten Burhop: The Underpricing of Initial Public Offerings at the Berlin Stock Exchange, 1870–96, in: German Economic Review 12 (2011), S. 11–32; Sibylle Lehmann: Die Bedeutung der Emissionsbanken auf dem deutschen Aktienmarkt 1896–1913, in: Vierteljahresschrift für Sozial- und Wirtschaftsgeschichte 98 (2011), S. 331–340; Sibylle Lehmann: Taking Frms to the Stock Market. IPOs and the Importance of Large Banks in Imperial Germany, 1896–1913, in: Economic History Review, 67/1 (2014), S. 92–122.

51 Vgl. Burhop: Underpricing (wie Anm. 49), S. 27.

52 Vgl. Rajan: The Great (wie Anm. 1), S. 12–14.

53 Vgl. Burhop: Is Regulation (wie Anm. 36), S. 15–18.

54 Vgl. Ulrich Ronge: Die langfristige Rendite deutscher Standardaktien. Konstruktion eines historischen Aktienindex ab Ultimo 1870 bis Ultimo 1959. Frankfurt am Main 2002, S. 184 f.

von Unternehmen? Diese und andere Fragen wurden für Unternehmen kaum untersucht. Insgesamt gibt es noch keine Studien, die sich mit der formalen Rechtsumsetzung für die Gesetzgebung 1884 und 1896 und in den 1920er Jahren auf der Unternehmensebene befassen. Auch fehlen Fallstudien für die Eigentümerstruktur deutscher Unternehmen. So weiß man über die Aktionäre sehr wenig. Zudem wurde bisher noch nicht betrachtet, wie sich Rechtsnormen bei Kapitalerhöhungen auswirkten und welche Governance-Konflikte dabei in den Unternehmen auftraten. In den bisherigen unternehmenshistorischen Arbeiten zur Deutschen Bank, BHG, AEG und Siemens werden einzelne Bereiche angeschnitten, aber nicht systematisch untersucht.[55]

55 Vgl. Markus Dahlem: Die Professionalisierung des Bankbetriebes. Studien zur institutionellen Struktur deutscher Banken im Kaiserreich 1871–1914 (Bochumer Schriften zur Unternehmens- und Industriegeschichte, Bd. 17). Essen 2009; Jürgen Kocka: Unternehmensverwaltung und Angestelltenschaft am Beispiel Siemens 1847–1914. Zum Verhältnis von Kapitalismus und Bürokratie in der deutschen Industrialisierung. Stuttgart 1969; Lothar Gall u. a. (Hg.): Die Deutsche Bank 1870–1995. München 1995; Wilfried Feldenkirchen: Siemens 1918–1945. München/Zürich 1999; Peter Strunk: Die AEG. Aufstieg und Niedergang einer Industrielegende. Berlin 1999; Manfred Pohl: Emil Rathenau und die AEG. Mainz 1988; Fritz Seidenzahl: 100 Jahre Deutsche Bank. 1970; Rolf E. Lüke: Die Berliner Handelsgesellschaft in einem Jahrhundert deutscher Wirtschaft 1856–1956. Frankfurt am Main 1956.

2 Corporate Governance: Staatliche Vorgaben und private Umsetzung

2.1 Einleitung

Corporate Governance hat sich in der zweiten Hälfte des 19. Jahrhunderts zu einem festen Bestandteil von Aktiengesellschaften etabliert. Bereits die ersten Aktiengesellschaften hatten in ihren Unternehmensverfassungen eine *Corporate Governance*. Sie führte die formale Trennung zwischen Leitungsmacht und Teilhaberschaft ein und regelte das Verhältnis zwischen dem Vorstand und den Aktionären. Der Gesetzgeber hat seit 1861 einen Ordnungsrahmen für die Leitung und Überwachung von Aktiengesellschaften geschaffen und ihn in mehreren Etappen bis 1897 weiterentwickelt. Unternehmen waren nun gezwungen, die neuen Governance-Vorgaben in ihren Unternehmensverfassungen zu implementieren. Manche Unternehmen reagierten schnell auf die gesetzlichen Vorgaben, während andere ihre bestehende *Corporate Governance* teilweise beibehielten. Die Qualität der Rechtsumsetzung variierte. Insgesamt wissen wir aber noch wenig darüber, wie Unternehmen mit der neuen Gesetzgebung umgingen und wie sich die *Corporate Governance* in den Unternehmensverfassungen nach 1900 verhielt.

In diesem Kapitel skizziere ich die Entwicklung von gesetzlichen Vorgaben für *Corporate Governance* und ihre Implementierung in den Unternehmensverfassungen. Ich konzentriere mich vordergründig auf Vorgaben, die bei Kapitalerhöhungen wichtig waren. Am Anfang von einer Kapitalerhöhung steht als erstes die Entscheidung darüber. Ich schaue mir an, wer an der Entscheidung beteiligt war und wem die Kompetenz zufiel, eine Entscheidung zu initiieren und sie anzunehmen bzw. abzulehnen. Mich interessiert folglich die Machtverteilung zwischen dem Vorstand, dem Aufsichtsrat und der Generalversammlung in den Unternehmen. Zweitens ist bei Kapitalerhöhungen der Investorenschutz wichtig. Mit dem Erwerb von Aktien erhalten Investoren mitgliedschaftliche Individualrechte, die sie vor opportunistischem Verhalten des Managements oder der Großaktionäre schützt. Wenn Aktionäre gewisse Rechte haben, sind sie gewillt, Aktien an den Finanzmärkten zu erwerben. Dazu gehören Verwaltungs- und Vermögensrechte, wie das Stimm- und Dividendenrecht und bestimmte Minoritätsrechte. Die Rechtsnormen zu *Corporate Governance* habe ich zum einen dem Allgemeinen Deutschen Handelsgesetzbuch (ADHGB) 1861, der ersten und zweiten Aktienrechtsnovelle 1870 und 1884, dem Börsengesetz 1896 und dem Handelsgesetzbuch 1897 entnommen. Zum anderen habe ich die Unternehmensverfassungen von der Deutschen Bank, der BHG, der AEG und Siemens als Quelle genutzt. Bei allen vier Unternehmen kann ich die Entwicklung der *Corporate Governance* seit der Gründung der Gesellschaft bis 1930 nachvollziehen. Für die Deutsche Bank habe ich 23 Unternehmensverfassungen, für die BHG 6, für die AEG 19 und für Siemens 11 herangezogen. Bei der

https://doi.org/10.1515/9783110716993-002

BHG kann man zwischen 1857 und 1898 nicht genau sagen, wann sie ihre Reformen durchgeführt hat, da für diese Zeit keine Unternehmensverfassungen überliefert sind. Die Unternehmensverfassung wurde von den Gründern erstellt und konnte nur durch einen Generalversammlungsbeschluss geändert werden. Sie musste Angaben enthalten zu Sitz, Gegenstand des Unternehmens, Höhe des Grundkapitals, Art, Umfang und Gattung der Aktien, Zusammensetzung des Vorstandes, Einberufung der Generalversammlung und Veröffentlichung von Bekanntmachungen.[1] Zudem mussten in der Unternehmensverfassung Rechte für einzelne Aktiengattungen, Sondervorteile und der Gründungsaufwand genannt werden.[2] Die Gründer hatten keinen besonders großen Gestaltungsspielraum, sondern mussten sich an die gesetzlichen Vorschriften halten. Die Unternehmensverfassung konnte allerdings von den Angaben abweichen, wenn das Gesetz es erlaubte (dispositives Recht), und Ergänzungen aufnehmen, wenn das Gesetz keine abschließende Regelung vorsah.

In diesem Kapital zeige ich auf, dass der Gesetzgeber zwischen 1861 und 1897 wichtige Vorschriften für *Corporate Governance* erließ, die die Grundlage des heutigen Kapitalgesellschaftsrechts bilden. Seit 1884 verteilte sich die Macht zugunsten der Generalversammlung, und der Gesetzgeber gewährte den Aktionären 1861, 1884 und 1897 grundlegende Verwaltungs- und Vermögensrechte, sodass Deutschland um 1900 einen im internationalen Vergleich guten Aktionärsschutz hatte. Insgesamt herrschte in der zweiten Hälfte des 19. und der ersten Hälfte des 20. Jahrhunderts eine noch größere Satzungsfreiheit vor, da ein Großteil der Vorschriften dispositiv war und das Gesetz noch einige Lücken enthielt. Das *Civil Law* gewährte den Unternehmen Gestaltungsfreiheit. Ich zeige auf, dass sich die *Corporate Governance* in den Unternehmen deutlich unterschied. Die Machtverteilung gestaltete sich in der ersten Unternehmensverfassung entweder zugunsten des Aufsichtsrats oder des Vorstandes, und Unternehmen schränkten Aktionärsrechte ein. Den schlechtesten Aktionärsschutz hatte die BHG 1856 und die AEG 1887 bei der Gründung und den besten Siemens 1897 im Vergleich zu den gesetzlichen Empfehlungen. Wesentliche Reformen führten die Unternehmen hauptsächlich zwischen 1870 und 1899 durch und einige Korrekturen in den 1920er Jahren. Ich zeige auf, dass sich die Unternehmen an die gesetzlichen Vorschriften anpassten. Die Machtverteilung gestaltete sich zugunsten des Aufsichtsrats und der Generalversammlung. Auch verbesserte sich der Aktionärsschutz und damit die *Corporate Governance* in drei Unternehmen. In allen Unternehmen waren die Organe sogar besser aufgestellt als im Gesetz. Minimale Unterschiede blieben trotzdem erhalten, denn die Unternehmen nutzten ihren Gestaltungsspielraum. In den 1920er Jahren hatte die Deutsche Bank im Vergleich mit den anderen Unternehmen den besten Aktionärsschutz, weil sie alle gesetzlichen Empfehlungen erfüllte.

---

1 Vgl. § 209 ADHGB 1884.
2 Vgl. § 209a ADHGB 1884.

2.2 Staatliche Vorgaben: Corporate Governance im Aktien- und Börsengesetz

2.2.1 Entwicklung von Corporate Governance

Corporate Governance hat sich in der zweiten Hälfte des 19. Jahrhunderts mit den ersten Aktiengesellschaften während der Industrialisierung entwickelt (Tabelle 1). Die Aktiengesellschaft verbreitete sich in den deutschen Gebieten ab 1850 im Eisenbahnsektor. 1869 waren bereits 72 Aktiengesellschaften an der Berliner Börse notiert, die seit 1820 von der Berliner Kooperation der Kaufmannschaft organisiert wurde.[3] Wirtschaftliche und gesellschaftliche Veränderungen gingen in dieser Zeit einher mit neuen Formen der Unternehmensorganisation und -finanzierung. Aktiengesellschaften waren für Unternehmer wegen ihrer Kapitalsammelfunktion wichtig, denn häufig konnten Einzelpersonen das erforderliche Kapital für Neugründungen oder die Realisierung eines größeren, risikoreichen Projektes nicht alleine aufbringen und mussten somit den Aktienmarkt in Anspruch nehmen. Die Aktiengesellschaft bildete eine eigene Rechtspersönlichkeit, deren Mitglieder keine persönliche Haftung übernahmen.[4]

Einheitliche rechtliche Regelungen für Aktiengesellschaften enthielt erstmals das preußische Gesetz von 1843. Die Regierung schrieb eine Konzessionspflicht[5] für Neugründungen vor. Der Staat sah im Konzessionssystem ein geeignetes Mittel, um Spekulationsgeschäften vorzubeugen und wirtschaftliche Vorgänge zu kontrollieren. Die Gründer einer Aktiengesellschaft mussten nachweisen, dass sie mit ihrem Unternehmen einen gesellschaftlichen Zweck verfolgten. Auch behielten sich die Ministerien vor, die ersten Statuten zu prüfen und jede Veränderung des Gesellschaftsvertrages genehmigen zu lassen.[6] Die restriktive Genehmigungspraxis erschwerte jedoch die Entwicklung der Aktiengesellschaft.

Das Allgemeine Deutsche Handelsgesetzbuch (ADHGB) von 1861 hielt an der Konzessionspflicht fest, eröffnete den einzelnen Bundesstaaten allerdings Gestaltungsfreiheit.[7] Das ADHGB nahm zum ersten Mal gesetzliche Governance-Regeln

---

3 Vgl. Carsten Burhop/David Chambers/Brian Cheffins: Law, Politics and the Rise and Fall of German Stock Market Development, 1870–1938, in: European Corporate Governance Institute Law Working Paper No 283 (2015), S. 1–44, hier 14.

4 Vgl. Margaret M. Blair: Locking in Capital. What Corporate Law Achieved for Business Organizers in the Nineteenth Century, in: Law Review 387 (2003), S. 387–455.

5 Die Konzessionspflicht bestand – außer in den Hansestädten – auch in den übrigen deutschen Gebieten.

6 Vgl. Erik Kießling: Das preußische Aktiengesetz von 1843, in: Walter Bayer/Mathias Habersack (Hg.): Aktienrecht im Wandel. Bd. I: Entwicklung des Aktienrechts. Tübingen 2007, S. 193–236, hier 213.

7 Das geltende Landesgesetz konnte bestimmen, ob eine staatliche Genehmigung erforderlich war. Lübeck, Oldenburg, Bremen, Hamburg, Baden, Württemberg und Sachsen machten von der Regelung Gebrauch (vgl. Louis Pahlow: Aktienrecht und Aktiengesellschaft zwischen Revolution und

für Aktiengesellschaften auf, die nicht fakultativ, sondern als Empfehlungen gedacht waren. Unternehmen hatten die Möglichkeit, einen Vorstand als Geschäftsführungsorgan und einen Aufsichtsrat als Überwachungsorgan einzusetzen.[8] Nähere Bestimmungen über die innere Organisation legten die jeweiligen Statuten fest. Das Recht für die KGaA entwickelte sich parallel zur Aktiengesetzgebung. Die Gründung einer KGaA war auch von der staatlichen Genehmigung abhängig.[9]

Eine Kehrtwende im deutschen Aktienrecht leitete die erste Aktienrechtsnovelle 1870 des Norddeutschen Bundes ein. Der Gesetzgeber verabschiedete sich von der Konzessionspflicht und ging nach mehreren Verhandlungen im Bundesrat zum Normativsystem über. Mit der Gründung des Deutschen Kaiserreichs 1871 wurde das neue Recht für alle Landesteile bindend. Aktiengesellschaften konnten von da an grundsätzlich frei errichtet werden, wenn die Gründer bestimmte Normen erfüllten. Die staatliche Kontrolle über privatrechtliche Unternehmungen erwies sich auf längere Sicht für die wirtschaftliche Entwicklung nicht förderlich. Der Staat hatte nicht die notwendigen Kapazitäten, um die wachsenden Genehmigungsgesuche von neuen Projekten schnell und exakt zu prüfen. Auftretende Mängel in der Praxis verdeutlichten, dass der Staat mit dem Konzessionssystem seine Intention verfehlte und neue Regelungen notwendig waren.[10] Die Regierung konnte sich dabei nicht nur an den hanseatischen Stadtstaaten, sondern auch an den westlichen Nachbarn orientieren. Frankreich und Großbritannien hatten mit dem *Loi sur les Sociétés* 1867 und dem *Joint Stock Companies Act* 1844[11] bereits einige Jahre zuvor den Übergang zu einem einheitlichen Recht für Kapitalgesellschaften vollzogen.

Die neuen Normativbestimmungen zielten darauf ab, den Investoren und den Gläubigern einen gewissen Schutz zu garantieren und eine sich in der Praxis bereits abzeichnende Organisationsstruktur für Aktiengesellschaften verbindlich zu machen. Die Gesetzgeber führten ein dualistisches System ein, mit dem eine Trennung zwischen der Geschäftsführung und der Unternehmenskontrolle erfolgte. Damit wurde der Aufsichtsrat 1870 für alle Kapitalgesellschaften obligatorisch.

Die liberale Wirtschaftspolitik von 1870 forcierte die dynamische Entwicklung der Aktiengesellschaft in Deutschland, die sich im Gründerboom (1871–1873) bemerkbar

Reichsgründung. Das Allgemeine Deutsche Handelsgesetzbuch von 1861, in: Walter Bayer/Mathias Habersack (Hg.): Aktienrecht im Wandel. Bd. I: Entwicklung des Aktienrechts. Tübingen 2007, S. 237–286, hier 261–263).

8 Vgl. ebd., S. 268–272.

9 Vgl. § 174 ADHGB 1861. Für die Zeit vor 1861 ist nicht eindeutig, ob eine Genehmigung notwendig war, da in den Statuten von KGaA keine Hinweise darauf zu finden sind.

10 Vgl. Motive zum preußischen Entwurf, in: Drucksachen zu den Verhandlungen des Bundesrathes des Norddeutschen Bundes Nr. 86/1869, S. 11–13.

11 Eine umfassende Regelung des Gesellschaftsrechts bildete in Großbritannien der Companies Act von 1862, der alle älteren Gesetze zusammenfasste (Joint Stock Companies Act 1844, Limited Liability Act 1855, Joint Stock Companies Act 1856).

machte. Der Sieg über Frankreich im Deutsch-Französischen Krieg und die französischen Reparationszahlungen förderten den wirtschaftlichen Aufschwung. 1872 waren an der Berliner Börse 493 Aktiengesellschaften notiert – mit einem Marktwert von 3,74 Mrd. M. Darunter befanden sich 112 Banken mit einem Marktwert von 1,2 Mrd. M.[12] Auch der Markt für IPOs verdeutlicht die positive Entwicklung während des Gründerbooms. 1872 wurden 168 IPOs an der Berliner Börse getätigt.[13]

Spekulationsfieber, die fehlende Regulierung von IPOs und geringe Publizitätsvorschriften führten nach der anfänglichen Aufbruchstimmung nur wenige Jahre später zur Gründerkrise (1873–1879). Aus Berichten geht hervor, dass einige Geschäftsleute Unternehmen ausschließlich für Spekulationszwecke errichteten, indem sie sich zum Nachweis des erforderlichen Grundkapitals von 10 Prozent Geld von den Banken liehen. Unternehmen konnten teilweise prekäre Aktienprodukte an der Börse anbieten, ohne dem Publikum viele Informationen preiszugeben. Als Konsequenz gingen in dieser Zeit viele neu gegründete Aktiengesellschaften in Konkurs. Die Überlebensrate für IPOs lag für die Zeit zwischen 1870 und 1883 bei 60 Prozent.[14] Der Marktwert börsennotierter Aktiengesellschaften in Preußen sank von 42 Prozent auf 30 Prozent des Nettosozialprodukts.[15]

Die Krise verdeutlichte den Zeitgenossen die Schwächen des bestehenden Rechtssystems und setzte auf politischer und gesellschaftlicher Ebene eine Debatte über Reformen des Aktienwesens in Gang. In der Auseinandersetzung ging es zunächst um grundlegende Aspekte von Aktiengesellschaften. Experten aus der Wissenschaft, aber auch Parlamentsabgeordnete diskutierten über die Vor- und Nachteile von Aktiengesellschaften, wobei die Mehrheit diese Rechtsform befürwortete. Während sich Personengesellschaften auf die langfristige Gewinnmaximierung konzentrierten, ständen bei Aktiengesellschaften zunehmend der kurzfristige Gewinn und die damit einhergehende Spekulation im Vordergrund, so der Rechtswissenschaftler Wilhelm Oechelhäuser.[16] Als Vorteil hob er dagegen hervor, dass Aktiengesellschaften große Mengen an Kapital vereinten und wirtschaftlich wichtige Projekte ermöglichten. Große Eisenbahnstrecken hätten zum Beispiel nicht vom Kapital einzelner Geschäftsmänner gebaut werden können.[17] Die meisten Diskutanten waren sich einig, dass der Gesetzgeber die Wahl der Rechtsform den wirtschaftlichen Akteuren überlassen und die Gründung von Aktiengesellschaften nicht unnötig erschweren sollte. Ein weiteres zentrales Thema der Reformüberlegungen war der

12 Vgl. Burhop: No Need (wie Anm. 37), S. 573.

13 Vgl. Burhop: Law, Politics and the Rise (wie Anm. 57), S. 10.

14 Vgl. ebd., S. 12.

15 Vgl. Burhop: No Need (wie Anm. 43), S. 573.

16 Vgl. Wilhelm Oechelhäuser: Die Nachtheile des Aktienwesens und die Reform der Aktiengesetzgebung. Berlin 1878, S. 18–20.

17 Vgl. ebd., S. 9f. Vgl. auch Wortmeldungen in der Reichstagsdiskussion 1884, in: Stenographische Berichte über die Verhandlungen des Reichstages, 5. Legislaturperiode, 4. Session 1884, Bd. 1, S. 198ff.

Investorenschutz. Ziel des neuen Gesetzes müsste es sein, den Aktionären eine gewisse Sicherheit zu garantieren.[18] Wie diese Sicherheit aussehen und welche Rolle der Staat dabei einnehmen könnte, darüber herrschten unterschiedliche Meinungen vor. Vertreter des linken Lagers plädierten für mehr staatlichen Eingriff in das Aktienwesen, wie z. B. der Ökonom und Mitglied des Vereins für Socialpolitik Adolph Wagner. Die Manchestermänner befürworteten im Gegensatz dazu mehr individuelle Freiheit, die sich in der Aktiengesetzgebung im Konzept der Selbsthilfe realisieren sollte.[19] Für die Konzeption der Zweiten Aktienrechtsnovelle waren unterschiedliche Meinungen entscheidend, die nach elf Jahren Reformüberlegungen am 18. Juli 1884 schließlich verabschiedet wurde. Das neue Gesetz zielte primär darauf ab, den Gründungsvorgang transparenter zu gestalten, die Informationsmöglichkeiten zu verbessern, die Organe deutlicher zu definieren, Straf- und Ordnungsvorschriften zu verschärfen sowie die Individualrechte der Aktionäre zu stärken. Allerdings schloss der Gesetzgeber einen Großteil privater Kleinanleger 1884 vom Kapitalmarkt aus. Zum Schutz des Publikums setzten die Entscheidungsträger einen besonders hohen Mindestbetrag von 1.000 M[20] für neue Aktien fest. Die zweite Aktiennovelle von 1884 bildete die Grundlage des deutschen Aktiengesetzes und wurde erst wieder wesentlich 1937 verändert.

Nicht nur der Gesetzgeber, sondern auch private Akteure reagierten auf die Gründerkrise. Seit 1882 führte die Berliner Börse Vorschriften für die Emission von Aktien ein.[21] Die Selbstregulierung der Berliner Börse führte jedoch nicht zwingend zu mehr Transparenz, und Unternehmen boten weiterhin Finanzprodukte minderer Qualität an. Der Konkurs des Bankhauses Hirschfeld & Wolff und der Zahlungsausfall bei ausländischen Schuldnern hatte schließlich zur Folge, dass 1892 die Börsenenquetekommission zusammentrat und nach jahrelangen Verhandlungen 1896 das Börsengesetz[22] verabschiedet wurde. Das Börsengesetz markiert die Phase der Regulierung des Aktienmarkts.[23]

Der deutsche Kapitalmarkt entwickelte sich nach 1884 bis zum Ersten Weltkrieg ziemlich gut. 1914 waren 919 Unternehmen mit einem Gesamtmarktwert von 14,7

---

18 Vgl. Begründung, in: Stenographische Berichte über die Verhandlungen des Reichstages, 5. Legislaturperiode, 4. Session 1884, Bd. 3, Anlage Nr. 21, S. 244.

19 Vgl. Sibylle Hofer: Das Aktiengesetz von 1884 – ein Lehrstück für prinzipielle Schutzkonzeptionen, in: Walter Bayer/Mathias Habersack (Hg.): Aktienrecht im Wandel. Bd. I: Entwicklung des Aktienrechts. Tübingen 2007, S. 389–414, hier 398 f.

20 Vgl. § 207a ADHGB 1884.

21 Vgl. Carsten Burhop: Regulierung und Selbstregulierung am Berliner Aktienmarkt. Maßnahmen zur Transparenz und Qualitätssicherung bei Aktienerstemissionen ca. 1870 bis 1930, in: Zeitschrift für Neuere Rechtsgeschichte 37 (2015), S. 32–49, hier 37 f.

22 Das Börsengesetz trat am 1.1.1897 in Kraft.

23 Vgl. Burhop: Regulierung und Selbstregulierung (wie Anm. 75), S. 40.

Mrd. M an der Berliner Börse notiert.[24] Zwischen 1884 und 1914 wurden 568 IPOs durchgeführt.[25] Aktien wiesen für den Zeitraum von 1875 bis 1905 eine hohe Realrendite von 6,6 Prozent auf. Der Erste Weltkrieg, die nachfolgende Inflation und die Hyperinflation wirkten sich negativ auf den Kapitalmarkt aus, allerdings waren sie nicht lähmend. Die Zahl der börsennotierten Unternehmen in Berlin ging 1921 auf 790 zurück, betrug während der Stabilisierungsphase 1926 jedoch wieder 917.[26] Der Markt für IPOs war während der Hyperinflation besonders attraktiv. 1923 wurden 95 IPOs an der Berliner Börse durchgeführt.[27] Der Erste Weltkrieg und die Hyperinflation wirkten sich vor allem auf die Realrendite von Aktien negativ aus und führten zu einem deutlichen Wertverlust für Anleger. Seit 1918 verzeichnete die Realrendite negative Werte.[28] Entscheidend für die Zerstörung des deutschen Kapitalmarktes waren schließlich die 1930er. Die Gesetze der nationalsozialistischen Regierung waren dafür verantwortlich, dass sich der Kapitalmarkt nach dem Zweiten Weltkrieg negativ entwickelte.[29]

Zwischen 1900 und 1930 wurden keine neuen Governance-Regeln ins Kapitalgesellschaftsrecht aufgenommen.[30] Allerdings wurden in den Zwanzigerjahren wichtige Reformdiskussionen in Gang gesetzt, da Unternehmen in der Praxis neue Kooperations- und Konzentrationsformen gebrauchten und sich verschiedene Probleme abzeichneten.[31] Die Debatten der Weimarer Zeit wurden durch politische und wirtschaftliche Ereignisse der 1920er beeinflusst. Zu den neuen Formen der *Corporate Governance* gehörten in den 1920ern Schutzaktien. Zwar schuf der Gesetzgeber die Grundlagen für verschiedene Aktiengattungen im Handelsgesetzbuch 1897, doch gingen Unternehmen vor allem während der Inflationszeit dazu über, Mehrstimmrechts-, Vorzugs- und Vorratsaktien[32] mit unterschiedlichen Rechten und Pflichten einzusetzen. Mehrstimmrechtsaktien räumten dem Aktionär ein im Verhältnis zu seiner Kapitalbeteiligung überproportionales Stimmrecht ein.[33] Nach einer Untersuchung des Statistischen Reichsamts von 1925 hatten 61 Prozent der erfassten Aktiengesellschaften Mehrstimmrechtsaktien. Damit wich ein Großteil der Unternehmen vom Prinzip

24 Vgl. Burhop: Law, politics, and the rise (wie Anm. 57), S. 14 f.
25 Vgl. ebd., S. 12.
26 Vgl. ebd., S. 15.
27 Vgl. ebd., S. 10.
28 Vgl. Ronge, Die langfristige Rendite, S. 183.
29 Vgl. ebd., S. 183.
30 Die Soldaten- und Arbeiterunruhen nach dem Ende des Ersten Weltkrieges rückten Fragen nach der unternehmerischen Mitbestimmung auf die politische Agenda. Das Betriebsrätegesetz von 1920 implizierte, dass ein bis zwei Arbeitnehmervertreter in den Aufsichtsrat zu entsenden sind.
31 S. Kapitel 3.
32 Die Terminologie war nicht immer eindeutig.
33 Vgl. Gerald Spindler: Kriegsfolgen, Konzernbildung und Machtfrage als zentrale Aspekte der aktienrechtlichen Diskussion in der Weimarer Republik, in: Walter Bayer/Mathias Habersack (Hg.): Aktienrecht im Wandel. Bd. I: Entwicklung des Aktienrechts. Tübingen 2007, S. 440–569, hier 457.

One Share – One Vote ab. Unternehmen setzten vor allem Mehrstimmrechtsaktien mit 20- bis 250-fachem Stimmrecht ein.[34] Eine andere Aktiengattung war die Vorzugsaktie, die dem Inhaber ein Recht auf eine bevorzugte Dividende garantierte. Sie wurde häufig auch mit einem höheren Stimmrecht als die Stammaktie ausgegeben.[35] In den 1920er Jahren findet man darüber hinaus Vorratsaktien bei Unternehmen. Vorratsaktien wurden bei Kapitalerhöhungen von einem Dritten auf Rechnung der Gesellschaft gezeichnet und sollten für eine spätere Kapitalbeschaffung verwendet werden. Die Verfügungsgewalt über die Vorratsaktie blieb bei der Gesellschaft.[36] Schutzaktien wurden insbesondere mit der Begründung ausgegeben, um die Gesellschaft vor Überfremdung zu schützen. Während der Inflationszeit war die Nachfrage an ausländischen Investoren am deutschen Kapitalmarkt groß. Allerdings befürchteten Zeitgenossen, dass durch den leichten Aktienerwerb ausländische Unternehmen deutsche Gesellschaften beherrschen würden.[37] Die Überfremdung ist statistisch jedoch nicht sichtbar, denn der nachweisbare Anteil an ausländischen Investoren am Aktienkapital deutscher Unternehmen nahm in den 1920er Jahren nicht zu.[38] Schutzaktien konnten auch dazu dienen, um die Stimmenmehrheit der Verwaltungsorgane oder der ihr nahestehenden Aktionärsgruppen auf der Generalversammlung zu sichern.[39] Die zeitgenössische rechtswissenschaftliche Literatur übte scharfe Kritik an den Schutzaktien. Denn Schutzaktien verletzten die Aktionärsdemokratie und förderten die Entstehung einer „Verwaltungsoligarchie".[40] Einige Juristen wollten eine Abschaffung der Mehrstimmrechtsaktie, andere dagegen befürworteten eine stärkere Regulierung. Ein Vorschlag war zum Beispiel die Mehrstimmrechtsaktie auf 25 Prozent des Aktienkapitals zu beschränken und das Mehrstimmrecht nur bei wichtigen unternehmerischen Entscheidungen anzuwenden.[41] Der Gesetzgeber reagierte in den 1920er Jahren auf die Einführung von Schutzaktien zurückhaltend. Schutzaktien waren zulässig und unterlagen keiner Regulierung. Auch die Börsenzulassungsstellen zeigten eine liberale Haltung. Sie standen der Einführung von Mehrstimmrechts-, Vorzugs- und Vorratsaktien nicht im Weg. Die deutschen Börsenvorstände einigten sich auf einer gemeinsamen Sitzung im Februar 1920 darauf, dass Unternehmen Mehrstimmrechtsaktien im Prospekt deutlich machen mussten.[42] Nach dem Ende der Inflationszeit änderte sich die Einstellung der Zulassungsstellen langsam, denn sie plädierten für eine Kontrolle. In einem gemeinsamen Beschluss im September 1925

34 Vgl. Felix Selgert: Börsenzulassungsstellen, Reichsregierung und die (Selbst-)Regulierung der Mehrstimmrechtsaktie, 1919–1937 (ungedruckt).

35 Vgl. Spindler: Kriegsfolgen (wie Anm. 87), S. 458.

36 Vgl. ebd., S. 459.

37 Siehe Kapitel 3.

38 Vgl. Franks: The Origins (wie Anm. 4), S. 271 f.

39 Vgl. Spindler: Kriegsfolgen (wie Anm. 87), S. 454 ff.

40 Vgl. ebd., S. 464.

41 Vgl. ebd., S. 464.

42 Vgl. Selgert: Börsenzulassungsstellen (wie Anm. 88), S. 12.

legten sie fest, Stammaktien nicht zuzulassen, wenn daneben Mehrstimmrechtsaktien mit einem proportional wachsenden Stimmrecht bei Kapitalerhöhungen bestanden oder wenn Mehrstimmrechtsaktien nicht volleingezahlt waren. Zudem wurde die Einführung von Mehrstimmrechtsaktien an Voraussetzungen geknüpft. Mehrstimmrechtsaktien sollten nur bei Abstimmungen über Aufsichtsratsmitglieder, Satzungsänderungen und Liquidationen gelten. Bereits zugelassene Schutzaktien sollten jedoch nur bei offensichtlichen Verstößen überprüft werden.[43] Ein erstes Verbot der Mehrstimmrechtsaktie enthielt schließlich das Aktiengesetz 1937 unter dem nationalsozialistischen Regime, allerdings waren darin noch Ausnahmeregelungen vorgesehen. Diese wurden schließlich 1998 aufgehoben.[44]

In den 1920er Jahren gingen Unternehmen dazu über, sich verstärkt mit anderen Unternehmen zusammenzuschließen. Das wirkte sich auch auf das Corporate-Governance-System aus. Zu den verschiedenen Kooperations- und Konzentrationsformen gehörten Interessengemeinschaften, Kartelle, strategische Allianzen, Joint Ventures, Konzerne und Fusionen. Sie unterschieden sich nach der Produktionsstufe, der Dauer der Verbindung und dem Kooperationsgrad.[45]

Die Interessengemeinschaft wurde bereits vor 1900 genutzt und war in der ersten Hälfte des 20. Jahrhunderts verbreitet. Sie war eine BGB-Gesellschaft. Jedoch fehlten in der rechtswissenschaftlichen Literatur vor allem in der Anfangszeit eine einheitliche Definition und eine klare Abgrenzung gegenüber anderen Kooperations- und Konzentrationsformen. In der Praxis zeigten sich verschiedene Varianten. Weitverbreitet war das Bankenkonsortium, das für die Emission von Aktien oder Obligationen oder der Vergabe von größeren Krediten gegründet wurde. Das Kapitalgesellschaftsrecht sah keine Vorgaben für die Interessengemeinschaft vor. Sie wurde auf vertraglicher Basis zur Abwicklung eines festgesetzten Projekts gegründet.[46]

Die rechtliche Grundlage für Kartelle bildeten die Urteile des Reichsgerichts aus den Jahren 1890 und 1897, die die privaten Kartellverträge über die Gewerbefreiheit stellten. Anders als in den USA waren in Deutschland Kartelle erlaubt und wurden in der Öffentlichkeit positiv gesehen, da sie die wirtschaftliche Lage stabilisierten. Kartelle wurden meistens mit dem Ziel begründet, den Wettbewerb zwischen den beteiligten Unternehmen zu beschränken.[47] Bei Kartellen behielten die Unternehmen ihre rechtliche Selbstständigkeit, jedoch wurden ihre wirtschaftliche Selbstständigkeit und die individuelle Entscheidungsfreiheit durch verschiedene Absprachen in Beschaffung, Produktion und Vertrieb eingeschränkt.[48] Kartelle entstanden seit der Liberalisierung

43 Vgl. Spindler: Kriegsfolgen (wie Anm. 87), S. 467.
44 Vgl. ebd., S. 491.
45 S. Kapitel 3.
46 Vgl. Spindler: Kriegsfolgen (wie Anm. 87), S. 542–547.
47 Zum Überblick über die Kartellentwicklung im Kaiserreich vgl. Burhop: Wirtschaftsgeschichte (wie Anm. 41), S. 155–163.
48 Siehe Kapitel 3.

der Wirtschaft in den 1850er Jahren und verbreiteten sich im Kaiserreich. 1890 gab es bereits 117, 1905 385 und vor dem Ausbruch des Ersten Weltkrieges sogar 700 Kartelle im Deutschen Reich.[49]

Trotz der hohen Kartellierung im deutschen System führten Unternehmen im Kaiserreich und der Weimarer Republik relativ viele Fusionen und Übernahmen durch und bildeten durch Beteiligungen Konzerne. Die rechtliche Grundlage für Fusionen war mit dem ADHGB 1861 gegeben. Ein Konzernrecht fehlte dagegen vollständig, sodass es auch keine Definition für einen Konzern gab. Die Konzernrechtsdiskussion setzte in den 1920er Jahren ein und versuchte die in der Praxis geschaffenen Formen zu definieren. Die rechtswissenschaftliche Literatur beschäftigte sich zum Beispiel mit Fragen, ob der Konzern als rechtliche Einheit zu begreifen sei und wie sich das Abhängigkeitsverhältnis zwischen der Mutter- und Tochtergesellschaft(en) gestalte. Fehlende Transparenz und Publizität der Beteiligungsverhältnisse erschwerten es jedoch, die verschiedenen Formen von Unternehmensverbindungen zu erfassen. Auch die Initiative des Statistischen Reichsamts in den 1920er Jahren, eine Enquetekommission mit der Erfassung zu beauftragen, brachte keine aufschlussreichen Ergebnisse. Die Diskussion befand sich noch am Anfang.[50] Die Grundlage für Unternehmenszusammenschlüsse bildeten private Verträge, sodass Unternehmen großen Gestaltungsspielraum hatten. Erste konzernrelevante Vorschriften enthielt erst das Aktiengesetz 1937.[51] Fusionen und Übernahmen wurden vermehrt seit 1889 durchgeführt. Die größten Fusions- und Übernahmewellen fanden im Deutschen Reich zwischen 1916 und 1923 und 1925 und 1930 statt. In diesem Zeitraum führten die 200 größten Industrieunternehmen von 1938 insgesamt 645 Fusionen und Übernahmen durch.[52] Die hohe Anzahl an Fusionen und Übernahmen zeigt, dass externes Wachstum zur Strategie von deutschen Großunternehmen gehörte und wichtig fürs Wachstum war. Allerdings setzten Großunternehmen mehr auf internes statt auf externes Wachstum, um zu expandieren.[53] Der zyklische Verlauf der Fusions- und Übernahmebewegung stand im Zusammenhang mit dem Zugang zum Kapitalmarkt und war von der Entwicklung von Aktienkursen und vom Emissionsvolumen von Anleihen sowie dem Zugang zu Bankkrediten abhängig.[54] Die Motive für Fusionen und Übernahmen variierten.[55] Die meisten Unternehmenszusammenschlüsse fanden auf horizontaler Ebene statt und förderten die Marktmacht der beteiligten Unter-

49 Vgl. Burhop: Wirtschaftsgeschichte (wie Anm. 41), S. 156.

50 Zur konzernrechtlichen Diskussion vgl. Spindler: Kriegsfolgen (wie Anm. 87), S. 550–569.

51 Vgl. § 15 AkG 1937.

52 Davon 148 Fusionen und 497 Übernahmen (vgl. Martin Fiedler: Fusionen und Übernahmen in der deutschen Industrie, 1898–1938, in: Jahrbuch für Wirtschaftsgeschichte 43/2 (2002), S. 209–239, hier 217).

53 Vgl. Burhop: Wirtschaftsgeschichte (wie Anm. 47), S. 164.

54 Vgl. Fiedler: Fusionen (wie Anm. 107), S. 218 f.

55 Gründe für Fusionen können sein: Verbesserung im Beschaffungs-, Produktions-, Absatz- und Finanzierungsbereich sowie im Bereich Forschung und Entwicklung (z. B. bessere Beschaffung, Reduzierung der Produktions- und Vertriebskosten, neue Absatzmöglichkeiten, bessere

nehmen.[56] Unternehmenszusammenschlüsse waren für Aktionäre nicht unbedingt immer vorteilhaft.[57]

Die breite aktienrechtliche Diskussion in Wissenschaft und Praxis der Weimarer Zeit mündete schließlich in grundlegenden Reformüberlegungen des gesamten Aktienrechts. Der Deutsche Juristentag befasste sich 1924 und 1926 mit bestimmten Problemen, die in der wirtschaftlichen Praxis deutlich zum Ausdruck kamen. Diese betrafen die Eigenkapitalfinanzierung, die Ausgabe verschiedener Aktienformen, Regelungen des Depotstimmrechts sowie unzureichende Publizitätsauflagen.[58] Bei der Eigenkapitalfinanzierung ging es vor allem darum, wie man nach der Überwindung der Inflation die Kapitalbeschaffung für Unternehmen erleichtert. Die beteiligten Juristen lehnten angloamerikanische Produkte wie Quotenaktien oder *Convertible Bonds* ab und befürworteten die Einführung des bedingten Kapitals. Eine bedingte Kapitalerhöhung sollte eine bedarfsabhängige Kapitalbeschaffung ermöglichen. Sie sollte nur soweit durchgeführt werden, wie Dritte von einem Umtausch oder Bezugsrecht Gebrauch machten.[59] Beim Depotstimmrecht wurde die Machtstellung der Banken diskutiert, die mit den Aktien ihrer Kunden als Großaktionäre auf den Generalversammlungen auftraten. Unter anderem schlug der Deutsche Juristentag eine Schadensersatznorm vor, wenn Banken massiv gegen die Interessen ihrer Kunden verstießen.[60] Der Deutsche Juristentag setzte sich zudem für eine Erweiterung der Publizitätspflicht ein. So müssten Unternehmen stärker Konzernverbindungen oder andere Konzentrationsformen in den Bilanzen deutlich machen.[61]

Neben dem Deutschen Juristentag initiierte die Regierung eine Enquetekommission, um Berichte über die Lage der deutschen Wirtschaft zu erstatten. Auf dieser Grundlage veröffentlichte das Reichsjustizministerium 1930 den ersten Entwurf eines

---

Kreditmöglichkeiten bei Banken und Zugang zum Kapitalmarkt), Synergieeffekte, Risikostreuung, schnelleres Wachstum und Steuervorteile.

56 Vgl. Fiedler: Fusionen (wie Anm. 107), S. 220–225.

57 Zwischen 1898 und 1904 hatten Fusionen und Übernahmen einen positiven Effekt auf die Aktienrendite der beteiligten Unternehmen. Dies traf jedoch nicht für Banken zu. Bankaktionäre profitierten nicht von Unternehmenszusammenschlüssen in diesem Zeitraum (vgl. hierzu Gerhard Kling: The Long-term Impact of Mergers and the Emergence of a Merger Wave in Pre-World-War I Germany, in: Explorations in Economic History 43 (2006), S. 667–688, hier 675–678). Thorsten Lübbers zeigt für die Montanindustrie, dass Fusionen den *Shareholder Value* steigerten. Besonders die Eigentümer der übernommenen Unternehmen profitierten bei einem Unternehmenszusammenschluss (vgl. Thorsten Lübbers: Shareholder Value Mining. Wealth Effects of Takeovers in German Coal Mining, 1896–1913, in: Explorations in Economic History 45 (2008), S. 462–476, hier 470–474). Für die 1920er Jahre gibt es für Deutschland keine Untersuchungen.

58 Vgl. Sylvia Engelke/Reni Maltschew: Weltwirtschaftskrise, Aktienskandale und Reaktionen des Gesetzgebers durch Notverordnungen im Jahre 1931, in: Walter Bayer/Mathias Habersack (Hg.): Aktienrecht im Wandel. Bd. I: Entwicklung des Aktienrechts. Tübingen 2007, S. 570–618, hier 470–477.

59 Vgl. Spindler: Kriegsfolgen (wie Anm. 87), S. 470–473.

60 Vgl. ebd., S. 474 f.

61 Vgl. ebd., S. 476.

Gesetzes über Aktiengesellschaften und Kommanditgesellschaften auf Aktien. Zunächst blieb es bei diesem Entwurf, denn der Gesetzgeber entschied sich, mit den Notverordnungen 1931 ad hoc auf aktuelle wirtschaftliche Probleme zu reagieren. In Deutschland wurden zahlreiche Unternehmen, speziell Banken, von der Weltwirtschaftskrise erfasst, die während der Inflation in Liquiditätsschwierigkeiten geraten und durch die restriktive Geldpolitik der Reichsbank von kurzfristigen ausländischen Krediten abhängig waren. Der Abzug des ausländischen Kapitals nach dem US-Börsencrash im Herbst 1929 wurde auch in den Bilanzen deutscher Unternehmen sichtbar.[62] Die Reichsregierung reagierte darauf mit mehreren Notverordnungen, die aktienrechtliche Regelungen beinhalteten. Die Notverordnungen erweiterten die Informationsrechte des Aufsichtsrats und die Berichts- und Rechnungslegungsfristen des Vorstandes. Sie enthielten zudem neue Regelungen über den Rückerwerb eigener Aktien und schrieben eine Pflichtrevision des Jahresabschlusses durch Bilanzprüfer vor.[63] Ein eigenständiges Aktiengesetz wurde schließlich unter dem nationalsozialistischen Regime 1937 erlassen und erst wieder 1965 revidiert.

Tabelle 1: Entwicklung von Corporate Governance in Deutschland, 1843–1937.

Jahr	Vorschrift	Inhalt	Quelle
Vor 1843	Konzessionspflicht	Preußen: Staatliche Genehmigung für Neugründungen Hansestädte: Gründungsfreiheit	
1843	Allgemeine Regelungen	Regelungen betreffend Registrierung, Offenlegung und Haftung	Gesetz über die Aktiengesellschaften
1861	Dualistisches System (Empfehlung) Erste Erwähnung des Aufsichtsrats	Aktiengesellschaften können einen Vorstand und einen Aufsichtsrat bilden.	Allgemeines Deutsches Handelsgesetzbuch (ADHGB)
1870	Gründungsfreiheit Dualistisches System (Verbindlich)	Abschaffung des Konzessionssystems Aktiengesellschaften mussten einen Vorstand und einen Aufsichtsrat haben.	Gesetz betreffend die Kommanditgesellschaften auf Aktien und die Aktiengesellschaften (ADHGB)

62 Vgl. Mark Spoerer/Jochen Streb: Neue deutsche Wirtschaftsgeschichte des 20. Jahrhunderts. München 2013, S. 84 f.
63 Vgl. Engelke: Weltwirtschaftskrise (wie Anm. 113), S. 585–615.

Tabelle 1 (fortgesetzt)

Jahr	Vorschrift	Inhalt	Quelle
1884	Verbesserung der Gesetze	Transparenz bei Neugründungen Präzisierung der Rolle des Aufsichtsrats und des Vorstandes Stärkung der Aktionärsrechte Haftung bei Betrug	Gesetz betreffend die Kommanditgesellschaften auf Aktien und die Aktiengesellschaften (ADHGB)
1896	Börsengesetz	Regelungen für die Börseneinführung und Aktienemissionen Offenlegungsvorschriften	Börsengesetz (BörsG)
1897	Erweiterung der Gesetze	Aufnahme der Aktiennovelle 1884 in das Handelsgesetzbuch und Konkretisierung	Handelsgesetzbuch (HGB)
1920	Unternehmensmitbestimmung	Aktiengesellschaften mussten 1–2 Arbeitnehmervertreter in den Aufsichtsrat aufnehmen	Betriebsrätegesetz § 70
1931	Notverordnungen	Regelungen betreffend Berichterstattung, Rechnungsprüfung durch Revisoren und Kapitalveränderungen	Notverordnungen vom 19. Sep. und 6. Okt. 1931
1934	Bankenaufsicht	Aufsichtsamt für das Kreditwesen	Reichsgesetz über das Kreditwesen (KWG)
1937	Führerprinzip	Revision des Aktiengesetzes, Stärkung der Macht des Vorstandes	Aktiengesetz (AktG)

Quelle: Eigene Zusammenstellung, Franks: The Origins (wie Anm. 3), S. 541.

2.2.2 Machtverteilung

Seit 1870 verfügte die Aktiengesellschaft über eine verpflichtende dreigliedrige Organisation, bestehend aus Vorstand, Aufsichtsrat und Generalversammlung (Tabelle 2). Die Macht verteilte sich damit auf diese drei Organe, die der Gesetzgeber mit unterschiedlichen

Funktionen und Rechten ausstattete. Diese Rechte wurden für den Vorstand 1861 und den Aufsichtsrat 1870 festgesetzt. 1884 stärkte der Gesetzgeber die Generalversammlung. 1897 kam es zu keinen großen Veränderungen in der Machtverteilung.

Der Vorstand war seit 1861 für die Geschäftsführung zuständig und er vertrat die Gesellschaft nach außen.[64] Bei seiner Geschäftsführung hatte der Vorstand die Sorgfalt eines ordentlichen Geschäftsleiters anzuwenden. Der Vorstand haftete der Gesellschaft gegenüber bei Pflichtverletzung.[65] Zu seinen verpflichtenden Aufgaben gehörte, in den ersten sechs Monaten eines Geschäftsjahres eine Bilanz[66] und seit 1884 eine Gewinn- und Verlustrechnung zu erstellen, die er dem Aufsichtsrat und der Generalversammlung vorlegen musste.[67] Die Finanzpolitik des Unternehmens fiel nicht ausdrücklich in das Aufgabenfeld des Vorstandes. Der Vorstand setzte sich aus einem oder mehreren Mitgliedern zusammen, die jederzeit widerrufen werden konnten.[68]

Der Aufsichtsrat fungierte seit 1870 als Kontrollorgan. Er sollte die Geschäftsführung überwachen und damit Entscheidungen des Vorstandes kontrollieren.[69] Um seine Kontrollfunktion auszuüben, konnte der Aufsichtsrat sich über die Angelegenheiten der Gesellschaft informieren, Bücher und Schriften einsehen sowie die Gesellschaftskasse[70] und seit 1884 Bestände an Effekten, Handelspapieren und Waren[71] überwachen. Zu seinen Aufgaben gehörte es darüber hinaus, den Jahresabschluss, die Bilanzen und die Vorschläge zur Gewinnverteilung zu überprüfen und der Generalversammlung darüber zu berichten.[72] Damit konnte sich der Aufsichtsrat einen guten Überblick über die wirtschaftliche Situation der Gesellschaft verschaffen. Zustimmungsvorbehalte waren vom Gesetzgeber nicht vorgesehen. Mitglieder des Aufsichtsrats waren persönlich zum Schadenersatz verpflichtet, wenn sie bestimmte Pflichten verletzten.[73] 1884 nahm der Gesetzgeber nähere Bestimmungen zur Zusammensetzung und Bestellung des Aufsichtsrats auf, um ihn gegenüber dem Vorstand ab-

---

64 Er konnte diese Funktion an andere Bevollmächtigte übertragen (vgl. § 227, § 230 und § 234 ADHGB 1861).

65 Vgl. § 241 ADHGB 1861.

66 Vgl. § 239 ADHGB 1861.

67 Vgl. § 239 ADHGB 1884.

68 Vorstandsmitglieder konnten auch Aktionäre der Gesellschaft sein (vgl. § 227 ADHGB 1861).

69 Vgl. § 225a ADHGB 1870.

70 Vgl. § 225a ADHGB 1870.

71 Vgl. § 225 ADHGB 1884.

72 Vgl. § 225a ADHGB 1870.

73 Dazu gehörte z. B., wenn Einlagen an die Aktionäre zurückgezahlt, eigene Aktien der Gesellschaft erworben oder amortisiert, gesetzwidrige Zinsen und Dividenden gezahlt wurden und eine Rückzahlung und Herabsetzung des Grundkapitals nicht nach den rechtlichen Bestimmungen erfolgte (vgl. § 225b ADHGB 1870). Haftungs- und Strafvorschriften wurden 1884 erweitert. Der Aufsichtsrat war unter anderem zum Schadenersatz verpflichtet, wenn vorsätzlich Aktien vor der vollen Leistung des Nominalbetrages oder bei Kapitalerhöhungen vor der Eintragung beim Handelsgericht ausgegeben werden. Der Katalog der Strafvorschriften umfasste beispielweise eine Einwirkung auf den Aktienkurs sowie Stimmenkauf (vgl. § 249d und 249e ADHGB 1884).

zugrenzen und seine Funktion zu verbessern. Nach seiner obligatorischen Einführung 1870 stand der Aufsichtsrat vermehrt in der Kritik. In der Praxis zeigte sich häufig, dass der Aufsichtsrat nicht nur seinen Pflichten nachging, sondern über seine Funktion hinausgehende Geschäftsführungsaufgaben übernahm. Zentrales Anliegen der zweiten Aktiennovelle war es also, den Aufsichtsrat als Kontrollorgan zu stärken und seine Aufgaben auszuweiten. Aufsichtsratsmitglieder durften während ihrer Amtsdauer weder im Vorstand aktiv sein, noch als Beamte die Geschäfte der Gesellschaft führen.[74] Die Generalversammlung wählte die Aufsichtsratsmitglieder für höchstens fünf Jahre – der erste allerdings nicht länger als ein Jahr – und sie hatte das Recht, sie ohne Angaben von Gründen mit einer Dreiviertelmehrheit zu widerrufen. Seit 1884 war es erlaubt, Nichtaktionäre in den Aufsichtsrat zu bestellen.[75] Weitere Befugnisse regelte der Gesellschaftsvertrag.[76] Der Gesetzgeber ließ offen, ob der Aufsichtsrat nur für die retrospektive Überwachung zuständig oder ein beratendes Organ war, der den Vorstand bei zukünftigen strategischen Entscheidungen unterstützte.

Die Generalversammlung war seit 1861 der Ort, an dem die Aktionäre ihre mitgliedschaftlichen Rechte ausübten.[77] 1884 sprach der Gesetzgeber den Aktionären das Recht zu, die Finanzpolitik des Unternehmens zu bestimmen, indem sie über Kapitalmaßnahmen entschieden.[78] Seit 1884 konnten Aktionäre über grundlegende unternehmerische Entscheidungen, wie Änderungen der Unternehmensverfassung, Kapitalerhöhungen und -herabsetzungen, Übernahmen/Fusionen[79] und die Auflösung der Gesellschaft abstimmen.[80] Die Verwaltungsorgane waren seit 1884 also verpflichtet, die Aktionäre bei wichtigen Entscheidungen zu befragen. Hinzu kamen noch weitere Zuständigkeiten. Die Generalversammlung stimmte über die Gewinnverteilung ab und konnte die Bestellung von Revisoren anfordern, die den Jahresabschluss prüften.[81] Fragen der laufenden Geschäftsführung fielen auch der Generalversammlung zu.[82] Dieses Recht entzog der Gesetzgeber der Generalversammlung 1937 mit der Bestimmung, dass der Vorstand die Geschäfte unter eigener Verantwortung zu leiten hatte.[83] Für die Einberufung der Generalversammlung war der Vorstand zuständig, wenn die Unternehmensverfassung nicht eine andere Person nannte.[84] Daneben musste der Aufsichtsrat die Generalversammlung einberufen, wenn es im

74 Vgl. § 225a ADHGB 1884.
75 Vgl. § 191 ADHGB 1884.
76 Vgl. § 225 ADHGB 1884.
77 Vgl. § 224 ADHGB 1861.
78 Vgl. § 215a ADHGB 1884.
79 Übertragung des gesamten Vermögens der AG nach § 215 ADHGB 1884.
80 Vgl. § 215, § 215a, § 242 und § 248 ADHGB 1884.
81 Vgl. § 221 und § 239a ADHGB 1884.
82 Vgl. § 221 ADHGB 1884.
83 Vgl. Tim Drygala/Marco Staake/Stephan Szalai: Kapitalgesellschaftsrecht. Mit Grundzügen des Konzern- und Umwandlungsrechts. Berlin/Heidelberg 2012, S. 471.
84 Vgl. § 225 ADHGB 1884.

Interesse der Gesellschaft erforderlich war. Es wurde zwischen einer ordentlichen Generalversammlung, die einmal im Jahr stattfand, und einer außerordentlichen Generalversammlung, die nach Bedarf abgehalten wurde, unterschieden.[85] Die Generalversammlung musste mindestens zwei Wochen vor dem Beginn einberufen werden, damit die Aktionäre Zeit hatten, ihre Aktien bei der Gesellschaft zu hinterlegen. Die Einberufung musste den Zweck der Generalversammlung nennen, sodass die Aktionäre im Vorfeld wussten, worüber sie abstimmten.[86]

In Bezug auf die Machtverteilung konnte die Unternehmensverfassung die Befugnisse der Geschäftsführung ergänzen und dem Aufsichtsrat Zustimmungsvorbehalte erteilen. Das Recht der Generalversammlung über wichtige Unternehmensentscheidungen abzustimmen, durfte nicht eingeschränkt werden. Lediglich die Mehrheitserfordernisse für die Abstimmung durfte die Unternehmensverfassung regeln.

Die gesetzliche Machtverteilung in der KGaA gestaltete sich ähnlich wie in der Aktiengesellschaft. Ein wesentlicher Unterschied war, dass an einer KGaA zwei Arten von Gesellschaftern beteiligt waren.[87] Die persönlich haftenden Gesellschafter waren geschäftsführungs- und vertretungsbefugt.[88] Sie mussten eine Vermögenseinlage bei der Gründung der Gesellschaft auf das Grundkapital leisten[89] und waren in ihrer Funktion dem Vorstand der Aktiengesellschaft vergleichbar. Sie hatten allerdings, auch wenn sie Aktien der Gesellschaft hatten, kein Stimmrecht in der Generalversammlung.[90] Die Kommanditisten[91] beteiligten sich mit Aktien am Grundkapital der KGaA und waren nur beschränkt haftbar.[92] Die Kommanditisten hatten dieselben mitgliedschaftlichen Rechte wie die Aktionäre in der AG. Die Kommanditisten hatten bei der KGaA zusätzlich das Recht, durch einen Generalversammlungsbeschluss persönlich haftende Gesellschafter zu entlassen.[93]

85 Vgl. § 225 ADHGB 1884.
86 Vgl. § 238 ADHGB 1884.
87 Vgl. § 150 ADHGB 1861.
88 Vgl. § 158 ADHGB 1861.
89 Vgl. § 174a ADHGB 1884.
90 Vgl. § 190 ADHGB 1884.
91 Heute Kommanditaktionäre.
92 Vgl. § 150 ADHGB 1861.
93 Vgl. § 186 ADHGB 1884.

Tabelle 2: Machtverteilung bei Aktiengesellschaften, 1861–1884.

Organ	Jahr und Quelle	Funktion Zwingendes Recht	Funktion Dispositives Recht
Vorstand	1861 ADHGB: § 234		Geschäftsführung und Vertretung
	1861 ADHGB: § 239	Jahresabschluss erstellen	
Aufsichtsrat Befugnisse	1870 ADHGB: § 225a	Überwachung der Geschäftsführung Einsichts- und Prüfungsrecht Prüfung des Jahresabschlusses Einberufung der Generalversammlung	
Zustimmungsvorbehalte			Keine
Generalversammlung	1884 ADHGB: § 215, § 215a, § 242 und § 248	Abstimmung über Kapitalerhöhungen, -herabsetzungen, Satzungsänderungen, Übernahmen/Fusionen und die Auflösung der Gesellschaft	
	1884 ADHGB: § 191	Bestellung und Abberufung von Aufsichtsratsmitgliedern	
	1860 ADHGB: § 224	Verwendung des Bilanzgewinns	
	1884 ADHGB: § 239a	Bestellung von Revisoren	

Quelle: Eigene Zusammenstellung, Kapitalgesellschaftsrecht.

2.2.3 Aktionärsrechte

Durch die Beteiligung an einer Aktiengesellschaft wurden den Aktionären seit 1861 verschiedene Rechte eingeräumt. Tabelle 3 fasst die Verwaltungs- und Vermögensrechte der Aktionäre zusammen. Zu den Verwaltungsrechten gehörte, dass die Aktionäre auf der Generalversammlung ihr Stimmrecht ausüben durften. Die Regelung *One Share – One Vote* ist für Aktionäre vorteilhaft, weil die Stimm- an die Vermögensrechte geknüpft sind. Einzelne Aktionäre können dann nicht die Kontrolle über die Gesellschaft ausüben, ohne einen entsprechend hohen Aktienbesitz zu besitzen.[94] Seit 1861 galt das Prinzip *One Share – One Vote*. Allerdings konnte die Unternehmensverfassung davon abweichen.[95]

94 La Porta: Law and Finance (wie Anm. 14), S. 1126 f.
95 Vgl. § 224 ADHGB 1861.

Tabelle 3: Verwaltungs- und Vermögensrechte der Aktionäre, 1861–1897.

Jahr/ Quelle	Vorschrift (Zwingendes Recht)	Vorschrift (Dispositives Recht)
1861 § 224		One Share – One Vote
1861 § 216		Anspruch auf den Anteil am Bilanzgewinn
1861 § 188		Aktionäre mit 10 % des Grundkapitals (seit 1884: 5 %) können eine außerordentliche Generalversammlung einberufen.
1884 § 190		Stimmrechtsvertretung (Proxy Voting)
1884 § 215, § 215a § 242 § 248		Sperrminorität von 25 % kann Satzungsänderungen, Kapitalerhöhungen und -herabsetzungen, Fusionen und Auflösung der Gesellschaft blockieren.
1884 § 237		Aktionäre mit 10 % des Grundkapitals können Punkte auf die Tagesordnung der Generalversammlung setzen.
1884 § 222a	10 % des Grundkapitals können eine Sonderprüfung von Entscheidungen des Vorstandes gerichtlich beantragen.	
1884 § 222	Aktionäre können einen Generalversammlungsbeschluss anfechten.	
1884 § 223	Aktionäre mit 20 % des Grundkapitals können gegen den Vorstand und den Aufsichtsrat Schadensersatzansprüche geltend machen.	
1897 § 252, § 185		Mehrstimmrechts- und Vorzugsaktien
1897 § 282		Bezugsrecht bei Kapitalerhöhungen

Quelle: Eigene Zusammenstellung, Kapitalgesellschaftsrecht.

Die Aktienrechtsnovelle 1884 konkretisierte die Regelung zum Stimmrecht. Das Stimmrecht konnte der Höhe nach oder durch verschiedene Aktiengattungen beschränkt werden.[96] 1897 wurde die Beschränkung durch verschiedene Aktiengattungen gestrichen. Stattdessen durften Unternehmen Mehrstimmrechtsaktien mit einem höheren Stimmrecht als Stammaktien und Vorzugsaktien mit einem Vorzug bei der Gewinnverteilung ausgeben.[97] Der Ausschluss des Stimmrechts war also seit 1897 nicht mehr möglich, dafür aber die Gewährung eines überproportionalen Stimmgewichts. Eine Abweichung von *One Share – One Vote* war also durchgehend seit 1861 möglich. Aktionäre mussten nicht persönlich auf der Generalversammlung erscheinen, sondern konnten seit 1884 ihr Stimmrecht an einen Bevollmächtigten übertragen. Die Erteilung der Vollmacht musste schriftlich erfolgen.[98] Damit war es erlaubt, dass Banken das Stimmrecht aus den bei ihnen verwahrten Aktien ihrer Kunden auf der Generalversammlung wahrnahmen. Das Depotstimmrecht ist generell erwünscht und für Kleinaktionäre praktisch, da viele Stimmen sonst nicht genutzt werden würden. Es besteht jedoch die Gefahr, dass Banken ihren Einfluss nicht im Interesse der Aktionäre ausüben, sondern ihre eigenen Interessen verfolgen.[99]

Neben dem Stimmrecht kamen noch verschiedene Minderheitsrechte hinzu, die an einen bestimmten Kapitalbesitz geknüpft waren. Seit 1861 konnten Aktionäre mit 10 Prozent des Grundkapitals eine außerordentliche Generalversammlung einberufen.[100] Weitere Minderheitsrechte brachte die Aktienrechtsnovelle 1884. Aktionäre mit 10 Prozent des Grundkapitals durften die Tagesordnung auf der Generalversammlung festlegen.[101] Damit stärkte der Gesetzgeber die Position der Aktionäre gegenüber dem Management, denn sie hatten dadurch die Möglichkeit, Entscheidungen auf der Generalversammlung zu initiieren.[102] Bei Abstimmungen wie Satzungsänderungen, Kapitalerhöhungen und -herabsetzungen, Fusionen und Auflösung der Gesellschaft konnte eine Sperrminorität von 25 Prozent diese Entscheidungen blockieren. Aktionäre hatten seit 1884 die Möglichkeit, gegen bestimmte Entscheidungen innerhalb der Gesellschaft vorzugehen.[103] Mit 10 Prozent des Grundkapitals durften sie gerichtlich einen Sonderprüfer beantragen, um Entscheidungen des Vorstandes zu überprüfen.[104] Aktionäre mit 20 Prozent des Grundkapitals konnten gegen Mitglieder des

96 Vgl. § 221 ADHGB 1884.

97 Vgl. § 252 und § 185 HGB 1897.

98 Vgl. § 121 ADHGB 1884.

99 Vgl. Drygala: Kapitalgesellschaftsrecht (wie Anm. 138), S. 498.

100 Vgl. § 188 ADHGB.

101 Vgl. § 237 ADHGB.

102 Vgl. Lucian Bebchuk: The Case for Increasing Shareholder Power, in: Harvard Law Review 118 (2005), S. 833–917.

103 Vgl. § 215, § 215a, § 242 und § 242 ADHGB 1884.

104 Vgl. § 222a ADHGB 1884.

Vorstandes und des Aufsichtsrats Schadensersatzansprüche wegen unsorgfältiger Geschäftsführung geltend machen.[105] Darüber hinaus hatten Aktionäre das Recht, einen Generalversammlungsbeschluss anzufechten, wenn sie auf der Versammlung anwesend waren und Widerspruch zum Protokoll erklärt hatten.[106]

Zu den Aktionärsrechten gehören des Weiteren die Vermögensrechte. Seit 1861 hatten Aktionäre einen Anspruch auf den Anteil am Bilanzgewinn, insofern er unter den Aktionären verteilt wurde.[107] Der Bilanzgewinn wurde in der Gewinn- und Verlustrechnung vom Vorstand bestimmt und von der Generalversammlung genehmigt. Der Gesetzgeber führte 1884 erstmals Bilanzierungsvorschriften ein, die allerdings nur wenige Regeln enthielten. Seit 1884 mussten Unternehmen zudem 5 Prozent des Gewinns in den Reservefonds einzahlen.[108] Damit waren die Aktionäre bei der Gewinnverteilung nachrangig zur Einzahlung in den Reservefonds. 1897 schrieb der Gesetzgeber vor, dass die Aktionäre vor der Vergütung des Aufsichtsrats eine Mindestdividende von 4 Prozent erhalten sollten.[109] In der Unternehmensverfassung konnte die Verteilung des Reingewinns präzisiert und in der Praxis die Dividende auch ausgesetzt werden. Seit 1897 hatten die bisherigen Aktionäre ein gesetzliches Bezugsrecht auf die jungen Aktien bei Kapitalerhöhungen. Dieses Recht konnte im Kapitalerhöhungsbeschluss ausgeschlossen werden.[110] Das Bezugsrecht ist für Aktionäre wichtig, weil es sie vor einer Verwässerung ihrer Anteile schützt. Ohne das Bezugsrecht würde sich der Kapital- und Stimmanteil der bisherigen Aktionäre bei einer Kapitalerhöhung verändern.[111]

Die Machtposition der Aktionäre verbesserte sich mit den einzelnen Gesetzen. Der Gesetzgeber garantierte den Aktionären seit 1861 grundlegende Stimm- und Vermögensrechte. Diese wurden in der zweiten Aktienrechtsnovelle 1884 konkretisiert. Allerdings konnte die Unternehmensverfassung sowohl das Stimmrecht als auch die Dividendenverteilung unterschiedlich gestalten. Seit 1897 war ein Ausschluss des Stimmrechts in der Unternehmensverfassung nicht mehr möglich, jedoch waren Mehrstimmrechtsaktien bis 1998 erlaubt. Das Bezugsrecht durfte im Kapitalerhöhungsbeschluss und die Dividende in der Praxis ausgesetzt werden. 1884 kamen wichtige Minderheitsrechte hinzu, die die Position der Aktionäre gegenüber dem Management und den Großaktionären im Entscheidungsprozess stärkten. Diese waren teilweise auch in der Unternehmensverfassung veränderbar.

---

105 Vgl. § 223 ADHGB 1884.

106 Vgl. § 222 ADHGB 1884.

107 Vgl. § 216 ADHGB 1861.

108 Vgl. § 185b ADHGB 1884.

109 Vgl. § 245 HGB 1897.

110 Vgl. § 282 HGB 1897.

111 Vgl. Drygala: Kapitalgesellschaftsrecht (wie Anm. 138), S. 557.

2.2.4 Andere Governance-Regeln

Während des Konzessionssystems mussten Kapitalerhöhungen staatlich genehmigt werden. Vor 1884 orientierten sich Unternehmen bei Kapitalerhöhungen in der Praxis an den Gründungsvorschriften.[112] Die Eintragung ins Handelsregister bei einer Neugründung war nur möglich, wenn das Grundkapital vollständig gezeichnet und mindestens 10 Prozent auf jede Aktie eingezahlt worden waren.[113] Nach dem Gesetz waren Aktionäre lediglich verpflichtet, mindestens 40 Prozent des Nominalbetrages zu leisten.[114] Sacheinlagen und besondere Vorteile für einzelne Aktionärsgruppen mussten im Gesellschaftsvertrag angegeben werden.[115]

Eine eigenständige Regelung für Kapitalerhöhungen enthielt erstmals die zweite Aktienrechtsnovelle 1884. Insgesamt förderte sie die Transparenz bei der Kapitalaufbringung. Aktiengesellschaften durften eine Kapitalerhöhung nur durchführen, wenn das Grundkapital komplett eingezahlt war.[116] Für die Kapitalerhöhung war ein Beschluss der Generalversammlung notwendig. Die Ausgabe der neuen Aktien konnte zu einem höheren als dem Nominalwert von 1.000 M erfolgen.[117] Die neuen Aktien konnten auf den Namen oder Inhaber ausgestellt werden.[118] Unter-Pari-Emission waren seit 1884 verboten. Der Kapitalerhöhungsbeschluss musste den Mindestausgabebetrag der neuen Aktien nennen. Vorstands- und Aufsichtsratsmitglieder durften nicht vor dem Generalversammlungsbeschluss einzelnen Aktionärsgruppen einen Bezug auf die neuen Aktien zusichern.[119] Der Kapitalerhöhungsbeschluss war im Anschluss an die Generalversammlung im Handelsregister anzumelden.[120] Anschließend konnten die jungen Aktien durch eine schriftliche Erklärung gezeichnet werden.[121] Das weitere Verfahren entsprach den Gründungsvorschriften. Vor der Anmeldung der Kapitalerhöhung zum Handelsregister musste bei Bareinlagen ein Viertel des Nominalbetrages und ein entsprechendes Agio eingezahlt werden.[122] Aktien durften erst ausgegeben werden, nachdem die komplette Bareinlage geleistet worden war.[123] Der Erwerb eigener Aktien war seit 1884 in bestimmten Fällen möglich. Der

---

112 Vgl. Heribert Hirte: Kapitalmaßnahmen. Kapitalerhöhungen und Kapitalherabsetzungen, in: Walter Bayer/Mathias Habersack (Hg.): Aktienrecht im Wandel. Bd. II: Grundsatzfragen des Aktienrechts. Tübingen 2007, S. 827–892, hier 842.

113 Vgl. § 210a ADHGB 1870.

114 Vgl. § 222 ADHGB 1870.

115 Vgl. § 209b ADHGB 1870.

116 Vgl. § 215a ADHGB 1884.

117 Vgl. § 215a ADHGB 1884.

118 Vgl. § 207 ADHGB 1884.

119 Vgl. § 215a ADHGB 1884.

120 Vgl. § 215a ADHGB 1884.

121 Vgl. § 215b ADHGB 1884.

122 Vgl. § 215b ADHGB 1884.

123 Vgl. § 215c ADHGB 1884.

Gesetzgeber verzichtete auf ein vollständiges Verbot.[124] Die Vorschriften für Kapitalerhöhungen von 1884 gingen mit kleinen Änderungen in das Handelsgesetzbuch 1897 über.[125] Neu war die Pflicht, Sacheinlagen bei Kapitalerhöhungen im Kapitalerhöhungsbeschluss genau anzugeben.[126]

Die Zulassung und der Handel von Aktien an der Berliner Börse wurde vor der Phase der Regulierung durch die Börsenbetreiber geregelt. Seit 1882 war dafür das Börsenkommissariat zuständig. Die Börsenverordnung enthielt erstmals Vorschriften für die Zulassung von neuen Aktien. Sie schrieb vor, dass Unternehmen ein Prospekt veröffentlichen mussten. Im Prospekt sollten bestimmte Informationen genannt werden, damit Investoren sich über die wirtschaftliche Situation des Unternehmens vor dem Kauf von Aktien informieren konnten.[127] Das Börsengesetz von 1896 beendete die Phase der Selbstregulierung des Aktienmarkts und führte präzisere Vorschriften für die Zulassung und den Handel von Aktien ein. Ein staatliches Organ – der Staatkommissar – war für die Überwachung des gesamten Geschäftsverkehrs an der Börse zuständig.[128] Die Börsenzulassungsstelle übernahm die Zulassung von Wertpapieren. Das Börsengesetz schrieb für neu gegründete Unternehmen zum Schutz des Publikums vor, dass sie erst nach einem Jahr und nach Veröffentlichung einer Gewinn- und Verlustrechnung Aktien emittieren durften.[129] Zu den zentralen Aufgaben der Börsenzulassungsstelle gehörte die Prüfung des Prospekts.[130] Das Prospekt wurde standardisiert und enthielt Informationen unter anderem über die Höhe der Emission, die Dividende, die Bilanz, die Bezugsrechte und die Stimmrechte.[131] Alle Beteiligten, die das Prospekt erstellten, waren für vorsätzlich falsche Angaben persönlich haftbar.[132]

Das Aktiengesetz enthielt bereits seit 1861 erste Vorschriften für Fusionen, die die Verschmelzung zur Aufnahme regelten. Das ADHGB sah die Auflösung einer Aktiengesellschaft durch die Übertragung ihres Vermögens und ihrer Schulden an eine andere Gesellschaft gegen Gewährung von Aktien vor.[133] Mit der Verschmelzung erlosch die Gesellschaft liquidationslos. Eine Verschmelzung durch Neugründung wurde noch nicht geregelt. Für die Fusion waren noch bis 1870 eine staatliche Genehmigung und zusätzlich ein Beschluss der Aktionäre notwendig.[134] Einen

124 Vgl. § 215d ADHGB 1884. Die Vorschriften für den Erwerb eigener Aktien wurden in der Notverordnung vom 19.9.1931 erweitert. Aktiengesellschaften durften eigene Aktien nur zur Schadensabwehr erwerben.

125 Vgl. § 278 HGB 1897.

126 Vgl. § 279 HGB 1897.

127 Vgl. Burhop: Regulierung und Selbstregulierung (wie Anm. 75), S. 37.

128 Vgl. § 2 BörsG 1896.

129 Vgl. § 39 BörsG 1896.

130 Vgl. § 36 BörsG 1896.

131 Vgl. Burhop: Regulierung und Selbstregulierung (wie Anm. 75), S. 46 ff.

132 Vgl. § 43 BörsG.

133 Vgl. § 215 und § 247 ADHGB 1861.

134 Vgl. § 247 ADHGB 1861.

besonderen Gläubigerschutz setzte das ADHGB nicht fest. Der Gesetzgeber schrieb jedoch vor, das Vermögen der aufzulösenden Gesellschaft getrennt zu verwalten, bis alle Gläubiger befriedigt waren.[135] Diese Regelungen bildeten die wesentlichen Grundzüge der Verschmelzung und wurden 1897 nur in einigen Punkten ergänzt. Eine Fusion konnte auch mit vorausgehender Liquidation durchgeführt werden.[136] Zudem wurde der Gläubigerschutz konkretisiert. Die Vereinigung der beiden Vermögen war erst nach einer Sperrfrist von einem Jahr möglich, nachdem die Gläubiger der aufgelösten Gesellschaft zur Anmeldung ihrer Forderung aufgefordert worden waren.[137] Nicht ganz eindeutig war die Frage, inwiefern eine Leistung in Geld und nicht in Aktien an die Aktionäre der übertragenden Gesellschaft als Gegenleistung für die Vermögensübertragung erlaubt war.[138]

Insgesamt enthielt die Gesetzgebung um 1900 noch Lücken und deckte nicht alle Bereiche ab. So gab es im Gesetz wenige Vorschriften für verschiedene Kooperations- und Konzentrationsformen. Unter anderem fehlte ein Konzernrecht.

2.3 Private Umsetzung: Corporate Governance in der Unternehmensverfassung

2.3.1 Deutsche Bank

2.3.1.1 Machtverteilung

Die Deutsche Bank wurde 1870 in Berlin noch vor dem Erlass der ersten Aktienrechtsnovelle gegründet und bedurfte einer staatlichen Genehmigung. Eine Konzession für eine Aktienkreditbank von der preußischen Regierung zu bekommen war nicht leicht, denn diese hatte sie bisher nur an ausgewählte Finanzinstitute wie 1848 an den A. Schaaffhausen'schen Bankverein in Köln in der Notlage vergeben. Andere Banken wie die Disconto-Gesellschaft wurden entweder in der Rechtsform einer KGaA oder in konzessionsfreien Ländern gegründet.[139]

Die Initiative zur Gründung der Deutschen Bank ging vom Privatbankier Adelbert Delbrück aus, der seit 1869 die Idee verfolgte, eine deutsche Bank für den Außenhandel zu gründen. Der internationale Handel wurde bis dato von englischen Kreditbanken abgewickelt und sollte mit einer deutschen Aktienbank vom Finanzplatz London unabhängig werden.[140] Im Frühsommer 1869 bildete sich ein sechsköpfiges Grün-

135 Vgl. § 247 ADHGB 1861.

136 Vgl. § 305 HGB 1897.

137 Vgl. § 306 HGB 1897.

138 Vgl. Rüdiger Veil: Umwandlungen, in: Walter Bayer/Mathias Habersack (Hg.): Aktienrecht im Wandel. Bd. II: Grundsatzfragen des Aktienrechts. Tübingen 2007, S. 1059–1095, hier 1070.

139 Vgl. Burhop: Die Kreditbanken (wie Anm. 49), S. 92.

140 Vgl. Dahlem: Die Professionalisierung (wie Anm. 54), S. 33.

dungskomitee, welches das neue Projekt realisierte. Das Gründungskomitee verschickte im Juli 1869 einen ersten Statutenentwurf und einen Geschäftsplan an verschiedene Vertreter des Bankensektors in ganz Deutschland, um eine möglichst breite Resonanz zu bekommen.[141] Die Konzessionsverhandlungen mit der preußischen Regierung wurden Anfang Januar 1870 geführt. Das preußische Staatsministerium sprach sich für eine Konzession im Februar 1870 aus, verlangte aber einige Änderungen des ersten Statuts. Ausschlaggebend für die positive Entscheidung Preußens war vor allem ein Konkurrenzprojekt in Hamburg, die Gründung der Internationalen Bank, das den Finanzplatz Hamburg gegenüber Berlin in Deutschland stärken sollte. Dem wollte man entgegenwirken.[142] An der Unternehmensverfassung kritisierte die Regierung vor allem die Regelungen zum Bezugsrecht und zur Reservebildung. Der ursprüngliche Entwurf sprach den ersten Zeichnern das Recht zu, bei späteren Kapitalerhöhungen die jungen Aktien zu pari beziehen zu können. Am Ende einigten sich die Verhandlungspartner auf die Einschränkung, dass das Bezugsrecht nur für diejenigen galt, die zum Zeitpunkt der Kapitalerhöhung noch im Besitz ihrer Aktien waren.[143] Das Staatsministerium verlangte zudem eine Reservebildung im Umfang von 10 Prozent des Jahresgewinns, was von der Bank als zu hoch eingestuft wurde. Nach dem endgültigen Statut mussten 10 Prozent des verbleibenden Reingewinns nach Dividendenzahlungen an den Reservefonds überwiesen werden.[144] Die Staatsaufsicht war hier durchaus effektiv, denn sie glich die fehlende Regulierung durch das Gesetz aus und führte zu einer Verbesserung der Unternehmensverfassung. Das Statut der Deutschen Bank wurde nach einer Revision schließlich am 10. März 1870 von der preußischen Regierung genehmigt. Die preußische Regierung hatte ein Interesse daran, einen Überblick über die Tätigkeiten der Deutschen Bank zu behalten. So bestimmte das Statut von 1870, dass staatliche Kommissare jederzeit eine Generalversammlung einberufen und Rechnungsbücher der Deutschen Bank einsehen durften. Dieser Artikel entfiel mit dem Erlass der ersten Aktiennovelle.

Die Machtverteilung fiel bei der Deutschen Bank in der Unternehmensverfassung von 1870 zugunsten des Aufsichtsrats[145] aus (Tabelle 4). Der Aufsichtsrat war bei der Deutschen Bank in der Unternehmensverfassung 1870 besser aufgestellt als in der Gesetzgebung von 1861. Er sicherte sich zu Beginn eine starke Position, indem er nicht nur die retrospektive Kontrolle ausübte, sondern aktiv Einfluss auf die Unternehmensstrategie des Vorstandes nahm. Er hatte die Möglichkeit, die Finanz- und Investitionsplanung des Unternehmens zu bestimmen. Der Vorstand war an direkte

141 Vgl. Burhop: Die Kreditbanken (wie Anm. 49), S. 92.
142 Vgl. Dahlem: Die Professionalisierung (wie Anm. 54), S. 34.
143 Vgl. Fritz Seidenzahl: 100 Jahre (wie Anm. 54).
144 Vgl. Burhop: Die Kreditbanken (wie Anm. 49), S. 93.
145 Der Aufsichtsrat hieß am Anfang Verwaltungsrat und wurde 1889 umbenannt.

Weisungen des Aufsichtsrats gebunden.[146] Die Entscheidung über eine Kapitalerhöhung fiel ausdrücklich dem Aufsichtsrat zu.[147] Zudem entschied er u. a. über die Errichtung von Filialen, die Gewährung von Krediten und die Ankäufe und Verkäufe von Wertpapieren.[148] Zu seinen Aufgaben gehörten die Prüfung der Jahresrechnung und Bilanz und die Bestimmung der Dividende.[149] Zwar erstellte der Vorstand den Jahresabschluss, doch schrieb das Statut ausdrücklich vor, dass der Aufsichtsrat hinzugezogen werden musste. Bei Unstimmigkeiten hatte der Aufsichtsrat ein Vetorecht.[150] Der Aufsichtsrat sollte zudem die Modalität für die Einzahlung von Aktien festsetzen und konnte eine Vollzahlung verlangen.[151]

Zu den regulären Aufgaben des Aufsichtsrats zählten zudem die Bestellung und Abberufung der Vorstandsmitglieder und die Einberufung der Generalversammlung.[152] Der Aufsichtsrat setzte sich anfangs aus 24 Mitgliedern zusammen, die für vier Jahre von der Generalversammlung gewählt wurden, und hatte einen Vorsitzenden.[153] Die Sitzungen des Aufsichtsrats mussten mindestens einmal vierteljährlich vom Vorsitzenden oder drei Aufsichtsratsmitgliedern bzw. einem Direktor einberufen werden.[154] Für die Beschlussfassung waren eine absolute Mehrheit und die Anwesenheit von sieben Mitgliedern, bei bestimmten Abstimmungen 13 erforderlich.[155] Das Statut von 1923 erleichterte aufgrund der Hyperinflation das Abstimmungsverfahren, indem es in eiligen Fälligen eine schriftliche Stimmabgabe erlaubte.[156] Im Zuge der Fusion mit der Disconto-Gesellschaft 1929 ernannte der Aufsichtsrat einen Ehrenpräsidenten und zwei gleichberechtigte Vorsitzende, die jeweils abwechselnd für ein Jahr das Amt übernahmen.[157] Somit löste die Verwaltung das Problem, welche der beiden Banken den Vorsitzenden stellen sollte. Trat bei Beschlussfassungen des Aufsichtsrats Stimmengleichheit ein, war nun das Votum des Vorsitzenden ausschlaggebend.[158] Der Aufsichtsrat konnte von Anfang an einen Fünfer-Ausschuss ernennen, ihm die fortlaufende Überwachung der Geschäfte übertragen.[159] Da der Aufsichtsrat zu Beginn relativ groß war, ermöglichte die Bildung

146 Vgl. § 28 Statut der Deutschen Bank 1870.
147 Vgl. ebd.
148 Vgl. ebd.
149 Vgl. ebd.
150 Vgl. ebd., § 39.
151 Vgl. ebd., § 9.
152 Vgl. ebd., § 16, § 19 und § 30.
153 Vgl. ebd., § 23.
154 Vgl. ebd., § 26.
155 Vgl. ebd., § 27. Ab 1899 genügten eine einfache Mehrheit und die Anwesenheit von einem Drittel bzw. der Hälfte der Mitglieder (vgl. § 23 Statut der Deutschen Bank 1899).
156 Vgl. § 21 Statut der Deutschen Bank 1923.
157 Vgl. § 15 Statut der Deutschen Bank 1929.
158 Vgl. ebd., § 16.
159 Vgl. § 28 Statut der Deutschen Bank 1870.

von Ausschüssen eine effiziente Arbeitsweise des Gremiums. Doch hatte dieser Mechanismus zugleich einen negativen Effekt, denn er konnte von den Gründern dazu genutzt werden, um ihren Einfluss auf die Gesellschaft zu erhalten. Sowohl Mitglieder des Aufsichtsrats als auch des Vorstandes konnten nur Personen sein, die einen bestimmten Aktienbesitz hatten.[160] Erst die Satzung von 1923 schaffte diese Anforderung ab.

Die Generalversammlung der Aktionäre war in der ersten Unternehmensverfassung noch schwach aufgestellt. Die Aktionäre durften nicht über Kapitalmaßnahmen abstimmen. Sie stimmten über Satzungsänderungen und Liquidation der Gesellschaft ab und durften über die Verwendung des Bilanzgewinns wie 1861 vorgeschrieben entscheiden.[161]

Die formale Machtverteilung änderte sich bei der Deutschen Bank zwischen 1881 und 1889. Der Vorstand und die Generalversammlung wurden gestärkt und die Befugnis des Aufsichtsrats, Einfluss auf die Unternehmenspolitik zu nehmen, eingeschränkt. Der Vorstand war seit 1889 keinen direkten Weisungen unterworfen. Seine Leitungsmacht war beschränkt durch die Vorgaben im Statut und der vom Aufsichtsrat erstellten Geschäftsordnung.[162] Kapitalerhöhungen fielen nicht mehr ausdrücklich in den Geschäftsbereich des Aufsichtsrats.[163] Für die Erstellung des Rechnungsabschlusses musste der Vorstand nicht mehr den Aufsichtsrat hinzuziehen.[164] Der Aufsichtsrat bestimmte nicht mehr die Dividende.[165] Der Aufsichtsrat behielt sich 1889 und in den nachfolgenden Unternehmensverfassungen jedoch das Recht vor, die Investitionspolitik mitzugestalten. Das Statut legte fest, dass der Aufsichtsrat in der Geschäftsordnung bestimmen konnte, für welche Geschäftsbeschlüsse und Kreditgewährungen seine Zustimmung notwendig war.[166] Auch legte der Aufsichtsrat bei Kapitalerhöhungen den Ausgabekurs junger Aktien fest.[167]

Aktionäre mussten seit 1881 über Kapitalmaßnahmen[168] und seit 1899 über Fusionen[169] abstimmen. Demnach fielen Kapitalerhöhungen ausdrücklich in den Bereich der Generalversammlung. Die Generalversammlung durfte jedoch nicht Revisoren für die Prüfung des Jahresabschlusses bestellen. Dafür war der Aufsichtsrat bis 1923 zuständig.[170]

160 Vgl. ebd., § 21 und § 24.
161 Vgl. ebd., § 46, § 44 und § 32.
162 Vgl. § 28 Statut der Deutschen Bank 1889.
163 Vgl. ebd., § 4.
164 Vgl. ebd., § 39.
165 Vgl. ebd., § 28.
166 Vgl. § 28 Statut der Deutschen Bank 1889.
167 Vgl. § 4 Statut der Deutschen Bank 1881.
168 Vgl. § 4 Statut der Deutschen Bank 1881.
169 Vgl. ebd, § 38.
170 Vgl. § 28 Statut der Deutschen Bank 1889.

Eine erneute Verschiebung der Machtverteilung zugunsten des Vorstandes fand in den 1920er Jahren statt. Nach dem Statut von 1929 war der Vorstand dafür zuständig, die Arbeitsgebiete unter sich aufzuteilen[171]. Auch entfiel die Regelung, dass der Aufsichtsrat bei Kapitalerhöhungen den Ausgabekurs junger Aktien festlegte.[172]

Tabelle 4: Machtverteilung bei der Deutschen Bank, 1870–1930.

	Statut 1870	Änderung
Vorstand	Geschäftsführung	
	Jahresabschluss	
	Statut und Weisungen des AR sind bindend	Statut und Geschäftsordnung sind bindend (1889)
Aufsichtsrat	Überwachung	Entfällt (1881)
Befugnisse	Kapitalerhöhungen	
	Unternehmenspolitik (u. a. Kredite)	Einschränkung (1889)
	Prüfung des Jahresabschlusses	
	Festlegung der Dividende	Entfällt (1889)
	Einberufung der Generalversammlung	
	Bestellung und Abberufung von Vorstandsmitgliedern	
		Wahl von Revisoren (1889–1923)
		Ausgabekurs junger Aktien (1881–1929)
		Geschäftsabschlüsse und Kredite (1889)
Zustimmungsvorbehalte	Keine	
Generalversammlung	Satzungsänderungen	
	Auflösung der Gesellschaft	
	Bestellung der Aufsichtsratsmitglieder	
	Verwendung des Bilanzgewinns	
		Kapitalmaßnahmen (1881)
		Fusionen (1899)

Quelle: Eigene Zusammenstellung, Unternehmensverfassungen.

2.3.1.2 Aktionärsrechte

In diesem Unterkapitel liegt der Fokus auf der Umsetzung der gesetzlichen Aktionärsrechte in der Unternehmensverfassung der Deutschen Bank. Dazu habe ich die dispositiven Vermögens- und Verwaltungsrechte zusammengefasst, die der Gesetzgeber

171 Vgl. § 9 Statut der Deutschen Bank 1929.

172 Vgl. ebd., § 1.

den Aktionären zwischen 1861 und 1897 gewährte und die in der Unternehmensverfassung geändert werden konnten. Dazu gehören „Garantierte Mindestdividende", „Superdividende", „One Share – One Vote", „Proxy Voting", „Keine Sonderrechte für Aktionärsgruppen", „25 % Sperrminorität bei Satzungsänderungen, Kapitalmaßnahmen, Fusionen und Auflösung der Gesellschaft", „Bestimmung der Tagesordnung auf der außerordentlichen Generalversammlung", „Einberufung einer außerordentlichen Generalversammlung". Für diese Aktionärsrechte habe ich in der Tabelle 5 eine Kordierung vorgenommen und sie mit der Unternehmensverfassung der Deutschen Bank abgeglichen. Wenn das oben aufgeführte Aktionärsrecht in der Unternehmensverfassung der Deutschen Bank enthalten war, habe ich 0,5 Punkte bzw. einen Punkt vergeben. Bei Nicht-Aufnahme des Aktionärsrechts in der Unternehmensverfassung gab es 0 Punkte. Wenn ein Unternehmen alle gesetzlichen

Tabelle 5: Aktionärsrechte bei der Deutschen Bank, 1870–1930. Diese Tabelle fasst wichtige Aktionärsrechte zusammen, die das Gesetz den Aktionären zwischen 1861 und 1897 garantierte und die in der Unternehmensverfassung verändert bzw. ausgeschlossen werden konnten. Kodierung: Garantierte Mindestdividende: Gleich 1, wenn vorgeschrieben; Ansonsten 0. One share – one vote: Gleich 1, wenn Unternehmen keine Einschränkungen des Stimmrechts, Mehrstimmrechts- bzw. Vorzugsaktien und Höchststimmrechte haben; Ansonsten gleich 0. Superdividende: Gleich 1, wenn vorgesehen; Ansonsten gleich 0. Proxy Voting: Gleich 1, wenn vorgesehen ohne Einschränkung; Gleich 0,5 mit Einschränkung; Ansonsten gleich 0. Keine Sonderrechte für Aktionäre: Gleich 1, wenn nicht vorgesehen sind; Ansonsten gleich 0. 25 % Sperrminorität: Gleich 1, wenn vorgesehen; Ansonsten gleich 0. Bestimmung der Tagesordnung auf der außerordentlichen Generalversammlung: Gleich 1, wenn Aktionäre mit 5 % oder drunter die Tagesordnung bestimmen können; Gleich 0,5, mit 10 % oder drunter; Ansonsten Gleich 0. Einberufung der außerordentlichen Generalversammlung: Gleich 1, wenn Aktionäre mit 5 % oder darunter die außerordentliche Generalversammlung einberufen können; Gleich 0,5, mit 10 % oder drunter; Ansonsten Gleich 0.

	1870	Änderung
Garantierte Mindestdividende (%)	1 (5%)	
Superdividende	1	
One Share – One Vote	0	1 (1889)
Proxy Voting	0,5	1 (1899)
Keine Sonderrechte für Aktionärsgruppen	0	1 (1873)
25 % Sperrminorität bei Satzungsänderungen, Kapitalmaßnahmen, Fusionen und Auflösung der Gesellschaft	0	1 (1923)
Bestimmung der Tagesordnung auf der außerordentlichen Generalversammlung	1	
Einberufung einer außerordentlichen Generalversammlung	1	
Gesamt	4,5	8

Quelle: Eigene Zusammenstellung, Unternehmensverfassungen.

Empfehlungen bzgl. des Aktionärsschutzes in der Unternehmensverfassung umgesetz hat, würde es einen Wert von 8 Punkten erreichen. Mit dieser Kodierung ist es möglich zu schauen, wie gut Unternehmen den vom Gesetzgeber empfohlenen Aktionärsschutz von 1870 und 1897 umgesetzt haben und welche Unterschiede es zwischen den Unternehmen in der Implementierung gab. Der gesetzliche Aktionärsschutz war bei der Deutschen Bank in der ersten Unternehmensverfassung von 1870 noch niedrig. Er hatte einen Wert von 4,5 von 8. Allerdings war der Aktionärsschutz besser als die gesetzliche Lage von 1861 und dann 1870.

Die erste Unternehmensverfassung der Deutschen Bank schränkte die Stimmrechte der Aktionäre ein. Aktionäre brauchten fünf Aktien, um ihre Stimmrechte auf der Generalversammlung wahrzunehmen. Aktien mussten bei der Gesellschaft mindestens drei Tage vor der Teilnahme der Generalversammlung hinterlegt werden und waren somit blockiert.[173] Die Aktionäre durften nicht über Kapitalerhöhungen abstimmen. Zudem enthielt die Unternehmensverfassung Sonderrechte für die Gründer der Gesellschaft. Die ersten Zeichner durften bei Kapitalerhöhungen im Verhältnis ihres Bestandes neue Aktien zu pari beziehen.[174]

In anderen Punkten war die erste Unternehmensverfassung wiederum aktionärsfreundlich. In Bezug auf die Vermögensrechte garantierte die Deutsche Bank den Aktionären von Anfang an eine Mindestdividende von 5 Prozent und eine Superdividende. Bei der Verteilung des Bilanzgewinns kamen die Aktionäre an oberster Stelle und danach der Reservefonds, der Aufsichtsrat und der Vorstand mit einer 10-Prozent-Tantieme und schließlich wieder die Aktionäre.[175] 1889 rückte der gesetzliche Reservefonds vor die Aktionäre.[176] Die Tantieme des Aufsichtsrats wurde nun auf 8 bzw. 7 Prozent festgesetzt. Eine Tantieme für den Vorstand wurde nicht mehr bestimmt, die legte der Aufsichtsrat fest.[177]

Die erste Unternehmensverfassung enthielt auch wichtige Rechte, die der Gesetzgeber erst 1884 aufnahm. Aktionäre mussten über Satzungsänderungen abstimmen. Für die Beschlussfassung war eine Zweidrittelmehrheit notwendig, sodass 33,33 des Aktienkapitals Entscheidungen blockieren konnten.[178] Aktionäre durften sich durch andere stimmberechtige Aktionäre in der Generalversammlung vertreten lassen.[179] Aktionäre mit 4 Prozent des Aktienkapitals konnten eine außerordentli-

173 Vgl. § 29 Statut der Deutschen Bank 1870.

174 Vgl. ebd., § 4.

175 Vgl. ebd., § 41.

176 Vgl. § 41 Statut der Deutschen Bank 1889.

177 Vgl. § 18 und § 35 Statut der Deutschen Bank 1897.

178 Für die Auflösung der Gesellschaft war zusätzlich die Anwesenheit von 2/3 des Aktienkapitals auf der Generalversammlung notwendig (vgl. § 44 und § 46 Statut der Deutschen Bank 1870).

179 Vgl. ebd., § 29.

che Generalversammlung einberufen und alle Aktionäre konnten die Tagesordnung auf der Generalversammlung bestimmen.[180]

Wichtige Änderungen für den Aktionärsschutz nahm die Verwaltung 1873 und 1889 vor. 1873 schaffte sie die Sonderrechte für die Gründer ab und 1889 führte sie *One Share – One Vote* ein. Die Mehrheitserfordernisse bei Abstimmungen auf der Generalversammlung wurden in den nachfolgenden Jahren auch geändert. Für Kapitalerhöhungen war seit 1899 nur noch eine einfache Mehrheit notwendig, was zum Nachteil der Sperrminorität ging. Für Satzungsänderungen wurde die Zweidrittelmehrheit beibehalten. Für Kapitalherabsetzungen, Fusionen und die Auflösung der Gesellschaft verlangte die Unternehmensverfassung eine Dreiviertelmehrheit.[181] Erst 1923 orientierte sich die Unternehmensverfassung bei allen wichtigen Abstimmungen an der gesetzlichen Dreiviertelmehrheit und der Sperrminorität von 25 Prozent.[182] Damit hatte der Aktionärsschutz bei der Deutschen Bank den Wert 8 erreicht und alle gesetzlichen Standards erfüllt.

2.3.2 BHG

2.3.2.1 Machtverteilung

Die BHG wurde am 02.07.1856 von 16 deutschen Privatbankiers als Emissions- und Industriebank gegründet. Diese wollten ein neues Finanzinstitut als Ergänzung zu ihrem eigenen Geschäftsbetrieb errichten.[183] Ihre Entstehung fällt in die frühere Gründungsphase von Aktienkreditbanken, die seit 1820 einsetzte.[184] Die ersten Finanzinstitute entstanden, um einerseits notleidende Privatbankhäuser vor dem Konkurs zu bewahren und andererseits neue Finanzierungsmöglichkeiten bei Minimierung des Risikos zu schaffen. Aktienkreditbanken hatten den Vorteil, dass sie sich sowohl der Fremdkapital- als auch der Eigenkapitalfinanzierung von Unternehmen widmeten. Emissions- und Gründungstätigkeiten gehörten seit 1840 zum neuen Geschäftsbereich von Finanzintermediären.[185] Die Berliner Handels-Gesellschaft bildete sich in der Rechtsform einer KGaA. Seit dem ADHGB 1861 war zwar auch für die Gründung einer KGaA eine Konzession notwendig, doch mussten frühere Projekte nicht staatlich genehmigt werden. Zumindest findet sich bei der BHG

180 Vgl. ebd., § 31 und § 35. Seit 1889 waren 5 Prozent des Aktienkapitals notwendig, um eine außerordentliche Generalversammlung einzuberufen, und seit 1913 5 Prozent, um die Tagesordnung zu bestimmen.

181 Bei Kapitalherabsetzungen und der Auflösung zusätzlich die Anwesenheit von 2/3 des Aktienkapitals (vgl. § 38 und § 40 Statut der Deutschen Bank 1899).

182 Vgl. § 28, § 35 und § 36 Statut der Deutschen Bank 1923.

183 Vgl. Dahlem: Die Professionalisierung (wie Anm. 54), S. 165.

184 Vgl. Burhop: Die Kreditbanken (wie Anm. 49), S. 80–89.

185 Vgl. ebd., S. 85.

kein solcher Hinweis in der Unternehmensverfassung wie bei der Deutschen Bank. Die Kompetenzverteilung bei der BHG fiel im ersten Statut 1856 zugunsten der Eigentümer aus (Tabelle 6). Da es sich um eine KGaA handelte, übernahmen die persönlich haftenden Gesellschafter (Komplementäre) die Geschäftsführung des Unternehmens unter eigener Verantwortung.[186] Der Aufsichtsrat konnte nur bei Unstimmigkeiten der Komplementäre hinzugezogen werden.[187] Die Komplementäre waren für den Bereich Finanzierung des Unternehmens zuständig. Sie entschieden über Kapitalerhöhungen bis 90 Mio. M.[188] Zudem mussten alle Mitglieder Satzungsänderungen und die Bestellung eines neuen Komplementärs genehmigen.

Trotz der starken Stellung der Komplementäre war der Aufsichtsrat bei der BHG gut aufgestellt. Zu seinen Hauptaufgaben gehörte die Überwachung der Komplementäre. Er konnte sogenannte Kommissarien ernennen, die sich jederzeit einen Überblick über die Tätigkeiten der Geschäftsführung verschaffen, Finanzbücher einsehen und die Gesellschaftskasse revidieren durften.[189] Zudem vertrat der Aufsichtsrat die Kommanditaktionäre in ihrer Gesamtheit bei Rechtsstreitigkeiten mit den Komplementären. Er hatte wichtige Zustimmungsvorbehalte, die ihm die Kontrolle der Finanz- und Investitionspolitik der Komplementäre ermöglichte. Der Aufsichtsrat musste Kapitalerhöhungen bis 90 Mio. M und die Aufnahme von Anleihen genehmigen.[190] Zu seinen Aufgaben gehörte zudem, die von den Komplementären erstellte Jahresrechnung zu prüfen und die Dividende festzusetzen.[191] Der erste Aufsichtsrat setzte sich aus 13 Mitgliedern zusammen, die sechs Jahre im Amt blieben, und wurde von einem Vorsitzenden geleitet.[192] Dem Vorsitzenden kam eine wichtige Position zu, denn er übernahm auch die Leitung auf der Generalversammlung und bestimmte u. a. die Ordnung der Tagespunkte.[193] Der Aufsichtsrat kam zusammen, wenn mindestens drei Mitglieder oder der Vorsitzende eine Sitzung einberiefen.[194] Für Beschlüsse war die Anwesenheit von mindestens der Hälfte der Mitglieder und eine absolute Mehrheit notwendig.[195]

Die Generalversammlung war bei der BHG schwächer als die beiden anderen Organe. Aktionäre bestimmten nicht die Finanzpolitik des Unternehmens. Sie durften nur über Kapitalerhöhungen ab 90 Mio. M abstimmen. Dass eine so große Kapitalerhöhung in den ersten Jahren bevorstand, war unwahrscheinlich. Ansonsten hatte die Generalversammlung jedoch wichtige Kompetenzen, die ihr das Gesetz

186 Vgl. § 43 Statut BHG 1856.
187 Vgl. ebd., § 44.
188 Vgl. ebd., § 20 und § 9. (30 Mio. Taler wurden umgerechnet in 90 Mio. M).
189 Vgl. ebd., § 33.
190 Vgl. ebd., § 9.
191 Vgl. ebd., § 50.
192 Vgl. ebd., § 27.
193 Vgl. ebd., § 21.
194 Vgl. ebd., § 35.
195 Bei Stimmengleichheit entschied der Vorsitzende. Briefwahl war erlaubt (vgl. ebd., § 36).

erst 1861 und 1884 zuschrieb, und damit war die erste Unternehmensverfassung besser als das Gesetz. Die Generalversammlung entschied über Satzungsänderungen und die Auflösung der Gesellschaft sowie über die Verwendung der Bilanz.[196]

Die Generalversammlung wurde zwischen 1860 und 1885 gestärkt und die Komplementäre und der Aufsichtsrat geschwächt.[197] Die Finanzpolitik fiel in den Kompetenzbereich der Generalversammlung, denn nun mussten die Aktionäre über Kapitalerhöhungen abstimmen. Sie legte auch den Kurs der neuen Aktien fest.[198] Die Komplementäre waren nicht mehr ausdrücklich für Kapitalmaßnahmen verantwortlich. Die Komplementäre leiteten die Geschäfte der Gesellschaft nicht mehr unter eigener Verantwortung, sondern nach der Geschäftsordnung des Aufsichtsrats.[199] Eine Zustimmung bei Satzungsänderungen und Kapitalerhöhungen der Komplementäre entfiel. Der Aufsichtsrat erstellte zwar eine Geschäftsordnung, allerdings entfielen seine ganzen Zustimmungsvorbehalte von 1856. Es war auch nichts vorgeschrieben, was der Aufsichtsrat in der Geschäftsordnung festlegen sollte.[200] Die Unternehmensverfassung entsprach um 1900 nur noch den gesetzlichen Minimalanforderungen. Eine Verschiebung der Machtverteilung zugunsten der Komplementäre fand in den 1920er statt. Die Komplementäre leiteten die Geschäfte wieder unter eigener Verantwortung.[201] Für Satzungsänderungen war ausdrücklich die Erlaubnis aller Komplementäre notwendig.[202]

Tabelle 6: Machtverteilung bei der BHG, 1856–1930.

	Statut 1856	**Änderung**
Komplementäre	Geschäftsführung unter eigener Verantwortung	Geschäftsführung nach Geschäftsordnung (bis 1899–1925)
	Kapitalerhöhungen	Entfällt (1885)
	Bestellung von Komplementären	Entfällt (bis 1899–1925)
	Zustimmung bei Satzungsänderungen	Entfällt (bis 1899–1925)
	Jahresabschluss	

196 Vgl. ebd., § 13 und § 49.

197 Das genauere Jahr kann nicht bestimmt werden, da für diese Zeit keine Unternehmensverfassungen überliefert sind.

198 Vgl. § 8 Statut der BHG1899.

199 Vgl. ebd., § 35.

200 Vgl. ebd., § 25.

201 Vgl. § 16 Statut der BHG 1925.

202 Vgl. ebd., § 35.

Tabelle 6 (fortgesetzt)

	Statut 1856	Änderung
Aufsichtsrat	Überwachung	
Befugnisse	Vertretungsfunktion bei Rechtsstreitigkeiten mit Komplementären	
	Einberufung der Generalversammlung	
	Abberufung der Komplementäre	Bestellung und Abberufung von Komplementären (bis 1899)
		Erstellung einer Geschäftsordnung (bis 1899–1925)
Zustimmungsvorbehalte	Entscheidungen der Komplementäre	Entfällt (bis 1899–1925)
	Finanzierung (Kapitalerhöhungen und Anleihen)	Entfällt (bis 1885)
	Jahresabschluss und Dividende	
Generalversammlung	Kapitalerhöhungen ab 90 Mio. M	Kapitalerhöhungen und -herabsetzungen (1885)
	Verwendung des Bilanzgewinns	
	Satzungsänderungen	
	Auflösung der Gesellschaft	
	Bestellung der Aufsichtsratsmitglieder	Festsetzung des Ausgabekurses junger Aktien (bis 1885–1925)

Quelle: Eigene Zusammenstellung, Unternehmensverfassungen.

2.3.2.2 Aktionärsrechte

Der Aktionärsschutz in der ersten Unternehmensverfassung der BHG war im Vergleich mit den gesetzlichen Empfehlungen niedrig (Tabelle 7). Er hatte einen Wert von 2 von 8. Die Verwaltung schränkte sowohl die Stimm- als auch die Vermögensrechte der Aktionäre ein. Für die Teilnahme und Abstimmung auf der Generalversammlung verlangte sie 20 Aktien und die Hinterlegung der Aktien bei der Gesellschaft. Damit schloss sie Kleinaktionäre von der Wahrnehmung ihrer Verwaltungsrechte aus. Zudem sah sie Höchststimmrechte vor, die zu einem überproportionalen Stimmgewicht führten. Ein Aktionär durfte nur 50 Stimmen vereinigen.[203] Für die Abstimmung auf der Generalversammlung über Satzungsänderungen war eine absolute Mehrheit und für die Auflösung der Gesellschaft eine Dreiviertelmehrheit notwendig. Für Satzungsänderungen war demnach keine Sperrminorität von 25 Prozent vorgesehen.[204]

Die Gestaltung der Vermögensrechte war auch aktionärsfeindlich. Die Unternehmensverfassung enthielt keine garantierte Mindest- und Superdividende. Die Akti-

203 Vgl. § 19 Statut der BHG 1856.
204 Vgl. ebd., § 24 und § 59.

onäre kamen bei der Gewinnverteilung als letztes. Zuerst erhielten die Eigentümer und die Aufsichtsratsmitglieder eine Tantieme von 5 Prozent, danach der Reservefonds von 5 Prozent und der verbleibende Überschuss konnte schließlich an die Aktionäre ausgezahlt werden.[205] Darüber hinaus gewährte die erste Unternehmensverfassung den Komplementären Sonderrechte. Sie durften bei der Ausgabe neuer Aktien einen Teil von den 30 Mio. M zu festgesetzten Bedingungen beziehen.[206]

In drei Punkten war die Unternehmensverfassung aktionärsfreundlich. Die Unternehmensverfassung von 1856 erlaubte *Proxy Voting,* jedoch noch mit Einschränkung, die Einberufung der außerordentlichen Generalversammlung mit 6,67 Prozent des Aktienkapitals und 20 Komplementäre konnten zusammen die Tagesordnung bestimmen.[207]

Wichtige Änderungen für die Aktionäre führte die Verwaltung zwischen 1860 und 1885 durch. Die nachfolgenden Unternehmensverfassungen bestimmten eine Mindestdividende von 4 Prozent und eine Superdividende. Bis 1908 kamen die Aktionäre bei der Verteilung des Bilanzgewinns an erster Stelle.[208] Dann gestaltete sich die Verteilung wie folgt: 5 Prozent zum Reservefonds, 4 Prozent Dividende, Tantieme der Komplementäre bis höchstens 15 Prozent, 6 Prozent Tantieme für Aufsichtsratsmitglieder und der Rest als Superdividende an die Aktionäre.[209] Die Sonderrechte für die Komplementäre bei Aktienemissionen wurden ebenfalls zwischen 1860 und 1885 abgeschafft. Eine Lockerung des Stimmrechts für die Aktionäre auf der Generalversammlung wurde bis 1884 erreicht. Für die Stimmabgabe war ein Aktienbesitz von 1.000 M notwendig.[210] Aktionäre, die Aktien im Wert von 333 1/3 und 500 M hatten, waren benachteiligt gegenüber den Besitzern von Aktien im Wert von 1.000 M. *One Share – One Vote* führte die Verwaltung erst 1924 bei der Umstellung des Aktienkapitals auf RM für alle Aktionäre ein.[211] Über eine Kapitalerhöhung stimmten die Aktionäre erstmals 1886 auf der außerordentlichen Generalversammlung ab. Für Kapitalerhöhungen und Satzungsänderungen war weiterhin eine Zweidrittelmehrheit vorgesehen.[212] Die BHG führte die gesetzliche Sperrminorität von 25 Prozent nicht ein. Insgesamt verbesserte sich die Situation der Aktionäre zwischen 1860 und 1885 sowie 1924, sodass der Aktionärsschutz einen Wert von 7 erreichte.

205 Vgl. ebd., § 51.
206 Vgl. ebd., § 9. (10 Mio. Taler wurden in 30 Mio. M umgerechnet).
207 Vgl. ebd., § 20 und § 22.
208 Vgl. § 41 Statut der BHG 1899.
209 Vgl. § 41 Statut der BHG 1908.
210 Vgl. Saling's Börsen-Papiere Jg. 1884/1885, S. 274.
211 Vgl. § 30 Statut der BHG 1925.
212 Vgl. § 34 Statut der BHG 1928.

Tabelle 7: Aktionärsrechte bei der BHG, 1856–1930. Diese Tabelle fasst wichtige Aktionärsrechte zusammen, die das Gesetz den Aktionären zwischen 1861 und 1897 garantierte und die in der Unternehmensverfassung verändert bzw. ausgeschlossen werden konnten. Kodierung: Garantierte Mindestdividende: Gleich 1, wenn vorgeschrieben; Ansonsten 0. One share – one vote: Gleich 1, wenn Unternehmen keine Einschränkungen des Stimmrechts, Mehrstimmrechts- bzw. Vorzugsaktien und Höchststimmrechte haben; Ansonsten gleich 0. Superdividende: Gleich 1, wenn vorgesehen; Ansonsten gleich 0. Proxy Voting: Gleich 1, wenn vorgesehen ohne Einschränkung; Gleich 0,5 mit Einschränkung; Ansonsten gleich 0. Keine Sonderrechte für Aktionäre: Gleich 1, wenn nicht vorgesehen sind; Ansonsten gleich 0. 25 % Sperrminorität: Gleich 1, wenn vorgesehen; Ansonsten gleich 0. Bestimmung der Tagesordnung auf der außerordentlichen Generalversammlung: Gleich 1, wenn Aktionäre mit 5 % oder drunter die Tagesordnung bestimmen können; Gleich 0,5, mit 10 % oder drunter; Ansonsten Gleich 0. Einberufung der außerordentlichen Generalversammlung: Gleich 1, wenn Aktionäre mit 5 % oder darunter die außerordentliche Generalversammlung einberufen können; Gleich 0,5, mit 10 % oder drunter; Ansonsten Gleich 0.

	1856	**Änderung**
Garantierte Mindestdividende (%)	0	1 (4%) (bis 1884)
Superdividende	0	1 (bis 1884)
One Share – One Vote	0	1 (1924)
Proxy Voting	0,5	1 (1908)
Keine Sonderrechte für Aktionärsgruppen	0	1 (bis 1884)
25 % Sperrminorität bei Satzungsänderungen, Kapitalmaßnahmen, Fusionen und Auflösung der Gesellschaft	0	
Bestimmung der Tagesordnung auf der außerordentlichen Generalversammlung	1	
Einberufung einer außerordentlichen Generalversammlung	0,5	1 (1908)
Gesamt	2	7

Quelle: Eigene Zusammenstellung, Unternehmensverfassung.

2.3.3 AEG

2.3.3.1 Machtverteilung

Siemens und AEG waren zwei wichtige Vertreter aus der Elektroindustrie, einem neuen aufstrebenden Bereich während der zweiten industriellen Revolution seit den 1880er Jahren in Deutschland. Sie sind beide nach dem Erlass der Aktienrechtsnovelle 1884 unter Beteiligung eines Bankenkonsortiums entstanden. Die AEG ging aus der durch Emil Rathenau gegründeten Deutschen Edison Gesellschaft für angewandte Elektricität (DEG) hervor, die sich im März 1883 formierte. Sie hatte die ausschließlichen Nutzungsrechte für die Edison-Patente zum Verkauf und der Fabrikation von

Glühlampen.[213] Am 23. Mai 1887 wurde das Unternehmen in die AEG umgewandelt, die sich auf das gesamte Geschäft der Elektrotechnik konzentrieren sollte. Emil Rathenau beschloss die Umwandlung, um sich zum einen von der ausländischen Edison-Gesellschaft zu trennen und das Arbeitsgebiet auszuweiten und zum anderen neue Finanzierungsquellen zu beschaffen.[214] Für die AEG traten mit der Auflösung der Deutschen Edison Gesellschaft neue Verträge und eine neue Unternehmensverfassung in Kraft. Die Unternehmensverfassung der AEG umfasste drei entscheidende Änderungen im Vergleich zu ihrer Vorgängerin. Sie verzichtete auf das Bezugsrecht bei Kapitalerhöhungen für Altaktionäre, schränkte bestimmte Sonderrechte des Aufsichtsrats ein und schaffte sogenannte Genussscheine ab, die stimmrechtslosen Vorzugsaktien ähnelten.

Die Machtverteilung bei der AEG fiel in der ersten Unternehmensverfassung zugunsten des Aufsichtsrats und der Generalversammlung aus (Tabelle 8). Der Vorstand war an direkte Weisungen des Aufsichtsrats gebunden.[215] Der Aufsichtsrat hatte neben den regulären Befugnissen wie die Überwachung der Geschäftsführung, Prüfung des Jahresabschlusses oder die Bestellung und Abberufung der Vorstandsmitglieder zusätzliche Zustimmungsvorbehalte.[216] Damit konnte er die Finanzierungs- und Investitionspolitik beeinflussen. Der Aufsichtsrat musste beim An- und Verkauf von Immobilien und bei der Ausgabe von Anleihen zustimmen.[217] Bei der AEG hatten einzelne Aufsichtsratsmitglieder die Möglichkeit, an der Geschäftsführung für sechs Monate mitzuwirken, indem sie sich zu Stellvertretern wählen ließen.[218] Die Unternehmensverfassung der AEG sah einen kleinen Aufsichtsrat vor. Er konnte sich zwischen 7 und 12 Mitgliedern zusammensetzen, die für fünf Jahre gewählt wurden.[219] Der Vorsitzende des Aufsichtsrats war für die Leitung der Generalversammlung zuständig und hatte ein Vetorecht, wenn bei Abstimmungen des Aufsichtsrats Stimmengleichheit auftrat. Für die Beschlussfassung des Aufsichtsrats war die Anwesenheit von mindestens der Hälfte ihrer Mitglieder und eine absolute Mehrheit notwendig.[220] Seit 1905 konnte der Aufsichtsrat Ausschüsse bilden und ihnen bestimmte Aufgaben übertragen.[221]

Die Generalversammlung war bei der AEG wie der Aufsichtsrat stark aufgestellt. Sie entschied über Kapitalerhöhungen. Auch stimmten die Aktionäre von Anfang an über Satzungsänderungen, Kapitalherabsetzungen, Fusionen und die Auflösung

213 Vgl. Manfred Pohl: Emil Rathenau (wie Anm. 49), S. 39.
214 Vgl. ebd., S. 65.
215 Vgl. § 13 Statut der AEG 1887.
216 Vgl. ebd., § 11 und § 24.
217 Vgl. ebd., § 14.
218 Währenddessen musste ihr Aufsichtsratsmandat jedoch ruhen.
219 Vgl. § 15 Statut der AEG 1887. Ab 1890 wurden die Aufsichtsratsmitglieder für vier Jahre gewählt.
220 Briefwahl war erlaubt (vgl. ebd., § 18).
221 Vgl. § 18 Statut der AEG 1905.

der Gesellschaft ab.[222] Die Aktionäre mussten den Bilanzgewinn genehmigen und die Revisoren für die Überprüfung des Jahresabschlusses bestimmen.[223] Die Generalversammlung musste mindestens 17 Tage vor dem Stattfinden einberufen werden und gab den Aktionären genügend Zeit, sich anzumelden.[224]

Die Machtverteilung änderte sich bei der AEG in den nachfolgenden Jahren kaum. 1905 erhielt der Aufsichtsrat noch mehr Einfluss. Die Unternehmensverfassung verlangte eine Genehmigung des Aufsichtsrats bei „dauernden Investitionen" oder der Gewährung von Krediten von mehr als zwei Prozent des Aktienkapitals.[225] 1922 waren es Beträge von 10 Prozent des Aktienkapitals.[226] Auffällig für die AEG ist, dass nach dem Generalversammlungsbeschluss von 1903 der Delegationsrat als ein weiteres Gremium in der Gesellschaft fungierte und für einen kurzen Zeitraum die Machtverhältnisse veränderte. Der Delegationsrat ist aus der Interessengemeinschaft zwischen der AEG und der Union-Elektricitäts-Gesellschaft (UEG) hervorgegangen und setzte sich aus den Mitgliedern beider Gesellschaften zusammen. Auf der Hierarchieebene stand der Delegationsrat über dem regulären Aufsichtsrat, da ihm bei bestimmten Geschäften ein Vetorecht zufiel.[227] In seinen Sitzungen beriet er beispielweise über Satzungsänderungen, Fusionen und Kapitalveränderungen.[228] Der Delegationsrat entfiel jedoch 1904 nach der Fusion zwischen den beiden Gesellschaften. Danach trat wieder die gewohnte Machtverteilung zwischen dem Vorstand, dem Aufsichtsrat und der Generalversammlung ein.

2.3.3.2 Aktionärsrechte

Der Aktionärsschutz war bei der AEG 1887 mit einem Wert von 3 im Vergleich zu den gesetzlichen Empfehlungen niedrig (Tabelle 9). Die AEG schränkte die Stimm- und Vermögensrechte der Aktionäre teilweise ein. Bei der AEG mussten Aktionäre fünf Aktien besitzen, um eine Stimme abzugeben. *One Share – One Vote* galt allerdings für wichtige Unternehmensentscheidungen wie Satzungsänderungen, Kapitalerhöhungen und -herabsetzungen, Fusionen und Auflösung der Gesellschaft.[229] Die erste Unternehmensverfassung der AEG sah keine garantierte Mindest- und Superdividende vor. Die Aktionäre sollten eine von der Generalversammlung festgesetzte Dividende erhalten. Der Bilanzgewinn wurde nach der Reihenfolge verteilt: 5 Prozent an den Reservefonds, Dividende an die Aktionäre, 5 Prozent Tantieme an Aufsichtsratsmitglieder und ver-

222 Vgl. § 26 Statut der AEG 1887.
223 Vgl. ebd., § 24.
224 Vgl. ebd., § 19.
225 Vgl. § 23 Statut der AEG 1905.
226 Vgl. § 23 Statut der AEG 1920.
227 Vgl. § 17 Statut der AEG 1903.
228 Vgl. ebd., § 23.
229 Vgl. § 20, § 26 und § 27 Statut AEG 1887.

Tabelle 8: Machtverteilung bei der AEG, 1887–1930.

	Statut 1887	Änderung
Vorstand	Geschäftsführung Jahresabschluss Statut und Weisungen des AR sind bindend	
Aufsichtsrat Befugnisse	Überwachung Errichtung von Filialen Prüfung des Jahresabschlusses Einberufung der Generalversammlung Bestellung und Abberufung von Vorstandsmitgliedern An- und Verkauf von Immobilien	
Zustimmungsvorbehalte	Ausgabe von Anleihen	
		Investitionen und Kredite (1905)
Generalversammlung	Satzungsänderungen Kapitalmaßnahmen Fusionen Auflösung der Gesellschaft Bestellung der Aufsichtsratsmitglieder Verwendung des Bilanzgewinns Wahl von Revisoren	

Quelle: Eigene Zusammenstellung, Unternehmensverfassungen.

tragsmäßige Tantieme an den Vorstand.[230] Die erste Unternehmensverfassung enthielt darüber hinaus Sonderrechte für einzelne Aktionärsgruppen. Sie erlaubte die Ausgabe von Vorzugsaktien mit einem Vorzug bei der Verteilung der Dividende und beim Liquiditätserlös.[231] Für die Abstimmung über wichtige Unternehmensentscheidungen war keine Sperrminorität von 25 Prozent vorgesehen. Die Unternehmensverfassung verlangte für Satzungsänderungen, Kapitalerhöhungen und -herabsetzungen und die Auflösung der Gesellschaft eine Zweidrittelmehrheit und demnach eine Sperrminorität von 33,67 Prozent. Fusionen konnten dagegen nur mit einer Dreiviertelmehrheit und der Anwesenheit der Hälfte des Aktienkapitals genehmigt werden.[232]

Aktionärsfreundlich war die Unternehmensverfassung in drei Punkten: *Proxy Voting* war erlaubt und Aktionäre durften mit 5 Prozent des Aktienkapitals eine außerordentliche Generalversammlung und mit 5 Prozent die Tagesordnung auf der

230 Vgl. § 29 Statut der AEG 1887.

231 Vgl. ebd., § 6.

232 Ab 1903 war für Kapitalherabsetzungen auch eine Dreiviertelmehrheit notwendig (vgl. § 27 Statut der AEG 1887 und § 32 Statut der AEG 1903).

Generalversammlung beeinflussen.[233] 1899 wurden zwei wichtige Änderungen vorgenommen, die den Aktionärsschutz verbesserten. Dieser hatte ab da den Wert 5. *One Share – One Vote* war nun für alle Entscheidungen auf der Generalversammlung gültig und Aktionären wurde eine Mindestdividende von 4 Prozent garantiert.

Tabelle 9: Aktionärsrechte bei der AEG, 1887–1930. Diese Tabelle fasst wichtige Aktionärsrechte zusammen, die das Gesetz den Aktionären zwischen 1861 und 1897 garantierte und die in der Unternehmensverfassung verändert bzw. ausgeschlossen werden konnten. Kodierung: Garantierte Mindestdividende: Gleich 1, wenn vorgeschrieben; Ansonsten 0. One share – one vote: Gleich 1, wenn Unternehmen keine Einschränkungen des Stimmrechts, Mehrstimmrechts- bzw. Vorzugsaktien und Höchststimmrechte haben; Ansonsten gleich 0. Superdividende: Gleich 1, wenn vorgesehen; Ansonsten gleich 0. Proxy Voting: Gleich 1, wenn vorgesehen ohne Einschränkung; Gleich 0,5 mit Einschränkung; Ansonsten gleich 0. Keine Sonderrechte für Aktionäre: Gleich 1, wenn nicht vorgesehen sind; Ansonsten gleich 0. 25 % Sperrminorität: Gleich 1, wenn vorgesehen; Ansonsten gleich 0. Bestimmung der Tagesordnung auf der außerordentlichen Generalversammlung: Gleich 1, wenn Aktionäre mit 5 % oder drunter die Tagesordnung bestimmen können; Gleich 0,5, mit 10 % oder drunter; Ansonsten Gleich 0. Einberufung der außerordentlichen Generalversammlung: Gleich 1, wenn Aktionäre mit 5 % oder darunter die außerordentliche Generalversammlung einberufen können; Gleich 0,5, mit 10 % oder drunter; Ansonsten Gleich 0.

	1887	**Änderung**
Garantierte Mindestdividende (%)	0	1 (4–5%) (1899–1930)
Superdividende	0	
One Share – One Vote	0	1 (1899)
Proxy Voting	1	
Keine Sonderrechte für Aktionärsgruppen	0	
25 % Sperrminorität bei Satzungsänderungen, Kapitalmaßnahmen, Fusionen und Auflösung der Gesellschaft	0	
Bestimmung der Tagesordnung auf der außerordentlichen Generalversammlung	1	
Einberufung einer außerordentlichen Generalversammlung	1	
Gesamt	3	5

Quelle: Eigene Zusammenstellung, Unternehmensverfassungen.

233 Vgl. § 21, § 22 und § 25 Statut der AEG 1887.

2.3.4 Siemens

2.3.4.1 Machtverteilung

Siemens ist 1842 zunächst in der Rechtsform der offenen Handelsgesellschaft (OHG) von Georg Halske, Werner und Georg Siemens gegründet worden. Siemens war ein Pionierunternehmen in der Produktion von Telegraphen. Seit den 1890er Jahren konzentrierte sich das Unternehmen auf den gesamten Bereich der Elektrotechnik. In eine Aktiengesellschaft wurde Siemens am 03. Juli 1897 von den leitenden Familienmitgliedern unter Beteiligung der Deutschen Bank überführt.[234]

Bei Siemens kamen dem Aufsichtsrat und der Generalversammlung von Anfang an eine starke Position zu (Tabelle 10). Der Vorstand hatte sich an die Weisungen des Aufsichtsrats, die Geschäftsordnung und die Beschlüsse der Generalversammlung zu halten.[235] Der Aufsichtsrat übernahm als Überwachungsgremium die Aufgabenverteilung innerhalb der Direktion und regelte den Geschäftsverkehr zwischen sich und dem Vorstand.[236] Der Aufsichtsrat war für einen Teil der Finanzierung des Unternehmens zuständig. Er entschied über die Ausgabe von Anleihen.[237] Zu den regulären Aufgaben des Aufsichtsrats gehörte zudem die Prüfung des Jahresabschlusses, die Bestellung und Abberufung von Vorstandsmitgliedern und die Einberufung der Generalversammlung.[238] Wie bei der AEG musste sich auch bei Siemens der Vorstand für bestimmte Geschäftsabschlüsse wie den Erwerb von Immobilien und die Errichtung neuer Filialen eine Genehmigung des Aufsichtsrats einholen.[239] Der Aufsichtsrat durfte seine Überwachungsaufgaben an eine andere Bevollmächtigte übertragen.[240] Der Aufsichtsrat musste sich aus mindestens drei Mitgliedern zusammensetzen, die von der Generalversammlung für vier Jahre gewählt wurden.[241] Der Vorsitzende des Aufsichtsrats leitete die Generalversammlung und bestimmte die Reihenfolge der Tagesordnung.[242] Aufsichtsratssitzungen konnten von zwei Mitgliedern des Aufsichtsrats oder des Vorstandes einberufen werden.[243] Für die Beschlussfassung war eine Anwesenheit von mindestens drei Mitgliedern und eine einfache Mehrheit notwendig. Bei Stimmengleichheit zählte das Votum des Vorsitzenden.[244]

234 Vgl. Kapitel 3.
235 Vgl. § 20 Statut der S & H AG 1897.
236 Vgl. § 27 Statut der S & H AG 1897.
237 Vgl. ebd., § 13.
238 Vgl. ebd., § 36, § 17 und § 29.
239 Vgl. ebd., § 24.
240 Vgl. ebd., § 27.
241 Ab 1920 war eine deutsche Staatsbürgerschaft verpflichtend (vgl. § 21 Statut der S & H AG 1897 und § 20 Statut der S & H AG 1920).
242 Vgl. § 32 Statut der S & H AG 1897.
243 Ab 1920 von 1/3 der Mitglieder (vgl. § 25 Statut der S & H AG 1897 und § 23 Statut der S & H AG 1920).
244 Briefwahl war erlaubt. Ab 1920 war eine Anwesenheit von mindestens fünf Mitgliedern notwendig (vgl. § 26 der S & H AG 1897 und § 24 Statut der S & H AG 1920).

Kapitalerhöhungen fielen in den Bereich der Generalversammlung. Die Generalversammlung musste auch Satzungsänderungen, Kapitalherabsetzungen und die Auflösung der Gesellschaft genehmigen.[245] Die Generalversammlung entschied über die Verwendung des Bilanzgewinns und wählte die Revisoren für die Prüfung des Jahresabschlusses.[246]

Seit der ersten Unternehmensverfassung kam es zu keinen großen Veränderungen in der Machtverteilung zwischen dem Vorstand, dem Aufsichtsrat und der Generalversammlung bei Siemens. Der Aufsichtsrat und die Generalversammlung

Tabelle 10: Machtverteilung bei Siemens, 1897–1930.

	Statut 1887	**Änderung**
Vorstand	Geschäftsführung	
	Jahresabschluss	
	Statut und Weisungen des AR sind bindend	
Aufsichtsrat	Überwachung	
Befugnisse	Erstellung einer Geschäftsordnung	
	Ausgabe von Anleihen	
	Prüfung des Jahresabschlusses	
	Einberufung der Generalversammlung	
	Bestellung und Abberufung von Vorstandsmitgliedern	Ausgabekurs neuer Aktien (1899)
		Überwachung von Interessengemeinschaften (1920)
Zustimmungsvorbehalte	An- und Verkauf von Immobilien	
	Errichtung von Filialen	
Generalversammlung	Satzungsänderungen	
	Kapitalerhöhungen und -herabsetzungen	
	Auflösung der Gesellschaft	
	Bestellung der Aufsichtsratsmitglieder	
	Verwendung des Bilanzgewinns	
	Wahl von Revisoren	
		Fusionen (1899)

Quelle: Eigene Zusammenstellung, Unternehmensverfassungen.

245 Vgl. § 35 Statut der S & H AG 1897.

246 Vgl. ebd., § 34.

erhielten zusätzliche Aufgaben. Seit 1899 stimmten die Aktionäre auf der Generalversammlung über Fusionen ab.[247] Seit 1899 war der Aufsichtsrat für die Festsetzung des Ausgabekurses bei Neuemissionen zuständig.[248] Seit 1920 sollte er die Überwachung von Interessengemeinschaften übernehmen.[249]

2.3.4.2 Aktionärsrechte

Der Aktionärsschutz war bei Siemens im Vergleich mit den gesetzlichen Empfehlungen sehr gut und mit einem Wert von 7,5 unter den betrachteten Unternehmen am besten (Tabelle 11). Die erste Unternehmensverfassung erfüllte fast alle vom Gesetz empfohlenen Standards. Sie garantierte eine Mindestdividende von 5 Prozent und eine Superdividende. Die Verteilung des Reingewinns gestaltete sich bei Siemens wie folgt: 5 Prozent an den Reservefonds, 5 Prozent Dividende an die Aktionäre, Tantieme an den Vorstand, 7 Prozent Tantieme an den Aufsichtsrat und der Rest als Superdividende.[250] Bei Abstimmungen auf der Generalversammlung galt das Prinzip *One Share – One Vote*. Aktien mussten jedoch wie bei allen anderen Unternehmen mindestens drei Tage vorher hinterlegt werden.[251] Aktionäre konnten sich zunächst durch andere stimmberechtigte Aktionäre und ab 1900 durch einen Bevollmächtigten auf der Generalversammlung vertreten lassen.[252] Für Satzungsänderungen, Kapitalerhöhungen und -herabsetzungen, Fusionen und die Auflösung der Gesellschaft war eine Sperrminorität von 25 Prozent vorgesehen.[253] Aktionäre mit 5 Prozent des Aktienkapitals konnten eine außerordentliche Generalversammlung einberufen und die Tagesordnung bestimmen.[254]

Der Aktionärsschutz verschlechterte sich bei Siemens 1920 auf den Wert 6. Denn die Unternehmensverfassung von 1920 führte Mehrstimmrechtsaktien ein und wich damit vom Prinzip *One Share – One Vote* ab. Seit 1920 konnten einzelne Aktionäre die Umwandlung ihrer Inhaberaktien in Namensaktien mit einem 30-fachen Stimmrecht beantragen. Das 30-fache Stimmrecht galt bei Satzungsänderungen, Kapitalerhöhungen und -herabsetzungen, Fusionen, der Festsetzung der Dividende und auch für die Wahl der Aufsichtsratsmitglieder. Die erste Beschlussfassung erfolgte zunächst nach einem einfachen Stimmprinzip. Erst wenn Inhaber von Mehrstimmrechtsaktien eine Wiederholung verlangten, durften sie von ihrem Sonderrecht Gebrauch machen.[255] Zusätzlich enthielt die Unternehmensverfassung von 1920 Sonderrechte für einzelne

247 Vgl. § 33 Statut der S & H AG 1899.
248 Vgl. ebd., § 7.
249 Vgl. ebd., § 22.
250 1920 kamen die Vorzugsaktionäre dazu (s. Kapitel 3. sowie vgl. § 38 Statut der S & H AG 1897).
251 Vgl. § 30 Statut der S & H AG 1897.
252 Vgl. ebd., § 31 und § 29 Statut der S & H AG 1900.
253 § 35 Statut der S & H AG 1897.
254 Vgl. ebd., § 29.
255 Vgl. § 6, § 8 und § 33 Statut der S & H AG 1920.

Aktionärsgruppen. Die Gesellschaft hatte Vorzugsaktien mit einem Vorzug bei der Dividende und beim Liquiditätserlös vor den Stammaktionären.[256]

Tabelle 11: Aktionärsrechte bei Siemens, 1897–1930. Diese Tabelle fasst wichtige Aktionärsrechte zusammen, die das Gesetz den Aktionären zwischen 1861 und 1897 garantierte und die in der Unternehmensverfassung verändert bzw. ausgeschlossen werden konnten. Kodierung: Garantierte Mindestdividende: Gleich 1, wenn vorgeschrieben; Ansonsten 0. One share – one vote: Gleich 1, wenn Unternehmen keine Einschränkungen des Stimmrechts, Mehrstimmrechts- bzw. Vorzugsaktien und Höchststimmrechte haben; Ansonsten gleich 0. Superdividende: Gleich 1, wenn vorgesehen; Ansonsten gleich 0. Proxy Voting: Gleich 1, wenn vorgesehen ohne Einschränkung; Gleich 0,5 mit Einschränkung; Ansonsten gleich 0. Keine Sonderrechte für Aktionäre: Gleich 1, wenn nicht vorgesehen sind; Ansonsten gleich 0. 25 % Sperrminorität: Gleich 1, wenn vorgesehen; Ansonsten gleich 0. Bestimmung der Tagesordnung auf der außerordentlichen Generalversammlung: Gleich 1, wenn Aktionäre mit 5 % oder drunter die Tagesordnung bestimmen können; Gleich 0,5, mit 10 % oder drunter; Ansonsten Gleich 0. Einberufung der außerordentlichen Generalversammlung: Gleich 1, wenn Aktionäre mit 5 % oder darunter die außerordentliche Generalversammlung einberufen können; Gleich 0,5, mit 10 % oder drunter; Ansonsten Gleich 0.

	1897	**Änderung**
Garantierte Mindestdividende (%)	1 (5%)	
Superdividende	1	
One Share – One Vote	1	0 (1920)
Proxy Voting	0,5	1 (1900)
Keine Sonderrechte für Aktionärsgruppen	1	0 (1920)
25 % Sperrminorität bei Satzungsänderungen, Kapitalmaßnahmen, Fusionen und Auflösung der Gesellschaft	1	
Bestimmung der Tagesordnung auf der außerordentlichen Generalversammlung	1	
Einberufung einer außerordentlichen Generalversammlung	1	
Gesamt	7,5	6

Quelle: Eigene Zusammenstellung, Unternehmensverfassungen; Zur Kodierung s. Tabelle 5: Aktionärsrechte bei der Deutschen Bank, 1870–1930 S. 58.

2.4 Fazit

In diesem Kapital habe ich skizziert, wie sich *Corporate Governance* im Aktien- und Börsengesetz im Deutschen Reich zwischen 1870 und 1930 entwickelt hat und wie

256 Vgl. ebd., § 6.

Unternehmen *Corporate Governance* in ihren Unternehmensverfassungen implementiert haben. Der Gesetzgeber hat zwischen 1861 und 1897 in mehreren Etappen einen Ordnungsrahmen für die Leitung und Überwachung von Aktiengesellschaften und die Finanzmärkte geschaffen. Vor 1870 nahm der Staat direkten Einfluss auf die formale *Corporate Governance*, indem er die Gründung von Aktiengesellschaften, die Unternehmensverfassung und die Unternehmensstrategie einem Genehmigungsverfahren unterwarf. Die restriktive Genehmigungspraxis erschwerte jedoch die Entwicklung von Aktiengesellschaften in Preußen und anderen deutschen Ländern. Eine Liberalisierung setzte ab 1870 mit der Abschaffung des Konzessionssystems ein.

Im ersten Teil dieses Kapitels habe ich die These relativiert, dass der Investorenschutz im Deutschen Reich um 1900 niedrig war. Julian Franks, Colin Mayer und Hannes F. Wagner zeigen auf, dass der ADRI niedrig und die private und öffentliche Rechtsdurchsetzung im Deutschen Reich nach den Indices von Rafael La Porta, Florencio Lopez-de-Silanes, Andrei Shleifer in der zweiten Hälfte des 19. und der ersten Hälfte des 20. Jahrhunderts kaum gegeben war.[257] Gemessen am modernen Rechtsstandard fehlten im deutschen Aktien- und Börsengesetz sicherlich wichtige Vorschriften. Unternehmen müssen zum Beispiel erst seit dem Wertpapierhandelsgesetz 1994 Großaktionäre ab 5 Prozent bekannt machen. Zwischen 1870 und 1930 blieben Eigentümer großer Aktienpakete anonym. Wenn man sich allerdings die Entwicklung der formalen Machtverteilung und der Aktionärsrechte anschaut, sieht man, dass die Gesetzgebung von 1861, 1870, 1884, 1896 und 1897 anlegerfreundlich war und den Handlungsspielraum des Managements und der Großaktionäre gegenüber Kleinaktionären in mehreren Schritten einschränkte. Nur in den 1920er Jahren blieb eine notwendige Regulierung aus. Damit schließe ich mich Carsten Burhop, David Chambers und Brian Cheffins an, die aufzeigen, dass das Deutsche Reich in der ersten Hälfte des 20. Jahrhunderts einen guten Investorenschutz hatte.[258]

Ein dualistisches System für die Leitung und Überwachung von Aktiengesellschaften führte der Gesetzgeber 1861 und definierte die Rolle des Vorstandes. Die erste Aktienrechtsnovelle 1870 stärkte den Aufsichtsrat und die zweite Aktienrechtsnovelle 1884 die Generalversammlung. Aktionäre konnten, seit 1884 durch das Vetorecht auf der Generalversammlung Einfluss auf die Unternehmensstrategie der Verwaltung nehmen. 1861 gewährte der Gesetzgeber den Aktionären grundlegende Stimm- und Vermögensrechte. Die zweite Aktienrechtsnovelle stärkte die Position der Aktionäre gegenüber dem Vorstand und den Großaktionären, indem sie wichtige Minoritätsrechte festsetzte. Aktionäre hatten nicht nur ein Vetorecht bei Abstimmungen, sondern sie konnten mit 10 Prozent des Aktienkapitals Punkte auf die Tagesordnung bei der Abstimmung auf der Generalversammlung setzen und damit Entscheidungen im Unternehmen initiieren. 1897 kam schließlich das Be-

257 Vgl. Franks: The Origins (wie Anm. 4), S. 544–552.
258 Vgl. Burhop: Is Regulation (wie Anm. 36), S. 6–9.

zugsrecht bei Kapitalerhöhungen hinzu. Die zweite Aktienrechtsnovelle 1884 und das Börsengesetz 1896 machten darüber hinaus Kapitalerhöhungen und die Emission von Aktien an der Börse insgesamt transparenter. In einem Punkt war die Gesetzgebung nicht investorenfreundlich. Die zweite Aktienrechtsnovelle 1884 schloss mit dem hohen Nominalwert von Aktien einen Großteil der Kleinanleger vom Finanzmarkt aus. In den 1920er Jahren kam es zu keinen großen Veränderungen der formalen *Corporate Governance*. Allerdings finden sich in den Unternehmen verschiedene Kooperations- und Konzentrationsformen, die sich auf das Corporate-Governance-System auswirkten. Der Gesetzgeber reagierte darauf nur zögerlich.

Im zweiten Teil dieses Kapitels bestätige ich Carsten Burhops These, dass die formale *Corporate Governance* sich in den einzelnen Unternehmen deutlich unterschied.[259] Das liegt zum einen daran, dass die Unternehmen zu unterschiedlichen Zeitpunkten der Gesetzgebung gegründet wurden. Zum anderen setzten Unternehmen Rechtsnormen unterschiedlich um, sodass die Qualität der Rechtsumsetzung in den einzelnen Jahren variierte. Ich habe aufgezeigt, dass ein Großteil der gesetzlichen Vorschriften zwischen 1861 und 1897 dispositiv war und entweder in der Unternehmensverfassung verändert oder in der Unternehmenspraxis eingeschränkt werden konnte. Das deutsche *Civil Law* gewährte eine größere Satzungsfreiheit und Unternehmen hatten Handlungsspielraum. Sie gestalteten die Machtverteilung zwischen den Organen unterschiedlich, indem sie dem Vorstand oder dem Aufsichtsrat zusätzliche Befugnisse übertrugen und Zustimmungsvorbehalte nutzten. Auch schränkten sie die Stimm- und Vermögensrechte der Aktionäre ein und veränderten den Prozentanteil für die Sperrminorität für die Einberufung der Generalversammlung und die Bestimmung der Tagesordnung auf der Generalversammlung. Bei der Gestaltung der Machtverteilung zwischen dem Vorstand, dem Aufsichtsrat und der Generalversammlung habe ich veranschaulicht, dass größere Unterschiede bei Unternehmen bestanden, die vor 1884 gegründet wurden. Bei der Deutschen Bank hatte der Aufsichtsrat bei der Gründung 1870 eine starke Position, während sich bei der BHG bei der Gründung 1856 die Machtverteilung zugunsten der Komplementäre gestaltete. In beiden Unternehmen war die Generalversammlung schwächer, da sie kein Vetorecht bei Kapitalerhöhungen hatte. Dies änderte sich jedoch 1881 bei der Deutschen Bank und 1885 bei der BHG. Bei der Deutschen Bank, AEG und Siemens waren der Aufsichtsrat und die Generalversammlung gut aufgestellt, sodass um 1900 nur minimale Unterschiede zwischen ihnen bestanden. Bei allen drei Unternehmen fiel die endgültige Entscheidung über die Finanzierung durch Aktienkapital ausdrücklich der Generalversammlung zu und der Aufsichtsrat hatte bei Siemens und der AEG Weisungsbefugnis und bei allen drei Unternehmen Zustimmungsvorbehalte. Bei der Deutschen Bank kann man eine leichte Verschiebung der Machtverhältnisse ab 1920 vom Aufsichtsrat hin zum Vorstand beobachten. Bei der BGH wurden zwischen 1870 und 1899 sowohl die Komplementäre als auch der Aufsichtsrat geschwächt und dafür die

259 Vgl. Burhop: No Need (wie Anm. 37), S. 576–580.

Generalversammlung gestärkt. Der Aufsichtsrat war bei der BHG, die eine KGaA war, im Vergleich zu den Aktiengesellschaften schwächer. Bei der BHG fand ebenfalls in den 1920er Jahren eine Verschiebung der Macht hin zu den Komplementären statt.

Bei der Gestaltung der Aktionärsrechte habe ich veranschaulicht, dass der Aktionärsschutz bei der Unternehmensgründung teilweise niedrig war und sich nach einigen Jahren vor allem zwischen 1880 und 1900 verbessert hat. Die Unternehmen passten sich den gesetzlichen Empfehlungen an, sodass es nach 1900 nur leichte Unterschiede im Aktionärsschutz gab. In der Anfangszeit schränkten Unternehmen die Stimmrechte ein, gewährten keine Mindest- bzw. Superdividende, verzichteten auf die Sperrminorität von 25 Prozent und gewährten Sonderrechte für einzelne Aktionärsgruppen. Dagegen war bei allen Unternehmen *Proxy Voting* und die Einberufung der außerordentlichen Generalversammlung und die Bestimmung der Tagesordnung auf der Generalversammlung für eine Minorität erlaubt. Die Ergebnisse für die untersuchten Unternehmen für die Anfangsjahre decken sich mit den Ergebnissen für andere Unternehmen. Carsten Burhop verdeutlicht, dass die Aktionärsrechte bei deutschen Banken 1872 unter den gesetzlichen Standards lagen.[260] Bei der BHG und der AEG war der Aktionärsschutz bei der Gründung am schlechtesten. Die Deutsche Bank hatte im Vergleich mit den gesetzlichen Empfehlungen einen mittelguten Aktionärsschutz. Siemens erfüllte als einziges Unternehmen bei der Gründung fast alle gesetzlichen Empfehlungen. Die Deutsche Bank, die BHG und die AEG orientierten sich schließlich nach ein paar Jahren an den gesetzlichen Empfehlungen, sodass sich der Aktionärsschutz in ihren Unternehmensverfassungen verbesserte. Die Deutsche Bank schaffte 1873 Sonderrechte ab, führte 1889 *One Share – One Vote* und 1923 die Sperrminorität von 25 Prozent ein. 1923 hatte sie von den Unternehmen den besten Aktionärsschutz. Die BGH implementierte bis 1884 eine Mindest- und Superdividende und schaffte Sonderrechte ab. *One Share – One Vote* führte sie erst mit der Umstellung auf RM 1924 für alle Aktien ein. Bei der AEG gab es seit 1899 die Regel *One Share – One Vote* und eine Mindestdividende. Jedoch hatte die AEG Sonderrechte und keine Superdividende. Bei Siemens verschlechterte sich der Aktionärsschutz dagegen 1920, weil die Unternehmensverfassung vom Prinzip *One Share – One Vote* abwich und Sonderrechte für Aktionärsgruppen einführte. Insgesamt habe ich verdeutlicht, dass der formale Aktionärsschutz in den Unternehmen variierte und dass die Unternehmen sich nach ein paar Jahren teilweise an die gesetzlichen Empfehlungen anpassten, sodass sich der Aktionärsschutz in den Unternehmen vor allem bis 1900 verbesserte. Allerdings blieben Unterschiede bestehen, denn Unternehmen wie zum Beispiel Siemens nutzten auch nach 1900 ihren Gestaltungsspielraum im Aktionärsschutz.

260 Vgl. Burhop: No Need (wie Anm. 37), S. 576 f.

3 Akteure im Corporate-Governance-System: Aktionäre, Vorstand und Aufsichtsrat

3.1 Einleitung

Die Macht verteilte sich in deutschen Unternehmen seit der ersten Aktienrechtsnovelle 1870 auf die drei Organe Vorstand, Aufsichtsrat und Generalversammlung. Hier wurden wichtige Entscheidungen gefällt, die die zukünftige strategische Ausrichtung des Unternehmens bestimmten. Wer war an diesen Entscheidungen beteiligt? In diesem Kapitel beschäftige ich mich mit den Akteuren im Corporate-Governance-System. Ich schaue mir an, wer die Aktionäre waren, die auf der Generalversammlung über Kapitalerhöhungen abstimmten. Mich interessiert, ob sich das Aktienkapital auf mehrere Aktionäre verteilte oder ob es Großaktionäre gab, die wichtige Beteiligungsquoten von 5 und 10 Prozent[1] und auf der außerordentlichen Generalversammlung 25 (33), 50, und 75 (67) Prozent erfüllten, um Entscheidungen im Unternehmen zu beeinflussen. Wer waren die größten Aktionäre? Gab es einen Intermediär in *Governance*-Fragen, der die Aktionäre auf der Generalversammlung repräsentierte? Welchen Einfluss hatten Vorstands- und Aufsichtsratsmitglieder auf der Generalversammlung? Bevor Entscheidungen auf der Generalversammlung zur Abstimmung gelangten, wurden sie vom Vorstand und vom Aufsichtsrat vorbereitet. Ich schaue mir in diesem Kapitel an, wer im Vorstand und im Aufsichtsrat tätig war. Mich interessiert, wie groß die Gremien waren und aus welchen Mitgliedern sie sich zusammensetzten. Waren im Vorstand und im Aufsichtsrat kontrollierende Aktionäre tätig und gab es eine Trennung zwischen Leitungsmacht und Teilhaberschaft? Wer übernahm die Funktion des Vorsitzenden?

In der Forschung gibt es wenige aktuelle Unternehmensfallstudien, die sich mit den Akteuren im deutschen Corporate-Governance-System für das Kaiserreich und die Weimarer Republik zwischen 1870 und 1930 beschäftigen. Vor allem über die Aktionäre weiß man noch sehr wenig. Da die meisten Unternehmen Inhaberaktien hatten, führten sie kein Verzeichnis darüber, wer Aktien von ihnen erworben hatte. Auch mussten Unternehmen Großaktionäre mit einem bestimmten Aktienbesitz nicht veröffentlichen. Aktionäre blieben deshalb anonym. Eine erste Langzeituntersuchung zur Aktionärsstruktur deutscher Unternehmen zwischen 1860 und 1950 präsentieren Julian Franks, Colin Mayer und Hannes F. Wagner.[2] Sie weisen eine starke Konzentration des Aktienkapitals in deutschen Unternehmen nach. Der Aktienbesitz von Familien und

1 Mit 5 und 10 Prozent des Aktienkapitals hatten Aktionäre gewisse Minoritätsrechte. Sie konnten z. B. mit 10 Prozent des Aktienkapitals die Tagesordnung auf der außerordentlichen Generalversammlung beeinflussen. Die Beteiligungsquoten 25, 50 und 75 waren dagegen für die Abstimmung auf der außerordentlichen Generalversammlung wichtig (s. Kapitel 2).

2 Vgl. Franks: The Origins (wie Anm. 4). Ihr Datensatz setzt sich allerdings nur aus 55 Unternehmen zusammen, die an den Provinzbörsen in Frankfurt und München notiert waren.

https://doi.org/10.1515/9783110716993-003

Inside Shareholders (Vorstand und Aufsichtsrat) nahm zwar bis 1950 ab, allerdings wurden Banken und andere deutsche Unternehmen zu wichtigen Aktionären. Im Vergleich zu den Aktionären sind Vorstände und Aufsichtsräte besser erforscht. Im Kaiserreich hatten viele Großunternehmen noch einen kleinen Vorstand und einen kleinen bis mittelgroßen Aufsichtsrat.[3] Kleine und mittelgroße Aufsichtsräte haben den Vorteil, dass sie Entscheidungen effizienter treffen können. Sie haben geringere Koordinierungsprobleme und weisen weniger Trittbrettfahrer[4] auf. In der ökonomischen Literatur wird eine Größe von zehn bis acht Aufsichtsratsmitgliedern empfohlen.[5] Carsten Burhop und Caroline Fohlin verweisen auf die quantitative Bedeutung von Bankmanagern im Aufsichtsrat deutscher Unternehmen.[6] Die Leitungsfunktion in deutschen Großunternehmen ging im Kaiserreich zunehmend an ein professionelles Management über, das im Vergleich zu den Eigentümern besser ausgebildet war.[7]

Für die Untersuchung in diesem Kapitel habe ich Aktionärsverzeichnisse aus dem Bestand der Zulassungsstelle der Berliner Börse für die Deutsche Bank, die BHG, die AEG und Siemens ausgewertet. Die Börsenzulassungsstelle schrieb seit 1897 vor, dass Unternehmen bei Kapitalerhöhungen bestimmte Unterlagen, darunter einen Generalversammlungsbeschluss mit einem Aktionärsverzeichnis, einreichen mussten. Das Aktionärsverzeichnis gibt also Auskunft darüber, welche Aktionäre sich für die außerordentliche Generalversammlung angemeldet haben. Die gesamte Aktionärsstruktur der Unternehmen kann ich nicht nachvollziehen. Für meine Untersuchung ist es unproblematisch, da die Generalversammlung der Ort war, an dem Aktionäre über wichtige Entscheidungen des Unternehmens abstimmten. Ich kann damit sehen, welche Aktionäre sich an diesen Entscheidungen beteiligten. Ich bin die erste, die diese Quelle für meine Unternehmen benutzt. Ihre Auswertung stellt somit einen wichtigen Forschungsbeitrag dar. Für die Deutsche Bank sind zehn,[8] die AEG zwölf und Siemens fünf Aktionärsverzeichnisse überliefert. Ich kann folglich gut nachvollziehen, wer die Aktionäre bei den drei Unternehmen waren und ob eine Veränderung in den Jahren

3 Vgl. Fohlin: Finance Capitalism (wie Anm. 43), S. 125–133.

4 Trittbrettfahrer verweist auf das sogenannte Free-Rider Problem. Das Free-Rider Problem entsteht, wenn Individuen von der Nutzung von Gütern profitieren, ohne dafür einen Beitrag zu leisten.

5 Vgl. Dirk Jenter/Thomas Schmid/Daniel Urban: Does Board Size Matter?, Working Paper October 2019; Kenneth M. Lehn/Sukesh Patro/ Mengxin Zhao: Determinants of the Size and Composition of US Corporate Boards. 1935–2000, in: Financial Management 38/4 (2009), S. 747–780.

6 Vgl. Burhop: Banken (wie Anm. 45), S. 1–25; Caroline Fohlin: The Rise of Interlocking Directorates in Imperial Germany, in: Economic History Review 52/2 (1999), S. 307–333.

7 Vgl. Jürgen Kocka: Management in der Industrialisierung. Die Entstehung und Entwicklung des klassischen Musters, in: Zeitschrift für Unternehmensgeschichte 44/2 (1999), S. 135–149, hier 142–147; Jürgen Kocka: Industrielles Management. Konzeptionen und Modelle in Deutschland vor 1914, in: Vierteljahrschrift für Sozial- und Wirtschaftsgeschichte 56/3 (1969), S. 332–372.

8 Zusätzlich gibt es eine Liste mit den ersten Aktienzeichnern von der Generalversammlung vom 21.3.1870 (vgl. Manfred Pohl: Verzeichnis der ersten Zeichner der Deutschen Bank, in: Beiträge zu Wirtschafts- und Währungsfragen und zur Bankengeschichte 22 (1987), S. 42–44).

eingetreten ist. Für die BHG ist die Quellenlage schlechter, da nur drei Aktionärsverzeichnisse überliefert sind. Ich habe den Aktionärsverzeichnissen den Namen des Aktionärs, seinen Aktienbesitz, seinen Stimmanteil und seinen Wohnort entnommen. Häufig war es schwierig zu unterscheiden, ob der Aktienbesitz einer Einzelperson gehörte oder ob er eine Beteiligung eines Unternehmens darstellte. Es gab kein einheitliches Prinzip, wie Unternehmen ihren Aktienbesitz in das Aktionärsverzeichnis eintrugen. So finde ich in der Spalte Aktionär entweder den Namen eines Unternehmens oder den Namen einer Einzelperson, die aber ein Manager eines Unternehmens sein konnte. Den Aktionärsverzeichnissen kann ich zudem teilweise entnehmen, ob Aktionäre auf der außerordentlichen Generalversammlung persönlich erschienen sind oder sich durch einen Bevollmächtigten vertreten ließen. Ich kann damit sehen, ob *Proxy Voting* wichtig war. Allerdings ist der genauere Anteil an *Proxy Voting* schwierig zu bestimmen, da Banken unterschiedlich mit den Aktien ihrer Kunden umgingen und in den Aktionärsverzeichnissen häufig nicht angaben, dass es sich um Kundenaktien handelte. Die Namen von Vorstands- und Aufsichtsratsmitgliedern habe ich entweder den Geschäftsberichten oder den Saling's Börsen-Papieren entnommen.

Anhand des Quellenmaterials zeige ich in diesem Kapitel auf, dass die Unternehmen unterschiedliche Corporate-Governance-Strukturen etablierten, aber auch einige Gemeinsamkeiten aufwiesen. Die Deutsche Bank befand sich überwiegend im Streubesitz und ohne Berücksichtigung von *Proxy Voting* hatte sie keinen kontrollierenden Großaktionär auf der außerordentlichen Generalversammlung, der alleine Entscheidungen beeinflussen konnte. Die BHG, die AEG und Siemens hatten eine konzentrierte Aktionärsstruktur mit einem oder mehreren Großaktionären. Eine Gemeinsamkeit war, dass auf den außerordentlichen Generalversammlungen bei ihnen *Inside Shareholders*, Banken, Familienmitglieder oder andere Unternehmen dominierten. Kleinaktionäre waren dagegen kaum präsent. Bei der BHG dominierte jeweils eine Privatbank auf der außerordentlichen Generalversammlung, an der die BHG selbst beteiligt war. Bei der AEG waren auf der außerordentlichen Generalversammlung Banken aus ihrem Finanzkonsortium wichtige Großaktionäre. Bei Siemens hatten einzelne Familienmitglieder eine qualifizierte Mehrheitsbeteiligung, die in den 1920er Jahren zugunsten von Banken und anderen Unternehmen abnahm. Bei der Deutschen Bank, der AEG und Siemens handelte es sich bei den Bankaktien um *Proxy Voting.*[9] Die Konzentration des Aktienkapitals nahm nicht in allen Unternehmen kontinuierlich zu. Im Gegenteil, während sie bei der Gründung und während des Ersten Weltkrieges besonders hoch war, nahm sie während der Inflationsjahre in den 1920er Jahren wieder leicht ab. Der Aktienbesitz von *Inside Shareholder* war in allen Unternehmen hoch. Das meiste entfiel davon auf den Aufsichtsrat, sodass eine Trennung zwischen Leitungsmacht und Teilhaberschaft vorherrschte. Alle Unternehmen waren managergeführt, unterschieden sich aber in

9 Vgl. Kapitel 4.

der Zusammensetzung und der Struktur des Vorstandes. Die Deutsche Bank, die BHG und die AEG überschritten die optimale Aufsichtsratsgröße und hatten im Laufe des 20. Jahrhunderts einen zu großen Aufsichtsrat mit einem hohen Anteil an Trittbrettfahrern.[10] Der Einfluss der Banken, darunter vor allem die Gründer oder die ersten Zeichner, nahm um die Jahrhundertwende ab und man findet Manager von anderen Unternehmen und ehemalige Vorstandsmitglieder des eigenen Unternehmens im Aufsichtsrat. Der Anteil der Aktionäre ging im Laufe der ersten Hälfte des 20. Jahrhunderts zurück. Anfangs übernahmen die Gründerbanken den Aufsichtsratsvorsitz, später ging diese Funktion entweder an ein ehemaliges Vorstandsmitglied, einen wichtigen Bankmanager oder ein strategisch wichtiges Unternehmen. Bei Siemens blieb der Vorsitz immer im Familienbesitz.

3.2 Deutsche Bank

3.2.1 Aktionäre

3.2.1.1 Verteilung des Aktienkapitals

Die Deutsche Bank wurde mit einem Aktienkapital von 15 Mio. M gegründet, das von 76 Finanzinstituten und Geschäftsmännern gezeichnet wurde. Die erste Zeichnerliste vom 21. März 1870 umfasst ein Aktienkapital von 14.765.400 M (Tabelle 12). Zwischen 1870 und 1929 waren durchschnittlich 31 Prozent des gesamten Aktienkapitals auf der außerordentlichen Generalversammlung präsent.[11] Mehr als die Hälfte des Aktienkapitals war somit auf der außerordentlichen Generalversammlung nicht repräsentiert. Die Besitzer bleiben unbekannt. Auffällig ist, dass sich das Aktienkapital auf der außerordentlichen Generalversammlung in den Jahren kaum verändert hat und sich der Erste Weltkrieg oder die Inflationsjahre nicht negativ ausgewirkt haben. Eine Ausnahme war das Gründungsjahr und die außerordentliche Generalversammlung 1929, in der die Fusion mit der Disconto-Gesellschaft beschlossen wurde, denn hier verzeichneten die Aktionärslisten 98 und 53 Prozent des Gesamtaktienkapitals.

Die Aktien der Deutschen Bank waren vermutlich weit gestreut und wiesen nur eine minimale Konzentration auf. Der größte nachweisbare Aktionär besaß zwischen 1870 und 1929 durchschnittlich 4 Prozent des Gesamtaktienkapitals und hatte somit außer 1870 eine Beteiligung unter 5 und 10 Prozent. 5 und 10 Prozent des Gesamtaktienkapitals habe ich als Indikator genommen, da Aktionäre mit diesen Beteiligungsschwellen gewisse Minoritätsrechte hatten. Sie konnten zum Beispiel mit 10 Prozent

10 In der ökonomischen Literatur wird eine Größe von zehn bis acht Aufsichtsratsmitgliedern empfohlen, s. S. 77 und Fußnote 319.

11 Der Durchschnitt ist hier durch die außerordentliche Generalversammlung der Deutschen Bank in 1929 nach oben verzerrt.

Tabelle 12: Aktienkapital auf der außerordentlichen Generalversammlung, Deutsche Bank, 1870–1929.

Jahr	*Aktienkapital (M)*	*Aktienkapital im Verhältnis zum Gesamtaktienkapital (%)*
1870	14.765.400	98,44
1897	20.619.400	20,62
1902	30.179.600	20,12
1904	31.612.500	19,76
1905	40.879.800	22,71
1914	43.203.600	21,60
1917	50.570.400	20,23
1920	51.887.800	18,87
1922	90.530.300	22,63
1923	172.226.500	21,53
1929	79.305.500 RM	52,87
MW		**30,85**

Quelle: Eigene Berechnungen, Aktionärsverzeichnisse.

des Aktienkapitals die Tagesordnung auf der außerordentlichen Generalversammlung bestimmen und damit Entscheidungen herbeiführen.[12]

Auf der außerordentlichen Generalversammlung zeigt sich dagegen eine stärkere Konzentration der Besitzverhältnisse. In den einzelnen Jahren gab es jedoch deutliche Unterschiede. Der HHI lag im Durchschnitt bei 0,04 Prozent, was auf eine niedrige Verdichtung hinweist. Diese Ergebnisse decken sich ungefähr mit der Konzentrationsrate. Tabelle 13 zeigt den Aktienbesitz des größten, der drei und der fünf größten Aktionäre auf der außerordentlichen Generalversammlung der Deutschen Bank. Insgesamt blieb die Konzentration zwischen 1870 und 1929 konstant. Besonders hoch war die Konzentration des Aktienkapitals bei der Gründung 1870 und auf den Generalversammlungen 1902/1904 und 1914/1917. Besonders niedrig war sie dagegen 1897 und 1920/1922. Demnach war die Konzentration während des Ersten Weltkrieges mit am höchsten, während sie in den Inflationsjahren wieder abnahm. Während der Hyperinflation 1923 stieg die Konzentration wieder an, erreichte

12 Bei der Deutschen Bank waren 5 Prozent erforderlich, um die Tagesordnung auf der außerordentlichen Generalversammlung zu bestimmen.

Tabelle 13: Konzentration des Aktienkapitals auf der außerordentlichen Generalversammlung, Deutsche Bank, 1870–1929. Die Tabelle verzeichnet das Aktienkapital und die Stimmen des größten, der drei und der fünf größten Aktionäre auf der außerordentlichen Generalversammlung (A1, A3, A5,). A3i und A3o unterscheidet zwischen dem Aktienkapital vom Vorstand und vom Aufsichtsrat (*Inside Shareholders)* und *von* den anderen Aktionären (*Outside Shareholders*). Der Herfindahl-Hirschman-Index (HHI) wird als weiteres Maß zur Konzentration der Besitzverhältnisse verwendet.[13] Die Angaben sind in Prozent im Verhältnis zum Aktienkapital auf der außerordentlichen Generalversammlung.

Jahr	Aktienkapital (%)					Stimmen (%)			HHI
	A1	*A3*			*A5*	*A1*	*A3*	*A5*	
		A3	*A3i*	*A3o*					
1870	16,23	32,16	32,16	7,31	38,84	16,31	32,31	39,00	0,05
1897	9,15	20,72	10,71	20,72	28,38	9,18	20,79	28,65	0,02
1902	14,99	29,49	5,88	29,49	36,47	14,99	29,49	36,47	0,04
1904	14,41	29,79	14,02	27,35	38,24	14,52	30,04	38,56	0,04
1905	11,16	24,39	14,61	20,88	32,78	11,16	24,39	32,78	0,03
1914	14,73	29,04	12,83	29,04	41,57	14,73	29,04	41,57	0,06
1917	12,46	29,36	18,74	25,64	41,50	12,46	29,36	41,50	0,05
1920	7,42	21,76	11,39	21,76	34,41	7,42	21,76	34,41	0,04
1922	6,74	19,08	18,14	15,72	29,72	6,74	19,08	29,72	0,04
1923	12,66	23,86	10,99	23,86	34,04	12,66	23,86	34,04	0,04
1929	7,63	21,96	14,09	20,79	34,34	7,63	21,96	34,34	0,04
MW	**11,60**	**25,60**	**14,87**	**22,05**	**35,48**	**11,62**	**25,64**	**35,55**	**0,04**

Quelle: Eigene Berechnungen, Aktionärsverzeichnisse.

aber nicht die Werte von 1914. Der größte Aktionär repräsentierte auf der außerordentlichen Generalversammlung bei der Deutschen Bank durchschnittlich 12 Prozent, die drei größten 26 Prozent und die fünf größten 36 Prozent. Der Aktienbesitz von den drei größten *Outside Shareholders* war durchschnittlich höher als der der drei größten *Inside Shareholders*. Die Deutsche Bank hatte auf der außerordentlichen Generalversammlung

13 Der HHI ist ein absolutes Konzentrationsmaß. Er ist definiert als die Summe der quadrierten Anteile *Pi* der Merkmalsträger an der Merkmalssumme:

$$H = \sum_{i=1}^{n} P_i^2 = \frac{\sum_{i=1}^{n} X_i^2}{\left[\sum_{i=1}^{n} X_i\right]^2}.$$

keinen kontrollierenden Großaktionär, der alleine die Beteiligungsquoten von 25 bzw. 33 Prozent, 50 Prozent oder 75 bzw. 67 Prozent erreichte und damit Entscheidungen blockieren oder herbeiführen konnte. So mussten sich zum Beispiel 1897 16 Aktionäre zusammentun, um die einfache Mehrheit für eine Kapitalerhöhung zu bilden. 1914 dagegen waren es nur noch sieben. Da seit 1923 eine Dreiviertelmehrheit für Kapitalerhöhungen notwendig war, mussten sich 19 Aktionäre zusammenfinden und vier Aktionäre konnten eine Entscheidung verhindern. Tabelle 14 zeigt, wie viele Aktionäre Mehrheiten bilden konnten. Auffällig ist, dass die notwendige Anzahl an Aktionären für die Dreivierteilmehrheit 1914 stark abnahm, was nochmals auf eine stärkere Konzentration hinweist.

Tabelle 14: Mehrheitserfordernisse auf der außerordentlichen Generalversammlung, Deutsche Bank, 1870–1929.

Jahr	25 %	33 %	50 %	75 %
1870	2	4	9	24
1897	3	6	16	67
1902	3	4	12	50
1904	3	4	11	51
1905	4	6	15	50
1914	3	4	7	12
1917	3	4	7	15
1920	4	5	8	17
1922	5	6	10	19
1923	4	5	9	19
1929	4	5	9	18
MW	**3**	**5**	**10**	**31**

Quelle: Eigene Berechnungen, Aktionärsverzeichnisse.

Bei der Deutschen Bank bestand kaum ein Unterschied zwischen dem Aktienbesitz und dem Stimmrecht auf der außerordentlichen Generalversammlung. Der größte Aktionär repräsentierte zum Beispiel 1897 9 Prozent des Aktienkapitals und 9 Prozent der Stimmen auf der außerordentlichen Generalversammlung. Die Stimmrechte waren also an die Vermögensrechte geknüpft. Auch bei der Gründung der Gesellschaft, als *One Share – One Vote* noch nicht galt, zeigt sich kaum eine Abweichung. Sicherlich war die Einführung von *One Share – One Vote* 1889 für Kleinaktionäre wichtig. Auf der außerordentlichen Generalversammlung von 1897 waren viele Aktionäre repräsentiert, die nur zwei oder vier Aktien besaßen, wie zum Beispiel der Theologieprofessor Julius Kaftan oder der Mediziner Edmund Wetzel. Die Deutsche Bank führte insgesamt Aktien im Nennwert von 600 M, 1.200 M und 1.600 M. Diese konnte sich sicherlich nur die Ober- oder höhere Mittelschicht im Kaiserreich und in der Weimarer Republik leisten. Darauf deuten auch die Titel der Aktieninhaber in den Aktionärsverzeichnissen hin. So findet man unter den Privatpersonen, die Aktien der Deutschen Bank besaßen, Adlige, Juristen, Mediziner, Unternehmer, Professoren oder Staatsbedienstete.

Die Deutsche Bank war ein für das deutsche Corporate-Governance-System untypisches Großunternehmen, da sich ihre Aktien vermutlich im Streubesitz befanden und die Konzentration auf der außerordentlichen Generalversammlung im Vergleich mit anderen Unternehmen gering ausfiel. Auch nahm die Konzentration im Laufe des 20. Jahrhunderts nicht kontinuierlich zu. Um 1900 zum Beispiel hatte der größte Aktionär bei deutschen Unternehmen durchschnittlich einen Stimmanteil von 42 Prozent. 1930 betrug sein Anteil 44 Prozent.[14]

3.2.1.2 Aktienbesitz von Inside Shareholders

In diesem Abschnitt schaue ich mir an, wie viel Aktienkapital Vorstands- und Aufsichtsratsmitglieder *(Inside Shareholders)* auf der außerordentlichen Generalversammlung repräsentierten. Aufsichtsratsmitglieder konnten sowohl eigene Aktien haben oder als Manager das Aktienkapital ihres Unternehmens repräsentieren.[15] Aus den Aktionärsverzeichnissen lässt es sich nicht ablesen, um wessen Aktienkapital es sich handelt. Häufig wurden Aufsichtsratsmitglieder mit Namen als Aktionäre in den Aktionärsverzeichnissen aufgeführt.[16] Aufsichtsratsmitglieder konnten zudem auch als Bevollmächtigte das Aktienkapital anderer Aktionäre vertreten. Dieses Aktienkapital habe ich als *Proxy Voting* behandelt. Bei den Vorstandsmitgliedern habe ich auch den Vorstand von Filialen mitberücksichtigt. Vor allem bei den Managern der Filialen gehe ich davon aus, dass es sich bei ihnen nicht um Eigenbesitz handelte.[17] Die Unternehmensverfassung der Deutschen Bank machte für Vorstands- und Aufsichtsratsmitglieder einen Aktienbesitz bis 1923 verpflichtend. Während Vorstandsmitglieder sich mit 15.000 M beteiligen mussten, waren es bei Aufsichtsratsmitgliedern 30.000 M.[18] Insgesamt fiel der Aktienbesitz von *Inside Shareholders* bei der Deutschen Bank im Verhältnis zum gesamten Aktienkapital gering aus. Dieser lag durchschnittlich bei 8 Prozent (Tabelle 15). Auf der außerordentlichen Generalversammlung zeigt

14 Vgl. Franks: The Origins (wie Anm. 4), S. 564.

15 Ich unterscheide nicht, ob Aufsichtsratsmitglieder persönlich anwesend waren oder sich durch einen Bevollmächtigten vertreten ließen.

16 Im Abschnitt „Die fünf größten Aktionäre" gebe ich einen besseren Überblick über den Aktienbesitz von Aufsichtsratsmitgliedern. Zum Quellenproblem s. Einleitung.

17 Siehe Abschnitt „Die fünf größten Aktionäre".

18 Vgl. § 21 und § 24 Statut der Deutschen Bank 1888.

sich ein anderes Bild. *Inside Shareholders* repräsentierten durchschnittlich 26 Prozent. Ihr Aktienkapital nahm seit der Gründung 1870 bis 1929 zu. 1917 und 1922 hatten sie auf der außerordentlichen Generalversammlung eine Beteiligung von über 30 Prozent und konnten damit die erforderliche Sperrminorität für Satzungsänderungen bilden. Berücksichtigt man *Proxy Voting*, dann lag der Aktienbesitz für 1922 sogar bei 51 Prozent und reichte für eine einfache Mehrheit. Die Abschaffung des verpflichtenden Aktienbesitzes im Jahr 1923 führte folglich nicht dazu, dass Vorstands- und Aufsichtsratsmitglieder keine Aktien mehr besaßen.

Der Aktienbesitz von Vorstandsmitgliedern auf der außerordentlichen Generalversammlung betrug durchschnittlich 10 Prozent und war damit nicht besonders hoch. Ein geringer Betrag war für die meisten Vorstände bei deutschen Unternehmen üblich.[19] Insgesamt nahm er aber bei der Deutschen Bank in den Jahren leicht zu. 1897 betrug der Aktienanteil des Vorstandes 16 Prozent. Auf den nachfolgenden Generalversammlungen fiel er niedriger aus und nahm ab 1917 wieder zu. Der Aktienbesitz von Aufsichtsratsmitgliedern spielte im Vergleich zum Vorstand eine größere Rolle auf der außerordentlichen Generalversammlung. Jedoch bildeten sie alleine keine notwendige Sperrminorität von 25, 33 oder 50 Prozent für Kapitalerhöhungen. Durchschnittlich repräsentierten sie 16 Prozent. Insgesamt nahm ihr Aktienbesitz seit der Gründung 1870 bis 1922 zu und ab 1923 leicht ab. In der außerordentlichen Generalversammlung 1917 war der Aktienbesitz mit 26 Prozent am höchsten. Mit *Proxy Voting* hatten Aufsichtsratsmitglieder einen etwas höheren Aktienbesitz auf der außerordentlichen Generalversammlung. Ein höherer Aktienbesitz der Aufsichtsratsmitglieder und eine Abnahme während der ersten Hälfte des 20. Jahrhundert war für einen Großteil der deutschen Großunternehmen nachweisbar. 1890 vereinigten Aufsichtsratsmitglieder sogar durchschnittlich über 50 Prozent der Stimmen und 1930 24 Prozent.[20] Wenn man den Aktienbesitz des Vorstandes nimmt, dann herrschte bei der Deutschen Bank eine Trennung zwischen Leitungsmacht und Teilhaberschaft vor, da der Aktienbesitz der Vorstandsmitglieder alleine für den Ausgang der außerordentlichen Generalversammlung nicht relevant war.

3.2.1.3 Anzahl der Aktionäre und Proxy Voting

Die erste Zeichnerliste der Deutschen Bank von 1870 umfasst 76 Aktionäre. Diese verpflichteten sich von den übernommenen 15 Mio. M 6 Mio. M an der Börse zum Verkauf anzubieten. Also hatte die Deutsche Bank am Ende des Jahres mehr als nur 76 Aktionäre. Auf der außerordentlichen Generalversammlung 1897 sind 407 Anmeldungen eingegangen (Tabelle 16). Die Anmeldungen für die außerordentliche Generalversammlung zeigen, dass die Deutsche Bank im Vergleich mit anderen Unternehmen

19 Vgl. Franks: The Origins (wie Anm. 4), S. 565 f.
20 Vgl. ebd.

Tabelle 15: Aktienbesitz von Inside Shareholders, Deutsche Bank, 1870–1929. Die Tabelle enthält Angaben zum Aktienbesitz von Vorstands- und Aufsichtsratsmitgliedern (V und A). Die Angaben sind in Prozent. Der Aktienbesitz wurde im Verhältnis zum Aktienkapital auf der außerordentlichen Generalversammlung und Gesamtaktienkapital bestimmt. Die Spalte *Proxy Voting* berücksichtigt den Aktienbesitz, den Vorstands- und Aufsichtsratsmitglieder für andere Aktionäre als Bevollmächtigte vertraten und der eindeutig als solches gekennzeichnet war.

Jahr	**Aktienkapital im Verhältnis zum Aktienkapital auf der außerordentlichen Generalversammlung (%)**				**Aktienkapital im Verhältnis zum Gesamtaktienkapital (%)**		
	V	***A***	***V und A***	***V und A mit Proxy Voting***	***V***	***A***	***V und A***
1870	0,03	22,53	22,56	22,53	0,03	22,17	22,21
1897	15,73	5,34	21,08	21,12	3,24	1,10	4,35
1902	2,48	8,46	10,94	12,84	0,50	1,70	2,20
1904	9,37	16,55	25,92	25,92	1,85	3,27	5,12
1905	6,45	21,86	28,30	28,60	1,46	4,96	6,43
1914	3,97	14,93	18,91	22,47	0,86	3,23	4,08
1917	10,63	25,62	36,25	36,25	2,15	5,18	7,33
1920	14,12	15,65	29,77	30,35	2,66	2,95	5,62
1922	18,36	20,89	39,25	50,64	4,16	4,73	8,88
1923	9,04	13,29	22,34	27,51	1,95	2,86	4,81
1929	15,98	8,95	24,93	32,82	8,45	4,73	13,18
MW	**9,65**	**15,83**	**25,48**	**28,28**	**2,48**	**5,17**	**7,66**

Quelle: Eigene Berechnungen, Aktionärsverzeichnisse, Geschäftsberichte.

besonders viele Aktionäre hatte. Zwischen 1870 und 1930 haben sich durchschnittlich 203 Aktionäre für die außerordentliche Generalversammlung angemeldet. Die Anzahl der Aktionäre nahm während des Ersten Weltkrieges ab und ab 1920 während der Inflationsjahre wieder zu. Da sich nicht alle Aktionäre für die außerordentliche Generalversammlung angemeldet haben, hatte die Deutsche Bank noch mehr Aktionäre. Deutsche Großunternehmen hatten um 1900 durchschnittlich 32 Aktionäre.[21]

Von den angemeldeten Aktionären waren nicht alle auf der außerordentlichen Generalversammlung persönlich anwesend, sondern manche angemeldeten Aktionäre ließen sich durch einen Bevollmächtigten vertreten. Durchschnittlich hatte die Deutsche Bank 75 Teilnehmer auf der außerordentlichen Generalversammlung,

21 Vgl. Franks: The Origins (wie Anm. 4), S. 563.

zu denen Aktionäre und Bevollmächtigte gehörten. Demnach nutzten durchschnittlich 37 Prozent der angemeldeten Aktionäre die Möglichkeit, sich vertreten zu lassen. Dass Aktionäre sich vertreten ließen, liegt sicherlich daran, dass eine Teilnahme an der außerordentlichen Generalversammlung mit Kosten und zeitlichem Aufwand verbunden war.[22] Insgesamt nahm die Teilnehmeranzahl auf der außerordentlichen Generalversammlung bei der Deutschen Bank von 28 im Jahr 1897 auf 132 im Jahr 1929 zu. *Proxy Voting* machte durchschnittlich 72 Prozent des gesamten Aktienkapitals auf der außerordentlichen Generalversammlung aus. In den Jahren gab es kaum eine Veränderung des repräsentierten Aktienkapitals. Auffällig ist, dass fast das gesamte vertretene Aktienkapital durch Banken repräsentiert wurde (Tabelle 17). 1897 ließen sich 77,56 Prozent des angemeldeten Aktienkapitals durch Adolf Moser auf der außerordentlichen Generalversammlung vertreten. Adolf Moser war der Geschäftsinhaber der Bank Ehrecke, Fromberg & Co., die in Verbindung zum Schlesischen Bankverein stand. Ehrecke, Fromberg & Co. wurde von Georg Fromberg gegründet. Er war der Sohn des Geschäftsinhabers des Schlesischen Bankvereins, Heinrich Fromberg.[23] Der Schlesische Bankverein gehörte zum Konzern der Deutschen Bank. 1897 erwarb die Deutsche Bank im Zuge des Aktientausches eine Beteiligung an der Regionalbank und 1917 fusionierten sie. Von 1902 bis 1905 konzentrierte sich das vertretene Aktienkapital auf einen Direktor des Bankhauses E. J. Meyer. Ab 1914 blieb zwar E. J. Meyer der größte Vertreter, jedoch verteilte sich das Aktienkapital auf mehrere Finanzinstitute. Wenn ich das Aktienkapital aus *Proxy Voting* berücksichtige, dann war die Konzentration des Aktienkapitals auf der außerordentlichen Generalversammlung besonders hoch. In den Jahren 1897, 1902, 1904 und 1905 konnte ein Bankenvertreter mit dem Aktienkapital aus *Proxy Voting* eine einfache Mehrheit für Kapitalerhöhungen herbeiführen. Allerdings weiß ich nicht, welche Interessen Ehrecke, Fromberg & Co und E. J. Meyer vertraten. Aus den Quellen zu Kapitalerhöhungen der Deutschen Bank habe ich keine Hinweise zu den entsprechenden Banken und zum Depotstimmrecht im Allgemeinen gefunden. Insgesamt ist es schwierig zu bestimmen, welche Bedeutung *Proxy Voting* für die Abstimmung auf der außerordentlichen Generalversammlung und die *Corporate Governance* hatte. Das Gesetz erlaubte es den Aktionären, sich durch einen Bevollmächtigten auf der Generalversammlung vertreten zu lassen. Außer einer schriftlichen Vollmacht enthielt das Aktiengesetz keine weiteren Vorschriften. Daraus ergeben sich für die Berechnung des Aktienkapitals durch *Proxy Voting* zwei Grundprobleme. Erstens sind im Aktionärsverzeichnis in der Spalte „Vertreten durch" sowohl die Vertreter einer Person aufgelistet als auch Vertreter eines Unternehmens. Unternehmen mussten einen gesetzlichen Vertreter benennen. Zweitens gingen Banken unterschiedlich mit dem Depotstimmrecht

---

22 Vgl. Fohlin: Finance Capitalism (wie Anm. 43), S. 124.

23 Vgl. Morten Reitmayer: Bankiers im Kaiserreich. Sozialprofil und Habitus der deutschen Hochfinanz (Kritische Studien zur Geschichtswissenschaft, Bd. 136). Göttingen 1996, S. 111.

ihrer Kunden um. Manche Institute, wie E. J. Meyer, machten in den Aktionärsverzeichnissen kenntlich, dass es sich um Aktienkapital ihrer Kunden handelte. Die Aktienbesitzer wurden in die Spalte „Aktionär" und der Bankdirektor in die Spalte „Vertreten durch" eingetragen. Ein Großteil der Banken auf der anderen Seite gab nicht an, dass sie das Aktienkapital ihrer Kunden repräsentierten. Auf der außerordentlichen Generalversammlung 1897 ist zum Beispiel Hans Jordan von der Bergisch-Märkischen Bank als Aktionär im Verzeichnis eingetragen. Ich gehe davon aus, dass es sich bei seinem Aktienkapital nicht um seinen Aktienbesitz handelt. Insgesamt ist es also schwierig zu sagen, welchen genaueren Anteil *Proxy Voting* ausgemacht hat.[24]

Tabelle 16: Anzahl der Aktionäre und Proxy Voting auf der außerordentlichen Generalversammlung, Deutsche Bank, 1870–1929.

Jahr	Anmeldungen	Anwesende Aktionäre und Bevollmächtigte	Proxy Voting im Verhältnis zum Aktienkapital auf der aGV (%)	
			Gesamt	*Bank*
1870	76	76	0,00	0,00
1897	407	28	79,62	79,62
1902	238	35	86,80	86,80
1904	252	24	90,54	90,54
1905	417	64	74,71	73,86
1914	106	88	80,12	80,12
1917	91	64	77,71	77,71
1920	116	86	78,27	78,27
1922	151	112	69,01	63,83
1923	147	112	68,53	68,25
1929	235	132	79,92	73,59
MW	**203,27**	**74,64**	**71,38**	**70,24**

Quelle: Eigene Berechnungen, Aktionärsverzeichnisse.

3.2.1.4 Die fünf größten Aktionäre

In diesem Abschnitt schaue ich mir an, wer zu den fünf größten Aktionären auf der außerordentlichen Generalversammlung gehörte. Ich möchte die Tendenz verdeut-

24 Vgl. zum allgemeinen Problem bei *Proxy Voting* Fohlin: Finance Capitalism (wie Anm. 43), S. 121 f.

Tabelle 17: Aktienkapital des größten Bankenvertreters durch Proxy Voting auf der außerordentlichen Generalversammlung, Deutschen Bank, 1870–1929.

Jahr	Vertreter	*Aktienkapital im Verhältnis zum Gesamtaktienkapital auf der aGV (%)*
1897	Adolf Moser	77,56
1902	Ernst Meyer	84,90
1904	Ernst Meyer	90,54
1905	E. J. Meyer	73,43
1914	E. J. Meyer	40,26
1917	Albert Stäckel	49,35
1920	Ernst Meyer	41,08
1922	Ernst Meyer	43,98
1923	Ernst Meyer	37,64
1929	Adolf Meyer	25,35

Quelle: Eigene Berechnungen, Aktionärsverzeichnisse.

lichen, wer die Aktionäre in den einzelnen Unternehmen waren.[25] Unter den fünf größten Aktionären auf der außerordentlichen Generalversammlung der Deutschen Bank befanden sich hauptsächlich Großaktionäre, die ein Aktienpaket über 5 Prozent hielten. Dabei handelte es sich ausschließlich um Finanzinstitute bzw. Manager von Finanzinstituten. Ich habe vier verschiedene Typen ausgemacht. Die größten Aktienpakete repräsentierten Privat- und Regionalbanken, ausländische Großbanken sowie eigene Filialen der Deutschen Bank. 1870 waren es überwiegend Privatbankiers, die die ersten Aktien der Deutschen Bank zeichneten. Sie stammten unter anderem aus Berlin, Köln und Frankfurt. Ab 1890 gewannen Regionalbanken auf der außerordentlichen Generalversammlung zunehmend an Bedeutung. Die größten Aktienpakete unter den Regionalbanken hielten die Bergisch-Märkische Bank (Elberfeld), der Schlesische Bankverein (Breslau) und die Rheinische Creditbank (Mannheim). Alle drei Regionalbanken wurden im Laufe der ersten Hälfte des 20. Jahrhunderts von der Deutschen Bank übernommen. Die stärkere Kapitalpräsenz von Regionalbanken führte zu keinem Bedeutungsverlust der Privatbankiers. Diese waren weiterhin mit größeren Beträgen bei der Deutschen Bank auf der außerordentlichen Generalversammlung präsent. Vor

25 Unter den fünf größten Aktionären befanden sich nicht nur Großaktionäre. Da sich in den Unternehmen deutliche Unterschiede auf der außerordentlichen Generalversammlung zeigten, wurden die fünf größten als Kategorie ausgewählt, um die Tendenz zu verdeutlichen.

allem in den 1920er Jahren dominierte sie wieder unter den fünf größten Aktionären. Auffällig ist, dass sich die Berliner Privatbankhäuser, darunter Jacquier & Securius, A. E. Wassermann, E. J. Meyer und Wilhelm Kuczynski, durchsetzten. Mit Lazard Speyer-Ellissen war auch ein Frankfurter Institut vertreten. Diese Ergebnisse bestätigen die These der älteren bankhistorischen Forschung, dass viele renommierte Privatbankhäuser trotz der Verdrängung im Kaiserreich auch in der ersten Hälfte des 20. Jahrhunderts ihre Position in der deutschen Finanzwelt halten konnten.[26] Bei den zwei ausländischen Großbanken handelte es sich um die Niederösterreichische Escompte-Gesellschaft und den Wiener Bankverein. Insgesamt gehe ich davon aus, dass es sich beim Aktienkapital der Finanzinstitute nicht um Eigenbesitz handelte. Wahrscheinlich repräsentierten sie das Aktienkapital ihrer Kunden und gaben es als solches nicht an. In den Geschäftsberichten der Bergisch-Märkischen Bank zum Beispiel findet sich keine Beteiligung an der Deutschen Bank.[27] Insgesamt war der Anteil der Beteiligung an anderen Unternehmen durch Aktienkapital in den Bilanzen bei deutschen Groß-, Privat- und Regionalbanken gering.[28] Bei der Deutschen Bank waren die meisten Finanzinstitute nämlich ihre Geschäftspartner und übernahmen bei Kapitalerhöhungen ihre Aktien. Diese Aktien wurden im Anschluss an das Publikum verkauft.[29] Man könnte also einen noch größeren Streubesitz bei der Deutschen Bank vermuten. Von den fünf größten Aktionären der Deutschen Bank waren nicht alle im Aufsichtsrat vertreten. Der größte Aktionär war jedoch im Aufsichtsrat der Bank tätig. Die durchgehende Dominanz der Banken unter den Großaktionären bei der Deutschen Bank ist überraschend. In dem Sample von Julian Franks, Colin Mayer und Hannes F. Wagner haben Banken um 1900 durchschnittlich 17 Prozent der Stimmen und Einzelpersonen 46 Prozent. Eine Verschiebung von Einzelpersonen hin zu Banken erfolgte erst in den 1930er Jahren.[30]

Wer waren nun die größten Aktionäre der Deutschen Bank? Einen detallierten Überblick darüber gibt die Tabelle „Fünf größten Aktionäre auf der außerordentlichen Generalversallung“ im Anhang. 1870 waren unter den ersten 76 Zeichnern viele renommierte Finanzinstitute vertreten, die aus den wichtigsten Wirtschaftsregionen Deutschlands kamen. Das Frankfurter Bankhaus Gebrüder Sulzbach zeichnete das größte Aktienpaket mit 16 Prozent. Seit ihrer Gründung im Jahre 1856 entwickelte sich Gebrüder Sulzbach zu einem namhaften Privatbankhaus, das sich unter der Führung Rudolf Sulzbachs an verschiedenen Geschäften im In- und Ausland beteiligte.[31] E. J.

26 Vgl. Ziegler: Kontinuität (wie Anm. 45), S. 31–53; Harald Wixforth/Dieter Ziegler: Deutsche Privatbanken und Privatbankiers im 20. Jahrhundert, in: Geschichte und Gesellschaft, S. 205–235.

27 Auch Lampe weist darauf hin, dass aus den Geschäftsberichten von Banken, sich nicht entnehmen lässt, über welche Beteiligungen und Aktienbestände Banken im einzelnen verfügten, siehe Winfried Lampe: Der Bankbetrieb in Krieg und Inflation. Deutsche Großbanken in den Jahren 1914 bis 1923. (Schriftenreihe des Instituts für bankhistorische Forschung, Bd. 24.) Stuttgart 2012, S. 222.

28 Vgl. Fohlin: The History (wie Anm. 45), S. 240.

29 Vgl. Kapitel 3.

30 Franks: The Origins (wie Anm. 4), S. 570 f.

31 Vgl. Fritz Seidenzahl: 100 Jahre (wie Anm. 54), S. 14 f.

Meyer war der zweitgrößte Zeichner mit 10 Prozent. Die Gründung dieses Bankhauses fällt ins Jahr 1816, in die Anfänge der deutschen Privatbankiers. Zur zentralen Figur des Berliner Instituts gehörte Abraham Meyer. Er führte den Titel Preußischer Kommerzienrat, war Mitglied im Generalrat der Reichsbank und gehörte damit zur Elite der deutschen Finanzwelt in den 1870er Jahren. Ab 1896 übernahmen Ernst Joachim Meyer und Albert Stäckel die Geschäftsführung des Bankhauses. E. J. Meyer wirkte an mehreren Bankneugründungen mit und war darüber hinaus auch im Anleihegeschäft tätig.[32] Über den drittgrößten Zeichner, Hermann Marcuse, weiß man am wenigsten. Der aus dem Rheingebiet stammende Gutsbesitzer, Bankier und Rentner zeichnete vermutlich die Aktien nicht ausschließlich für sich, sondern für weitere Unterbeteiligte.[33] Die zwei letzten von den fünf größten Aktionären der Deutschen Bank waren ebenfalls Privatbankhäuser. F. Mart Magnus erlangte in den 1850ern unter Friedrich Martin von Magnus, der dem preußischen Adel angehörte, in der Berliner Finanzwelt an größerer Bedeutung. Ab 1853 übernahm das Institut in Zusammenarbeit mit sechs weiteren Berliner Banken die Mobilmachungsanleihe Preußens, aus der sich später das Preußenkonsortium herausbildete. Neben der Emission von Anleihen finanzierte F. Mart Magnus die Gründung mehrerer Bankinstitute, darunter auch die der BHG. Viktor Magnus gehörte 1870 nicht nur zu den ersten Zeichnern der Deutschen Bank, sondern war auch im Gründungskomitee aktiv. Nach seinem Tod im Jahre 1872 ging F. Mart Magnus aufgrund fehlender Nachkommen an eine Erbgemeinschaft über und musste kurze Zeit später nach der Gründerkrise Insolvenz anmelden.[34] Hinter dem Finanzinstitut Deichmann & Co. stand der einflussreiche Kölner Bankier Wilhelm Ludwig Deichmann. Seine Karriere begann 1818, als er als Teilhaber in das Bankhaus seines Schwiegervaters Abraham Schaaffhausen eintrat. Nach der Umwandlung in eine Aktiengesellschaft war er zunächst einige Jahre in der Direktion des A. Schaaffhausen'schen Bankvereins tätig. 1858 gründete er schließlich zusammen mit Adolph vom Rath das Kölner Bankhaus Deichmann & Co. Adolph vom Rath war im Gründungskomitee der Deutschen Bank und übernahm ab 1889 den Vorsitz im Aufsichtsrat. Zusammen mit seinem Partner Wilhelm Ludwig Deichmann pflegte er gute Kontakte zur rheinischen Banken- und Industriewelt und war an einigen führenden Unternehmen in Westdeutschland beteiligt. Während der Weltwirtschaftskrise 1931 trat Deichmann & Co. in Liquidation.[35]

Gebrüder Sulzbach, E. J. Meyer, Marcuse Hermann und Deichmann & Co. waren jeweils durch einen Manager im Aufsichtsrat der Deutschen Bank tätig. Die Gründung der Deutschen Bank und die Beteiligungen der ersten Zeichner sind repräsentativ für die wirtschaftlichen Entwicklungen um 1870. Vor der Gründung erster Aktiengesellschaften dominierten im deutschen Wirtschaftsraum Privatbankhäuser, die sich als

---

32 Vgl. ebd., S. 20.

33 Vgl. ebd.

34 Vgl. ebd., S. 9.

35 Vgl. Franz Brill: Deichmann, Wilhelm Ludwig, in: Neue Deutsche Biographie 3 (1957), S. 567 f. URL: http://www.deutsche-biographie.de/pnd138678707.html.

Einzelunternehmen oder in der Rechtsform der Personengesellschaft formierten.[36] Die Initiative zur Gründung von Aktiengesellschaften während der zweiten Welle in den 1870er Jahren ging von ihnen aus. Sie zeichneten das Aktienkapital und waren auf den Generalversammlungen präsent.

Gibt es eine Veränderung in der Aktionärsstruktur bei der Deutschen Bank? Auf der außerordentlichen Generalversammlung 1897 war von den ersten fünf größten Aktionären das Bankhaus Gebrüder Sulzbach wieder mit einem zweitgrößten Aktienpaket von 7 Prozent repräsentiert. E. J. Meyer und Adolph vom Rath (Deichmann & Co.) waren zwar auch anwesend, jedoch gehörten sie nicht mehr zu den fünf größten. Sie blieben allerdings bis 1929 auf der außerordentlichen Generalversammlung präsent. Der größte Aktionär auf der außerordentlichen Generalversammlung 1897 war nun Hans Jordan mit 9 Prozent. Hans Jordan war seit 1885 Direktor bei der Bergisch-Märkischen Bank, die 1871 in Elberfeld als Aktiengesellschaft gegründet wurde. Von einem Lokalinstitut entwickelte sich die Bergisch-Märkische Bank zu einer einflussreichen Regionalbank im rheinisch-westfälischen Industriegebiet.[37] 1897 schloss sie einen Interessengemeinschaftsvertrag mit der Deutschen Bank und 1914 wurde sie schließlich von ihr übernommen.[38] Hans Jordan war von 1897 bis 1922 im Aufsichtsrat der Deutschen Bank tätig. Der drittgrößte Großaktionär auf der außerordentlichen Generalversammlung von 1897 war das jüdische Privatbankhaus Jacob S. H. Stern mit 5 Prozent. Ansonsten gehörten noch E. Krug und C. Colin zu den fünf größten Aktionären. Bei beiden handelte es sich um Direktoren in den Filialen Bremen und München der Deutschen Bank. Wahrscheinlich vertraten sie die Aktien mehrerer Kunden, die Deutsche-Bank-Aktien an den beiden Standorten im Depot aufbewahrten.

1902 gehörte das größte Aktienpaket weiterhin der Bergisch-Märkischen Bank mit 15 Prozent, die bis zur Fusion mit der Deutschen Bank 1914 der größte Aktionär auf der außerordentlichen Generalversammlung blieb. Das zweitgrößte Aktienpaket gehörte 1902 einem ausländischen Investor, der Niederösterreichischen Escompte-Gesellschaft. Sie wurde 1853 als eine Aktiengesellschaft in Wien gegründet und etablierte sich als eine der führenden österreichischen Banken. Ihre guten Verbindungen zur Prager Finanzwelt sicherte sich das Finanzinstitut durch die Beteiligung an der Böhmischen Escompte-Bank und Creditanstalt.[39] Als drittgrößter Aktionär kam Emil Berve hinzu,

36 Privatbanken werden nach der Bankbetriebswirtschaftslehre zunächst als Einzelfirma oder Personengesellschaften (OHG, KG) verstanden, bei denen der Eigentümer mit seinem privaten Kapital haftet. Allerdings war es auch üblich, Banken in der Rechtsform der GmbH zu errichten, die zwar zu den Kapitalgesellschaften zählten, sich aber trotzdem von den Aktiengesellschaften und der Kommanditgesellschaft auf Aktien unterschieden (vgl. Wixforth: Deutsche Privatbanken (wie Anm. 342), S. 209–213).

37 Vgl. Kapitel 3.

38 Vgl. Kapitel 3.

39 Vgl. Harald Wixforth: Die Böhmische Escompte-Bank nach dem Zerfall der Habsburger Monarchie – eine Bank zwischen Eigentümer und nationalen Wirtschaftsinteressen, in: Zeitschrift für Unternehmensgeschichte 49 (2004), S. 222–238, hier 227.

der als persönlich haftender Gesellschafter auf Grund eines Interessengemeinschaftsvertrages mit der Deutschen Bank von 1897 das Aktienkapital des Schlesischen Bankvereins repräsentierte. Der Schlesische Bankverein formierte sich als Kommanditgesellschaft auf Aktien im Jahre 1856 in Breslau. Nach anfänglichen Liquiditätsschwierigkeiten baute die Regionalbank ihr Geschäftsgebiet auf die ganze Provinz Schlesien aus, indem sie Zweigniederlassungen an verschiedenen Standorten eröffnete und sich im Industrierevier engagierte. Beteiligungen hatte der Schlesische Bankverein unter anderem bei Georg Fromberg & Co. (Berlin) und beim Oberschlesischen Credit-Verein.[40] Bis zur Generalversammlung 1905 gehörte der Schlesische Bankverein mit zu den fünf größten Aktionären, bis er schließlich 1917 mit der Deutschen Bank fusionierte. Mit E. Breustedt (München) und F. Bultmann (Bremen) waren 1902 auch wieder zwei Filialdirektoren der Deutschen Bank unter den fünf größten Aktionären auf der Generalversammlung anwesend.

An der Konstellation von 1902 änderte sich bis 1914 wenig. 1904 wurde der Bankier Theodor Böninger als viertgrößter Aktionär auf der außerordentlichen Generalversammlung aufgeführt. Er war Aufsichtsratsmitglied bei der Duisburg- Ruhrorter Bank. Der viertgrößte Aktionär 1905 Richard Brosien war Manager bei der Rheinischen Creditbank. Die Rheinische Creditbank hatte ihren Sitz seit der Gründung 1870 in Mannheim. Jedoch gelang es ihr durch die Errichtung von Zweigniederlassungen ihr Einflussgebiet in Baden zu erweitern. Zwischen 1897 und 1929 erwarb die Rheinische Creditbank mehrere Bankhäuser, so auch 1904 die Oberrheinische Bank und 1922 die Pfälzische Bank. Die 1904 ins Leben gerufene Interessengemeinschaft mit der Deutschen Bank mündete schließlich 1929 in eine Fusion.[41]

Auf der außerordentlichen Generalversammlung 1914 befanden sich neue Privatbankhäuser unter den fünf größten Aktionären. Das größte Aktienpaket gehörte weiterhin der Bergisch-Märkischen Bank. Jacquier & Securius verfügte über das zweitgrößte Aktienpaket von 8 Prozent und blieb bis 1929 unter den fünf Großaktionären. In seinen Anfängen konzentrierte sich das 1817 gegründete Berliner Kreditinstitut zunächst noch auf kleine und mittelständische Unternehmen, weitete aber um die Jahrhundertwende seinen Geschäftsbereich zunehmend auf das Emissions-, Konsortial- und Finanzierungsgeschäft aus. Das private Bankhaus Wilhelm Kuczynski hatte 1914 das drittgrößte Aktienpaket mit 7 Prozent. Es war bis 1929 auf den außerordentlichen Generalversammlungen der Deutschen Bank vertreten. Das viertgrößte Aktienpaket hatte das jüdische Privatbankhaus A. E. Wassermann. Es wurde 1856 in Bamberg gegründet. Seine Verbindung zur Deutschen Bank bestand nicht nur durch die Kapitalbeteiligung, sondern auch durch persönliche Kontakte. 1912 trat ein Familienmitglied, Oscar Wassermann, in den Vorstand der Deutschen Bank ein.

40 Vgl. Handbuch der deutschen Aktiengesellschaften. Darmstadt u. a. 1914, S. 68 f.
41 Vgl. ebd., S. 163.

In den 1920er Jahren kamen zu den größten Aktionären weitere Finanzinstitute hinzu. Lazard Speyer-Ellissen war 1920 mit 7 Prozent der größte Aktionär. Speyer gehörte zu einer traditionellen jüdischen Bankiersfamilie aus dem Rheinland, die 1838 das Manufakturwaren- und Speditionsgeschäft Lazard Speyer-Ellissen gründete. Bis zum Ersten Weltkrieg war Lazard Speyer-Ellissen in die Finanzierung amerikanischer Gesellschaften involviert und übernahm die Einführung amerikanischer Aktien und Anleihen an der Frankfurter Börse.[42] Im inländischen Geschäft mit Staats- und Kommunalanleihen war Lazard Speyer-Ellissen ebenfalls führend. Um die Jahrhundertwende stellte sich das Problem der Erbfolge für Lazard Speyer-Ellissen. Nachdem der letzte Inhaber, Georg Speyer, keinen geeigneten männlichen Nachfolger hinterlassen hatte, übernahm sein Schwager Eduard Beit die Leitung des Unternehmens, der eine Ehe mit Lucie Speyer eingegangen war. Eduard Beit von Speyer gehörte mit einem Vermögen von ca. 80 Mio. M zu den reichsten Bürgern in der Provinz Hessen-Nassau.[43] Nach dem Ersten Weltkrieg gingen die Verbindungen zum englischen und amerikanischen Finanzplatz zurück und Lazard Speyer-Ellissen fokussierte sich zunehmend auf die Kreditfinanzierung der deutschen Industrie. Das Kreditinstitut musste als Reaktion auf die Weltwirtschaftskrise 1929 mehrmals finanziell gestützt werden. 1934 stimmten die Geschäftsführer teilweise auch aus politischen Gründen der Liquidation zu.[44] Der Kontakt zur Deutschen Bank bestand bei Lazard Speyer-Ellissen nicht nur durch die geschäftliche Beziehung, sondern wurde auch durch familiäre Verbindungen hergestellt. Anna Speyer war mit Arthur von Gwinner verheiratet, der von 1894 bis 1919 im Vorstand der Deutschen Bank tätig war.[45] Lazard Speyer-Ellissen war von 1906 bis 1932/33 im Aufsichtsrat der Deutschen Bank vertreten. Das zweit-, dritt- und viertgrößte Aktienpaket hielten 1920 A. E. Wassermann, Jacquier & Securius und Wilhelm Kuczynski. Zu dem fünftgrößten Aktionär Moritz Lipp sind wenige Informationen vorhanden. Er war im Vorstand der Bergisch-Märkischen Bank und in den 1920er Jahren des Schlesischen Bankvereins tätig.[46] 1922 war er mit 7 Prozent der größte Aktionär.[47] Moritz Lipp war von 1917 bis 1931/32 im Aufsichtsrat der Deutschen Bank tätig. 1922 ist neben den bereits genannten Finanzinstituten Lazard Speyer-Ellissen, Jacquier & Securius und E. J. Meyer Max Kluge mit 5 Prozent unter den fünf größten Aktionären vertreten. Max Kluge war Filialdirektor in Hannover. 1923 war der Wiener Bankverein der größte Aktionär mit 13 Prozent. Er formierte sich 1869 und

42 Vgl. Ulrich Eisenbach: Speyer, in: Neue Deutsche Biographie 24 (2010), S. 674–676. URL: http://www.deutsche-biographie.de/pnd1020733403.html.

43 Vgl. Ingo Köhler: Wirtschaftsbürger und Unternehmer – Zum Heiratsverhalten deutscher Privatbankiers im Übergang zum 20. Jahrhundert, in: Dieter Ziegler (Hg.): Großbürger und Unternehmer (Bürgertum. Beiträge zur europäischen Gesellschaftsgeschichte, Bd. 17). Göttingen 2000, S. 116–143, hier 124.

44 Vgl. ebd.

45 Vgl. ebd.

46 Vgl. Geschäftsbericht der Bergisch-Märkischen Bank 1913.

47 Vgl. Geschäftsbericht der Deutschen Bank 1922.

zählte zu den wichtigsten österreichischen Großbanken. Zu seinen Tätigkeiten gehörte das Einlage-, Konsortial- und Wechselgeschäft.[48] Der Wiener Bankverein pflegte gute Beziehungen zur Deutschen Bank, die bereits in den 1870er Jahren geknüpft wurden. Die Deutsche Bank war von Anfang an unter der Leitung Georg von Siemens nach der Reichsgründung daran interessiert, ihre Kontakte zur Wiener Bankenwelt auszubauen. Zusammen mit dem Wiener Bankverein, der Boden-Credit-Anstalt, dem Württembergischen Bankverein und französischen Banken bildete die Deutsche Bank ein Konsortium, das die Unterbringung ungarisch-österreichischer Staatsanleihen übernahm.[49] Auch engagierte sich die Deutsche Bank bei der Reorganisation des Wiener Bankvereins, nachdem dieser in den 1870er Jahren in finanzielle Schwierigkeiten geraten war.[50] Als neuer viertgrößter Aktionär auf der außerordentlichen Generalversammlung 1923 war das Bankhaus Gebrüder Arons repräsentiert, das allerdings schon an den vorhergehenden Generalversammlungen mit weniger Aktienkapital teilgenommen hatte.

Auf der außerordentlichen Generalversammlung 1929 war Lazard Speyer-Ellissen aus Frankfurt mit 8 Prozent der größte Aktionär. Danach folgten die Berliner Finanzinstitute Jacquier & Securious, A. E. Wassermann und E. J. Meyer. J. Dreyfus & Co. war der fünftgrößte Aktionär mit 6 Prozent. Zunächst als Privatbank von Jacques Dreyfus-Jeidels 1868 in Frankfurt eröffnet, wurde sie 1890 in eine Kommanditgesellschaft umgewandelt. Ihr Schwerpunkt lag auf dem Börsen- und Kommissionsgeschäft sowie im Arbitragehandel mit Effekten und Devisen. 1891 eröffnete Dreyfus & Co. eine eigene Filiale in Berlin, konnte sich jedoch gegen die Konkurrenz der Großbanken in der preußischen Hauptstadt nicht behaupten. 1897/98 erfolgte die Eingliederung in die Commerzbank und 1904 schließlich die Neugründung.[51]

3.2.2 Vorstand

Der Vorstand setzte sich bei der Deutschen Bank zwischen 1870 und 1930 durchschnittlich aus sechs Mitgliedern zusammen (Tabelle 18). Die Deutsche Bank hatte einen großen Vorstand. Der erste Vorstand hatte zunächst noch drei Mitglieder. Eine erste Ausweitung auf fünf Mitglieder fand in den 1880er Jahren mit dem Wachstum des Unternehmens und der Ausdifferenzierung der inneren Organisationsstruktur statt. In den 1880er Jahren konzentrierte sich die Deutsche Bank auf neue Geschäfts-

---

48 Vgl. Eduard März: Österreichische Bankpolitik in der Zeit der großen Wende 1913–1923. Am Beispiel der Credit-Anstalt für Handel und Gewerbe. Wien 1981, S. 69.

49 Vgl. Karl Helfferich: Georg von Siemens. Ein Lebensbild aus Deutschlands großer Zeit, Bd. 2. Berlin 1921, S. 169–171.

50 Vgl. ebd., S. 169–179.

51 Vgl. Detlef Krause: Die Commerz- und Disconto-Bank 1870–1920/23. Bankgeschichte als Systemgeschichte (Beiträge zur Unternehmensgeschichte, Bd. 19). Stuttgart 2004, S. 177 f.

bereiche und engagierte sich zunehmend im Industriesektor. Um alle Aufgaben zu bewältigen, die mit der neuen Ausrichtung anfielen, war ein größerer Vorstand notwendig und eine Veränderung der Organisationsstruktur. 1929 hatte der Vorstand bei der Deutschen Bank zwölf Mitglieder. Seit den 1890er Jahren war der Vorstand bei der Deutschen Bank eng an das Sekretariat gebunden. Das Sekretariat bildete das Zentrum der Organisationsstruktur und umfasste verschiedene Dezernate, die einem Vorstandsmitglied unterstanden und sich aus mehreren Mitarbeitern zusammensetzten. Die Sekretariatsmitarbeiter sollten den Vorstand bei wichtigen Geschäften unterstützen und waren u. a. an der Ausgestaltung von Verträgen beteiligt. Jedes Vorstandsmitglied leitete demnach ein Spezialgebiet und es gab einen Sprecher für den gesamten Vorstand. Allerdings bestimmte der Sprecher nicht die komplette Unternehmensstrategie, sondern es herrschte ein kollegiales Prinzip vor.[52] Der Vorstand wurde bei der Deutschen Bank im Laufe der ersten Hälfte des 20. Jahrhunderts ausgeweitet, als sich eine neue Konzernstruktur durch Kapitalbeteiligungen, die Bildung von Interessengemeinschaften und Übernahmen und Fusionen herausbildete. 1912 wurde der Vorstand auf zehn Mitglieder vergrößert. Insgesamt repräsentierte die Deutsche Bank die Organisationsstruktur eines Managerunternehmens, die sich bei vielen deutschen Großunternehmen im Kaiserreich bis zum Ersten Weltkrieg entwickelte.[53]

Zu den ersten Vorstandsmitgliedern, die der Verwaltungsrat am 23. März 1870 wählte, gehörten Wilhelm Platenius und Georg Siemens. Im Herbst wurde noch Hermann Wallich in den Vorstand aufgenommen. Die ersten Vorstandsmitglieder waren also angestellte Manager, die nicht zu den Gründern gehörten. Besonders prägend für die Entwicklung der Bank von den drei war Georg Siemens, der 30 Jahre dem Vorstand angehörte. Durchschnittlich waren Manager 14 Jahre im Vorstand tätig. Max Steinthal hatte mit 32 Jahren die längste Amtsperiode. Die soziale Herkunft und das Bildungsprofil der Vorstandsmitglieder bei der Deutschen Bank spiegeln wider, wie sich die Zusammensetzung der Finanzelite im Kaiserreich um 1900 veränderte (Tabelle 19). Bei den älteren Privatbanken war es noch üblich, dass die Geschäftsführung und das Vermögen im Besitz der Familie verblieben und von Generation zu Generation vererbt wurden. Häufig traten die Söhne in die Fußstapfen ihrer Väter und strebten eine Bankkarriere an.[54] Auch bei der Deutschen Bank war es durchaus noch Tradition, den Karriereweg des Vaters einzuschlagen, eine Bankenlehre zu machen, mehrere Jahre in einem Finanzinstitut zu arbeiten und dann die gesammelte Erfahrung und das Wissen in den Vorstand miteinzubringen. Oscar Wassermanns Vorfahren beispielweise gehörten zur jüdischen Wirtschaftselite, die 1850 das Unternehmen A. E. Wassermann in Bamberg etablierten. Oscar Wassermann absolvierte zunächst

52 Vgl. Dahlem: Die Professionalisierung (wie Anm. 54), S. 52–62.

53 Vgl. Kocka: Management (wie Anm. 321), S. 142–147.

54 Vgl. Hartmut Berghoff/Ingo Köhler: Redesigning a Class of its Own. Social and Human Capital Formation in the German Banking Elite, 1870–1990, in: Financial History Review 14 (2007), S. 63–87, hier 68–75.

eine Bankenlehre und leitete ab 1900 die Berliner Filiale des Stammhauses der Familienbank, bevor er 1912 als Vorstandsmitglied das Börsengeschäft bei der Deutschen Bank übernahm. Er war zudem für die internationalen Beziehungen der Deutsche Bank zuständig, war Mitglied des Generalrats der Reichsbank und stellvertretender Vorsitzender des Centralverbandes des Deutschen Bank- und Bankiergewerbes.[55] Ein anderer Teil der Vorstandsmitglieder gehörte zum neuen Typ des Managers und hatte ein Hochschulstudium absolviert. Von den Akademikern waren nur Juristen bei der Deutschen Bank angestellt. Bereits unter den ersten Vorstandsmitgliedern findet sich ein Jurist. Als Mitglieder der Familie Siemens trat Georg von Siemens nicht sofort in das neu gegründete Familienunternehmen ein, sondern widmete sich zunächst seinem Jurastudium in Heidelberg und arbeitete danach als Assessor am Landgericht Aachen. Im Anschluss übernahm er Aufträge für Siemens. Auf Initiative von Adelbert Delbrück trat er bei der Gründung der Deutschen Bank in den Vorstand ein.[56]

Georg Siemens war der erste Vorstandssprecher. Ab 1901 übernahm Rudolph von Koch diese Funktion, ab 1910 Arthur von Gwinner, ab 1919 Paul Mankiewitz und ab 1923 bis 1933 Oscar Wassermann. Rudolph von Koch war seit der Gründung der Deutschen Bank im Unternehmen tätig und seit 1878 im Vorstand. Er förderte den Ausbau des Filialnetzes und pflegte den Kontakt zu den Provinzbanken.[57] Arthur von Gwinner war gelernter Bankier und trat 1894 in den Vorstand der Deutschen Bank ein. Er war u. a. für Konsortialgeschäfte, Eisenbahnen und die Elektroindustrie zuständig. Für Kapitalerhöhungen waren die Börsenabteilungen wichtig. Max Steinthal war zwischen 1871 und 1905 für das Börsen- und Devisengeschäft verantwortlich. Er wurde vor allem wegen seiner Fähigkeiten im internationalen Devisengeschäft in den Vorstand aufgenommen und war für die Durchführung und Kontrolle größerer Finanzierungsgeschäfte, u. a. der Mannesmann AG, zuständig.[58] Das Börsengeschäft leitete Paul Mankiewitz zwischen 1898 und 1923. Er war vor allem für Kapitalerhöhungen der Bank verantwortlich. Er war in die meisten Verhandlungen mit den Geschäftspartnern involviert, so auch 1922 bei der Fusion mit der Hannoverschen Bank.[59] Oscar Wassermann übernahm zwischen 1912 und 1933 das Börsen- und Industriegeschäft. Bei den Verhandlungen mit den Geschäftspartnern beim Aktientausch, Übernahmen und Fusionen waren neben den Spezialisten im Börsengeschäft Carl Klönne als Experte des Industriegeschäfts und Carl Michalowsky als Jurist wichtig. Carl Klönne

55 Avraham Barkai: Oscar Wassermann, in: Hans Pohl (Hg.): Deutsche Bankiers des 20. Jahrhunderts. Stuttgart 2008, S. 431–444.

56 Vgl. Martin L. Müller: Siemens, Johann Georg von, in: Neue Deutsche Biographie 24 (2010), S. 375–376. URL: https://www.deutsche-biographie.de/gnd118797093.html#ndbcontent.

57 Vgl. Manfred Pohl: Koch, Rudolph von, in: Neue Deutsche Biographie 12 (1979), S. 277. URL: https://www.deutsche-biographie.de/gnd136109608.html#ndbcontent.

58 Vgl. Dahlem: Die Professionalisierung (wie Anm. 54), S. 58.

59 Vgl. Kapitel 4.

war, bevor er in den Vorstand der Deutschen Bank eintrat, beim Schaaffhausen'schen Bankverein in Köln tätig und hatte gute Verbindungen zum Ruhrgebiet. Nach dem Ausscheiden aus dem Unternehmen erhielt er mehrere Angebote, da seine Expertise gefragt war. Georg von Siemens konnte Carl Klönne für die Deutsche Bank gewinnen, der viele wichtige Industriekunden in das Unternehmen einbrachte.[60] Bei der Deutschen Bank waren insgesamt die Erfahrung in der Finanzwelt als Bankier bzw. Bankmanager oder juristisches Spezialwissen und zusätzlich ein gutes Netzwerk mit wichtigen Geschäftspartnern entscheidend, um in den Vorstand aufzusteigen.

Tabelle 18: Anzahl der Vorstands- und Aufsichtsratsmitglieder, Deutsche Bank 1870–1930.

Jahr	Vorstand	Aufsichtsrat
1870	3	24
1871	3	24
1872	3	24
1881	5	24
1888	4	20
1895	5	18
1897	5	19
1902	6	22
1904	5	23
1905	6	26
1914	10	29
1917	9	40
1920	9	51
1922	9	60
1923	8	60
1929	12	115
MW	**6**	**36**

Quelle: Eigene Berechnungen, Geschäftsberichte.

60 Vgl. Dahlem: Die Professionalisierung (wie Anm. 54), S. 58 f.

Tabelle 19: Bildungsprofil der Vorstandsmitglieder, Deutsche Bank, 1870–1930.

	(%)
Ausbildung	57,14
Banklehre	50,00
Studium	32,14
Jura	32,14
Promotion	14,29
Keine Angaben	10,71
Gesamt	28

Quelle: Eigene Berechnungen, Neue Deutsche Biographie.

3.2.3 Aufsichtsrat

Der Aufsichtsrat der Deutschen Bank hatte zwischen 1870 und 1930 durchschnittlich 36 Mitglieder. Im Vergleich mit anderen Großunternehmen hatte die Deutsche Bank einen ziemlich großen Aufsichtsrat. Im Kaiserreich hatte ein Großteil deutscher Unternehmen zwischen 1895 und 1912 einen kleinen Aufsichtsrat von durchschnittlich fünf Mitgliedern. Ein großer Aufsichtsrat findet sich vor allem bei Unternehmen mit Streubesitz.[61] Die Aufsichtsräte wurden in der Weimarer Zeit enorm vergrößert. Der erste Aufsichtsrat der Deutschen Bank, der sich am 21. März 1870 formierte, hatte 24 Mitglieder. Die Mitgliederzahl sank bis zur Jahrhundertwende zunächst und nahm dann mit dem Wachstum des Unternehmens ab 1900 kontinuierlich zu. Der Aufsichtsrat vergrößerte sich vor allem nach einer Fusion, denn die Vorstands- und Aufsichtsratsmitglieder des übernommenen Unternehmens traten dann in den Aufsichtsrat der Deutschen Bank ein.[62] 1917 zum Beispiel fusionierte die Deutsche Bank mit dem Schlesischen Bankverein und der Norddeutschen Credit-Anstalt und erhöhte ihre Mitgliederzahl auf 40. Nach der Fusion mit der Disconto-Gesellschaft, der Norddeutsche Bank, dem Schaaffhausen'schen Bankverein, der Rheinische Creditbank und der Süddeutsche Disconto-Gesellschaft A.G. weitete die Deutsche Bank ihren Aufsichtsrat auf 115 Mitglieder aus. Bei einem so großen Aufsichtsrat war sicherlich eine effiziente Überwachung des Vorstandes nicht mehr möglich.

Tabelle 20 verdeutlicht, dass sich nicht nur die Größe, sondern auch die Zusammensetzung des Aufsichtsrats in den Jahren deutlich verändert hat. Bei der Gründung

61 Vgl. Fohlin: Finance Capitalism (wie Anm. 43), S. 132.
62 Vgl. Kapitel 4.

Tabelle 20: Zusammensetzung des Aufsichtsrats, Deutsche Bank, 1870–1930.

	1870	1897	1902	1904	1905	1914	1917	1920	1922	1923	1929
Anderes Unternehmen	25	42,11	31,82	26,09	30,77	34,48	30	37,25	41,67	42,37	44,35
Bank	66,67	31,58	40,91	52,17	53,85	37,93	32,50	29,41	23,33	23,73	24,35
Staat/Lobby	0	15,79	22,73	17,39	11,54	13,79	20,00	17,65	16,67	16,95	15,65
ehem. Vorstandsmitglied	0	5,26	4,55	4,35	3,85	10,34	7,50	7,84	5,00	5,08	5,22
Sonstiges	8,33	5,26	0	0	0	3,45	10,00	7,84	13,33	11,86	10,43
Gesamt	24	19	22	23	26	29	40	51	60	59	115
Gründer	20,83	5,26	4,55	4,35	3,85	0	0	0	0	0	0
Aktionäre	95,83	73,68	86,36	60,87	100,00	86,21	72,50	86,27	81,67	91,67	33,91

Quelle: Eigene Berechnungen, Geschäftsberichte.

der Deutschen Bank waren über die Hälfte der Mitglieder Bankdirektoren, die zur führenden Wirtschaftselite des Kaiserreichs gehörten. Darunter befanden sich auch die sechs Mitglieder des Gründungskomitees Adelbert Delbrück (Bank Delbrück Leo & Co), Victor Freiherr von Magnus (F. Mart. Magnus), Hermann Zwicker (Gebr. Schickler), Adolph vom Rath (Deichmann & Co.), Gustav Kutter (Kutter, Luckemeyer & Co.) und Gustav Müller. Auch waren Gebrüder Sulzbach und der A. Schaaffhausen'sche Bankverein im Aufsichtsrat vertreten. Die Gründer blieben bis 1905 im Aufsichtsrat präsent. Die Dominanz der Bankdirektoren ging ab 1914 im Laufe des 20. Jahrhunderts zurück und der Aufsichtsrat wurde heterogener. Der Anteil von Vertretern aus der Industrie, Handel und Transport nahm dagegen in den 1890er Jahren zu. Diese Veränderung hing sicherlich damit zusammen, dass sich die Deutsche Bank in dieser Zeit stärker auf das Industriegeschäft konzentrierte. Sie entwickelte Kontakte zu klassischen Branchen wie Bergbau, Metallverarbeitung und Maschinenbau und zu Transport- und Handelsschiffunternehmen sowie zur Chemie- und Elektroindustrie.[63] Die meisten Bankdirektoren, die nach 1900 im Aufsichtsrat der Deutschen Bank vertreten waren, gehörten zu Geschäftspartnern der Deutschen Bank, an denen die Deutsche Bank mit Aktienkapital beteiligt war, mit denen die Deutsche Bank fusionierte oder die Aktien bei Kapitalerhöhungen der Deutschen Bank übernahmen. Die hohe Präsenz von Bankmanagern von Privat- und Regionalbanken war somit nicht nur typisch für die Industrie, sondern auch für den Finanzsektor.[64] Ihr Anteil ging bei der Deutschen Bank jedoch zurück. Interessant ist, dass in den 1890er Jahren mehr Mitglieder im Aufsichtsrat vorzufinden sind, die im öffentlichen Dienst oder in einem wirtschaftlichen Verband tätig waren. Gängige Praxis war es zudem, dass ehemalige Vorstandsmitglieder der Deutschen Bank nach ihrer Amtsperiode in den Aufsichtsrat der Deutschen Bank wechselten. So waren Hermann Wallich, Rudolph von Koch, Max Steinthal und Arthur von Gwinner im Aufsichtsrat aktiv. Ein Teil der Aufsichtsratsmitglieder kann bei der Deutschen Bank keinem Unternehmen oder einer anderen Institution zugeordnet werden. Demnach gab es eine große Anzahl an Trittbrettfahrern im Aufsichtsrat. Die meisten Aufsichtsratsmitglieder waren als Aktionäre auf den außerordentlichen Generalversammlungen der Deutschen Bank präsent. Der Anteil fällt vermutlich noch größer aus, wenn man nicht nur die Aufsichtsratsmitglieder selbst, sondern ihre Unternehmen mitberücksichtigt, die allerdings auf der außerordentlichen Generalversammlung durch ein anderes Vorstandsmitglied repräsentiert wurden. Ein Großteil der Aufsichtsratsmitglieder kam zwischen 1870 und 1930 aus Berlin. Die örtliche Nähe zum Unternehmen war sicherlich ein entscheidendes Kriterium, um in den Aufsichtsrat gewählt zu werden, da man vor Ort besser die Tätigkeiten des Vorstandes überwachen konnte. Die restlichen Mitglieder verteilten sich auf die wichtigen regionalen Finanz- und Industriezentren, wie Frankfurt, Hamburg, Elberfeld, Mannheim, Essen

63 Vgl. Dahlem: Die Professionalisierung (wie Anm. 54), S. 52.
64 Vgl. Fohlin: Finance Capitalism (wie Anm. 43), S. 134.

und Hannover. In diesen Städten waren Regionalbanken angesiedelt, die die Deutsche Bank im Laufe der ersten Hälfte des 20. Jahrhunderts übernommen hatte.

Tabelle 21 fasst die Aufsichtsratsvorsitzenden der Deutschen Bank zwischen 1870 und 1930 zusammen. Der Vorsitzende übernahm wichtige Funktionen und fungierte als Verbindungsglied zum Vorstand und den Aktionären. Auffällig ist, dass bei der Deutschen Bank fast nur Bankiers den Vorsitz innehatten. Adelbert Delbrück und Adolph vom Rath, die relativ lange als Vorsitzende fungierten, waren beide Privatbankiers und gehörten dem Gründungskomitee der Deutschen Bank an. Adelbert Delbrück gilt als der eigentliche Initiator, der im Frühjahr 1869 die Idee hatte, eine große Bank für den überseeischen Handel zu schaffen.[65] Er gehörte zu den ersten Zeichnern und hatte ein Aktienpaket von 2 Prozent. Delbrück entstammte einer angesehenen preußischen Juristen- und Theologenfamilie, aus der einige Staatsmänner, Politiker und Gelehrte hervorgegangen waren. Nach seinem Jurastudium ging Delbrück entgegen der Familientradition in die freie Wirtschaft und arbeitete erst einmal als Rechtsberater in einer Spinnerei und Weberei in Gladbach. 1854 gründete er schließlich unter Beteiligung rheinischer Kaufleute und Bankiers das Bankhaus Delbrück Leo & Co., dessen Leitung er übernahm. Neben seinem Hauptberuf engagierte sich Delbrück in wirtschaftlichen Verbänden und hatte somit die Möglichkeit, auf zentrale finanz-, währungs- und wirtschaftspolitische Themen in den 1860er bis 1880er Jahren des Kaiserreichs Einfluss zu nehmen. Er war insgesamt gut vernetzt und war eine wichtige Persönlichkeit in der Finanzwelt. 1861 beteiligte er sich an der Gründung des Deutschen Handelstages und zwischen 1870 und 1885 war er ihr Vorsitzender. Durch seine Mitgliedschaft im Ältesten-Kollegium der Berliner Kaufmannschaft wirkte er dar-

Tabelle 21: Aufsichtsratsvorsitzender, Deutsche Bank, 1870–1930.

Vorsitz	Aufsichtsratsvorsitzender	Tätigkeit/Unternehmen	Ort
1870	Hermann Zwicker	Bankier, Gebr. Schickler	Berlin
1871–1889	Adelbert Delbrück	Bankier, Delbrück Leo & Co.	Berlin
1889–1907	Adolph vom Rath	Bankier, Deichmann & Co.	Berlin
1907–1914	Wilhelm Herz	Kaufmann, Präsident der Handelskammer	Berlin
1914–1921	Rudolph von Koch	Ehem. Vorstandsmitglied, Deutsche Bank	Berlin
1922–1932	Max Steinthal	Ehem. Vorstandsmitglied, Deutsche Bank	Berlin
1929–1930	Arthur Salomonsohn	Bankier, Disconto-Gesellschaft	Berlin
1930–1941	Franz Urbig	Bankier, Disconto-Gesellschaft	Berlin

Quelle: Eigene Berechnungen, Geschäftsberichte.

65 Vgl. Gall: Die Deutsche Bank (wie Anm. 54), S. 4.

über hinaus auf die Entwicklung und Organisation der Berliner Börse.[66] Den Vorsitz im Aufsichtsrat der Deutschen Bank hatte er von 1871 bis 1889 inne. Während dieser Zeit kam es vermehrt zu Konflikten zwischen dem selbstbewussten Privatbankier Adelbert Delbrück und dem Vorstandsmitglied Georg von Siemens, sodass am Ende Adelbert Delbrück sein Amt niederlegen musste.[67] Sein Nachfolger wurde 1889 Adolph vom Rath, der einer Duisburger Kaufmannsfamilie entstammte und Teilhaber des Bankhauses Deichmann & Co. war. Deichmann & Co. stand wiederum in enger Verbindung mit dem A. Schaaffhausen'schen Bankverein. Mit anderen wichtigen Vertretern bildeten sie zusammen die Deichmann Gruppe unter den Aktionären der Deutschen Bank.[68] Deichmann & Co zeichnete 1870 ein Aktienpaket von 3 Prozent. Adelbert Delbrück und Adolph vom Rath waren sowohl die ersten Zeichner als auch mit einem kleinen Aktienpaket auf der außerordentlichen Generalversammlung der Deutschen Bank vertreten.

Wilhelm Herz war der einzige Nicht-Bankier unter den Aufsichtsratsvorsitzenden der Deutschen Bank. Er hatte den Vorsitz von 1907 bis 1914 inne und war auch mit einem kleinen Aktienpaket an der Deutschen Bank beteiligt. Seine Ausbildung absolvierte er an der Leipziger Handelsschule und im Anschluss folgte eine Anstellung im Ölgeschäft seines Vaters. Bis zu seiner Mitgliedschaft im Aufsichtsrat der Deutschen Bank war er Vize- und später Präsident des Ältesten-Kollegiums der Berliner Kaufmannschaft und hatte somit gute Verbindungen zur Berliner Börse. 1902 wurde er Präsident der Handelskammer.[69] Nach Wilhelm Herz übernahm 1914 das ehemalige Vorstandmitglied der Deutschen Bank, Robert von Koch, den Aufsichtsratsvorsitz. Auch sein Nachfolger Max Steinthal, der den Vorsitz von 1922 bis 1932 innehatte, war ebenfalls vorher im Vorstand tätig. Diese Entwicklung bestätigt die langsame Verschiebung der Machtverhältnisse hin zum Vorstand bei der Deutschen Bank. Nach der Fusion mit der Disconto-Gesellschaft hatte die Deutsche Bank zwei Aufsichtsratsvorsitzende, die jeweils abwechselnd für ein Jahr das Amt führten. So rückten die zwei ehemaligen Direktionsmitglieder der Disconto-Gesellschaft Arthur Salomonsohn und Franz Urbig nacheinander als Vorsitzende in den Aufsichtsrat der Deutschen Bank. Arthur Salomonsohn kam aus einer jüdischen Bankiersfamilie und strebte anfangs eine juristische Karriere an. 1888 trat er als Rechtsanwalt in die Disconto-Gesellschaft ein, in der er schließlich sieben Jahre später in den Kreis der persönlich haftenden Gesellschafter aufgenommen wurde. 1912 stieg er in die Führungsebene auf. Zu seinen Tätigkeiten bei der Disconto-Gesellschaft gehörte zum einen das internationale Emissions- und Beteiligungsgeschäft und zum anderen war er im Inlandsgeschäft dafür verantwortlich, die Beziehung zur rheinisch-westfälischen Industrieregion zu stärken. 1901 gründete er zusammen mit Jakob Riesser den

---

66 Vgl. ebd., S. 3f.
67 Vgl. Dahlem: Die Professionalisierung (wie Anm. 54), S. 46–48.
68 Vgl. Seidenzahl: 100 Jahre (wie Anm. 54), S. 13.
69 Vgl. Hans-Henning Zabel: Herz, Wilhelm, in: Neue Deutsche Biographie 8 (1969), S. 732. URL: http://www.deutsche-biographie.de/pnd11675964X.html.

Centralverband des deutschen Bank- und Bankiergewerbes.[70] Max von Schinkel, ehemaliges Vorstandsmitglied der Norddeutschen Bank und der Disconto-Gesellschaft, wurde zum Ehrenpräsidenten des Aufsichtsrats 1929 ernannt. Es lässt sich also festhalten, dass, obwohl der Anteil der Finanzvertreter im Aufsichtsrat der Deutschen Bank im Laufe der Zeit zurückging, der Vorsitz trotzdem in der Hand von Bankdirektoren bis 1907 und seit 1914 bei einem ehemaligen Vorstandsmitglied der Deutschen Bank blieb. Unter den Aufsichtsratsvorsitzenden war kein Großaktionär dabei. Für die Präsenz von Bankmanagern in den Aufsichtsräten von Unternehmen und für die Übernahme des Vorsitzes werden in der Forschung informationsökonomische Erklärungsansätze herangezogen. Finanzintermediäre können vor der Bereitstellung von Eigen- oder Fremdkapital das Investitionsprojekt des Unternehmens überprüfen und dadurch Informationsasymmetrien ausgleichen. Nach der Finanzierung können Finanzintermediäre die laufenden Geschäfte und den Erfolg des Unternehmens überwachen. So werden die Kosten der Fremdkapitalfinanzierung gesenkt und die Risiken der Banken bei der Kreditvergabe reduziert. Bei der Eigenkapitalfinanzierung signalisiert ein Bankmanager den Aktionären, dass der Vorstand der Gesellschaft überwacht wird und es sich um ein investitionslohnendes Unternehmen handelt. Außerdem können Bankmanager als Vorsitzende eine Beratungsfunktion einnehmen und die Unternehmensstrategie und Investitionsentscheidungen des Vorstandes beeinflussen. Banken als Fremd- und Eigenkapitalgeber können damit eine bessere Verwendung des Investitionskapitals fördern.[71]

3.3 BHG

3.3.1 Aktionäre

3.3.1.1 Verteilung des Aktienkapitals

Bei der BHG haben sich für die außerordentliche Generalversammlung um 1900 besonders wenige Aktionäre angemeldet. 1903 und 1908 waren nur 8 Prozent des Aktienkapitals repräsentiert (Tabelle 22). 1928 waren es dagegen 70 Prozent. Ob die BHG Streubesitz oder mehrere Großaktionäre hatte, ist schwierig zu sagen. 1903 hielt der größte nachweisbare Aktionär nur 3 Prozent des gesamten Aktienkapitals. Die drei größten Anteilseigner vereinigten 5 Prozent, während die fünf größten 6 Prozent repräsentierten. Demnach hätte die BHG um 1903 Streubesitz gehabt. Da aber nur sehr wenige Aktionäre an den außerordentlichen Generalversammlungen teilnahmen, konnte die BHG noch mehr Großaktionäre haben, die nicht sichtbar waren.

70 Vgl. Martin L. Müller: Salomonsohn, Arthur, in: Neue Deutsche Biographie 22 (2005), S. 395–396. URL: http://www.deutsche-biographie.de/pnd117618136.html.

71 Vgl. Fohlin: Finance Capitalism (wie Anm. 43), S. 153–155; Burhop: Banken (wie Anm. 45), S. 14–19.

1928 hatte die BHG eindeutig einen Mehrheitsaktionär. Der größte Aktionär verfügte über 60 Prozent des gesamten Aktienkapitals.

Auf der außerordentlichen Generalversammlung war die Konzentration des Aktienkapitals ausgeprägt (Tabelle 23). Der HHI stieg von 0,22 (1903) auf 0,76 (1928). Der größte Aktionär repräsentierte 1903 43 Prozent des Aktienkapitals auf der außerordentlichen Generalversammlung. Die drei größten besaßen über 50 Prozent des anwesenden Aktienkapitals. 1928 nahm die Konzentration zu. Der größte Aktionär hielt 87 Prozent des Aktienkapitals. Schaut man sich die Mehrheitserfordernisse für Abstimmungen auf der außerordentlichen Generalversammlung an, so verfügte bei der BHG 1903, 1908 und 1928 ein Aktionär über die erforderliche Sperrminorität von 33 Prozent, um Entscheidungen wie Kapitalerhöhungen und Satzungsänderungen zu blockieren. 1928 hatte der größte Aktionär sogar die notwendige Mehrheit von 67 bzw. 75 Prozent, mit der er über Satzungsänderungen, Kapitalerhöhungen und Fusionen alleine bestimmen konnte. Allerdings enthielt das Statut von 1928 eine zusätzliche Klausel, nach der die Zustimmung der Eigentümer bei Abstimmungen über Kapitalerhöhungen notwendig war. Damit war die Macht des Großaktionärs eingeschränkt. Der Aktienbesitz der drei größten *Outside Shareholders* war in allen Jahren höher als der der *Inside Shareholders*. Die hohe Konzentration auf der außerordentlichen Generalversammlung bei der BHG war für deutsche Großunternehmen zwischen 1890 und 1930 nicht ungewöhnlich. Die Konzentration der Aktionärsstruktur nahm im Laufe der ersten Hälfte des 20. Jahrhunderts zu.[72] Die BHG hatte wie die Deutsche Bank einige Kleinaktionäre, die nur mit einer bis drei Aktien für die außerordentliche Generalversammlung angemeldet waren. Die BHG führte Aktien im Nennwert von 500 M und 1.000 M. 1903 war der Aktionär Karl Lehmann mit einer Aktie von 500 M und Hugo Beerwald sowie Otto Mohns mit jeweils 1.000 M angemeldet.

Die Aktionärsverzeichnisse der BHG enthalten keine Informationen über den Stimmanteil. *One Share – One Vote* implementierte die BHG erst 1924, allerdings hatte sie keine Mehrstimmrechtsaktien. Das Aktienkapital müsste im Groben auch die Stimmverhältnisse auf der außerordentlichen Generalversammlung widerspiegeln.

Tabelle 22: Aktienkapital auf der außerordentlichen Generalversammlung, BHG, 1903–1928.

Jahr	Aktienkapital (M)	Aktienkapital im Verhältnis zum Gesamtaktienkapital (%)
1903	6.804.000	7,56
1908	7.810.000	7,81
1928	15.177.700 (RM)	68,99

Quelle: Eigene Berechnung, Aktionärsverzeichnisse.

72 Vgl. Franks: The Origins (wie Anm. 4), S. 564.

Tabelle 23: Konzentration des Aktienkapitals auf der außerordentlichen Generalversammlung, BHG, 1903–1928. Die Tabelle verzeichnet das Aktienkapital und die Stimmen des größten, der drei und der fünf größten Aktionäre auf der außerordentlichen Generalversammlung (A1, A3, A5,). A3i und A3o unterscheidet zwischen dem Aktienkapital vom Vorstand und vom Aufsichtsrat (Inside Shareholders) und von den anderen Aktionären (Outside Shareholders). Der HHI wird als weiteres Maß zur Konzentration der Besitzverhältnisse verwendet. Die Angaben sind in Prozent im Verhältnis zum Aktienkapital auf der außerordentlichen Generalversammlung.

Jahr	A1	A3			A5	HHI
		A3	*A3i*	*A3o*		
1903	42,74	65,48	7,35	65,48	77,75	0,22
1908	33,44	72,47	19,50	72,47	83,53	0,22
1928	87,17	89,84	0,40	89,84	92,07	0,76

Quelle: Eigene Berechnungen, Aktionärsverzeichnisse.

3.3.1.2 Aktienbesitz von Inside Shareholders

Bei der BHG war es wie bei der Deutschen Bank bis 1908 für die Komplementäre und Aufsichtsratsmitglieder verpflichtend, sich mit einem Aktienkapital an der Gesellschaft zu beteiligen. Die Komplementäre mussten einen Aktienbesitz von 25.000 M und der Aufsichtsrat von 15.000 M nachweisen. *Inside Shareholders* hatten im Verhältnis zum gesamten Aktienkapital nur eine geringe Beteiligung an der Gesellschaft. Zusammen hatten sie zum Beispiel für das Jahr 1903 4 Prozent im Verhältnis zum Gesamtaktienkapital (Tabelle 24). Auf der außerordentlichen Generalversammlung fiel ihr Aktienkapital dagegen hoch aus. 1903 vereinigten sie mehr als 50 Prozent des Aktienkapitals. 1908 ging ihre Beteiligung zurück und 1928 lag diese nur noch bei 0,40 Prozent. Ob der Aktienbesitz Ende der 1920er Jahre insgesamt zurückgegangen ist oder Komplementäre und Aufsichtsratsmitglieder nicht als Aktionäre auf der außerordentlichen Generalversammlung erschienen waren, lässt sich nicht feststellen. Die Abschaffung des verpflichtenden Aktienbesitzes hätte sich im ersten Fall positiv ausgewirkt. Der beachtliche Aktienbesitz der *Inside Shareholders* entfiel vor allem auf den Aufsichtsrat. 1903 umfasste sein Aktienbesitz auf der außerordentlichen Generalversammlung 54 Prozent, der sich in den nachfolgenden Jahren verminderte. Aufsichtsratsmitglieder vertraten auch Aktien für andere Aktionäre auf der außerordentlichen Generalversammlung. Mit *Proxy Voting* hatten sie 1903 eine qualifizierte Mehrheitsbeteiligung. Der Großteil entfiel davon auf Hermann Rosenberg, der zwei große Aktienpakete für J. H. Cohn und Robert Borchardt vertrat. Hermann Rosenberg war von 1883 bis 1902 Geschäftsinhaber bei der BHG und wurde 1903 in den Aufsichtsrat gewählt. Auf der außerordentlichen Generalversammlung von 1908 hatte er ohne *Proxy Voting* das viertgrößte Aktienpaket. Im Vergleich zum Aufsichtsrat spielte der Aktienbesitz der Komplementäre für die Machtverhältnisse auf der Generalversammlung keine große Rolle. Zum einen hatten sie wenige Aktien besessen. Zum anderen hätte ihnen ein größerer Aktienbesitz keinen Vorteil bei der Abstimmung verschafft, da in der Generalversammlung der KGaA nur die Kommanditaktionäre ein Stimmrecht hatten und nicht die persönlich haftenden Gesellschafter.[73] 1903 waren von den Komplementären Carl Fürstenberg mit 50.000 M und Walther Rathenau sowie Gustav Ahrens jeweils mit 25.000 M auf der außerordentlichen Generalversammlung präsent. Nimmt man nur den nachweisbaren Aktienbesitz von Vorstandsmitgliedern, dann war bei der BHG eine stärkere Trennung zwischen Leitungsmacht und Teilhaberschaft gegeben.

Tabelle 24: Aktienbesitz von Inside Shareholders auf der außerordentlichen Generalversammlung, BHG, 1903–1928. Die Tabelle enthält Angaben zum Aktienbesitz von Vorstands- und Aufsichtsratsmitgliedern (V und A). Die Angaben sind in Prozent. Der Aktienbesitz wurde im Verhältnis zum Aktienkapital auf der außerordentlichen Generalversammlung und Gesamtaktienkapital bestimmt. Die Spalte *Proxy Voting* berücksichtigt den Aktienbesitz, den Vorstands- und Aufsichtsratsmitglieder für andere Aktionäre als Bevollmächtigte vertraten und der eindeutig als solches gekennzeichnet war.

Jahr	Generalversammlung (%)				Gesamtaktienkapital (%)		
	V	A	V und A	mit *Proxy Voting*	V	A	V und A
1903	1,47	54,41	55,88	75,27	0,11	4,11	4,22
1908	1,60	27,13	28,73	34,77	0,13	2,12	2,24
1928	0	0,40	0,40	0,40	0	0,27	0,27

Quelle: Eigene Berechnungen, Aktionärsverzeichnisse.

3.3.1.3 Anzahl der Aktionäre und Proxy Voting

Die BHG hatte 1903 und 1908 48 und 64 Anmeldungen für die außerordentliche Generalversammlung (Tabelle 25). Da in diesen beiden Jahren nur ein geringer Teil des Aktienkapitals auf der außerordentlichen Generalversammlung anwesend war, hatte sie insgesamt mehr Aktionäre. Die Anzahl der Aktionäre ging bei der BHG zum Ende der 1920er Jahre zurück. 1928 müssten es nur etwas mehr als 35 Aktionäre gewesen sein. Die Anzahl der Aktionäre bei der BHG entsprach dem Durchschnitt deutscher Unternehmen, außer 1908 hatte sie eine größere Anzahl.[74] Die persönliche Teilnahme auf der Generalversammlung war anfangs gut, nahm aber Ende der 1920er Jahre ab. 1928 waren von den 35 Anmeldungen nur elf Aktionäre und Bevollmächtigte erschienen. *Proxy Voting* wurde von einigen Aktionären in Anspruch genommen. 1903 vertrat das

73 Vgl. § 190 ADHGB 1884.
74 Vgl. Franks: The Origins (wie Anm. 4), S. 563.

Aufsichtsratsmitglied und ehemaliger Komplementär der BHG, Hermann Rosenberg, 62 Prozent des Aktienkapitals. Darunter befand sich nur ein Unternehmen und der Rest gehörte Einzelpersonen. 1908 wurden 70 Prozent des Aktienkapitals von Bevollmächtigten vertreten und 1928 sogar 98 Prozent. Das liegt daran, dass die größten Aktienpakete Unternehmen repräsentierten, die als Aktionäre in den Verzeichnissen aufgelistet wurden, diese aber in der Spalte „Vertreten durch" einen Bevollmächtigten benennen mussten. Bevollmächtigte, die das Aktienkapital eines Unternehmens repräsentierten, wurden somit auch in die Berechnungen aufgenommen. Die größten Aktienpakete hatten 1908 N. Helfft & Co. und G. Schlesinger-Trier & Co., die jeweils durch einen Manager repräsentiert wurden. Hans Rosenberg vertrat mit 6 Prozent des angemeldeten Aktienkapitals wieder hauptsächlich Einzelpersonen. 1928 gehörte das größte Aktienpaket William Rosenheim & Co. 9 Prozent des angemeldeten Aktienkapitals ließen sich 1928 von Hans Obwandner vertreten, über den wenig bekannt ist.

Tabelle 25: Anzahl der Aktionäre und Proxy Voting auf der außerordentlichen Generalversammlung, BHG, 1903–1928.

Jahr	Anmeldungen	Anwesende Aktionäre und Bevollmächtigte	Proxy Voting im Verhältnis zum Aktienkapital auf der aGV (%)	Proxy Voting Bank (%)
1903	48	38	62,13	
1908	64	31	70,13	63,70
1928	35	11	98,06	87,17

Quelle: Eigene Berechnungen, Aktionärsverzeichnisse.

3.3.1.4 Die fünf größten Aktionäre

Die Konzentration des Aktienkapitals bei der BHG war auf der außerordentlichen Generalversammlung besonders ausgeprägt. Relevant ist deshalb vor allem die Beteiligung des größten und der zwei größten Aktionäre. Unter den fünf größten Aktionären befanden sich fast ausschließlich Banken bzw. Bankmanager. Die meisten von ihnen stammten aus Berlin. Nicht alle Großaktionäre waren im Aufsichtsrat der BHG vertreten.

Die ersten Zeichner der BHG-Anteile waren ihre Gründer. Sie übernahmen 80 Prozent des Aktienkapitals, welches zur Zeichnung vorgesehen war.[75] 40 Prozent davon verkauften sie an das Publikum, sodass neben den Gründern noch andere Aktionäre hinzukamen. Zu den Gründern der BHG gehörten renommierte Privatbankiers, darunter Johann Friedrich Ludwig Gelpcke (Breest & Gelpcke), Friedrich Martin

75 Die Anteile sind nicht aufgelistet (vgl. Übernahmekonsortium, 21.10.1872, Institut für Stadtgeschichte, W1-62/846).

von Magnus (F. Mart. Magnus), Robert Warschauer (Oppenheim & Warschauer), Paul Hermann Mendelssohn-Bartholdy (Mendelssohn & Co.), Alexis Meyer, Israel Hirschfeld, Heinrich Friedrich Wilhelm Brose, Max Anton Wagener, Ferdinand Jaques, Julius Schwabach (S. Bleichröder), Conrad Carl, Paul Eduard Conrad, Carl Gustav Brüstlein (Gebr. Schickler), Abraham Oppenheim (Sal. Oppenheim), Gustav Mevissen und Friedrich Diergardt.

Auf der außerordentlichen Generalversammlung 1903 war der Bankier Rudolf Borchardt mit einem Aktienkapital von 43 Prozent der größte Aktionär. Er war Teilhaber des Bankhauses Breest & Gelpcke. Breest & Gelpcke wurde von der BHG gegründet, die das gesamte Kapital übernahm und damit ihre Eigentümerin war.[76] 1901 ging Breest & Gelpcke in der BHG auf.[77] Rudolf Borchard war auch im Aufsichtsrat der BHG tätig. Demnach war der größte Aktionär ein Unternehmen, das der BHG selbst gehörte und alleine über die Sperrminorität von 33 Prozent verfügte. Hier kann man davon ausgehen, dass Breest & Gelpcke an der BHG beteiligt war. Der zweitgrößte Aktionär mit einem Aktienpaket von 16 Prozent war die Dessauer Privatbank I. H. Cohn. Ihr Besitzer Baron Moritz von Cohn war Hofbankier des Kaisers Wilhelms I. Die Privatbank beteiligte sich vor allem an der Eisenbahnfinanzierung, und Baron von Cohn war in den 1890er Jahren als Großaktionär im Aufsichtsrat der BHG tätig.[78] Die restlichen drei Aktionäre auf der außerordentlichen Generalversammlung von 1903 waren Großaktionäre, die über 5 Prozent des Aktienkapitals repräsentierten. Dazu gehörte die Berliner Privatbank Born & Busse und die beiden wichtigen Finanzinstitute Schaaffhausen'scher Bankverein und Nationalbank für Deutschland.

Auf der außerordentlichen Generalversammlung von 1908 waren die größten und wichtigsten Aktienpakete im Besitz von zwei weiteren Bankinstituten. N. Helfft & Co. hielt Aktien im Wert von 33 Prozent und C. Schlesinger-Trier & Co. von 30 Prozent. Über beide Bankhäuser ist wenig bekannt. N. Helfft & Co gehörte zu den ältesten Privatbanken Berlins und wurde 1793 ins Leben gerufen. C. Schlesinger-Trier & Co. war eine aus Berlin stammende Kommanditgesellschaft auf Aktien. Zum Bankhaus N. Helfft bestand auch eine familiäre Beziehung. Carl Fürstenbergs Tochter Käthe war mit dem Teilhaber Moritz Helfft verheiratet.[79] Ob es sich um eigene Beteiligungen der Finanzinstitute handelte, lässt sich nicht nachvollziehen. Zum drittgrößten Aktionär auf der außerordentlichen Generalversammlung 1908 gehörte Friedrich von Friedländer-Fuld mit 7 Prozent. Er war im Aufsichtsrat der BHG tätig. Er war einer von zwei bedeutenden Kohlenhändlern in Oberschlesien und dadurch zu einem der reichsten deutschen Unternehmer seiner Zeit aufgestiegen. Seit 1866 war er Inhaber der Kohlengroßhandlung in Gleiwitz und 1890 gründete er die Ober-

---

76 Vgl. Saling's Börsen-Papiere Jg. 1885/86, BHG.

77 Vgl. Saling's Börsen-Papiere Jg. 1902, BHG.

78 Vgl. Hans Fürstenberg: Carl Fürstenberg. Die Lebensgeschichte eines deutschen Bankiers. Wiesbaden 1961, S. 272.

79 Vgl. ebd., S. 108.

schlesischen Kokswerke und Chemischen Fabriken, in denen er besonders innovative Herstellungsverfahren einführte.[80] Das Unternehmen expandierte innerhalb eines kurzen Zeitraumes. In den 1920er Jahren verlagerte es seinen Schwerpunkt auf die chemische und pharmazeutische Industrie, was sich zum Beispiel in den Beteiligungen des Unternehmens äußerte. Im Aufsichtsrat des Unternehmens war nicht nur die BHG mit Carl Fürstenberg, sondern auch Carl Klönne und später Oskar Schlitter von der Deutschen Bank vertreten.[81] Auf der anderen Seite war der Inhaber der Firma, Friedrich von Friedländer-Fuld, neben seinem Engagement in der Kohleindustrie Mitglied in zahlreichen Aufsichtsräten, unter anderem auch bei der Deutschen Bank, im Zentralausschuss der Reichsbank und Vorsitzender der Handelskammer.[82] Die Aktien der BHG gehörten sicherlich zum Privatvermögen der Familie von Friedländer-Fuld, da Friedrich als Besitzer aufgeführt wird und sein Unternehmen keine Beteiligungen an Banken in den Geschäftsberichten aufführte. Ein weiterer Industrieller, der als fünftgrößter Aktionär 1908 verzeichnet ist, war Richard Pintsch mit einem kleineren Aktienpaket von 3 Prozent. Damit war er kein Großaktionär. Richard Pintsch war Inhaber des 1907 errichteten Familienunternehmens Julius Pintsch AG. Die Zusammenarbeit mit der BHG gestaltete sich auf verschiedenen Ebenen. Zum einen emittierte das Finanzinstitut neue Aktien für die Julius Pintsch AG und zum anderen hatte das Unternehmen auf den Namen der BHG laufende Anleihen. Carl Fürstenberg war im Aufsichtsrat der Julius Pintsch AG aktiv.[83] Auf der anderen Seite war Richard Pintsch in Aufsichtsrat der BHG tätig. Als letztes muss noch Hermann Rosenberg genannt werden, der mit einer Beteiligung von 8 Prozent das viertgrößte Aktienpaket hatte.

Auf der Generalversammlung 1928 hatte das Berliner Bankinstitut William Rosenheim & Co. mit 87 Prozent eine qualifizierte Mehrheitsbeteiligung und konnte alle wichtigen Entscheidungen des Unternehmens bestimmen. Das Bankinstitut gehörte zum Konzern der BHG, da es von ihr 1920 übernommen wurde.[84] Ansonsten gibt es zu ihm keine Informationen. Siegmund Susmann war vor 1928 als Vertreter von William Rosenheim & Co. AG im Aufsichtsrat der BHG tätig. Eine gegenseitige Beteiligung in den vorhergehenden Jahren ist nicht nachweisbar, da die Geschäftsberichte der BHG die Bank William Rosenheim & Co. nicht aufführten.

Die restlichen vier unter den fünf größten Aktionären hatten eine Beteiligung von einem Prozent und waren somit keine Großaktionäre. Dazu gehörte die Münchner Privatbank Merck, Finck & Co., Albert Hahn, Gustav Benario und M.M. Warburg & Co.

---

80 Vgl. Alfons Perlick: Friedlaender-Fuld, Fritz von, in: Neue Deutsche Biographie 5 (1961), S. 456f. URL: http://www.deutsche-biographie.de/pnd141706597.html.

81 Vgl. Handbuch der deutschen Aktiengesellschaften. Darmstadt u. a. 1925, S. 405f.

82 Vgl. Perlick: Friedländer-Fuld (wie Anm. 397).

83 Vgl. Handbuch der deutschen Aktiengesellschaften (wie Anm. 355), S. 2242–2244.

84 Vgl. Saling's Börsen-Papiere Jg. 1922.

3.3.2 Vorstand

Die Komplementäre der BHG waren ein kleiner Kreis von durchschnittlich drei Mitgliedern. Die Geschäftsführung wurde 1902 auf vier Mitglieder und 1913 auf fünf Mitglieder erweitert. Es gab bei der BHG keinen Sprecher. Anders als bei der Deutschen Bank gibt es wenige Informationen zu den Komplementären der BHG. Die ersten Eigentümer des Unternehmens, Heinrich Conrad Carl, Paul Eduard Conrad und Johann Friedrich Gelpcke, waren preußische Unternehmer. Sie gehörten gleichzeitig zu den Gründern der BHG, die die ersten Aktien zeichneten und sich am Kommanditkapital beteiligten. Heinrich Conrad Carl war vor seinem Amtseintritt Inhaber der Tuchfabrik Busse & Sohn, Mitglied der Korporation der Kaufmannschaft Berlins und Abgeordneter im preußischen Landtag.[85] Johan Friedrich Gelpcke war Stadtverordneter, Vorstandsmitglied der Deutschen Nationalbank Bremen und Inhaber des Bankhauses Breest & Gelpcke, das von Anfang an eine enge Verbindung zur BHG aufwies.[86] Ein Teil der Komplementäre hatte die Karriere mit einer klassischen Bankenlehre begonnen.[87] Bei den Akademikern dominierten die Juristen, allerdings findet man bei der BHG auch andere und für die Finanzwelt ungewöhnliche Fachrichtungen. Die BHG war in der Frühphase ein Eigentümerunternehmen. Zwar waren die Komplementäre ab 1874 keine Gründer mehr, trotzdem war die BHG kein reines Managerunternehmen, da die Komplementäre durch ihre persönliche Haftung eine Eigentümerfunktion hatten.

Einen kompletten Wechsel der ersten Führungsebene gab es bei der BHG 1883. Das Finanzinstitut befand sich Anfang der 1880er Jahre in einer Krise, die durch ein Kontrollproblem innerhalb der Geschäftsleitung ausgelöst wurde. Nachdem sich der Komplementär Hermann Schwieger stillschweigend an umfangreichen Spekulationsgeschäften in russische Valuta beteiligt und damit Verluste gemacht hatte, regten die Kommanditaktionäre, Freiherr von Born und Geheimrat Lachmann, an, in personeller und struktureller Hinsicht einen Neubeginn zu wagen.[88] 1883 trat Carl Fürstenberg als Komplementär in die BHG ein und prägte die Bank 46 Jahre lang bis 1929. Er entwickelte sich innerhalb der Geschäftsführung zu einer zentralen Figur. Carl Fürstenberg absolvierte eine traditionelle Bankenlehre in seiner Heimatstadt Danzig, bevor er nach Berlin übersiedelte und in die Disconto-Gesellschaft eintrat. 1871 wechselte er bereits zum konkurrierenden Privatinstitut S. Bleichröder, in dem er kurze Zeit später zum Generalbevollmächtigten aufstieg. Dort knüpfte er Kontakt zum Chefredakteur des Berliner Börsen-Couriers Robert Davidsohn, der

85 Vgl. Jochen Lengemann: Das Deutsche Parlament von 1850. München/Jena 2000, S. 108.
86 Vgl. Nadja Stulz-Herrnstadt: Berliner Bürgertum im 18. und 19. Jahrhundert. Unternehmerkarrieren und Migration. Familien und Verkehrskreise in der Hauptstadt Brandenburg-Preußens. Die Ältesten der Korporation der Kaufmannschaft zu Berlin. Berlin/New York 2002, S. 343.
87 Die Informationen reichen allerdings nicht aus, um eine quantitative Übersicht zu erstellen.
88 Vgl. Dahlem: Die Professionalisierung (wie Anm. 54), S. 169.

ihm 1882 nahelegte, die Geschäftsleitung bei der BHG zu übernehmen. Anfangs noch skeptisch sah Fürstenberg recht bald die BHG als eine Chance an, sich in der Geschäftsleitung einen Namen als Bankier zu machen.[89] Seine Kontakte zur Disconto-Gesellschaft und zu S. Bleichröder brachte er in die BHG mit ein. Auf Carl Fürstenbergs Vorschlag wurde Hermann Rosenberg als zweiter Eigentümer 1883 in die Führung berufen. Ihm folgte kurze Zeit später der Rechtsanwalt und Syndikus Max Winterfeldt. Hermann Rosenberg kannte Carl Fürstenberg von der Disconto-Gesellschaft, bei der er die Korrespondenzabteilung leitete. Er sah in Hans Rosenberg keinen großen Geschäftsmann mit innovativen Ideen, aber er schätze seine Kenntnisse des Bankgeschäftes und seine ruhige und sachliche Art.[90] Das Trio, vor allem Carl Fürstenberg, verfolgte für die BHG ein klar umrissenes Geschäftsfeld. Bewusst verzichtete Carl Fürstenberg darauf, ein Depositengeschäft mit einem Filialnetz auszubauen und konzentrierte sich stattdessen darauf, die Bank erfolgreich im Industrie- und Emissionsgeschäft zu etablieren.[91] Zwar gab es keinen Sprecher innerhalb der Führung, doch laut Carl Fürstenbergs Memoiren war er die führende Persönlichkeit.[92] Einen Wechsel auf der Führungsebene gab es wieder 1902. Der Sohn Max Winterfeldts, Hans Winterfeldt, Gustav Ahrens und Walther Rathenau erweiterten den Kreis der Komplementäre. Hans Winterfeldt widmete sich hauptsächlich den Finanz- und Konsortialgeschäften. Gustav Ahrens war schon mehrere Jahre im Unternehmen tätig und für das Börsengeschäft zuständig. Auch innerhalb der Geschäftsführung konzentrierte er sich auf Börsenfragen. Laut Carl Fürstenberg war er ein „Spezialist ersten Ranges" und zählte zu den „bekanntesten Persönlichkeiten an der Berliner Börse"[93]. Walther Rathenau war der Sohn von Emil Rathenau und seit 1892 bei der AEG tätig. 1899 wechselte er in den Vorstand der AEG und war für die Abteilung für Zentralstationen zuständig. Carl Fürstenberg brachte Walther Rathenau dazu, von der AEG in die BHG zu wechseln, nachdem es vermehrt zu verschiedenen Konflikten zwischen Emil und Walther Ratenau um die Unternehmensstrategie der AEG gekommen war. Carl Fürstenberg wollte einen Experten des Industriegeschäfts in der Führungsebene haben und sah in Walther Rathenau einen geeigneten Kandidaten, da er auch das Verbindungsglied zur AEG darstellte. Ab 1904 war er im Aufsichtsrat der AEG tätig. In der Geschäftsführung der BHG blieb er bis 1907 und wechselte danach in den Aufsichtsrat, in dem er bis 1921 Mitglied war.[94] Auffällig ist, dass ein Großteil der Komplementäre, die zwischen 1910 und 1918 hinzukamen, nicht lange im Unternehmen blieb. 1918 bzw. 1919 traten wieder mit Gustav Sintenis, Siegfried Bieber und Hans Fürstenberg neue Komplementäre in die BHG ein, die bis Ende

89 Vgl. ebd., S. 170.

90 Fürstenberg, Carl Fürstenberg (wie Anm. 395), S. 130.

91 Vgl. ebd., S. 187–195.

92 Vgl. ebd., S. 376.

93 Ebd., S. 377.

94 Vgl. ebd., S. 378.

der 1930er Jahre im Unternehmen tätig waren. Hans Fürstenberg war der Sohn von Carl Fürstenberg, der bei der BHG eine klassische Bankenlehre absolvierte. Bevor er Komplementär der BHG wurde, sammelte er Erfahrungen in London bei der Banca Commerciale Italiana und in Paris bei der Banque de l'Union Parisienne.[95]

3.3.3 Aufsichtsrat

Die BHG hatte einen großen Aufsichtsrat. Der Aufsichtsrat setzte sich zwischen 1856 und 1918 durchschnittlich aus 16 Mitgliedern zusammen. Nach Tabelle 26 stieg die Anzahl seit 1900 kontinuierlich an, sodass sich 1928 der Aufsichtsrat bereits aus 22 Mitgliedern zusammensetze. Der erste Aufsichtsrat der BHG stand bei der Gründung fest und wurde nicht von der außerordentlichen Generalversammlung gewählt. Die

Tabelle 26: Anzahl der Komplementäre und der Aufsichtsratsmitglieder, BHG, 1856–1928.

Jahr	Komplementäre	Aufsichtsrat
1856	3	13
1869	3	13
1871	3	13
1872	3	13
1886	3	14
1887	3	14
1889	3	14
1891	3	13
1896	3	14
1899	3	17
1903	4	20
1908	4	24
1928	5	22
	3	15,69

Quelle: Eigene Berechnungen, Saling's Börsen-Papiere.

95 Vgl. ebd., S. 537.

ersten 13 Mitglieder durften laut der Unternehmensverfassung für sechs Jahre im Amt bleiben.[96] Das führte dazu, dass der Aufsichtsrat zu Beginn recht statisch blieb. Erst nach dieser Amtsperiode sollten jährlich fünf Mitglieder austreten und nicht länger als fünf Jahre ihre Tätigkeit ausüben.[97] Unter den ersten Mitgliedern befanden sich zu 85 Prozent Bankiers, die anderen waren größtenteils in Industrieunternehmen tätig (Tabelle 27). Die Bankiers repräsentierten bekannte preußische Privatinstitute wie S. Bleichröder, Mendelssohn & Co., Gebrüder Schickler, F. Mart Magnus und die Kölner Bank Salomon Oppenheim. Die Gruppe der Industriellen vertraten die aus dem Rheinland stammenden Unternehmer Friedrich von Diergardt und Gustav von Mevissen. Von den 13 Mitgliedern waren 77 Prozent gleichzeitig Gründer der BHG. Von den Gründern waren im Aufsichtsrat vertreten Carl Gustav Brüstlein (Gebrüder Schickler), Heinrich Friedrich Wilhelm Brose, Friedrich von Diergardt, Israel Hirschfeld, Friedrich Martin von Magnus (F. Mart Magnus), Gustav von Mevissen, Abraham von Oppenheim, Max Anton Wagener und Robert Warschauer. Der Prozentanteil der Gründer fiel stetig seit den 1860er Jahren und 1886 war kein Gründungsmitglied mehr im Aufsichtsrat der BHG vertreten. Ein deutlicher Unterschied in der Zusammensetzung wird in den 1880er Jahren bemerkbar. Der Anteil an Bankiers im Aufsichtsrat betrug 1886 36 Prozent, nahm nach der Jahrhundertwende weiter ab und lag 1928 bei 18 Prozent. Dagegen waren immer mehr Vertreter aus Industrie, Handel und Transport im Aufsichtsrat aktiv. Diese Verschiebung hing mit der fortschreitenden Etablierung der BHG als eine Emissions- und Industriebank zusammen. Insgesamt war die Zusammensetzung in der ersten Hälfte des 20. Jahrhunderts heterogener. So waren zum Beispiel 1903 Vertreter aus dem Staatsdienst sowie Lobbyisten repräsentiert. Zudem nahm der Anteil an Trittbrettfahrern zu. Auch bei der BHG war es üblich, dass ehemalige Komplementäre im Aufsichtsrat tätig waren. Von den Komplementären waren Hermann Rosenberg, Max Winterfeldt, Walther Rathenau und James Zutrauen im Aufsichtsrat präsent. 1903 und 1908 waren fast ausschließlich Aktionäre im Aufsichtsrat, die auch auf der außerordentlichen Generalversammlung mit Aktienkapital vertreten waren. 1928 dagegen waren nur 5 Prozent Aktionäre von der außerordentlichen Generalversammlung im Aufsichtsrat.

Die ersten Vorsitzenden des Aufsichtsrats waren die Privatbankiers Gerson von Bleichröder und Robert Warschauer (Tabelle 28).[98] Beide waren Gründer der BHG. Gerson von Bleichröder stammte aus einer traditionellen jüdischen Bankiersfamilie und zählte als Inhaber von S. Bleichröder und als Berater des Preußischen Staates zu den vermögendsten Privatbankiers seiner Zeit.[99] Er war insgesamt 23 Jahre bis

96 Vgl. § 30 Statut der BHG 1856.

97 Vgl. ebd., § 22.

98 Für die Zeit zwischen 1856 und 1883 lässt sich nicht nachvollziehen, in welchem Zeitraum die Bankmanager den Vorsitz hatten.

99 Vgl. Fürstenberg: Carl Fürstenberg (wie Anm. 395), S. 35 und 46 ff.

1879 im Aufsichtsrat der BHG tätig. Die lange Amtsperiode war durchaus nicht untypisch, denn für die Vorsitzenden lag sie zwischen 1856 und 1930 durchschnittlich bei 16 Jahren. Die Nachfolge des Vorsitzenden traten in den nachfolgenden Jahren weiterhin Privatbankiers an. Darunter waren Hermann Zwicker (Gebrüder Schickler), Georg Magnus (F. Mart Magnus) und Julius von Born (Born & Busse). Alle drei waren Gründer der BHG. Demnach konnte durch den Aufsichtsratsvorsitz ein Gründungsmitglied bis 1897 Einfluss auf die Unternehmensstrategie nehmen.

Ab 1897 übernahm erstmals mit Theodor Weishaupt ein Vertreter aus der Industrie den Vorsitz. Damit begann auch die Ära der Manager aus der Industrie, die bis 1928 der Bank vorstanden. Theodor Weishaupt war Bauingenieur und vor allem als staatlicher Baurat im Eisenbahnbau tätig. Sein Nachfolger Wilhelm Simon, der den Vorsitz 1899 übernommen hatte, war auch im selben Sektor tätig. Ab 1910 bis 1928 folgten mit Emil Rathenau, Walther Rathenau und Felix Deutsch Manager der AEG. Walther Rathenau war auch ehemaliger Komplementär der BHG. Die Übernahme des Vorsitzes durch einen AEG-Manager spiegelt die Verbindung der BHG zur AEG in der ersten Hälfte des 20. Jahrhunderts wider. 1930 übernahm mit Carl Fürstenberg schließlich wieder ein Bankier und ehemaliger Komplementär den Aufsichtsratsvorsitz.

Tabelle 27: Zusammensetzung des Aufsichtsrats, BHG, 1856–1928.

	1856	1869	1872	1878	1886	1889	1896	1903	1908	1928
Anderes Unternehmen	15,38	15,38	15,38	8,33	35,71	35,71	42,86	55	58,33	54,55
Bank	84,62	69,23	61,54	50	35,71	35,71	42,86	25	8,33	18,18
Staat/Lobby	0	0	0	16,67	0	0	0	5	12,50	9,09
Ehem. Komplementär BHG	0	0	0	8,33	0	0	0	10	12,50	4,55
Sonstiges	0	0	0	0	0	0	0	0	4,17	13,64
Keine Angaben	0	15,38	23,08	16,67	28,57	28,57	14,29	5	4,17	0
Gesamt	13	13	13	12	14	14	14	20	24	22
Gründer	76,92	15,38	15,38	16,67	0	0	0	0	0	0
Aktionär								100	75	4,5

Quelle: Eigene Berechnungen, Saling's Börsen-Papiere, Geschäftsberichte, Aktionärsverzeichnisse.

Tabelle 28: Aufsichtsratsvorsitzender, BHG, 1856–1933.

Aufsichtsratsvorsitzender	Vorsitz	Tätigkeit	Unternehmen
Gerson von Bleichröder		Bankmanager	S. Bleichröder
Robert Warschauer		Bankmanager	Robert Warschauer & Co.
Hermann Zwicker		Bankmanager	Gebr. Schickler
Hermann Windhorn			
Georg Magnus		Bankmanager	F. Mart. Magnus
Felix Meyer			
Julius von Born	1883–1897	Bankmanager	Born & Busse
Theodor Weishaupt	1897–1899	Ingenieur (Eisenbahnbau)	Staat
Wilhelm Simon	1899–1909	Manager Industrie/Politiker	Staat
Emil Rathenau	1910–1915	Manager Industrie	AEG
Walther Rathenau	1916–1921	Manager Industrie/ehem. Komplementär	AEG/BHG
Felix Deutsch	1922–1928	Manager Industrie	AEG
Karl Meidlinger	1929		
Carl Fürstenberg	1930–1933	Ehem. Komplementär	BHG

Quelle: Eigene Zusammenstellung, Saling's Börsen-Papiere, Geschäftsberichte.

3.4 AEG

3.4.1 Aktionäre

3.4.1.1 Verteilung des Aktienkapitals

Die Teilnahme auf der außerordentlichen Generalversammlung war bei der AEG grundsätzlich gut. Durchschnittlich waren zwischen 1899 und 1930 über die Hälfte des gesamten Aktienkapitals repräsentiert (Tabelle 29). Das Aktienkapital auf der außerordentlichen Generalversammlung nahm nach der ersten Kapitalerhöhung zu. Waren 1899 nur 14 Prozent des Aktienkapitals auf der außerordentlichen Generalversammlung anwesend, lag das Aktienkapital 1920 beispielweise bei 65 Prozent. Eine markante Abweichung vom Durchschnittswert stellt das Jahr 1912 da, in dem 93 Prozent des Aktienkapitals auf der außerordentlichen Generalversammlung vertreten waren. Die Kapitalerhöhung diente zur Verstärkung der Betriebsmittel und stellte keine Besonderheit dar.

Wenn man die 5- und 10-Prozent-Grenze nimmt, dann hatte die AEG nach diesen Berechnungen eine konzentrierte Aktionärsstruktur. Der größte nachweisbare

Aktionär hatte zwischen 1899 und 1929 durchschnittlich 16 Prozent, die drei größten 30 und die fünf größten 67 Prozent des gesamten Aktienkapitals. Allerdings war auf der außerordentlichen Generalversammlung nur die Hälfte des Aktienkapitals anwesend, sodass die AEG noch andere Großaktionäre haben konnte. 1912 zum Beispiel repräsentierte der größte Aktionär 45 Prozent des gesamten Aktienkapitals. Die Konzentration der Aktionärsstruktur war in den Anfangsjahren kaum ausgeprägt, nahm aber nach der Jahrhundertwende bis 1920 zu und ging dann leicht wieder zurück. Ende der 1920er Jahre war die Konzentration wieder stärker. 1899 besaß der größte nachweisbare Aktionär nur 3 Prozent des gesamten Aktienkapitals. 1920 betrug der Anteil des größten nachweisbaren Aktionärs dagegen über 20 Prozent.

Die Ergebnisse für die außerordentliche Generalversammlung zeigen eine eindeutige Konzentration der Besitzverhältnisse bei der AEG. Tabelle 30 verdeutlicht, dass die Konzentration auf der außerordentlichen Generalversammlung bis in die 1920er Jahre zunahm, dann leicht zurückfiel und Ende 1920 wieder höher wurde. Der HHI hatte 1912 und 1920 die höchsten Werte. Auch während des Ersten Weltkrieges auf der außerordentlichen Generalversammlung 1917 war die Konzentration hoch. Im Durchschnitt repräsentierte der größte Aktionär 28 Prozent des Aktienkapitals auf der

Tabelle 29: Aktienkapital auf der außerordentlichen Generalversammlung, AEG, 1899–1930.

Jahr	**Aktienkapital (M)**	**Aktienkapital im Verhältnis zum Gesamtaktienkapital (%)**
1899	6.366.000	13,54
1905	33.359.500	38,79
1910	51.758.000	51,76
1912	120.650.500	92,81
1915	72.321.500	46,66
1917	81.146.000	44,10
08.5.1920	86.241.500	43,12
11.9.1920	193.620.000	64,54
1921	325.453.500	59,17
1922	613.363.500	55,76
1927	88.732.470 (RM)	56,79
1929	129.204.590 (RM)	69,37
MW		**53,03**

Quelle: Eigene Berechnungen, Aktionärsverzeichnisse.

Tabelle 30: Konzentration des Aktienkapitals auf der außerordentlichen Generalversammlung, AEG, 1899–1929. Die Tabelle verzeichnet das Aktienkapital und die Stimmen des größten, der drei und der fünf größten Aktionäre auf der außerordentlichen Generalversammlung (A1, A3, A5,). A3i und A3o unterscheidet zwischen dem Aktienkapital vom Vorstand und vom Aufsichtsrat (*Inside Shareholders)* und *von* den anderen Aktionären (*Outside Shareholders*). Der HHI wird als weiteres Maß zur Konzentration der Besitzverhältnisse verwendet. Die Angaben sind in Prozent im Verhältnis zum Aktienkapital auf der außerordentlichen Generalversammlung.

Jahr	Aktienkapital (%)					Stimmen (%)			HHI
	A1	*A3*			*A5*	*A1*	*A3*	*A5*	
		A3	*A3i*	*A3o*					
1899	24,43	69,35	5,39	69,35	77,80	24,45	69,39	77,85	0,17
1905	24,95	44,83	1,63	44,83	60,99	24,95	44,83	60,99	0,11
1910	24,81	60,89	38,72	31,46	66,79	25,09	61,57	67,54	0,13
1912	47,96	72,28	2,51	72,28	77,95	47,96	72,28	77,95	0,26
1915	29,75	42,17	8,82	40,76	52,58	29,75	42,17	52,58	0,11
1917	31,58	62,20	2,52	62,20	78,38	31,58	62,20	78,38	0,17
8.5.1920	39,01	66,99	8,12	66,99	82,43	39,01	66,99	82,43	0,21
11.9.1920	38,74	70,76	4,84	70,76	84,44	38,74	70,76	84,44	0,21
1921	18,52	45,87	0,67	45,87	62,72	18,52	45,87	62,72	0,10
1922	17,71	47,71	4,82	36,16	62,82	17,74	47,52	64,31	0,10
1927	21,44	52,43	3,09	53,51	78,85	21,78	53,79	78,95	0,13
1929	21,85	49,68	3,51	49,68	66,79	21,86	50,30	66,80	0,11
MW	**28,40**	**57,10**	**7,05**	**53,65**	**71,04**	**28,45**	**57,31**	**71,25**	**0,15**

Quelle: Eigene Berechnungen, Aktionärsverzeichnisse.

außerordentlichen Generalversammlung. 1912 und 1920 entfielen 48 und 39 Prozent des Aktienkapitals auf einen Großaktionär. Besonders niedrige Werte wiesen die Jahre 1921 und 1922 auf. Die drei größten Aktionäre vereinigten durchschnittlich 57 Prozent des Aktienkapitals auf der außerordentlichen Generalversammlung. Davon entfiel das meiste Kapital auf *Outside Shareholders*. Die AEG führte 1920 und 1921 Vorzugsaktien ein mit einem Vorrecht bei der Verteilung der Dividende und beim Liquiditätserlös. Um präzisere Ergebnisse zu erhalten, wurden für die Berechnungen die Stimmanteile des größten, der drei größten und der fünf größten Aktionäre verwendet. Dabei wurden die Stimmen aus den Stammaktien mit denen der Vorzugsaktien summiert. Insgesamt gab es zwischen dem Aktienkapital und dem Stimmanteil nur minimale Abweichungen. Die Einführung der Vorzugsaktien hat zu keiner großen Veränderung der Stimmverhältnisse auf der außerordentlichen Generalversammlung geführt.

Die Ergebnisse für die Mehrheitserfordernisse bestätigen im Groben die Entwicklung der Konzentration bei der AEG (Tabelle 31). Die notwendige Sperrminorität von 33 Prozent für Satzungsänderungen und Kapitalerhöhungen und die Sperrminorität von 25 Prozent für Fusionen konnte durchschnittlich von zwei Aktionären erreicht werden. 1912 und 1920 konnte bereits nur ein Aktionär die Entscheidung über eine Kapitalerhöhung blockieren. Die erforderliche Mehrheit von 67 Prozent, um Kapitalerhöhungen zu genehmigen, musste durchschnittlich von fünf Aktionären unterstützt werden. Bei der AEG waren auf der außerordentlichen Generalversammlung auch einige Kleinaktionäre mit einer bis drei Aktien anwesend. Die AEG hatte Aktien im Nennwert von 500 M und 1.000 M. Auf der außerordentlichen Generalversammlung 1905 zum Beispiel waren Hugo Beerwald mit 500 M und acht Aktionäre mit 1.000 M anwesend.

Tabelle 31: Mehrheitserfordernisse auf der außerordentlichen Generalversammlung, AEG, 1899–1929.

Jahr	25 %	33 %	67 %
1899	2	2	3
1905	2	2	6
1910	1	2	5
1912	1	1	2
1915	1	2	9
1917	1	2	4
8.5.1920	1	1	4
11.9.1920	1	1	3
1921	2	2	6
1922	2	2	6
1927	2	2	4
1929	2	2	6
MW	**1,50**	**1,75**	**4,83**

Quelle: Eigene Berechnungen, Aktionärsverzeichnisse.

3.4.1.2 Aktienbesitz von Inside Shareholders

Bei der AEG mussten Vorstands- und Aufsichtsratsmitglieder keinen verpflichtenden Aktienbesitz aufweisen. Der Aktienbesitz von *Inside Shareholders* war bei der AEG für den Zeitraum 1899 bis 1929 gering. Durchschnittlich hatten sie zusammen auf der außerordentlichen Generalversammlung 6 Prozent. Der Aktienbesitz von Vorstandsmitgliedern war für die Abstimmung auf der außerordentlichen Generalversammlung kaum relevant, denn ein Großteil des Aktienkapitals entfiel auf den Aufsichtsrat. Für Aufsichtsratsmitglieder sind durchschnittlich 6 Prozent des Aktienkapitals auf der außerordentlichen Generalversammlung nachweisbar. Für diese Berechnungen wurde nur der Aktienbesitz des jeweiligen Aufsichtsratsmitgliedes verwendet, wenn es mit Namen als Aktionär oder Vertreter aufgelistet wurde. Wenn man das Unternehmen, für das das Aufsichtsratsmitglied tätig war, mit aufnimmt, würde der Aktienbesitz deutlich höher ausfallen. Carl Fürstenberg zum Beispiel war von 1888 bis 1929 im Aufsichtsrat der AEG tätig. Allerdings erscheint er auf keiner der außerordentlichen Generalversammlung. In den Aktionärsverzeichnissen wird allerdings durchgehend die BHG aufgeführt, die nicht von Carl Fürstenberg repräsentiert wurde, sondern von einem anderen Vertreter. Carl Fürstenberg ist aber als Komplementär im Aufsichtsrat der AEG aktiv und sicherlich nicht als Privatperson. Dieses Problem zeigt sich auch für andere Aufsichtsratsmitglieder. Die Ergebnisse für das nachweisbare Aktienkapital für das Jahr 1910 bestätigen diese These. Der hohe Wert von 41 Prozent sticht im Vergleich zu den anderen Jahren besonders hervor. Berücksichtigt man *Proxy Voting* von Aufsichtsratsmitgliedern, dann ergaben sich vor allem für 1920 und 1922 höhere Werte. Im Verhältnis zum Gesamtaktienkapital hatte der Kapitalanteil von Vorstands- und Aufsichtsratsmitgliedern keine große Bedeutung nach der Berechnung in Tabelle 32 mit einer Ausnahme des Jahres 1910. Unter Berücksichtigung des Aktienkapitals des Vorstandes herrschte bei der AEG eine Trennung zwischen Leitungsmacht und Teilhaberschaft vor.

Tabelle 32: Aktienkapital von Inside Shareholders, AEG, 1899–1929. Die Tabelle enthält Angaben zum Aktienbesitz von Vorstands- und Aufsichtsratsmitgliedern (V und A). Die Angaben sind in Prozent. Der Aktienbesitz wurde im Verhältnis zum Aktienkapital auf der außerordentlichen Generalversammlung und Gesamtaktienkapital bestimmt. Die Spalte *Proxy Voting* berücksichtigt den Aktienbesitz, den Vorstands- und Aufsichtsratsmitglieder für andere Aktionäre als Bevollmächtigte vertraten und der eindeutig als solches gekennzeichnet war.

	Außerordentliche Generalversammlung (%)				Gesamtaktienkapital (%)		
	V	*A*	*V und A*	*mit Proxy Voting*	*V*	*A*	*V und A*
1899		*2,83*	*2,83*	*3,61*		*0,38*	*0,38*
1905		*1,72*	*1,72*	*1,72*		*0,67*	*3,16*
1910		*40,63*	*40,63*	*40,63*		*21,03*	*21,03*

Tabelle 32 (fortgesetzt)

	Außerordentliche Generalversammlung (%)				Gesamtaktienkapital (%)		
	V	*A*	*V und A*	*mit Proxy Voting*	*V*	*A*	*V und A*
1912	*0,01*	*4,89*	*4,90*	*4,89*	*0,01*	*4,54*	*4,55*
1915		*8,84*	*8,84*	*8,84*		*4,12*	*4,12*
1917		*2,55*	*2,55*	*2,55*		*1,13*	*1,13*
8.5.1920		*3,81*	*3,81*	*12,54*		*1,64*	*1,64*
11.9.1920		*1,57*	*1,57*	*6,90*		*1,01*	*1,01*
1921		*0,36*	*0,36*	*1,03*		*0,21*	*0,21*
1922	*4,58*	*3,58*	*8,16*	*13,00*	*2,55*	*2,00*	*4,55*
1927		*0,64*	*0,64*	*4,02*		*0,36*	*0,36*
1929		*0,31*	*0,31*	*0,31*		*0,22*	*0,22*
MW		***5,98***	***6,36***	***8,34***		***3,11***	***3,53***

Quelle: Eigene Berechnungen, Aktionärsverzeichnisse, Saling's Börsen-Papiere.

3.4.1.3 Anzahl der Aktionäre und Proxy Voting

Die AEG hatte zwischen 1899 und 1929 viele Aktionäre. Die Aktionärslisten verzeichneten im Durchschnitt 64 Aktionäre, die sich für die außerordentliche Generalversammlung anmeldeten. Die Anzahl der Aktionäre nahm bis 1912 stetig zu. Für die außerordentliche Generalversammlung in den Jahren 1910 und 1912 haben sich die meisten Aktionäre angemeldet. Auch die Anwesenheit auf der außerordentlichen Generalversammlung war recht gut bei der AEG. Die meisten angemeldeten Aktionäre nahmen auch an der außerordentlichen Generalversammlung teil. Im Durschnitt waren 59 Aktionäre und Bevollmächtigte auf der außerordentlichen Generalversammlung erschienen. Obwohl sich bei der AEG nur wenige Aktionäre auf der außerordentlichen Generalversammlung vertreten ließen, war das Aktienkapital sehr hoch, das Bevollmächtigte auf sich vereinigten. Durchschnittlich machte *Proxy Voting* 64 Prozent des Aktienkapitals auf der außerordentlichen Generalversammlung aus. Das lag vor allem daran, dass dieses Aktienkapital Unternehmen gehörte, die Großaktionäre der AEG waren und einen gesetzlichen Vertreter in der Spalte „Vertreten durch" in den Aktionärslisten benannten. Besonders hohe Werte sind darauf zurückzuführen, dass auf diesen Generalversammlungen viele Unternehmen mit hohen Aktienbeträgen aufgelistet waren. Tabelle 33 veranschaulicht, dass in den Jahren, in denen *Proxy Voting* am höchsten war, ein Großteil von den Unternehmen Banken waren. Einige Banken, wie die BHG, die Deutsche Bank oder die Dresdner Bank, waren im Finanzkonsortium der AEG tätig. Geht man davon aus, dass das

Tabelle 33: Anzahl der Aktionäre und Proxy Voting auf der außerordentlichen Generalversammlung, AEG, 1899–1929.

Jahr	Angemeldete Aktionäre	Anwesende Aktionäre und Bevollmächtigte	Proxy Voting (%)	Proxy Voting Bank (%)
1899	69	69	55,98	53,50
1905	77	77	91,99	72,99
1910	109	99	25,19	4,97
1912	114	103	4,32	1,67
1915	93	85	24,70	8,42
1917	38	32	91,12	90,29
08.5.1920	29	28	92,89	92,88
11.9.1920	30	26	97,59	97,31
1921	57	47	92,03	90,00
1922	59	59	56,05	28,32
1927	44	40	61,46	55,77
1929	54	53	68,25	67,60
	64,42	59,83	63,46	55,31

Quelle: Eigene Berechnungen, Aktionärsverzeichnisse.

Aktienkapital, das die Banken als ihr eigenes in den Aktionärsverzeichnissen ausgaben, ihren Kunden gehörte, dann hatte die AEG noch mehr Streubesitz.

3.4.1.4 Die fünf größten Aktionäre

Zu den fünf größten Aktionären auf der außerordentlichen Generalversammlung der AEG zählten Berliner Großbanken, darunter drei der größten vier des Kaiserreichs (die Disconto-Gesellschaft, die Deutsche Bank und die Dresdner Bank) sowie die BHG, die Bank für Handel und Industrie und die Darmstädter und Nationalbank. Alle Großbanken waren zu unterschiedlichen Zeitpunkten im Finanzkonsortium der AEG tätig, das eng mit dem Elektrounternehmen seit seiner Gründung 1887 zusammenarbeitete. Auch einige Privatbanken und der AEG nahestehende Industrie- bzw. Elektrounternehmen sowie vereinzelt ehemalige Vorstandsmitglieder waren unter den größten Aktionären. Ein Großteil der auf der außerordentlichen Generalversammlung erschienenen Aktionäre, vor allem die Großbanken, waren im Aufsichtsrat der AEG vertreten. Allerdings war auf der außerordentlichen Generalversammlung häufig nicht das Aufsichtsratsmitglied selbst, sondern ein anderer Bevollmächtigter anwesend. Beim Aktienkapital der Banken ist davon auszugehen, dass sie nicht direkt an der AEG beteiligt waren, da sie bei Kapitalerhöhungen im Emissionskonsortium der AEG tätig waren und sich auch keine Beteiligung an der AEG in ihren Geschäftsberichten findet.

Als die DEG 1887 in die AEG umgewandelt wurde, übernahm ein Konsortium 7 Mio. M neue Aktien. Dazu gehörten Delbrück Leo & Co., die Deutsche Bank, Jacob Landau, Siemens, Gebrüder Sulzbach und die BHG. Diese Aktien wurden an der Börse an das Publikum verkauft.[100] Wer diese Aktien erworben hat, lässt sich nicht nachvollziehen. Die restlichen 5 Mio. M des Gründungskapitals wurden aus der DEG eingebracht. Die Aktionärsverzeichnisse der ersten regulären Generalversammlung, auf denen keine Kapitalerhöhungen durchgeführt wurden, verraten, wer in der Anfangszeit zu den Großaktionären auf der Generalversammlung der AEG gehörte. Die Deutsche Bank war seit der Gründung der AEG 1887 mit Aktienkapital präsent und war der größte Aktionär. Sie wirkte als führendes Mitglied im Emissionskonsortium 1887. Ferner fungierte die Deutsche Bank als Hausbank der AEG und übernahm damit die Beratung des Unternehmens in Finanzfragen. Mit dem Austritt der Deutschen Bank aus dem Finanzkonsortium im Jahr 1898 ging diese Funktion schrittweise an die BHG über.[101] Die Deutsche Bank war zwischen 1889 und 1896 durch Georg von Siemens im Aufsichtsrat vertreten. 1888 repräsentierte die Deutsche Bank 67 Prozent und 1889 54 Prozent[102]. Auf den außerordentlichen Generalversammlungen 1905 (25), 1917 (32) und 1920 (40) war sie als größter Aktionär anwesend. 1920 hatte sie alleine eine Sperrminorität von 33 Prozent. Ab 1922 wurde die Deutsche Bank nicht mehr in den Aktionärsverzeichnissen aufgeführt. Erst 1930 war sie wieder der zweitgrößte Aktionär der AEG, was aber vermutlich mit dem Aktienbesitz der Disconto-Gesellschaft zusammenhängt. Zu den ersten nachweisbaren Großaktionären der AEG gehörten vor 1899 darüber hinaus mit Delbrück, Leo & Co., Gebrüder Sulzbach und Jacob Landau die anderen Mitglieder des ersten Finanzkonsortiums von 1887. Auch die Nationalbank für Deutschland war mit einem größeren Aktienpaket vertreten. Die beiden Privatbanken Delbrück, Leo & Co. sowie Gebrüder Sulzbach waren bis in die 1920er Jahre mit einem hohen Betrag auf der außerordentlichen Generalversammlung präsent, allerdings zählten sie nicht mehr zu den fünf größten Aktionären. Das 1852 gegründete Bankhaus Jacob Landau ging im Zuge der Börsenkrise 1898 in die Nationalbank für Deutschland über.[103] Die Nationalbank für Deutschland war von Beginn an durchgehend mit einigen Ausnahmen mit einem großen Aktienpaket auf den

100 Vgl. Kapitel 4.

101 Vgl. Karl Helfferich: Georg von Siemens (wie Anm. 365), S. 125 ff.

102 Vgl. Generalversammlungsprotokoll der AEG vom 22.11.1888 und 19.11.1889 (Deutsches Technikmuseum Historisches Archiv).

103 Vgl. Manfred Pohl: Landau, Eugen Freiherr von, in: Neue Deutsche Biographie 13 (1982), S. 482. URL: http://www.deutsche-biographie.de/pnd12657491X.html.

Generalversammlungen der AEG anwesend. Zu den fünf größten gehörte sie in den Jahren 1899 (24), 1922 (8), 1927 (11), 1929 (14) und 1930 (35).

Wer waren zwischen 1899 und 1930 neben der Deutschen Bank die anderen Großaktionäre der AEG, die den Ausgang der außerordentlichen Generalversammlungen bestimmten? 1899 gehörten neben der Nationalbank für Deutschland die der BHG nahestehende Privatbank Breest & Gelpcke sowie Paul Luhe zu den wichtigsten. Über Paul Luhe ist wenig bekannt.

Auf der außerordentlichen Generalversammlung 1905 findet sich ein Industrieunternehmen als zweitgrößter Aktionär mit 11 Prozent: Die Loewe, Ludwig & Co. AG, die 1861 von Ludwig Loewe gegründet wurde, war in der Produktion von Maschinen tätig. Sie stellte Dampf-, Näh- und Werkzeugmaschinen her und erhielt ab 1870 auch Rüstungsaufträge von der preußischen Armee. Loewe, Ludwig & Co. beteiligte sich 1892 an der Gründung der UEG, eine Tochtergesellschaft der amerikanischen Thomson-Houston International Electric Company, die 1903 mit der AEG fusionierte.[104] Das Unternehmen war durch Isidor Loewe im Aufsichtsrat der AEG tätig. Der drittgrößte Aktionär auf der außerordentlichen Generalversammlung 1905 war die Disconto-Gesellschaft mit 9 Prozent. Die Disconto-Gesellschaft trat dem AEG-Finanzkonsortium 1903 bei. Sie war zweitgrößter Aktionär auf den Generalversammlungen 1917, 1920, 1921 und 1927 und 1929 war sie der größte Aktionär mit 22 Prozent. Die Disconto-Gesellschaft wurde einige Jahre vor ihrer größten Konkurrentin, der Deutschen Bank, 1851 zunächst als einfache Handelsgesellschaft von David Hansemann gegründet. Anfangs verfolgte sie das Ziel, mittelständischen Gewerbetreibenden Kapital zur Verfügung zu stellen, bevor sie zu einem international operierenden Finanzinstitut avancierte. Ab 1859 emittierte das Finanzinstitut preußische Anleihen und zählte spätestens in den 1870er Jahren als ein dominierendes Mitglied des Preußen-Konsortiums, aus dem sich eine Zusammenarbeit mit dem Bankhaus Rothschild entwickelte. Nach der Reichsgründung widmete sich die Disconto-Gesellschaft verstärkt den industriellen Geschäften. Der Versuch, ihre Reichweite flächenmäßig im Deutschen Reich auszudehnen, scheiterte anfangs, sodass sich die Disconto-Gesellschaft bis 1895 auf den Standort Berlin konzentrierte. Ähnlich wie die Deutsche Bank verfolgte die Disconto-Gesellschaft nach 1900 eine expansive Strategie, indem sie Interessengemeinschaften mit Provinzbanken bildete, die sie anschließend in ihren Konzern aufnahm. 1914 erfolgte beispielweise die Fusion mit dem A. Schaaffhausen'schen Bankverein.[105] Die Disconto-Gesellschaft war durch Arthur Salomonsohn und Gustaf Salomonsohn im Aufsichtsrat der AEG tätig. Der viertgrößte Aktionär auf der außerordentlichen Generalversammlung 1905 war die BHG mit 9 Prozent. Die BHG wurde 1887 nachträglich in das Finanzkonsortium der AEG aufgenommen und teilte sich ab 1905 die Führung mit der Disconto-Ge-

104 Vgl. Fürstenberg: Carl Fürstenberg (wie Anm.), S. 126 f.
105 Vgl. Dahlem: Die Professionalisierung (wie Anm. 54), S. 121–160.

sellschaft.[106] Carl Fürstenberg trat 1888 in den Aufsichtsrat der AEG ein. Die BHG war auf der außerordentlichen Generalversammlung 1920 und 1921 mit 39 Prozent und 19 Prozent der größte Aktionär. Auf der Generalversammlung 1905 ist noch die Gesellschaft für elektrische Unternehmungen als fünftgrößter Aktionär aufgeführt. Sie war eine Finanzierungsgesellschaft für die Elektroindustrie.

Für die Jahre 1910 bis 1915 ist es schwierig, die Großaktionäre auf der außerordentlichen Generalversammlung auszumachen, da in den Verzeichnissen Personen genannt werden, über die mit Ausnahme von Walther Rathenau keine Informationen bekannt sind. Dazu gehörten Gustav Karger, Alfred Daus, Robert Braun, Rudolf Benoit, Otto Böhme oder Alfred Schöpke. Walther Rathenau verfügte 1910 über ein Aktienpaket von 17 Prozent und 1915 von 7 Prozent. Walther Rathenau war ein ehemaliges Vorstandsmitglied der AEG und ehemaliger Komplementär der BHG. Ab der außerordentlichen Generalversammlung von 1917 können die Großaktionäre wieder eindeutig benannt werden. Es kristallisierte sich eine Gruppe heraus, die bis in die 1930er Jahre auf der außerordentlichen Generalversammlung erschien und zu den Großaktionären zählte. Sie bestand hauptsächlich aus den Mitgliedern des Finanzkonsortiums der AEG, darunter vor allem die bereits genannten: die Deutsche Bank, die Disconto-Gesellschaft, die BHG sowie die Dresdner Bank, die Bank für Handel und Industrie und die Darmstädter und Nationalbank. Auf der außerordentlichen Generalversammlung vom 08. Mai 1920 gestaltete sich zum Beispiel die Verteilung wie folgt: Die Deutsche Bank war der größte Aktionär. Danach folgte die Disconto-Gesellschaft, die Dresdner Bank, die BHG und die Bank für Handel und Industrie. Die beiden größten Aktionäre von der außerordentlichen Generalversammlung 1922 und 1927 Oskar Kurowsky und Georg Torman können nicht eingeordnet werden.

3.4.2 Vorstand

Im Vorstand der AEG waren zwischen 1887 und 1929 durchschnittlich sieben Mitglieder tätig (Tabelle 34). Der erste Vorstand setzte sich nach der Gründung zunächst noch aus drei Mitgliedern zusammen. Der Vorstand wurde bis 1904 auf acht Mitglieder vergrößert und dann wieder verkleinert. Anfang der 1920er Jahre agierte die AEG mit einem großen Vorstand. 1921 wurde der Vorstand auf elf Mitglieder erweitert. Die Vergrößerung des Vorstandes hing mit dem schnellen Wachstum des Unternehmens in der ersten Hälfte des 20. Jahrhunderts und der Entstehung einer Konzernstruktur zusammen. Den ersten Vorstand 1887 bildeten Emil Rathenau, Oskar von Miller und Felix Deutsch. Die zentrale Figur von dem dreiköpfigen Führungsgremium war ab 1903 bis zu seinem Tod 1915 Emil Rathenau, der in dieser Zeit als Generaldirektor

106 Vgl. Kapitel 4.

fungierte. Er gehörte zu den Gründern der DEG und war Vorstandsmitglied. Die AEG war ein Managerunternehmen, da Emil Rathenau und die anderen Vorstandsmitglieder kein besonders großes Aktienpaket besaßen. Emil Rathenau repräsentierte den neuen, gut ausgebildeten und dynamischen Managertyp des Kaiserreichs.[107] Er stammte aus einer jüdischen Kaufmannsfamilie und absolvierte eine Ausbildung im Eisenwerk seines Großvaters in Niederschlesien. Im Anschluss studierte er Maschinenbau am Polytechnikum in Hannover und später in Zürich. Während seines zweijährigen Auslandsaufenthaltes in England konnte er praktische Erfahrung in verschiedenen Unternehmen sammeln. Sein erstes eigenes Unternehmen M. Webers erwarb Emil Rathenau 1865, das er zusammen mit einem ehemaligen Schulfreund leitete. Nach der Liquidation konzentrierte sich Rathenau auf den neuen, vielversprechenden Industriezweig der Elektrizitätswirtschaft. Auf der Pariser Elektrizitätsausstellung 1881 erkannte er die Vorteile von Edisons Kohlefadenlampe, die zum ersten Mal in Europa vorgestellt wurde. Daraufhin bemühte er sich darum, die Edison-Patente für Deutschland zu erhalten, was ihm schließlich 1882 durch Verhandlungen mit der Compagnie Continentale Edison in Paris gelang. Im März 1883 gründete er zusammen mit elf natürlichen und vier juristischen Personen, darunter die Nationalbank für Deutschland und die Bankhäuser Landau und Sulzbach, die DEG mit einem Grundkapital von 5 Mio. M. Sie hatte anfangs das alleinige Nutzungsrecht für die Edison-Patente für den Verkauf und die Fabrikation in Deutschland. Den Vorstand bildete zunächst nur Emil Rathenau, der sich dann den Kaufmann Felix Deutsch und den Bauingenieur Oskar von Miller dazuholte.[108] Alle drei übernahmen bei der Umbenennung des Unternehmens in die AEG weiterhin den Vorstand. Rathenau zog sich 1912 wegen Krankheit allmählich aus den geschäftlichen Tätigkeiten zurück und übertrug die meisten Aufgaben an seinen Sohn Walther Rathenau, der ab 1912 Präsident des Aufsichtsrats wurde. Nach dem Tod Emil Rathenaus im Jahr 1915 wurde die AEG durch einen fünfköpfigen Vorstand gemeinschaftlich geführt. Felix Deutsch übernahm ab 1921 die Position des Vorsitzenden, die er bis 1928 innehatte. Felix Deutsch war bei der AEG vor allem für den Vertrieb und die Organisation des Konzerns zuständig. Deutsch war mit 41 Jahren am längsten im Unternehmen beschäftigt. Durchschnittlich waren Vorstandsmitglieder zwischen 1887 bis 1930 14 Jahre bei der AEG aktiv. 1929 übernahm die Leitung des Vorstandes ein Generaldirektorium, das sich aus Hermann Bücher, August Elfes, Waldemar Petersen und August Pfeffer zusammensetzte. Hermann Bücher war Neffe des Nationalökonomen Karl Bücher. Bevor er 1927 zur AEG wechselte, war er in den 1920er Jahren beim Auswärtigen Amt im Sonderreferat Wirtschaft, als Präsidialmitglied beim Reichsverband der Deutschen Industrie und beim Wirtschaftsverband der I.G. Farbenindustrie

107 Vgl. Kocka: Management (wie Anm. 321), S. 142–147.
108 Vgl. Manfred Pohl: Emil Rathenau (wie Anm. 49), S. 21–43.

tätig.[109] Tabelle 35 veranschaulicht, dass ein Großteil der Vorstandsmitglieder der AEG ein Ingenieurs- und naturwissenschaftliches Studium absolviert hatte und damit das notwendige Fachwissen in das Unternehmen mit einbrachte. Auch war eine Promotion hilfreich, um in den Vorstand aufzusteigen, aber keine notwendige Voraussetzung. Einige der Vorstandsmitglieder erhielten ihren Titel als Ehrung im Nachhinein.

Tabelle 34: Anzahl der Vorstands- und Aufsichtsratsmitglieder, AEG 1887–1929.

	Vorstand	Aufsichtsrat
1887	3	11
1889	3	11
1890	3	13
1895	5	12
1896	5	12
1897	5	12
1899	6	10
1904	8	22
1905	8	22
1910	6	24
1912	6	30
1915	6	27
1917	5	23
1920	5	26
1921	11	27
1922	12	31
1925	12	31
1927	11	31
1929	9	44
MW	**6,79**	**22,05**

Quelle: Eigene Zusammenstellung, Saling's Börsen-Papiere.

109 Vgl. Walter Seiz: Bücher, Hermann, in: Neue Deutsche Biographie 2 (1955), S. 718. URL: http://www.deutsche-biographie.de/pnd13356293X.html.

Tabelle 35: Bildungsprofil der Vorstandsmitglieder, AEG 1887–1929.

	(%)
Banklehre/kaufm. Lehre	17,39
Studium	52,17
Ingenieurswissenschaft/Naturwissenschaft	52,17
Promotion	34,78
Keine Angaben	30,43
Gesamt	23

Quelle: Eigene Berechnungen, Saling's Börsen-Papiere, Neue Deutsche Biographie.

3.4.3 Aufsichtsrat

Die AEG hatte bei ihrer Gründung 1887 einen mittelgroßen Aufsichtsrat von elf Mitgliedern. Nach der Jahrhundertwende wurde der Aufsichtsrat mit der Entstehung einer Konzernstruktur und neuen Geschäftspartnern erweitert. 1904 umfasste der Aufsichtsrat bereits 22 und 1929 40 Mitglieder. Die sektorale Verteilung verdeutlicht, dass Bankmanager bei der AEG im gesamten Zeitraum überwogen (Tabelle 36). Der erste Aufsichtsrat bestand über die Hälfte aus Finanzvertretern. Darunter befanden sich Banken, die das notwendige Kapital für die Umwandlung der DEG in die AEG zur Verfügung stellten, darunter Georg Siemens und Karl Könne (Deutsche Bank), Rudolph Sulzbach (Bankhaus Gebrüder Sulzbach), Hugo Landau (Bankhaus Jakob Landau) und Adelbert Delbrück (Bank Delbrück Leo & Co.). Der Anteil an Bankmanagern ging zwar nach 1900 zurück, doch blieb er bis in die 1930er Jahre hoch. Die Anzahl der Mitglieder des Finanzkonsortiums bewegte sich zwischen 28 und 48 Prozent. Das ursprüngliche Finanzkonsortium der AEG von 1887 wurde im Laufe der Jahre mehrmals neu konzipiert und um neue Mitglieder erweitert. Diese vertragliche Veränderung spiegelte sich auch in der Zusammensetzung des Aufsichtsrats wider. 1888 trat Carl Fürstenberg als Interessenvertreter der BHG in den Aufsichtsrat. 1903 findet sich die Bank für Handel und Industrie, die Dresdner Bank, der Schaaffhausen'scher Bankverein, das Bankhaus Born & Busse, die Nationalbank für Deutschland sowie das Bankhaus Hardy & Co. 1905 ist auch die Disconto-Gesellschaft im Aufsichtsrat vertreten. 1911 wird jeweils ein Vertreter für das Bankhaus A. Levy und Salomon Oppenheim in den Aufsichtsrat geschickt. Der Anteil der Industrieunternehmen bewegte sich zwischen 21 und 34 Prozent. Die ersten Industriellen waren Arnold von Siemens und Joseph Rosenthal, beide von Siemens. Der Anteil an Staatsbediensteten und Verbandsmitgliedern ging um 1900 zurück. Bei der AEG war es wie bei anderen Unternehmen üblich, dass ehemalige Vorstandsmitglieder in den Aufsichtsrat wechselten.[110] Der Anteil an Trittbrettfahrern nahm auch zu. Die hohe Präsenz von Bankenvertretern im Aufsichtsrat der AEG hing mit der Eigenfinanzierung der AEG zusammen.[111] Ein Großteil der Bankenvertreter des Aufsichtsrats war im Finanzkonsortium der AEG tätig und übernahm die Finanzierung von Investitionen sowohl durch Eigen- als auch durch Fremdkapital der AEG. Die Teilnahme im Übernahmekonsortium bei Aktienemissionen war ein wichtiges Kriterium, um im Aufsichtsrat tätig zu sein. Die entsprechenden Banken hatten die Möglichkeit, den Vorstand bei Investitionsentscheidungen zu beraten.[112]

Darüber hinaus waren neben den Banken weitere Geschäftspartner der AEG im Aufsichtsrat tätig, mit denen sie eine Interessengemeinschaft bildete, einen Aktientausch durchführte oder fusionierte. Ab 1904 trat Samuel Kocherthaler von der Gesellschaft für elektrische Unternehmungen in den Aufsichtsrat. Der Gründer der UEG Isidor Loewe, mit der die AEG 1904 fusionierte, war auch im Aufsichtsrat tätig. Theodor und Max von Guilleaume waren ebenfalls ab 1912 im Aufsichtsrat vorzufinden, die zu Felten & Guilleaume gehörten. Die AEG fusionierte 1921 mit Felten & Guilleaume. Auch wurden 1929 im Zuge der Kapitalbeteiligung die Vorstandsmitglieder des amerikanischen Unternehmens General Electric in den Aufsichtsrat der AEG entsandt. Bei der AEG ist es schwierig festzumachen, wie viele Aktionäre von der außerordentlichen Generalversammlung im Aufsichtsrat tätig waren. Aufsichtsratsmitglieder waren selten selbst auf der außerordentlichen Generalversammlung präsent. Häufig war aber das jeweilige Unternehmen durch einen anderen Bevollmächtigten anwesend. Berücksichtigt man nur die Namen der Aufsichtsratsmitglieder, dann war der Anteil an Aktionären nur 1899 mit 60 Prozent und 1910 mit 37,50 Prozent hoch.

Den ersten Vorsitz im Aufsichtsrat der AEG übernahm der Mitbegründer der Deutschen Bank Adelbert Delbrück vom Bankhaus Delbrück Leo & Co (Tabelle 37). 1889 folgte Georg von Siemens von der Deutschen Bank. Beide waren im ersten Finanzkonsortium tätig und standen damit in geschäftlicher Beziehung zur AEG. 1898 übernahm mit Ludwig Herrfurth ein preußischer Minister den Aufsichtsratsvorsitz. 1901 wurde der ehemalige Staatssekretär des Reichsmarineamtes Friedrich Hollmann Aufsichtsratsvorsitzender. Zwischen 1898 und 1912 hatte die AEG somit keinen Bankmanager als Aufsichtsratsvorsitzenden. Mit Walther Rathenau übernahm 1912 schließlich ein ehemaliges Familien- und Vorstandsmitglied sowie ein ehemaliger Komplementär der BHG das Amt. Obwohl Carl Fürstenberg schon seit den Anfängen im Aufsichtsrat tätig war, übernahm er erst 1921 den Vorsitz.

110 Dazu gehörten: Walther Rathenau, Friedrich Vortmann, John Hamspohn, Nikodem Eichberg, Arthur Vortmann, August Mamroth und Carl Peierls.

111 Inwiefern die Banken sich auch an der Fremdfinanzierung der AEG beteiligten, ist nicht Teil dieser Arbeit.

112 Vgl. Kapitel 4.

Tabelle 36: Zusammensetzung des Aufsichtsrats, AEG, 1887–1929.

	1887[113]	1899	1905	1910	1917	1920	1922	1927	1929
anderes Unternehmen	27,27	0	27,27	20,83	31,82	20	22,58	25,81	34,09
Bank	72,73	60	54,55	45,83	36,36	48	48,39	41,94	34,09
Staat/Verband	0	30	9,09	16,67	9,09	8	6,45	6,45	4,55
ehem. Vorstandsmitglied	0	0	4,55	8,33	9,09	12	6,45	6,45	9,09
Sonstiges	0	10	4,55	8,33	13,64	12	16,13	19,35	18,18
Gesamt	11	10	22	24	22	25	31	31	44
Finanzkonsortium[114]	45,45	30	36,36	41,67	27,27	48	41,94	41,94	29,55
Aktionäre		60	18,18	37,50	18,18	16	16,13	22,58	4,55

Quelle: Eigene Berechnungen, Saling's Börsen-Papiere.

Tabelle 37: Aufsichtsratsvorsitzender, AEG, 1887–1933.

Vorsitz	Aufsichtsratsvorsitzender	Funktion	Unternehmen
1887–1889	Adelbert Delbrück	Bankmanager	Bank Delbrück Leo & Co.
1889–1896	Georg Siemens	Bankmanager	Deutsche Bank
1898–1900	Ludwig Herrfurth	Staatsminister	Staat
1901–1911	Friedrich Hollmann	Staatssekretär	Staat
1912–1921	Walther Rathenau	Bankmanager	AEG/BHG
1921–1933	Carl Fürstenberg	Bankmanager	BHG

Quelle: Eigene Zusammenstellung, Saling's Börsen-Papiere, Neue Deutsche Biographie.

113 Die Tabelle enthält eine Auswahl an Jahren, in denen die AEG Kapitalerhöhungen durchgeführt hat und für die Generalversammlungsprotokolle überliefert sind.

114 Die AEG wurde 1887 umbenannt. Es werden in den Quellen keine amtlichen Gründer genannt. Deshalb wurde in der Tabelle überprüft, wie viele Mitglieder ihres Finanzkonsortiums im Aufsichtsrat tätig waren.

3.5 Siemens

3.5.1 Aktionäre

3.5.1.1 Verteilung des Aktienkapitals

Bei Siemens war das meiste Aktienkapital auf der außerordentlichen Generalversammlung repräsentiert (Tabelle 38).[115] Durchschnittlich waren es 75 Prozent. Wie bei den meisten Familienunternehmen[116] war die Konzentration der Aktionärsstruktur bei Siemens in der Anfangszeit besonders hoch (Tabelle 39. Diese nahm aber überraschenderweise im Laufe der ersten Hälfte des 20. Jahrhunderts enorm ab. Der größte nachweisbare Aktionär hielt 1900 67 Prozent und die drei größten 97 Prozent des Gesamtaktienkapitals. 1930 dagegen hatte der größte Aktionär nur noch 11 Prozent und die drei größten 33 Prozent des Gesamtaktienkapitals. Die Konzentration der Aktionärsstruktur war auf der außerordentlichen Generalversammlung in den ersten Jahren noch größer. 1900 und 1908 hatte der größte Aktionär einen Anteil von 82 Prozent und 84 Prozent des repräsentierten Aktienkapitals. Damit hatte ein Aktionär die erforderliche qualifizierte Mehrheitsbeteiligung von 75 Prozent und konnte alleine alle wichtigen Entscheidungen auf der außerordentlichen Generalversammlung bestimmen. In den 1920er Jahren war dieses nicht mehr möglich. Auf der außerordentlichen Generalversammlung im Dezember 1920 hatte der größte Aktionär nur noch 15 Prozent und es mussten sich mindestens elf Aktionäre für die Dreiviertelmehrheit zusammenfinden. Der HHI bestätigt die Abnahme der Konzentration der Aktionärsstruktur bei Siemens. Bei Siemens gab es keinen Unterschied zwischen Aktien- und Stimmenanteil. Obwohl die Verwaltung Mehrstimmrechtsaktien 1920 ausgab, führte es zu keiner Abweichung. Das liegt daran, dass die Mehrstimmrechtsaktien nur ein höheres Stimmrecht gewährten, wenn ihre Mitglieder es beantragten. Überraschend ist, dass der Anteil der drei größten *Inside Shareholders* nur auf der außerordentlichen Generalversammlung 1908 und Mai 1920 größer war als der der *Outside Shareholders*. 1900 hatte Carl Friedrich von Siemens das größte Aktienpaket. Er gehörte zwar zur Familie, war aber noch nicht im Aufsichtsrat tätig. Siemens hatte trotz der hohen Konzentration einzelne Aktionäre, die mit einer bis drei Aktien auf der außerordentlichen Generalversammlung anwesend waren. Siemens hatte Aktien im

115 Das Jahr 1930 wurde in die Untersuchung aufgenommen. Siemens nahm 1930 eine Anleihe auf und führte keine Kapitalerhöhung durch die Ausgabe neuer Aktien durch. Um eine bessere Entwicklung der Aktionärsstruktur zu erhalten, wurde das Aktionärsverzeichnis für 1930 benutzt.

116 Eine hohe Konzentration der Aktionärsstruktur ist zum Beispiel für deutsche Familienunternehmen in den 1960er Jahren nachweisbar (vgl. Christina Lubinski: Familienunternehmen in Westdeutschland. *Corporate Governance* und Gesellschaftskultur seit den 1960er Jahren (Schriftenreihe zur Zeitschrift für Unternehmensgeschichte, Bd. 21). München 2010, S. 55–62). Allgemein zu familienbeeinflussten Unternehmen vgl. Geoffrey Jones/Mary Rose: Family Capitalism, in: Business History (Special Issue on Family Capitalism) 35 (1993), S. 1–16; Chandler: Scale and Scope (wie Anm. 2).

Nennwert von 1.000 M. So waren auf der außerordentlichen Generalversammlung 1908 Leo Löwenthal mit 2.000 M und der Postsekretär Rudolph Müller mit 3.000 M anwesend.

Tabelle 38: Aktienkapital auf der außerordentlichen Generalversammlung, Siemens, 1900–1930.

Jahr	Aktienkapital (M)	Aktienkapital im Verhältnis zum Gesamtaktienkapital (%)
1900	36.850.000	81,89
1908	40.347.000	74,03
18.5.1920	42.139.000	66,89
29.12.1920	92.010.000	73,02
1930	90.055.700 (RM)	80,77
MW		**75,32**

Quelle: Eigene Berechnungen, Aktionärsverzeichnisse.

Tabelle 39: Konzentration des Aktienkapitals auf der außerordentlichen Generalversammlung, Siemens, 1900–1930. Die Tabelle verzeichnet das Aktienkapital und die Stimmen des größten, der drei und der fünf größten Aktionäre auf der außerordentlichen Generalversammlung (A1, A3, A5,). A3i und A3o unterscheidet zwischen dem Aktienkapital vom Vorstand und vom Aufsichtsrat (*Inside Shareholders)* und *von* den anderen Aktionären (*Outside Shareholders*). Der HHI wird als weiteres Maß zur Konzentration der Besitzverhältnisse verwendet. Die Angaben sind in Prozent im Verhältnis zum Aktienkapital auf der außerordentlichen Generalversammlung.

Jahr	Aktienkapital (%)					Stimmen (%)			
	A1	*A3*			*A5*	*A1*	*A3*	*A5*	*HHI*
		A3	*A3i*	*A3o*					
1900	81,28	97,21	0,81	97,21	98,30				0,68
1908	83,78	93,27	85,65	12,45	96,23				0,71
18.5.1920	30,92	63,34	56,75	27,76	80,30	30,92	63,35	80,31	0,18
29.12.1920	14,71	37,04	15,53	36,67	54,07	14,71	37,04	54,07	0,08
1930	13,31	32,90	6,50	32,90	43,96	13,31	32,90	43,96	0,06
MW	**44,80**	**64,75**	**33,05**	**41,40**	**74,57**				**0,34**

Quelle: Eigene Berechnungen, Aktionärsverzeichnisse.

Tabelle 40: Mehrheitserfordernisse auf der außerordentlichen Generalversammlung, Siemens, 1900–1930.

	25 %	75 %
1900	1	1
1908	1	1
18.5.1920	1	5
29.11.1920	2	11
1930	2	16

Quelle: Aktionärsverzeichnisse.

3.5.1.2 Aktienbesitz von Inside Shareholders

Die erste Unternehmensverfassung 1897 schrieb einen Aktienbesitz für den Aufsichtsrat von 30.000 M vor, während der Vorstand eine undefinierte Summe als Kaution bei der Gesellschaft hinterlegen sollte. Diese Regelung schuf die Unternehmensverfassung von 1898 ab, sodass Vorstands- und Aufsichtsratsmitglieder kein Aktienkapital mehr nachweisen mussten. In der Praxis variierte der Aktienbesitz von *Inside Shareholders* in den einzelnen Jahren stark (Tabelle 41). Durchschnittlich hatten beide Gremiumsmitglieder zusammen einen Anteil von 32 Prozent des Aktienkapitals auf der außerordentlichen Generalversammlung und 23 Prozent des gesamten Aktienkapitals. Der Aktienbesitz von Vorstandsmitgliedern war nicht relevant, denn der Großteil entfiel dabei auf den Aufsichtsrat. Einen besonders hohen Aktienbesitz hatte dieser aber nur auf der außerordentlichen Generalversammlung 1908 mit 85 Prozent und Mai 1920 mit 53 Prozent. Der Aktienbesitz von Aufsichtsratsmitgliedern durch *Proxy Voting* hatte nur eine minimale Relevanz für die außerordentliche Generalversammlung. Auch bei Siemens herrschte eine Trennung zwischen Leitungsmacht und Teilhaberschaft vor.

Tabelle 41: Aktienbesitz von Inside Shareholders, Siemens, 1900–1930. Die Tabelle enthält Angaben zum Aktienbesitz von Vorstands- und Aufsichtsratsmitgliedern (V und A). Die Angaben sind in Prozent. Der Aktienbesitz wurde im Verhältnis zum Aktienkapital auf der außerordentlichen Generalversammlung und Gesamtaktienkapital bestimmt. Die Spalte *Proxy Voting* berücksichtigt den Aktienbesitz, den Vorstands- und Aufsichtsratsmitglieder für andere Aktionäre als Bevollmächtigte vertraten und der eindeutig als solches gekennzeichnet war.

Jahr	Generalversammlung (%)				Gesamtaktienkapital (%)		
	V	*A*	*V und A*	*mit Proxy Voting*	*V*	*A*	*V und A*
1900	0,41	0,00	0,41	1,22	0,33	0,00	0,33
1908	0,00	85,16	85,16	85,65	0,00	63,05	63,05

Tabelle 41 (fortgesetzt)

Jahr	Generalversammlung (%)				Gesamtaktienkapital (%)		
	V	*A*	*V und A*	*mit Proxy Voting*	*V*	*A*	*V und A*
18.5.1920	0,00	52,57	52,57	53,70	0,00	35,17	35,17
29.12.1920	0,00	14,73	14,73	15,55	0,00	10,76	10,76
1930	1,23	5,40	6,62	13,93	0,99	4,36	5,35
MW	**0,33**	**31,57**	**31,90**	**34,01**	**0,26**	**22,67**	**22,93**

Quelle: Eigene Berechnungen, Aktionärsverzeichnisse, Geschäftsberichte.

3.5.1.3 Anzahl der Aktionäre und Proxy Voting

Als Siemens 1897 in eine Aktiengesellschaft umgewandelt wurde, blieb ein Großteil des Aktienkapitals in den Händen der Familie.[117] 1898 und 1899 folgten erste Kapitalerhöhungen, bei denen Siemens neue Aktien dem Publikum zur Subskription anbot und dadurch seinen Aktionärskreis erweiterte. 1900 waren bereits 15 Aktionäre auf der außerordentlichen Generalversammlung verzeichnet (Tabelle 42). Siemens hatte damit noch wenige Aktionäre im Vergleich zu den anderen Unternehmen. Die Anzahl der Aktionäre nahm stetig zu und betrug auf der außerordentlichen Generalversammlung 1930 70. Die Anwesenheit auf den Generalversammlungen war recht gut. Durchschnittlich waren 20 Aktionäre und Bevollmächtigte auf der außerordentlichen Generalversammlung anwesend. *Proxy Voting* wurde auch von Siemens-Aktionären genutzt. Vor allem 1930 ließen sich mehr Aktionäre auf der außerordentlichen Generalversammlung vertreten. Der hohe Wert von 77 Prozent geht darauf zurück, dass in diesem Jahr mehr Unternehmen in den Aktionärslisten verzeichnet wurden, die in der Spalte „Vertreten durch" einen Bevollmächtigten benannten. 38 Prozent jedoch waren Banken. So hatte 1930 die Deutsche Bank und Disconto-Gesellschaft das zweitgrößte Aktienpaket. Hier kann man davon ausgehen, dass es sich nicht um den eigenen Besitz der Bank handelte. Die Deutsche Bank war bei Kapitalerhöhungen im Konsortium von Siemens tätig.

3.5.1.4 Die fünf größten Aktionäre

Die Familie Siemens übernahm bei der Umwandlung ihres Unternehmens in eine Aktiengesellschaft 1897 einen Großteil des Aktienkapitals und blieb bis 1930 der größte Aktionär. Die Ergebnisse zur Konzentration der Aktionärsstruktur verdeutlichen zwar, dass diese in den 1920er Jahren abnahm. Rechnet man aber den Aktien-

117 Vgl. Kapitel 4.

Tabelle 42: Anzahl der Aktionäre und Proxy Voting auf der außerordentlichen Generalversammlung, Siemens, 1900–1930.

	Anmeldungen	Anwesende Aktionäre	Proxy Voting (%)	Proxy Voting Bank (%)
1900	15	9	18,26	6,50
1908	12	12	12,01	12,01
18.5.1920	18	16	11,91	11,91
29.12.1920	26	24	28,04	20,92
1930	70	42	76,81	38,25
MW	**28,20**	**20,60**	**29,41**	**17,92**

Quelle: Eigene Berechnungen, Aktionärsverzeichnisse.

besitz aller Familienangehöriger zusammen, die in den Aktionärsverzeichnissen aufgelistet wurden, sieht man, dass der Anteil der Familie immer höher war als der des größten familienfremden Aktionärs. Der Aktienbesitz verteilte sich lediglich auf mehrere Mitglieder und wurde auf der außerordentlichen Generalversammlung nicht mehr von einer Person repräsentiert. Tabelle 43 zeigt allerdings, dass das Aktienkapital der Familie Siemens im Laufe der Zeit von 81 Prozent auf 29 Prozent im Jahr 1930 abnahm. Der Einfluss der Familie nahm also auf der außerordentlichen Generalversammlung ab. Sie konnte nicht mehr alleine wichtige Entscheidungen herbeiführen, behielt aber eine Sperrminorität von 25 Prozent.

Tabelle 43: Aktienkapital der Familie Siemens auf der außerordentlichen Generalversammlung, 1900–1930.

Jahr	Aktienkapital (%)
1900	81,28
1908	85,16
18.5.1920	75,84
29.12.1920	48,94
1930	28,82

Quelle: Eigene Berechnungen, Aktionärsverzeichnisse.

Auf der außerordentlichen Generalversammlung von 1900 repräsentierte Carl Friedrich von Siemens alleine ein Aktienpaket von 81 Prozent und konnte damit alleine Entscheidungen beeinflussen. Carl Friedrich von Siemens war der jüngste Sohn des

Begründers des Familienunternehmens Werner von Siemens. So wie seine älteren Brüder studierte auch Carl Friedrich von Siemens naturwissenschaftliche und technische Fächer in Straßburg und München. In die Siemens & Halske AG trat er 1899 ein, wo er eine Stammhauslehre absolvierte. 1901 übernahm er die Leitung der englischen Niederlassung Siemens Brothers & Co. 1908 kehrte er schließlich in die Firma nach Berlin zurück, in der er für die Organisation und Leitung der „Central-Verwaltung Übersee" zuständig war. Im Aufsichtsrat von Siemens fungierte Carl Friedrich von Siemens erst seit 1904 und nach dem Tod seines Bruders 1919 übernahm er dessen Vorsitz. Carl Friedrich von Siemens war darüber hinaus ab 1909 Mitglied im Vorstand der Siemens-Schuckertwerke GmbH (SSW). Unter seiner Führung im Aufsichtsrat förderte er die Internationalisierung, Dezentralisierung und den Ausbau des Unternehmens zu einer Holdinggesellschaft. Carl Friedrich war in verschiedenen Wirtschaftsorganisationen aktiv, darunter im Zentralverband der deutschen Elektrotechnischen Industrie (1918–33), im Reichswirtschaftsrat (1920–33) und Reichsverband der Deutschen Industrie.[118] Da Carl Friedrich von Siemens das größte Aktienpaket repräsentierte, waren die anderen Aktionäre weniger für den Ausgang der außerordentlichen Generalversammlung entscheidend. Unter den Großaktionären befanden sich darüber hinaus noch die Elektrische Licht- und Kraftanlage AG (Likra) mit 11 Prozent und die Deutsche Bank mit 5 Prozent. Likra und die Deutsche Bank haben beide bei der Gründung der Siemens AG 1897 einen Teil der Aktien erhalten.[119] Likra wurde auf Initiative von Wilhelm von Siemens 1897 als Trustgesellschaft zur Finanzierung von Projekten in der Elektroindustrie unter Beteiligung wichtiger Banken und Siemens gegründet. Das Aktienkapital der neuen Gesellschaften stellten die Gründerbanken zur Verfügung. Siemens verzichtete auf eine Beteiligung und auf vertragliche Vereinbarungen mit Likra.[120]

Auf der außerordentlichen Generalversammlung von 1908 hatte Wilhelm von Siemens eine Kapitalmehrheit von 85,16 Prozent. Wilhelm von Siemens war der zweite Sohn Werner von Siemens und nach dem Ausscheiden des Vaters aus der Geschäftsführung 1890 eine zentrale Figur des Familienunternehmens. Seine Karriere bei Siemens begann 1875, als er in das Laboratorium für physikalische Messungen eintrat, um an der Weiterentwicklung der Glühlampentechnik weiterzuarbeiten. Nach der Umwandlung des Unternehmens in eine KGaA wurde Wilhelm von Siemens zusammen mit seinem Onkel Carl und seinem älteren Bruder Arnold von Siemens zum persönlich haftenden Gesellschafter.[121] Wilhelm von Siemens war von Beginn an bis 1919 im Aufsichtsrat von Siemens tätig und 1918 hatte er dessen Vorsitz inne. Während sei-

118 Vgl. Wilfried Feldenkirchen: Siemens, Carl Friedrich von, in: Neue Deutsche Biographie 24 (2010), S. 377–379. URL: http://www.deutsche-biographie.de/pnd118765256.html.

119 Vgl. Kapitel 4.

120 Vgl. Die Geschichte der Elektrischen Licht- und Kraftanlagen AG (Siemens Historical Institute, 19617).

121 Feldenkirchen: Siemens 1918–1945 (wie Anm. 54), S. 61.

ner Tätigkeit im Unternehmen traf Siemens zukunftsträchtige Entscheidungen, wozu die Umwandlung in eine Aktiengesellschaft 1897 und die Fusion mit der Elektrizitäts-Aktiengesellschaft vorm. Schuckert & Co. zur SSW 1903 gehörte. Zu den anderen fünf größten Aktionären auf der außerordentlichen Generalversammlung 1908 gehörten die Deutsche Bank, die Disconto-Gesellschaft und die BHG.

Auf den beiden außerordentlichen Generalversammlungen 1920 waren ebenfalls Familienmitglieder unter den fünf größten Aktionären. Am 18. Mai 1920 war der größte Aktionär Professor Carl Harries mit 31 Prozent, der mit Hertha von Siemens, der jüngsten Tochter Werner von Siemens, verheiratet war und damit das Aktienkapital der Familie repräsentierte. Die anderen drei größten Aktionäre waren auch Mitglieder der Familie Siemens.

Ähnlich sieht es auf der Generalversammlung am 29. Dezember 1920 aus. Der größte Aktionär, Baron Bagge von Boo, mit einem Anteil von 15 Prozent war mit Maria Lottie Sophie Dagmar von Graevenitz verheiratet. Sie war wiederum die Tochter von Marie Elisabeth Agnes von Siemens aus der Ehe mit Georg Ludwig, Freiherr von Graevenitz. Der gesamte Familienbesitz betrug auf dieser außerordentlichen Generalversammlung 49 Prozent. Mit der Deutschen Bank und Delbrück, Schickler & Co. waren auch Nicht-Familienmitglieder unter den fünf größten Aktionären.

1930 lag das Aktienkapital der Siemens-Familie bei 29 Prozent und reichte immer noch für eine Sperrminorität von 25 Prozent. Das größte Aktienpaket hatte 1930 Dr. Springer mit 13 Prozent. Danach folgten die Deutsche Bank und die Disconto-Gesellschaft mit einem Anteil von 13 Prozent. Der Aktienbesitz der Deutschen Bank war von den anwesenden Banken auf der außerordentlichen Generalversammlung insgesamt am höchsten. 1900 lag er bei 5 Prozent, 1908 und 1920 bei 10 Prozent.

3.5.2 Vorstand

Vergleichbar mit den anderen Unternehmen fing Siemens mit einem kleinen Vorstand von vier Mitgliedern an und weitete diesen bis 1930 auf sieben Mitglieder aus. Der erste Vorstand setzte sich aus Managern zusammen, die schon mehrere Jahre im Unternehmen in verschiedenen Positionen tätig waren. Dazu gehörten der Leiter des Charlottenburger Werkes Emil Bude, von der Bahnabteilung Heinrich Schwieger, der Leiter der Wiener Werke Richard Fellinger und Tonio Bödiker.[122] Tonio Bödiker war bis 1900 Präsident des Vorstandes. Danach gab es keinen Sprecher. Erst 1921 übernahm Adolf Franke den Vorsitz des Vorstandes. Vorstandsmitglieder bei Siemens waren durchschnittlich zehn Jahre im Amt. Adolf Franke und Robert Pfeil waren mit 24 und 23 Jahren eine besonders lange Zeitspanne im Vorstand aktiv. Adolf Franke war Sohn eines Gymnasiallehrers und studierte Physik und Elektrotechnik in Berlin,

122 Vgl. Kocka: Unternehmensverwaltung (wie Anm. 54), S. 411.

Heidelberg und Hannover. Bevor er 1896 als stellvertretender Direktor der Berliner Werke bei Siemens einstieg, war er zunächst bei der Reichspost und bei einer Privatgesellschaft tätig.[123] Adolf Frankes Karriereweg war nicht untypisch für die meisten Vorstandsmitglieder bei Siemens. Anders als bei den Finanzinstituten hatte ein Großteil der Manager ein Studium absolviert. Dominierend waren Ingenieurs- und Naturwissenschaften. Unter den Akademikern waren auch ein paar Juristen vertreten. Alfred Berliner, der maßgeblich bei der Verschmelzung mit der Elektrizitäts-Aktiengesellschaft vorm. Schuckert & Co. Nürnberg wirkte, war zum Beispiel promovierter Physiker und Ingenieurswissenschaftler. Er kam bereits 1888 zu Siemens und wurde mit dem Aufbau des USA-Geschäftes beauftragt. Seit 1901 war er ordentliches Mitglied im Vorstand.[124] Mitglieder der Siemens-Familie übernahmen in der Regel keine Posten im Vorstand. Eine Ausnahme stellt Werner F. von Siemens dar, der zwischen 1919 und 1922 als Vorstandsmitglied fungierte. 1921 traten Emil Kirdorf von der Gelsenkirchener Bergwerks-AG (GBAG) und Albert Vögler von der Deutsch-Luxemburgischen Bergwerks- und Hütten-AG (Deutsch-Lux) in den Vorstand von Siemens ein. Beide Unternehmen waren Mitglieder der Interessengemeinschaft von 1921. Damit waren bei Siemens wie bei der AEG keine Eigentümer im Vorstand tätig, sondern angestellte Manager mit Expertenwissen.

3.5.3 Aufsichtsrat

Siemens hatte einen kleinen Aufsichtsrat. Er setzte sich zwischen 1897 und 1929 durchschnittlich aus neun Mitgliedern zusammen. Tabelle 44 zeigt, dass die Mitgliederzahl auch bei Siemens nach 1900 mit der Entstehung einer Konzernstruktur zunahm. Allerdings behielt er eine mittle Größe. So waren 1929 14 Mitglieder im Aufsichtsrat vertreten. Der erste Aufsichtsrat umfasste nur vier Mitglieder, die alle zur Familie Siemens gehörten. Carl und Werner von Siemens Söhne Arnold und Wilhelm waren bereits gut in das Unternehmen integriert und als Manager tätig. Nach dem Tod des Familienoberhaupts übernahmen sie die Leitung. Alle drei waren persönlich haftende Gesellschafter der Siemens KGaA. Zudem waren sie die Gründer der Aktiengesellschaft. Das vierte Aufsichtsratsmitglied Werner Hermann von Siemens war ein Ingenieur aus Baden-Baden, über den wenig bekannt ist. Arthur von Gwinner war das erste Nicht-Familienmitglied im Aufsichtsrat von Siemens, dem er 1898 beitrat. Arthur von Gwinner gehörte seit 1894 dem Vorstand der Deutschen Bank an und vertrat somit die Interessen des Finanzinstituts. Diese Konstellation blieb die ersten Jahre noch erhalten und änderte sich schließlich um die Jahrhun-

123 Vgl. Kocka: Unternehmensverwaltung (wie Anm. 54), S. 390f.

124 Vgl. https://www.siemens.com/history/de/persoenlichkeiten/vorstandsvorsitzende_stammgesellschaften.htm.

Tabelle 44: Anzahl der Vorstands- und Aufsichtsratsmitglieder, Siemens 1897–1929.

Jahr	Vorstand	Aufsichtsrat
1897	4	4
1898	4	5
1899	4	5
1900	8	6
1908	8	11
1920	6	13
1925	7	14
1929	7	14
MW	**6**	**9**

Quelle: Eigene Berechnungen, Geschäftsberichte.

Tabelle 45: Bildungsprofil der Vorstandsmitglieder, Siemens, 1897–1930.

	(%)
Lehre	8,76
Studium	66,67
Jura	9,52
Ingenieurswissenschaft/ Naturwissenschaft	57,14
Promotion	47,62
Keine Angaben	14,29
Gesamt	21

Quelle: Eigene Berechnungen, Neue Deutsche Biographie.

dertwende (Tabelle 46). 1900 standen sich drei Bankenvertreter und drei Familienmitglieder im Aufsichtsrat gegenüber. Neben Arthur von Gwinner repräsentierte nun auch Carl Klönne die Interessen der Deutschen Bank. Jules Dreyfus-Brodsky vertrat die schweizerische Privatbank Dreyfus Söhne & Cie. In den nachfolgenden Jahren finden sich Emil Berve vom Schlesischen Bankverein, Karl Mommsen von der Mitteldeutschen Kreditbank, Adolf Pohlmann von der Bayerischen Vereinsbank und Arthur Salomonsohn von der Disconto-Gesellschaft. Repräsentanten von Industrieunternehmen waren auch zunehmend nach 1900 vorzufinden. 1920 machten sie 23 Prozent der Aufsichtsratsmitglieder aus. Dagegen nahm der Anteil der Familienmitglieder auf 15 Prozent ab. Auch einzelne ehemalige Vorstandsmitglieder waren im Aufsichtsrat bei Siemens tätig. Mit der Vergrößerung des Aufsichtsrats nahm auch der Anteil an Trittbrettfahrern zu.

Den Vorsitz des Aufsichtsrats hatte durchgehend ein Familienmitglied inne (Tabelle 47). Den ersten Vorsitz übernahm Carl von Siemens. Ab 1904 folgte Arnold von Siemens und danach für ein Jahr Wilhelm von Siemens. Das Familienmitglied Carl Friedrich von Siemens avancierte nach dem Ersten Weltkrieg zur zentralen Figur im Unternehmen. Er übernahm 1919 den Aufsichtsratsvorsitz. Siemens war seit der Umwandlung in eine Aktiengesellschaft kein reines Familienunternehmen[125] mehr, da die Familie als Kapitalgeber nicht die Geschäftsführung selbst ausübte, sondern sie an angestellte Manager übertrug. Familienmitglieder konnten jedoch weiterhin durch ihren Aktienbesitz und den Aufsichtsrat die Unternehmensstrategie des Managements überwachen und mitgestalten.

Tabelle 46: Zusammensetzung des Aufsichtsrats, Siemens, 1897–1929.

	1897	1898	1899	1900	1908	1920	1925	1929
anderes Unternehmen	0	0	0	0	18,18	23,08	14,29	14,29
Bank	0	20	20	50	45,45	30,77	28,57	21,43
Stadt/Verband	0	0	0	0	0	0	0	0
ehem. Vorstand	0	0	0	0	0	7,69	14,29	14,29
Sonstiges	0	0	0	0	9,09	23,08	28,57	28,57
Familie	100	80	100	50	27,27	15,38	21,43	21,43
Gesamt	4	5	5	6	11	13	14	14
Aktionäre				0	27,27	30,77		

Quelle: Eigene Berechnungen, Geschäftsberichte.

125 Bei einem Familienunternehmen übt die Familie die Kontrolle durch ein hohes Aktienpaket aus und übernimmt gleichzeitig die Geschäftsführung (vgl. Andrea Colli/Mary Rose: Family Business, in: Geoffrey G. Jones/Jonathan Zeitlin (Hg.): The Oxford Handbook of Business History, S. 194–214, hier 195).

Tabelle 47: Aufsichtsratsvorsitzender, Siemens 1897–1941.

Aufsichtsratsvorsitzender	Vorsitz
Carl von Siemens	1897–1904
Arnold von Siemens	1904–1918
Wilhelm von Siemens	1918–1919
Carl Friedrich von Siemens	1919–1941

Quelle: Eigene Zusammenstellung, Geschäftsberichte.

3.6 Fazit

In diesem Kapitel habe ich mich mit den Akteuren im Corporate-Governance-System beschäftigt. Ich habe mir die Aktionäre, den Vorstand und den Aufsichtsrat von der Deutschen Bank, der BHG, Siemens und der AEG angeschaut. Gezeigt wurde, wie sich in den Unternehmen trotz Gemeinsamkeiten verschiedene Corporate-Governance-Strukturen etablierten.

Die Präsenz des Aktienkapitals auf der außerordentlichen Generalversammlung war bei der AEG und Siemens gut, sodass man die Aktionärsstruktur der Unternehmen nachvollziehen kann. Bei der Deutschen Bank und BHG war ein geringer Teil des Aktienkapitals für die außerordentliche Generalversammlung angemeldet. Über die Hälfte der Aktionäre bleibt somit bei ihnen anonym. Die Deutsche Bank hatte besonders viele Aktionäre und war mehrheitlich im Streubesitz, da der größte nachweisbare Aktionär unter 10 bzw. 5 Prozent des Gesamtaktienkapitals hielt. Die Deutsche Bank war kein typisches deutsches Großunternehmen, da bei einem Großteil eine hohe Konzentration des Aktienkapitals vorherrschte. Diese Konzentration ist auch für die BHG, die AEG und Siemens nachweisbar. Auf der außerordentlichen Generalversammlung zeigt sich bei allen Unternehmen eine höhere Konzentration des Aktienkapitals. Dabei gab es zwischen dem Aktien- und Stimmanteil kaum Unterschiede, sodass sich die Einführung der Vorzugsaktien bei der AEG und Mehrstimmrechtsaktien bei Siemens nicht direkt auf die Machtverhältnisse ausgewirkt hat. Bei der Deutschen Bank war die Konzentration des Aktienkapitals bei der Gründung, nach der Jahrhundertwende und während des Ersten Weltkrieges am höchsten. Die Deutsche Bank hatte jedoch keinen kontrollierenden Aktionär, der alleine Entscheidungen auf der außerordentlichen Generalversammlung beeinflussen konnte. Nur wenn man bei der Deutschen Bank das Aktienkapital berücksichtigt, was eindeutig als *Proxy Voting* in den Aktionärsverzeichnissen ausgewiesen wurde, dann vereinigte ein Bankenvertreter bis 1905 die erforderliche qualifizierte bzw. einfache Mehrheit für Kapitalerhöhungen. Es gibt aber keine Hinweise darauf, dass die Bank Ehrecke, Fromberg & Co. und E. J. Meyer in Governance-Fragen bei der Deutschen Bank wichtig waren. Sie übernahmen eine reine Vertreterfunktion. Zu den

Großaktionären auf der außerordentlichen Generalversammlung der Deutschen Bank gehörten Privat-, Regional- und ausländische Großbanken sowie eigene Filialen der Deutschen Bank. Dabei handelte es sich nicht um eine eigene Beteiligung, sondern um Aktienbesitz ihrer Kunden, den sie als solches nicht kenntlich machten. Demnach gingen Banken unterschiedlich mit dem Depotstimmrecht ihrer Kunden um. Bei den Großaktionären der Deutschen Bank handelte es sich um Geschäftspartner, die u. a. im Konsortium Aktien bei Kapitalerhöhungen übernahmen und sie an der Börse platzierten.

Bei der BHG, der AEG und Siemens war die Konzentration des Aktienkapitals auf der außerordentlichen Generalversammlung höher. Jedoch habe ich keine kontinuierliche Zunahme der Konzentration in der zweiten Hälfte des 20. Jahrhunderts, wie sie Julian Franks, Colin Mayer und Hannes F. Wagner[126] nachgewiesen haben, festgestellt. Auch gab es nicht bei allen Unternehmen eine Verschiebung beim Aktienbesitz von Familien bzw. Einzelpersonen hin zu Banken oder anderen Unternehmen. Banken oder Bankmanager waren von Anfang an bis 1930 als Großaktionäre auf der außerordentlichen Generalversammlung präsent. Bei der BHG konnten 1903 und 1928 einzelne Banken durch eine Sperrminorität bzw. eine qualifizierte Mehrheitsbeteiligung alleine Entscheidungen beeinflussen, an denen die BHG selbst mit einem großen Aktienpaket beteiligt war. Die Beteiligungen von den Berliner Privatbanken Breest & Gelpcke und William Rosenheim & Co. waren wahrscheinlich ihre eigenen, sodass *Proxy Voting* bei der BHG weniger wichtig war.

Bei der AEG nahm die Konzentration des Aktienkapitals auf der außerordentlichen Generalversammlung bis 1920 zu und ging dann wieder während der Inflationsjahre leicht zurück. Bei der AEG gab es eine Gruppe von Großaktionären, die auf fast allen außerordentlichen Generalversammlungen präsent war. Dazu gehörten Berliner Großbanken und einige Privatbanken, die im Finanzkonsortium der AEG tätig waren. Damit hatte nicht nur die BHG als Hausbank Einfluss auf die Unternehmensstrategie des Vorstandes bei der BHG, wie es bisher in der Literatur betont wurde. Die Deutsche Bank oder die Disconto-Gesellschaft zum Beispiel konnten als Großaktionäre auf der außerordentlichen Generalversammlung auch eine wichtige Rolle einnehmen. Bei dem Aktienbesitz der Banken handelte es sich um Kundenaktien.

Bei einem klassischen Familienunternehmen wie Siemens habe ich aufgezeigt, dass der *Personal Capitalism* noch einige Jahre nach der Umwandlung in eine Aktiengesellschaft dominierte. Dann aber seit den 1920er Jahren zugunsten von Banken und anderen Unternehmen leicht abnahm. Carl Friedrich von Siemens und Wilhelm von Siemens konnten als Aktionäre anfangs alleine Entscheidungen auf der außerordentlichen Generalversammlung treffen. 1930 hatte die Familie Siemens auf der außerordentlichen Generalversammlung nur noch eine Sperrminorität von 25 Prozent. Zu den anderen Großaktionären von Siemens gehörten Berliner Großbanken,

126 Vgl. Franks: The Origins (wie Anm. 4), S. 562–565.

darunter die Deutsche Bank, einzelne Privatbanken und die Holdinggesellschaft Likra. Die Banken waren nicht selbst an Siemens beteiligt, sondern repräsentierten das Aktienkapital ihrer Kunden.

Der Aktienbesitz von *Inside Shareholders* war bei allen vier Unternehmen relevant, ging aber seit den 1920er Jahren zurück. Bei der BHG und Siemens war ihr Aktienbesitz am höchsten, denn *Insider* hatten einen Aktienbesitz über 50 Prozent. Der Aktienbesitz von *Inside Shareholders* geht auf die Beteiligung von Aufsichtsratsmitgliedern zurück, während Vorstandsmitglieder einen geringeren Anteil hatten. Demnach kann ich Julian Franks, Colin Mayers und Hannes F. Wagners These bestätigen, dass bei den Unternehmen eine Trennung zwischen Leitungsmacht und Teilhaberschaft vorherrschte. Julian Franks, Colin Mayers und Hannes F. Wagners veranschaulichen, dass sich die Trennung zwischen Teilhaberschaft und Leitungsmacht nicht erst im Laufe der ersten Hälfte des 20. Jahrhunderts in Deutschland entwickelt hat, sondern von Anfang an in vielen Aktiengesellschaften ab 1890 gegeben war. Allerdings gab es viele Aktiengesellschaften, die von Gründern, Familien oder Banken kontrolliert wurden, die ein großes Aktienpaket besaßen, im Aufsichtsrat tätig waren und strategische Entscheidungen trafen.[127] Eine Trennung zwischen Leitungsmacht und Teilhaberschaft, wie sie Adolf Berle und Gardiner Means für die USA in den 1920er Jahren aufzeigen, trat in Deutschland in manchen Unternehmen demnach auch schrittweise ein.

Die Deutsche Bank, die BHG, die AEG und Siemens zeigen in der Zusammensetzung des Vorstandes und des Aufsichtsrats einige typische Entwicklungen von Großunternehmen in der zweiten Hälfte des 20. Jahrhunderts. Die Deutsche Bank, die AEG und Siemens haben mit einem kleinen Vorstand von drei bis vier Mitgliedern angefangen und ihn nach der Jahrhundertwende mit der Entstehung einer Konzernstruktur und der Zunahme der Unternehmensgröße weiter bis auf 12 Mitglieder ausgeweitet. Die BHG behielt dagegen einen kleinen Kreis von Komplementären. Die Deutsche Bank, die AEG und Siemens hatten einen Sprecher und es findet sich bei ihnen von Anfang an ein professionelles und gut ausgebildetes Management. Bei der Deutschen Bank waren sowohl klassische Bankiers als auch Juristen, die den neuen Managertyp repräsentieren, im Vorstand tätig. Bei der AEG und Siemens gab es überwiegend Ingenieure und Naturwissenschaftler im Vorstand, die das entsprechende Fachwissen ins Unternehmen einbrachten. Familienmitglieder oder kontrollierende Aktionäre waren nicht im Vorstand tätig. Die drei Unternehmen zeigen die Veränderung in der Führungsetage deutscher Großunternehmen während des Kaiserreichs. Bei der BHG übernahmen 1856 anfangs noch die Gründer die Leitung des Unternehmens, die gleichzeitig einen Teil des Aktienkapitals zur Verfügung stellten und persönlich hafteten. Eine Umstrukturierung der Führungsebene setzte in den 1880er Jahren ein. Zwar hatte die BHG keinen Sprecher, jedoch war der Vorstand zentral auf eine Person ausgerichtet. Das lag vor

127 Vgl. Franks: The Origins (wie Anm. 4), S. 562–565.

allem daran, dass die BHG eine reine Emissions- und Industriebank blieb, während die Deutsche Bank noch andere Geschäftsbereiche und eine regionale Ausdehnung verfolgte.

Die Deutsche Bank, die BHG und die AEG haben mit einem großen Aufsichtsrat angefangen und ihn nach der Jahrhundertwende und vor allem in den 1920er Jahren zusätzlich ausgeweitet. Die Aufsichtsräte waren während der Weimarer Republik sehr groß und überstiegen die optimale Größe für Großunternehmen von zehn Mitgliedern. Die Vergrößerung des Aufsichtsrats hing mit der Entstehung einer Konzernstruktur und der Ausweitung von Geschäftskontakten zusammen. Die Deutsche Bank zum Beispiel vergrößerte immer nach einer Fusion ihren Aufsichtsrat. Eine optimale Überwachung des Vorstandes war während der Weimarer Republik sicherlich kaum noch gegeben, da auch der Anteil an Trittbrettfahrern in allen Unternehmen zunahm. Siemens dagegen hatte zu Beginn einen kleinen Aufsichtsrat, der auch in den 1920er Jahren eine mittlere Größe behielt. In der Zusammensetzung des Aufsichtsrats gibt es einige Gemeinsamkeiten. Bei der Deutschen Bank, der BHG und der AEG dominierten am Anfang Banken – darunter vor allem die Gründer und die ersten Zeichner – im Aufsichtsrat. Die hohe Präsenz von Banken im Aufsichtsrat deutscher Unternehmen war folglich nicht nur ein Merkmal der Industrie, sondern auch in der Finanzbranche verbreitet. Bei der Deutschen Bank und der BHG ging ihr Anteil seit den 1880er Jahren zurück und man findet im Laufe der ersten Hälfte des 20. Jahrhunderts mehr Vertreter aus Industrie, Handel und Transport sowie Staatsbedienstete, Lobbyisten und ehemalige Vorstandsmitglieder des eigenen Unternehmens. Banken waren im Aufsichtsrat tätig, weil sie zu den Gründern oder ersten Zeichnern gehörten, später bei Kapitalerhöhungen Aktien übernahmen, sich mit dem Unternehmen in einer Interessengemeinschaft befanden oder Fusionspartner waren.[128] Der Anteil an Aktionären im Aufsichtsrat war anfangs hoch, nahm aber in den 1920er Jahren ab. Bei der Deutschen Bank war in den ersten Jahren nach der Gründung bis 1907 sicherlich noch eine stärkere Kontrolle des Vorstandes im Aufsichtsrat gegeben, da die ersten beiden Vorsitzenden Gründer der Deutschen Bank waren. Ab 1914 übernahmen ehemalige Vorstandsmitglieder den Vorsitz. Auch bei der BHG waren um 1900 die meisten Aufsichtsratsmitglieder mit Aktienkapital auf der außerordentlichen Generalversammlung präsent, darunter auch Großaktionäre. 1928 dagegen war ihr Anteil gering. Bis 1897 übernahm jeweils ein Gründungsmitglied den Vorsitz und danach ein Vertreter aus der Industrie, darunter auch Manager der AEG. Bei der AEG waren am Anfang Mitglieder ihres Finanzkonsortiums im Aufsichtsrat aktiv, zu denen Groß- und einige Privatbanken gehörten. Die Banken waren sicherlich daran interessiert, die Unternehmensstrategie des Vorstandes zu überwachen und mitzubestimmen, da sie das für Investi-

---

128 Banken können auch als Fremdkapitalgeber im Aufsichtsrat tätig sein. Das wird in dieser Arbeit nicht betrachtet.

tionen notwendige Fremd- und Eigenkapital zur Verfügung stellten. Die AEG ist ein Unternehmen, an dem man gut die Verbindung zwischen (Groß-) Banken und der Industrie durch Aufsichtsratsmandate und Aktienkapital auf der außerordentlichen Generalversammlung sehen kann. Diese Verbindung war – wie Caroline Fohlin aufzeigt – ein typisches Element des deutschen Corporate-Governance-Systems, das sich ab 1890 verbreitet hat.[129] Bei der AEG übernahm bis 1897 und ab 1921 wieder ein Mitglied des Finanzkonsortiums den Aufsichtsratsvorsitz. Bei Siemens konnten die Familienmitglieder über den Aufsichtsrat den Vorstand überwachen und strategische Entscheidungen treffen. Im ersten Jahr waren nur Familienmitglieder und gleichzeitig die Gründer der Gesellschaft im Aufsichtsrat tätig. 1898 findet man bereits die ersten Bankmanager von der Deutschen Bank, deren Anteil nach der Jahrhundertwende zunahm. Der Vorsitz des Aufsichtsrats ging am Anfang an den Bruder Werner von Siemens und ab 1904 an seine drei Söhne, die zur zweiten Generation gehörten.

129 Vgl. Fohlin: The Rise (wie Anm. 320), S. 307 ff.

4 Corporate Governance in der Praxis: Machtverteilung, Aktionärsrechte und Governance-Konflikte bei Kapitalerhöhungen

4.1 Einleitung

Der Gesetzgeber hatte für die Leitung und Überwachung von Unternehmen einen institutionellen Rahmen vorgegeben. Doch wie funktionierte *Corporate Governance* in der Unternehmenspraxis? In diesem Kapital untersuche ich die private Umsetzung rechtlicher Normen und das Verhalten von Akteuren in konkreten Entscheidungssituationen. Der Fokus liegt dabei auf den Kapitalerhöhungen (*Secondary Equity Offering*, SEO). Auch schaue ich mir die Börseneinführung (*Initial Public Offering*, IPO) an. Die Kapitalerhöhung und die Börseneinführung gehören mit zu den wichtigsten Unternehmensentscheidungen, da es um die zukünftige Finanzierung der Gesellschaft geht. Bei einer Börseneinführung wird das Unternehmen in eine börsennotierte Publikumsgesellschaft umgewandelt und in der Regel werden alte bzw. neue Aktien einem Anlagepublikum offeriert. Somit wird der Kapitalmarkt für die Finanzierung der Gesellschaft in Anspruch genommen.[1] Bei Kapitalerhöhungen erfolgt der Zufluss neuer Mittel durch die Ausgabe junger Aktien.[2] Mich interessiert, wie sich in Entscheidungssituationen die Machtverhältnisse zwischen dem Vorstand, dem Aufsichtsrat, den Aktionären und anderen beteiligten Akteuren gestaltet hat. Welche Governance-Konflikte traten in der Praxis zwischen den Akteuren auf? Zudem untersuche ich, ob der Vorstand bzw. der Aufsichtsrat die Verwaltungs- und Vermögensrechte der Aktionäre in der Praxis eingeschränkt bzw. ausgeweitet hat. Wichtig war für die Aktionäre die Dividende, aber auch das Stimmrecht, da sie über Kapitalerhöhungen auf der Generalversammlung abstimmten. Zudem stand den Altaktionären bei Kapitalerhöhungen ein Bezugsrecht auf die jungen Aktien zu, was jedoch im Kapitalerhöhungsbeschluss ausgeschlossen werden konnte. Beim Bezugsrecht waren die Aktionäre vom Bezugsangebot der Verantwortlichen und von der Entwicklung des Marktes abhängig. Mich interessiert, ob das Bezugsrecht für die Aktionäre vorteilhaft war. Der Gewinn bzw. Verlust für die Altaktionäre beim Bezugsrecht berechnet sich aus der Differenz des Aktienpreises nach dem Bezugsrecht und dem *Theoretical Ex-Rights Price* (TERP). Der TERP ist der theoretische Wert des Bezugsrechts.[3]

In der Forschung wurde bisher hauptsächlich die Börseneinführung von Unternehmen betrachtet. In verschiedenen quantitativen Studien wurde gezeigt, dass

---

1 Vgl. Ann-Kristin Achleitner/Jean-Paul Thommen: Allgemeine Betriebswirtschaftslehre. Umfassende Einführung aus managementorientierter Sicht. 7. Aufl., Wiesbaden 2012, S. 283 f.
2 Vgl. ebd., S. 589 f.
3 Formel: $\frac{(\text{Anzahl Altaktien} \times \text{Aktienkurs}) + (\text{Anzahl junger Aktien} \times \text{Emissionspreis})}{\text{Anzahl Altaktien} + \text{Anzahl junger Aktien}}$.

https://doi.org/10.1515/9783110716993-004

IPOs nach 1900 langfristig gute Renditen einbrachten und Banken dabei eine wichtige Rolle einnahmen.[4] Fallstudien zur Börseneinführung und zu Kapitalerhöhungen gibt es bisher nur wenige.[5] In der Forschung weiß man nur wenig darüber, wie *Corporate Governance* in der Praxis funktionierte und welche Governance-Konflikte zwischen dem Vorstand, dem Aufsichtsrat und den Aktionären aufgetreten sind. Für meine Untersuchung verwende ich überwiegend Akten zu Kapitalerhöhungen aus den jeweiligen Unternehmensarchiven, die sich aus der Korrespondenz zwischen den beteiligten Akteuren zusammensetzen. Aufgrund der unterschiedlichen Quellenlage sind die Ergebnisse für die Unternehmen nicht einheitlich. Besonders gut sind Kapitalerhöhungen für die Deutsche Bank und Siemens überliefert.

In diesem Kapitel zeige ich auf, dass sich alle vier Unternehmen in den ersten Jahren nach der Gründung zur Hälfte aus Aktienkapital finanzierten. Der Anteil des Aktienkapitals an der Bilanzsumme nahm jedoch bis zur Inflation stetig ab. Die Deutsche Bank, die AEG und Siemens finanzierten mit Aktienkapital externes, die BHG dagegen nur internes Wachstum. Die Deutsche Bank und die AEG nutzten auch Kapitalerhöhungen für Fusionen. Alle Unternehmen wiesen von der Gründung bis 1913 einen deutlichen Kursaufschwung ihrer Aktie auf und zwischen 1925 bis 1928 eine kurze Kursstabilisierung nach den Kurssprüngen während der Inflationsjahre. Auch verzeichneten alle Unternehmen bis 1913 und dann zwischen 1925 und 1930 eine hohe Dividendenrendite.

Bei der Börseneinführung und bei Kapitalerhöhungen orientierten sich die Unternehmen größtenteils an den gesetzlichen Standards, nutzen jedoch den Gestaltungsspielraum, den ihnen der Gesetzgeber bot. In Situationen, für die das Aktiengesetz keine Regelung vorsah, schlossen die beteiligten Akteure eigene Verträge ab. Zusätzlich entwickelte sich mit dem Konsortium ein neuer Mechanismus, der bei Kapitalerhöhungen die jungen Aktien zu einem festen Preis zeichnete und sie an das Publikum verkaufte. Die private Umsetzung rechtlicher Normen variierte in den einzelnen Unternehmen und in den einzelnen Jahren. Die Machtverteilung gestaltete sich bei den Unternehmen unterschiedlich und von der Unternehmensverfassung teilweise abweichend. Bei der Deutschen Bank fiel die Entscheidungsgewalt bei Kapitalerhöhungen seit der Gründung immer mehr an den Vorstand, der nicht nur die Kapitalerhöhung beschloss, sondern auch die Konditionen verhandelte. In den meisten Fällen setzte er den Ausgabepreis der jungen Aktien fest, und 1923 ging diese Aufgabe endgültig an den Vorstand über. Der Aufsichtsratsvorsitzende übernahm noch bis 1904 die Leitung des Konsortiums. Der Vorstand der Deutschen Bank verfolgte die Strategie, bei Kapitalerhöhungen möglichst viele Beteiligungen im Konsortium zu vergeben und keine Aktienpakete an einzelne Aktionäre auszugeben. Bei der AEG

4 Vgl. Burhop: Is Regulation (wie Anm. 36), S. 1–37, hier 15–18; Lehmann: Taking Firms (wie Anm. 49), S. 92–122.

5 Vgl. Carsten Burhop: Ressourcenkonflikte bei Aktienerstemissionen im Deutschen Reich um 1900, in: Bankhistorisches Archiv 39 (2013), S. 1–19.

verteilte sich die Macht bei Kapitalerhöhungen zwischen dem Vorstand, dem Aufsichtsrat und ihrem Finanzkonsortium. Der Ausgabekurs der neuen Aktien stand entweder im Kapitalerhöhungsantrag schon fest oder wurde vom Aufsichtsrat festgelegt. Die AEG war bei Kapitalerhöhungen an das Finanzkonsortium gebunden, das überwiegend keine Unterbeteiligungen vergab. Die AEG gab bei Kapitalerhöhungen auch Aktienpakete an einzelne Unternehmen aus. Bei Siemens gestaltete sich die Macht bei Kapitalerhöhungen zwischen dem Vorstand, dem Aufsichtsrat, dem Großaktionär und der Hausbank. Der Ausgabekurs der neuen Aktien wurde zwischen dem Großaktionär und der Hausbank verhandelt. Siemens war bei Kapitalerhöhungen vertraglich an die Deutsche Bank gebunden, die entweder alleine oder mit einem kleinen Kreis von Banken die neuen Aktien zeichnete. Der Großaktionär verfolgte die Strategie, bei Kapitalerhöhungen einen möglichst geringen Teil der neuen Aktien an das Publikum zu vergeben. Bei allen Unternehmen stimmten die Aktionäre am Ende auf der außerordentlichen Generalversammlung über die Kapitalerhöhung ab. Bei der Deutschen Bank, der BHG und Siemens wurden alle Anträge einstimmig genehmigt und es gab keine Kritik an der Unternehmensstrategie des Vorstandes. Das heißt, dass die Aktionäre mit den Entscheidungen einverstanden waren. Governance-Konflikte wurden bei ihnen auf anderen Ebenen ausgetragen. Bei der Deutschen Bank gab es Governance-Konflikte zwischen dem Vorstand und einzelnen Aktionären um Gründerrechte und bei Verhandlungen zwischen dem Vorstand mit den Geschäftspartnern um den Aktienkurs oder das Fusionsangebot. Auch zeigt sich bei einigen Kapitalerhöhungen, dass die Deutsche Bank ähnlich wie die AEG als Großaktionär das Stimmrecht der Kleinaktionäre bei ihrem Geschäftspartner ausschloss. Bei Siemens traten Governance-Konflikte zwischen dem Großaktionär und den Kleinaktionären auf, da der Großaktionär ein bevorzugtes Bezugsrecht bei Kapitalerhöhungen erhielt, um seine Mehrheitsbeteiligung aufrechtzuerhalten. In den 1920er Jahren sicherte er sich zusätzlich mit der Ausgabe von Mehrstimmrechtsaktien die Kontrolle auf der Generalversammlung. Mit der Ausgabe von Vorzugsaktien in den 1920ern kam es für die Kleinaktionäre zusätzlich zu einer Verwässerung, da die Vorzugsaktien an Geschäftspartner von Siemens gingen, sodass sich ihr Stimm- und Vermögensanteil verringerte. Bei Siemens traten auch Governance-Konflikte zwischen dem Großaktionär und den Vorzugsaktionären auf, da sich bei den Vorzugsaktionären die finanzielle Lage und Machtverhältnisse verändert hatten. Einige Beispiele verdeutlichen Governance-Konflikte zwischen dem Vorstand von Siemens und der Deutschen Bank, in denen die Deutsche Bank im eigenen Interesse und nicht im Interesse von Siemens handelte. Bei der AEG gab es am Anfang Governance-Konflikte zwischen ihrem Finanzkonsortium und dem Vorstand um das Depotstimmrecht und die vertragliche Bindung der AEG an das Finanzkonsortium. Im Gegensatz zu den anderen Unternehmen waren die Aktionäre bei der AEG aktiv, denn es gab auf der Generalversammlung Gegenstimmen, Anträge einzelner Aktionäre und Kritik an der Unternehmensstrategie des Vorstandes. Aktionäre der AEG hatten ein Interesse an einer höheren Dividende und einem Bezugsrecht. Die Ausgabe von Vorzugsaktien in den 1920er Jahren wirkte sich für die Stammaktionäre der AEG negativ aus, da es für sie zu einer Verwässerung kam und die neuen Aktien ein bevorzugtes Recht auf eine Dividende erhielten. Auch traten Governance-Konflikte zwischen den Vorzugsaktionären und dem Vorstand um den Einzug von Vorzugsaktien auf, die sich zugunsten der Vorzugsaktionäre entwickelte.

Bei allen Unternehmen war der Aktionärsschutz in der Praxis schlechter als der formale, da der Vorstand, der Aufsichtsrat und das Konsortium die Verwaltungs- und Vermögensrechte der Aktionäre einschränkten. Ebenfalls bei allen Unternehmen erhielten die Altaktionäre bei einzelnen Kapitalerhöhungen kein Bezugsrecht auf die jungen Aktien, häufig mit der Begründung, dass das ganze Aktienkapital für einen Beteiligungserwerb oder eine Fusion genutzt wurde. Zudem erwies sich in einigen Fällen bei allen Unternehmen das Bezugsrecht für die Aktionäre als nicht vorteilhaft. Auch setzten alle Unternehmen während der Hyperinflation die Dividende wegen der schlechten finanziellen Situation aus. Darüber hinaus schränkte die BHG die Dividende in den 1870er und 1880er Jahren wegen finanzieller Schwierigkeiten ein. Insgesamt war der rechtliche Rahmen für die Durchführung der Kapitalerhöhung und die Aktionäre wichtig. Die beteiligten Akteure berücksichtigten bei einem Großteil der Transaktionen die Interessen der Aktionäre, sodass das Gesetz gutes Verhalten förderte. Auf der anderen Seite nutzten Unternehmen den gesetzlichen Gestaltungsspielraum, um bestimmte Transaktionen leichter durchführen oder auf wirtschaftliche Veränderungen reagieren zu können. Politische und wirtschaftliche Krisen, wie der Erste Weltkrieg, die Inflation und die Hyperinflation, wirkten sich für die Aktionäre negativ aus. Einige Beispiele zeigen, dass der Vorstand, der Aufsichtsrat, das Konsortium und die Großaktionäre nicht immer auf die Interessen der (Klein-) Aktionäre achteten, sondern zu ihren Gunsten handelten. Folglich konnte das Recht Ausbeutung der (Klein-) Aktionäre und opportunistisches Verhalten nicht unterbinden. Die Wahrung des Interesses der (Klein-) Aktionäre hing in der Praxis davon ab, dass der Vorstand bzw. der Aufsichtsrat, der Großaktionär und das Konsortium in ihrem Interesse handelte.

4.2 Deutsche Bank

4.2.1 Finanzierung, Aktienkurs und Dividende

Die Deutsche Bank war ein stark wachsendes Unternehmen. Ihre jährliche Wachstumsrate betrug zwischen 1870 und 1913 12,83 Prozent und zwischen 1924 und 1930 28,54 Prozent.[6] Sie finanzierte sich zu über 50 Prozent aus Fremdkapital (Abbildung 1). Der Fremdkapitalanteil nahm stetig von rund 43 Prozent im Jahr 1870 auf über 90 Prozent im Jahr 1930 zu. Die größte Fremdkapitalquelle bildeten Einlagen und

6 Die Wachstumsrate bezieht sich auf die Bilanzsumme der Deutschen Bank.

andere Verbindlichkeiten gegenüber Kunden und Kreditinstituten.[7] Der hohe Anteil an Fremdkapitalmitteln war für Kreditbanken nicht ungewöhnlich und bildete ihre Hauptfinanzierungsquelle.[8] In anderen Branchen fiel der Anteil an Verbindlichkeiten dagegen geringer aus. Ein Großteil deutscher Unternehmen finanzierte sich um 1900 durchschnittlich zu 52 Prozent des Gesamtvermögens durch Aktienkapital.[9] Fremdfinanzierung wurde vor allem für Industrieunternehmen während der Inflationsjahre und nach der Hyperinflation wichtiger, allerdings sind die Daten für diese Zeit wenig aussagekräftig. Der Anteil des Aktienkapitals ging bei ihnen bis 1920 auf 25,7 Prozent zurück.[10] Bei der Deutschen Bank machte das Aktienkapital im Gründungsjahr noch 54 Prozent des Gesamtvermögens aus. Obwohl die Deutsche Bank ihr Aktienkapital durchgehend erhöhte, nahm es im Verhältnis zur Gesamtbilanz weiter ab und war nach dem Ersten Weltkrieg während der Inflationszeit besonders niedrig. 1922 lag der Anteil des Aktienkapitals an der Bilanzsumme bei nur 0,13 Prozent. Auch die Reservebestände gingen in diesem Jahr auf 0,36 Prozent zurück. 1923 reagierte die Deutsche Bank auf die schwierige finanzielle Situation mit ihrer bisher im nominalen Wert größten Kapitalerhöhung von 700 Mio. M auf 1,5 Mrd. M. Nachdem die Inflation 1924 mit der neuen Währung und der Einführung des Dawes-Plans überwunden wurde und wieder eine realistische Bewertung der Bilanz möglich war, stellte die Deutsche Bank im Dezember ihr Aktienkapital von 1,5 Mrd. M auf 150 Mio. RM im Verhältnis von 10:1 um. Dabei wurden die Aktien von 5.000, 1.200, 1.000 und 600 M auf 500, 120, 100 und 60 RM herabgesetzt.[11] 1924 betrug das Aktienkapital wieder 14 Prozent der Gesamtbilanz, ging aber bis 1930 auf 6 Prozent zurück.

Die Deutsche Bank hatte bei der Gründung ein Aktienkapital von 15 Mio. M. Zwischen 1870 und 1930 führte sie 15 Kapitalerhöhungen durch. Die ersten Kapitalerhöhungen nutzte die Deutsche Bank für internes Wachstum, um verschiedene Investitionen zu tätigen. Ab 1897 verwendete die Deutsche Bank sieben von zehn Kapitalerhöhungen für externes Wachstum. Sie finanzierte Beteiligungen an anderen Banken und Fusionen mit Aktienkapital. 1897, 1902 und 1920 nahm sie neues Aktienkapital auf, um Beteiligungen an anderen Regionalbanken zu erwerben. 1914, 1917, 1920, 1922 und 1929 führte sie mit neuem Aktienkapital Fusionen durch.[12] Die Phase nach dem Ersten Weltkrieg markiert auch insgesamt eine größere Fusionsintensität und damit eine stärkere Konzentrationsbewegung in der Deutsche Wirtschaft.[13] Während der Inflation nutzte die Deutsche Bank damit Kapitalerhöhungen für externes Wachstum.

7 In der Bilanz wurde dieser Posten unter Kreditoren zusammengefasst.
8 Vgl. Melchior Palyi/Paul Quittner: Handwörterbuch des Bankwesens. Berlin 1933, S. 63.
9 Vgl. Franks: The Origins (wie Anm. 4), S. 561 f.
10 Vgl. ebd., S. 559.
11 Vgl. Saling's Börsen-Papiere Jg. 1927.
12 Vgl. Tabelle im Anhang: Kapitalerhöhungen bei der Deutschen Bank 1870–1929.
13 Vgl. Fiedler: Fusionen (wie Anm. 107), S. 217–220.

Die Deutsche-Bank-Aktie war für Aktionäre insgesamt eine gute Investition. Die ersten Aktien der Deutschen Bank wurden dem Publikum zu pari angeboten. Am Ende des ersten Jahres lag der Kurs zunächst nur bei 103 Prozent. Die Aktie der Deutschen Bank profitierte nur leicht vom Gründerboom und fiel während der Gründerkrise 1873 auf 85 Prozent. Auch der historische Marktindex (HIMAX (Kurs)) zeigt den starken Kursrückgang während und nach der Gründerkrise. 1875 fiel der HIMAX (K) auf 82,74 Prozent. Danach folgte seit den 1880er Jahren ein Anstieg, der Anfang der 1890er, 1900 und 1907 unterbrochen wurde und damit die entsprechenden wirtschaftlichen Krisen in diesen Jahren widerspiegelt. 1913 hatte der Index 238,43 Punkte. Die Deutsche-Bank-Aktie zeigt einen ähnlichen Verlauf. Anfang der 1880er Jahre erholte sich der Kurs von der Gründerkrise und lag 1881 bei 163,25 Prozent. Anfang der 1890er ist ein erneuter Kursrückgang zu verzeichnen, der nicht lange andauerte. 1897 erreichte die Deutsche-Bank-Aktie 210 Prozent und nahm, mit leichten Rückgängen in den Jahren 1900, 1907 und 1912, stetig zu. Vor dem Ausbruch des Ersten Weltkrieges lag der Aktienkurs bei 248 Prozent. Nach der Kriegserklärung von Österreich-Ungarn gegen Serbien wurde die Börse Ende Juli 1914 geschlossen und im Februar 1915 ein Kurslistenverbot erlassen, das erst im August 1919 offiziell aufgehoben wurde.[14] Amtliche Börsenkurse gab es jedoch schon ab Ende November 1918. Nach der Umstellung des Aktienkapitals betrug der Aktienkurs zunächst nur 13 Prozent, stabilisierte sich aber schnell in den nachfolgenden Jahren. Die Stabilisierung wurde 1929 durch den Ausbruch der Weltwirtschaftskrise erneut beendet, sodass der Kurs auf 110 Prozent im Jahr 1930 fiel.

Neben dem Aktienkurs kann die Aktienperformance an der Dividendenrendite festgemacht werden. Die Deutsche Bank zahlte seit der Gründung bis 1930 eine durchschnittliche Dividende von 10 Prozent. Nur 1923 setzte sie diese wegen der Hyperinflation aus. Zwischen 1870 bis 1914 erzielte die Deutsche-Bank-Aktie eine gute durchschnittliche Dividendenrendite von 5,55 Prozent. Für ausgewählte Unternehmen lag sie im selben Zeitraum bei 4,41 Prozent.[15] Interessant ist, dass die Aktionäre mit der Deutsche-Bank-Aktie eine bessere Dividendenrendite nach der Gründerkrise zwischen 1876 und 1883 erzielten. Seit den 1890ern fielen die Werte geringer aus und blieben weitgehend konstant. Nach der Inflationszeit wies die Aktie wieder eine höhere Dividendenrendite auf, insbesondere kurz nach der Währungsumstellung. Zwischen 1925 und 1930 lag sie durchschnittlich bei 6,56 Prozent.

14 Vgl. RGBl 1915, S. 111 f.; RGBl 1919, S. 1019.

15 Vgl. Anja Weigt: Der deutsche Kapitalmarkt vor dem ersten Weltkrieg. Gründerboom, Gründerkrise und Effizienz des deutschen Aktienmarktes bis 1914. Frankfurt 2005, S. 117.

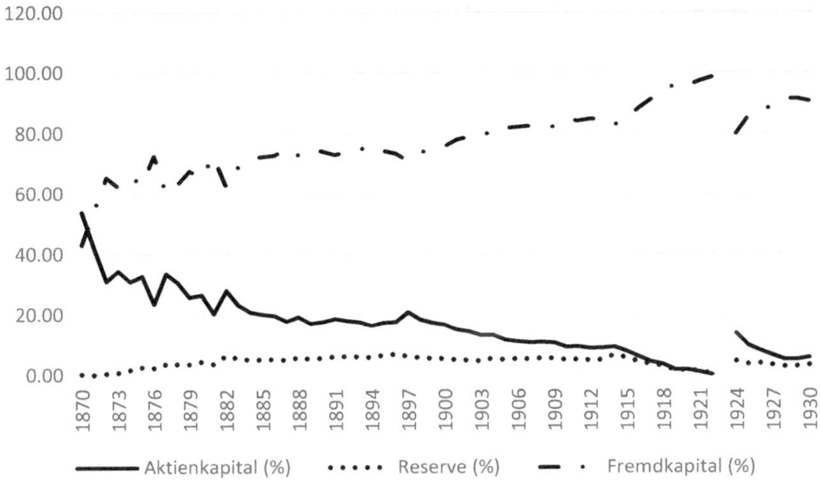

Abbildung 1: Finanzierung der Deutschen Bank im Verhältnis zur Gesamtbilanz, 1870–1930. Quelle: Eigene Berechnungen, Geschäftsberichte der Deutschen Bank.

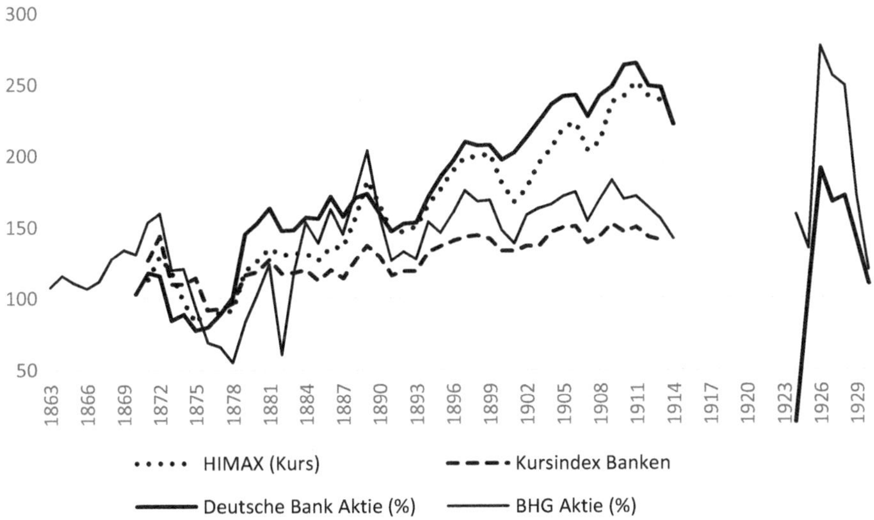

Abbildung 2: Aktienkurs (%): Deutsche Bank und BHG, 1863–1930. Quelle: Kurse für die Deutsche Bank und BHG: Saling's Börsen-Papiere Jg. 1900, 1921 und 1930. HIMAX (K) und Kursindex Banken[16] für 1871–1975 Weigt (2005) und für 1876–1913 Eube (1998).

16 Kurse für die Deutsche Bank, die BHG, den HIMAX (K) und den Kursindex Banken sind für den Monat Dezember. Der HIMAX (K) und der Kursindex Banken sind normiert und berücksichtigen Kapitalveränderungen bei den Gesellschaften. Daher weisen ihre Werte weniger Schwankungen auf. Sie zeigen aber die Tendenz der Gesamtmarktentwicklung und speziell der Bankenentwicklung.

4.2.2 Governance-Konflikt um Gründerrechte

4.2.2.1 IPO

Die Deutsche Bank wurde mit einem Aktienkapital von 15 Mio. M gegründet, das sich aus 600-M-Aktien zusammensetzte. Das erste Aktienkapital wurde von 76 Einzelpersonen, Banken und Unternehmen aufgebracht. Das Aktienkapital verblieb nicht komplett im Besitz der ersten Investoren und wurde schon am Anfang weit gestreut. 6 Mio. M der neuen Aktien boten die ersten Aktionäre am 25. März 1870 dem Publikum zu pari an. Sie verzichteten auf ein Agio.[17] Ob die restlichen 9 Mio. M im Besitz der ersten Zeichner verlieben, bleibt unklar. Das Aktienkapital wurde zunächst nur zu 40 Prozent eingezahlt und schließlich bis September 1871 in drei weiteren Raten von 20 Prozent komplett aufgebracht.[18] Die ersten Kapitalerhöhungen führte der Vorstand bereits 1871 und 1872 durch, um das Filialnetz der Bank im Ausland auszubauen und um Investitionen zu tätigen. 1871 wurden die neuen Aktien zu 110 und 1872 zu pari an die ersten Zeichner begeben, die sie wiederum zur Hälfte dem Publikum anboten.[19] Bei den ersten Kapitalerhöhungen fand also noch eine Bevorzugung der ersten Zeichner statt. Governance-Konflikte zwischen dem Vorstand und den Aktionären sind für die frühen Jahre nicht überliefert.

4.2.2.2 Kapitalerhöhung 1881: Investitionen

4.2.2.2.1 Transaktionsstruktur

Nachdem die Deutsche Bank die Gründerkrise überstanden hatte, erhöhte sie 1881 ihr Aktienkapital um 15 Mio. M auf 60 Mio. M. Die Kapitalerhöhung diente dazu, um erneut verschiedene Investitionen zu tätigen. Die außerordentliche Generalversammlung der Deutschen Bank nahm den Antrag am 2. November 1881 einstimmig an. Die Altaktionäre erhielten ein Bezugsrecht zum Preis von 130 Prozent auf die neuen Aktien. Der Preis für die Altaktien lag bei 170 Prozent. Die Aktionäre machten vom Angebot größtenteils Gebrauch, da sie 24.552 Aktien bezogen. Die restlichen Aktien wurden zum Tageskurs verkauft. Bei Bezug der neuen Aktien waren die Altaktionäre von der Marktentwicklung abhängig. Bei dieser Kapitalerhöhung war das Bezugsangebot für sie vorteilhaft, denn die Aktionäre machten einen leichten Gewinn von 0,40 Prozent.[20]

17 Vgl. Seidenzahl: 100 Jahre (wie Anm. 54), S. 24.
18 Vgl. Geschäftsbericht der Deutschen Bank 1871.
19 Vgl. Saling's Börsen-Papiere Jg. 1885.
20 Vgl. Tabelle Anhang: TERP, Deutsche Bank, 1881–1923.

4.2.2.2.2 Governance-Konflikt

Die Beschlussfassung auf der außerordentlichen Generalversammlung verlief 1881 zwar reibungslos, doch gab es bei den Vorbereitungen einen Governance-Konflikt zwischen dem Vorstand, dem Aufsichtsrat und einzelnen Aktionären um die Gründerrechte. Die erste Unternehmensverfassung der Deutschen Bank von 1870 gewährte den ersten Zeichnern das Recht, bei einer Kapitalerhöhung im Verhältnis ihres Aktienbesitzes neue Aktien zu pari zu erwerben.[21] Dieses Sonderrecht wurde auf der außerordentlichen Generalversammlung durch eine Verzichtserklärung der ersten Zeichner 1873 abgeschafft. Sonderrechte für die Gründer waren während der Gründerphase weitverbreitet. In der Öffentlichkeit wurden sie kritisch gesehen. Aus Presseberichten geht hervor, dass viele Gründer dieses Sonderrecht missbrauchten und vor allem dazu nutzten, um bei einer Kapitalerhöhung ein profitables Geschäft mit den neuen Aktien zu erzielen.[22] Als die Deutsche Bank nach ihrer Gründung erstmals ihr Aktienkapital erhöhte, wurde sie ebenfalls dafür kritisiert. Die Berliner Börsen-Zeitung sah im Art. 4 einen „Missbrauch statutarischer Bestimmungen“ und eine „Uebervortheilung der Actionaire“, gegen die sich Kleinanleger nicht währen könnten.[23] Populistische Blätter fanden noch deutlichere Worte: „[. . .] rathlos sehen die Actionaire die furchtbare Lawine über sich schweben und sich drohend heranwälzen, während die Gründer in Gedanken bereits an den Hunderttausenden sich erlaben, welche die neue Emission an Gründergewinn ihnen abwerfen soll“.[24] Obwohl dieses Privileg schließlich 1873 bei der Deutschen Bank aus der Unternehmensverfassung gestrichen wurde, wollten vermeintliche Erstzeichner bei der neuen Kapitalerhöhung 1881 von ihrem Recht trotzdem Gebrauch machen. Die Deutsche Bank hatte zwar bei dieser Kapitalerhöhung vor, Altaktionären einen Bezug neuer Aktien zum Kurs von 130 Prozent zu garantieren. Art. 4 hätte jedoch für die ersten Zeichner zusätzliche Vorteile bedeutet. In einem Schreiben vom 16. September 1881 machte die Württembergische Vereinsbank den Vorstand der Deutschen Bank darauf aufmerksam, dass Wilhelm Platenius durch die Presse von der Kapitalerhöhung erfahren habe und deshalb sein Gründerrecht geltend machen wolle.[25] Ein anderer Aktionär wandte sich direkt an die Deutsche Bank und verwies ebenfalls auf seinen Status als Erstzeichner.[26] Vorstandsmitglied, Georg Siemens, antwortete gleich am nächsten Tag. Er betonte, dass Art. 4 in der Unternehmensverfassung 1873 revidiert wurde und keine Bevorzugung der ersten Zeichner stattfinde.[27] Damit war aber die Auseinandersetzung um die Gründerrechte nicht beigelegt. Wilhelm Platenius

21 Vgl. § 4 Statut der Deutschen Bank 1870.
22 Vgl. Der Aktionär, Nr. 938 vom 17.12.1871, HADB, SG 10/2.
23 Vgl. Berliner Börsen-Zeitung, Nr. 557, Dezember 1872, HADB, SG 10/3.
24 Zeitungsbericht 1872, HADB, SG 10/3.
25 Vgl. Württembergische Bank an Deutsche Bank, 16.9.1881, HADB, S. 4211.
26 Vgl. Gustav Bachler an Deutsche Bank, 16.9.1881, HADB, S. 4211.
27 Vgl. Georg Siemens an Gustav Bachler, 17.9.1881, HADB, S. 4211.

blieb hartnäckig und versuchte Georg Siemens zu umgehen, indem er sich direkt beim Vorstand Robert Koch erkundigte.[28] Daraufhin gab der Verwaltungsratsvorsitzende Adelbert Delbrück ein notarielles Gutachten in Auftrag, um Klarheit über die erfolgte Satzungsänderung zu schaffen. Rechtsanwalt Lesse gab eine Empfehlung im Umgang mit Gründerrechten. Er vertrat die Ansicht, dass generell ein späterer Generalversammlungsbeschluss nicht das Sonderrecht der ersten Zeichner aufheben könnte. Die Generalversammlung besitze keine Kompetenz dazu. Nur eine Verzichtserklärung des jeweiligen Aktionärs könnte das Sonderrecht aufheben. Dabei stütze sich Lesse auf die Entscheidung des Reichsoberhandelsgerichts von 1873. Rechtsanwalt Kemper empfahl der Deutschen Bank folglich, einen Anspruch auf ein Bezugsrecht nach Art. 4 der alten Unternehmensverfassung abzulehnen und den Aktionären einen Bezug auf die neuen Aktien zum Kurs von 130 zu ermöglichen.[29] Das Rechtsgutachten zur richtigen Strategie gegenüber möglichen Ansprüchen richtete sich an den Aufsichtsratsvorsitzenden und nicht an den Vorstand. In ihrer Veröffentlichung nach der außerordentlichen Generalversammlung rief die Deutsche Bank ihre Altaktionäre dazu auf, zwischen dem 5. und 26. November 1881 von ihrem Bezugsrecht auf neue Aktien zum Kurs von 130 Prozent Gebrauch zu machen. Auch sollten vermeintliche Erstzeichner sich in dieser Zeit melden und ihren durchgehenden Aktienbesitz seit der Gründung der Deutschen Bank nachweisen. Der Vorstand und der Aufsichtsrat ließen allerdings bewusst offen, ob diese Aktionäre die Aktien zu pari erwerben könnten.[30] Kurz darauf meldeten sich auch bereits erste Aktionäre, allerdings ohne einen entsprechenden Nachweis. Da es sich nicht um die ersten Zeichner handelte, war es für die Deutsche Bank unproblematisch. Schwierig hätte für die Deutsche Bank nur das Vorgehen der Gebrüder Croon werden können. Sie hätten nämlich als einziges Unternehmen die Verzichtserklärung auf der außerordentlichen Generalversammlung 1873 nicht abgegeben, so der Vorstand. Allerdings hatten die anderen Investoren nur auf ihre Gründerrechte verzichtet unter der Annahme, dass alle mitmachten.[31] So hoffte der Vorstand, dass Gebrüder Croon sich ruhig verhielt, was am Ende auch zutraf.[32] Schwierigkeiten bereitete weiterhin Wilhelm Platenius. Er versuchte schließlich die Angelegenheit mit der Württembergischen Vereinsbank zu klären, die sich allerdings immer mit der Deutschen Bank austauschte. Georg Siemens riet ihr zunächst, Wilhelm Platenius um den Nachweis seines Anteils am ersten Aktienkapital zu bitten.[33] In der Zwischenzeit schaltete Wilhelm Platenius einen Anwalt ein und im Dezember ging bei der Württembergischen Vereinsbank eine Klageschrift ein. Der Kläger, Wilhelm

28 Vgl. Wilhelm Platenius an Robert Koch, 21.9.1881, HADB, S. 4211.

29 Vgl. Rechtanwalt Kempner an den stellvertretenden Verwaltungsratsvorsitzenden der Deutschen Bank von der Heydt, 3.10.1881, HADB, S. 4211.

30 Vgl. Erklärung des Verwaltungsrats und der Direktion, 3.11.1881, HADB, S. 4211.

31 Vgl. Georg Siemens an Jentges, 21.11.1881, HADB, S. 4211.

32 Vgl. Jentges an Georg Siemens, 25.11.1881, HADB, S. 4211.

33 Vgl. Georg Siemens an Württembergische Vereinsbank, 23.11.1881, HADB, S. 4211.

Platenius, warf der Regionalbank vor, sich nicht an vertragliche Abmachungen gehalten und ihm dadurch einen finanziellen Schaden zugefügt zu haben. Die Württembergische Vereinsbank gehörte 1870 bei der Gründung der Deutschen Bank zu den ersten Zeichnern und hatte Aktien von 45.000 M übernommen. Davon waren 15.000 M Aktien für den Kläger gewesen. Die beiden Partner hatten die Vereinbarung getroffen, dass die Aktien weiterhin auf die Württembergische Vereinsbank laufen, sie aber Wilhelm Platenius Rechte gegenüber der Deutschen Bank vertritt. 1873 hatte die Württembergische Vereinsbank, ohne Wilhelm Platenius einzuweihen, auf ihre Gründerrechte verzichtet, sodass sie bei der Kapitalerhöhung 1881 keinen Anspruch geltend machen konnte. Wilhelm Platenius forderte einen Schadensersatz von 2.790.000 M.[34] Im Januar 1882 fällte der Gerichtshof eine Entscheidung und Wilhelm Platenius Klage wurde abgewiesen.[35] Damit war der Fall auch für die Deutsche Bank erledigt.[36]

Die Kapitalerhöhung von 1881 verdeutlicht, welche Konflikte zwischen den Aktionären und dem Vorstand und dem Aufsichtsrat in der früheren Phase von *Corporate Governance* auftraten. Das deutsche Aktienrecht erlaubte es den Gründern sowie einem kleinen Kreis von Aktionären, spezielle Rechte im Gesellschaftsvertrag zu formulieren. So beinhaltete Art. 4 der ersten Unternehmensverfassung der Deutschen Bank von 1870 die Klausel, dass die ersten Zeichner bei Kapitalerhöhungen neue Aktien zu pari erwerben können. Damit sicherten sie sich einen deutlichen Vorteil gegenüber den übrigen Aktionären. 1873 entschied sich der Vorstand und der Aufsichtsrat, diese Rechte abzuschaffen, da sie nicht nur Kleinaktionäre benachteiligten, sondern auch weniger Gewinn für die Gesellschaft aus dem Agio bedeuteten. Allerdings war es nicht so leicht, Sonderrechte in der Unternehmensverfassung abzuändern. Ein Generalversammlungsbeschluss reichte nicht aus. Nur eine Verzichtserklärung der ersten Zeichner wurde rechtlich anerkannt. Die rechtliche Einschätzung zeigt, dass die Generalversammlung in ihren Anfängen noch wenig Einfluss auf bestimmte Entscheidungen hatte. Am Ende ging der Konflikt zu Gunsten des Vorstandes und des Aufsichtsrats und auch der Aktionäre aus, da die ersten Zeichner auf ihren Anspruch verzichteten bzw. ihn nicht geltend machten. Den Agiogewinn aus der Kapitalerhöhung von 29 Prozent verbuchte der Vorstand in die Reserve.[37]

---

34 Vgl. Klageschrift Rechtsanwalt Dr. Goetz gegen Württembergische Vereinsbank, 30.11.1881, HADB, S. 4211.

35 Vgl. Steiner an Georg Siemens, 28.1.1882, HADB, S. 4211.

36 Vgl. Georg Siemens an Württembergische Vereinsbank, 29.3.1882, HADB, S. 4211.

37 Gewinn im Verhältnis zur Summe der Kapitalerhöhung.

4.2.3 Governance-Konflikte auf Managementebene beim Aktientausch und bei Fusionen

4.2.3.1 Kapitalerhöhung 1897: Beteiligungserwerb

4.2.3.1.1 Transaktionsstruktur

Für die Kapitalerhöhungen 1888 und 1895 ist wenig Quellenmaterial überliefert. Sie wurden für verschiedene Investitionen getätigt. Auch diese Kapitalerhöhungen gingen vom Vorstand aus. 1888 stellten die Vorstandsmitglieder Hermann Wallich und Max Steinthal beim Fünfer-Ausschuss einen Antrag auf Kapitalerhöhung und baten den Aufsichtsrat einzuberufen, um darüber zu beraten.[38] Diese Kapitalerhöhung zeigt, dass in den früheren Jahren noch der Fünfer-Ausschuss als ein zusätzliches Gremium zwischen dem Vorstand und dem Aufsichtsrat fungierte.[39] Die 15 Mio. M Aktien 1888 wurden zu 140 Prozent ausgegeben und die Altaktionäre erhielten ein Bezugsrecht. Das Bezugsrecht bedeutete für die Altaktionäre einen Gewinn von 6,08 Prozent. 1895 wurden die 25 Mio. M Aktien mit einem Bezugsrecht für Altaktionäre zu 150 Prozent ausgegeben und die Altaktionäre machten einen Gewinn von 9,25 Prozent.

1897 erhöhte die Deutsche Bank ihr Aktienkapital um 50 Mio. M auf 150 Mio. M. Mit dem neuen Kapital führte sie einen Aktientausch mit der Bergisch-Märkischen Bank und dem Schlesischen Bankverein durch. 1897 war der erste Aktientausch, den die Deutsche Bank mit einem anderen Unternehmen durchführte und dabei eine Interessengemeinschaft einging. Die Kooperation hatte für alle Beteiligten mehrere Vorteile. Sie konnten auf diese Weise ihre Zusammenarbeit stärken und ihren Einflussbereich ausweiten, wie Georg Siemens in einem Schreiben an den Vorstand der Bergisch-Märkischen Bank betonte: „Es soll mich herzlich freuen, wenn wir uns gegenseitig helfen können. Meines Erachtens sind wir in Berlin viel mehr auf die Hilfe der Freunde in der Provinz angewiesen als unsere Freunde auf die unsrige."[40] Die Deutsche Bank sicherte sich mit der Kooperation eine Vertretung in der Industrieregion Westphalen, Rheinland und Schlesien und hatte damit einen direkten geschäftlichen Zugang zu den Unternehmen vor Ort, ohne ein eigenes Filialnetz aufbauen zu müssen. Für die Provinzbanken war es auf der anderen Seite nützlich, Verbindungen nach Berlin aufzubauen.[41] Die Reichshauptstadt gewann seit den 1890er Jahren immer mehr an Bedeutung für die Finanzierung der regionalen Industrie. Eigene Niederlassungen in Berlin zu errichten erschien jedoch nicht vielversprechend, da die Konkurrenz durch die Großbanken zu stark war.[42] Neben

---

38 Vgl. Antrag des Vorstandes auf Kapitalerhöhung um 15 Mio. M beim Fünfer-Ausschuss, 8.4.1888, HADB, S. 4222.

39 Der Fünfer-Ausschuss setzte sich aus den Mitgliedern des Aufsichtsrats zusammen.

40 Helfferich: Georg von Siemens (wie Anm. 365), S. 151.

41 Vgl. Geschäftsbericht der Deutschen Bank 1897.

42 Vgl. Dahlem: Die Professionalisierung (wie Anm. 54), S. 77 f.

den neuen Geschäftsbeziehungen erwarb die Deutsche Bank eine qualifizierte Mehrheitsbeteiligung über 75 Prozent bei beiden Provinzinstituten und konnte damit als Großaktionär Einfluss auf die Unternehmensstrategie nehmen.[43] Auf der anderen Seite ging ein Aktionärskreis der Provinzbanken auf die Deutsche Bank über.

Für die geplante Kapitalerhöhung gründete die Deutsche Bank ein Garantiesyndikat, das die neuen Deutsche-Bank-Aktien zu pari zeichnete und sie den Aktionären der Bergisch-Märkischen Bank und dem Schlesischen Bankverein anbot. Die Aktionäre der Bergisch-Märkischen Bank erhielten das Angebot, in einem Verhältnis von 5:4 ihre Aktien in neue Deutsche-Bank-Aktien zu tauschen.[44] Die Aktionäre des Schlesischen Bankvereins konnten ihre Anteile in einem Verhältnis von 3:2 gegen neue Deutsche-Bank-Aktien tauschen.[45] Zudem bekamen sie 5 Prozent des Nennwertes ihrer Anteile (90 M) in bar.[46] Die erworbenen Aktien der beiden Provinzbanken sollte das Garantiesyndikat der Deutschen Bank käuflich überlassen. Dadurch sicherte sich die Deutsche Bank eine Aktienbeteiligung an diesen Instituten. Die restlichen Aktien von der Kapitalerhöhung, die nicht umgetauscht wurden, sollte das Garantiesyndikat an der Börse auf Rechnung der Deutschen Bank verkaufen. Dabei garantierte es der Deutschen Bank einen Mindestkurs von 185 Prozent. Es übernahm damit das Risiko, dass die Kapitalerhöhung nicht erfolgreich verlief. Das Bezugsrecht der Altaktionäre wurde bei dieser Kapitalerhöhung ausgeschlossen. Die erforderlichen Börsenoperationen übernahm die Deutsche Bank selbst. Aus finanzhistorischer Sicht ist es interessant, dass die Akteure eine Regulierung des Aktienkurses während der Transaktion vorsahen. Das Syndikat war vertraglich verpflichtet, während der Börsenoperation die Aktienkurse der Deutschen Bank, der Bergisch-Märkischen Bank und des Schlesischen Bankvereins zu regulieren, damit möglichst viele Aktionäre einen Anreiz zum Umtausch bekamen.[47]

Die Aktionäre der Deutschen Bank nahmen am 20. Oktober 1897 den Antrag des Vorstandes und des Aufsichtsrats zur Kapitalerhöhung einstimmig auf der außerordentlichen Generalversammlung an. Sie wählten zusätzlich zwei neue Mitglieder, Conrad Fromberg vom Schlesischen Bankverein und Hans Jordan von der Bergisch-Märkischen Bank, in den Aufsichtsrat. Der Aktientausch war also auch mit einer Kooperation durch den Aufsichtsrat verbunden. Auf dieser außerordentlichen Generalversammlung waren viele Unterbeteiligte aus dem Garantiesyndikat anwesend, wie Gebrüder Sulzbach und Jacob S.H. Stern. Auch die Bergisch-Märkische Bank und der Schlesische Bankverein waren beide mit einem großen Aktienpaket

43 Vgl. Prospekt Kapitalerhöhung 1897 der Deutschen Bank, HADB, S. 4236.

44 6.000 M Aktien der Bergisch-Märkischen Bank gegen neue 4.800 M Aktien der Deutschen Bank.

45 1.800 M Anteile des Schlesischen Bankvereins gegen 1.200 M neue Deutsche-Bank-Aktien.

46 Vgl. Umtauschangebote an die Aktionäre der Bergisch-Märkischen Bank und des Schlesischen Bankvereins, 26.8.1897, HADB, S. 4236.

47 Vgl. Übernahmevertrag 1897, HADB, S. 4236.

repräsentiert.[48] Eine Mehrheit für den Aktientausch zu bekommen, war folglich bei der Abstimmung einfach.

Nachdem die Kapitalerhöhung durchgeführt wurde, erhielt das Garantiesyndikat eine Provision von 3 Prozent und die Deutsche Bank verbuchte einen leichten Agio-Gewinn von 9 Prozent in die Reserve.[49]

4.2.3.1.2 Governance-Konflikt I

Bevor die Aktionäre über die Kapitalerhöhung abstimmten, verständigten sich die beteiligten Banken über die Zusammensetzung des Garantiesyndikats. In der Korrespondenz zwischen dem Vorstand der Deutschen Bank, der Bergisch-Märkischen Bank sowie dem Schlesischen Bankverein zeigten sich erste Governance-Konflikte um die Beteiligungsquoten im Garantiesyndikat. Vorstandsmitglied Paul Mankiewitz führte die Verhandlungen für die Deutsche Bank durch. Die Leitung im Garantiesyndikat ging an die Vorsitzenden des Aufsichtsrats der Deutschen Bank (Adolph vom Rath), der Bergisch-Märkischen Bank (Gustav Gebhard) und des Schlesischen Bankvereins (Hugo von Loebbecke).[50] Das Garantiesyndikat setzte sich aus einem großen Kreis aus über 250 Unterbeteiligten zusammen, die die neuen Aktien zunächst übernahmen (Tabelle 48). Damit verfolgte der Vorstand die Strategie, das Aktienkapital möglichst breit auf verschiedene Banken und Einzelpersonen zu streuen. Für die Deutsche Bank war es wichtig, zum einen befreundete Banken in das Garantiesyndikat aufzunehmen. Zum anderen wollte sie Beteiligungen nach Rheinland, Westphalen und Schlesien abgeben.[51] Eine Beteiligung an der Kapitalerhöhung bei der Deutschen Bank war beliebt, denn beim Vorstand gingen mehrere Anfragen von verschiedenen Instituten ein. Auch die beiden Mitglieder der Interessengemeinschaft waren in das Garantiesyndikat eingebunden. Auf den Schlesischen Bankverein entfiel eine Quote von 13 Prozent, die sie wiederum an seine Geschäftspartner weiterverteilte. Über ihre Unterbeteiligungen tauschte er sich im Vorfeld mit der Deutschen Bank aus. Die Regionalbank wollte das Bankhaus Jacob Landau und die BHG direkt und nicht über die Deutsche Bank beteiligen, um die Verbindung mit ihnen zu stärken.[52] Diesem Wunsch kam die Deutsche Bank nach. Der Schlesische Bankverein behielt von seiner Quote 46 Prozent und verteile den Rest auf seine schlesischen Geschäftspartner, Fritz Friedländer, Jacob Landau und die BHG.[53] Die

---

48 Vgl. Aktionärsverzeichnis der außerordentlichen Generalversammlung vom 20.8.1897 der Deutschen Bank, Bundesarchiv, R 3118/1184.

49 Vgl. Angebot an die Syndikatsmitglieder, HADB, S. 4236; Geschäftsbericht der Deutschen Bank 1897.

50 Vgl. Entwurf Beteiligungsangebot an die Syndikatsmitglieder, HADB, S. 4236.

51 Vgl. Direktion der Deutschen Bank an die Hamburger Filiale, 27.7.1897, HADB, S. 4236.

52 Vgl. Schlesischer Bankverein an Deutsche Bank, 9.8.1897, HADB, S. 4236; Schlesischer Bankverein an Deutsche Bank, 13.8.1897, HADB, S. 4236.

53 Vgl. Direktion der Deutschen Bank an Schlesischen Bankverein, 13.8.1897, HADB, S. 4236.

Bergisch-Märkische Bank war mit 14 Prozent am Garantiesyndikat beteiligt. Davon entfielen 29 Prozent auf regionale Geschäftsfreunde und ebenfalls die BHG.[54] Die Provinzbank hatte daneben S. Bleichröder eine direkte Beteiligung zugesagt, die sie gegenüber der Deutschen Bank durchsetzen wollte.[55] Sie schlug zudem vor, auch in ihrem Namen die Angebote an die regionalen Institute in Rheinland und Westphalen zu verschicken. Beides lehnte die Deutsche Bank ab. S. Bleichröder sollte direkt durch die Deutsche Bank beteiligt werden.[56] Nachdem die Deutsche Bank schließlich mit der Bergisch-Märkischen Bank und dem Schlesischen Bankverein sowie den drei Leitern des Garantiesyndikats die Beteiligungsquoten abgestimmt hatte, verschickte sie die Angebote. Das höchste Aktienkapital entfiel auf die Berliner Bankenwelt. Interessant ist, dass neben S. Bleichröder die beiden Konkurrenzinstitute BHG und die Disconto-Gesellschaft jeweils die höchste Quote von 3 Prozent übernahmen. Darüber hinaus berücksichtigte die Deutsche Bank auswärtige und ausländische Banken. Jedes Vorstandsmitglied übernahm ca. 400.000 M neue Aktien der Deutschen Bank, sodass sie zusammen 7 Prozent stellten.

Tabelle 48: Beteiligungen im Garantiesyndikat, Kapitalerhöhung der Deutschen Bank 1897.

	Aktienkapital (%)
Berliner Banken	20,37
Bergisch-Märkische Bank	13,58
Schlesischer Bankverein	12,98
Auswärtige Banken	8,89
Börse	8,85
Ausland	8,44
Vorstand	7,04
Kundschaft	6,30
Aufsichtsrat	5,89
Rheinland	4,65
Schlesien	3,00
Gesamt	50 Mio. M

Quelle: Eigene Berechnungen, HADB, S. 4236.

54 Vgl. Direktion der Deutschen Bank an Bergisch-Märkische Bank, 13.8.1897, HADB, S. 4236.
55 Vgl. Telegramm Hans Jordan an die Direktion der Deutschen Bank, 13.8.1897, HADB, S. 4236.
56 Vgl. Direktion der Deutschen Bank an Hans Jordan, 14.8.1897, HADB, S. 4236.

4.2.3.1.3 Governance-Konflikt II

Nach der außerordentlichen Generalversammlung konnte schließlich der geplante Aktientausch vorbereitet werden. Die Zusammenarbeit zwischen den Vertragspartnern verlief dabei nicht ganz reibungslos. Es entwickelte sich ein Interessenskonflikt zwischen der Deutschen Bank und der Bergisch-Märkischen Bank um den Aktienkurs. Am 18. August 1897 bemerkte der Vorstand der Bergisch-Märkischen Bank, Adolph Wollstein, an den Vorstand der Deutschen Bank, Paul Mankiewitz, dass der Kursrückgang der Deutsche-Bank-Aktie von 213 auf 208 Prozent für die Aktionäre beunruhigend sei.[57] Paul Mankiewitz besänftigte den Direktor. Die Deutsche Bank bemühe sich, dass Geschäft gut abzuwickeln und die Aktionäre zum Umtausch zu veranlassen.[58] Die Bergisch-Märkische Bank blieb unzufrieden. Sie sei nicht überzeugt, dass bei gegenwärtiger Kursentwicklung ein umfangreicher Umtausch stattfinden wird. Der Vorstand war davon überzeugt, dass die Deutsche Bank den Aktienkurs beider Institute absichtlich zurückgehen lasse. Die Bergisch-Märkische Bank Aktie müsste zwischen 164 und 165 Prozent gehalten werden, damit die Aktionäre einen Anreiz zum Umtausch haben.[59] Abbildung 3 zeigt den Aktienkurs der Deutschen Bank, der Bergisch-Märkischen Bank und des Schlesischen Bankvereins im Vergleich. Alle drei Kurse zeigen seit August leichte Verluste und eine Stabilisierung im Oktober. Paul Mankiewitz verteidigte das Vorgehen der Deutschen Bank. Er war der Meinung, dass es zwischen der Deutschen Bank und der Aktie der Bergisch-Märkischen Bank immer noch eine Marge als Anreiz für die Aktionäre gäbe. Bei der derzeitigen Stimmung an der Börse mache es keinen Sinn, den Aktienkurs der Deutschen Bank steigen zu lassen. Wenn ein größerer Andrang kommen sollte, dann würde die Deutsche Bank den Aktienkurs hinaufsetzen. Insgesamt könnten die Aktionäre der Bergisch-Märkischen Bank zufrieden sein, denn ihr Kurs war seit der Transaktion von 147 auf 163 Prozent gestiegen.[60] Am 26. August berichtete Paul Mankiewitz an Adolph Wollstein, dass die Tendenz an der Börse positiv sei. Deshalb habe er den Aktienkurs der Deutschen Bank heraufgesetzt und dementsprechend auch den Kurs der Bergisch-Märkischen Bank Aktie auf 163,25 erhöht.[61] Am gleichen Tag veröffentlichten die Bergisch-Märkische Bank und der Schlesische Bankverein eine Aufforderung an die Aktionäre, ihre Aktien zwischen dem 28. August und 18. September 1897 umzutauschen.[62] Anfang September informierte die Deutsche Bank die Bergisch-Märkische Bank täglich über die Stimmung an der Börse. Ein paar Tage vor Ablauf der Umtauschfrist meldete sich der Schlesische Bankverein bei der

---

57 Vgl. Adolph Wollstein an Paul Mankiewitz, 18.8.1897, HADB, S. 4236.
58 Vgl. Paul Mankiewitz an Adolph Wollstein, 20.8.1897, HADB, S. 4236.
59 Vgl. Adolph Wollstein an Paul Mankiewitz, 20.8.1897, HADB, S. 4236.
60 Vgl. Paul Mankiewitz an Adolph Wollstein, 25.8.1897, HADB, S. 4236.
61 Vgl. Paul Mankiewitz an Adolph Wollstein, 26.8.1897, HADB, S. 4236.
62 Vgl. Umtauschangebot der Bergisch-Märkischen Bank und des Schlesischen Bankvereins an ihre Aktionäre, 26.8.1897, S. 4236.

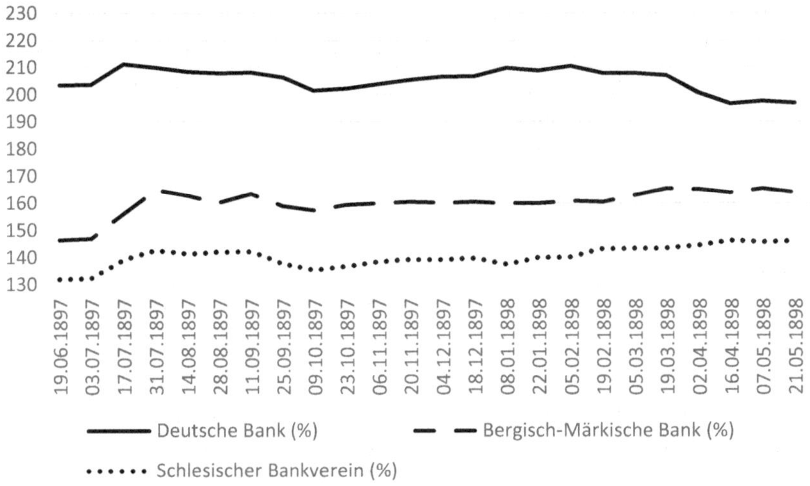

Abbildung 3: Aktienkurs (%) Deutsche Bank, Bergisch-Märkische Bank und Schlesischer Bankverein, 19.6.1897–21.5.1898. Quelle: Eigene Berechnungen, Berliner Börsen-Zeitung.

Deutschen Bank mit der Bitte, den Zeitraum für den Umtausch der Aktien stillschweigend zu verlängern. Sie war davon überzeugt, dass einige Aktionäre, die sich bisher noch nicht gemeldet hätten, gerne noch umtauschen würden, vor allem Mitglieder der Schlesischen Aristokratie. Der Schlesische Bankverein wollte das Verhältnis zu seinen Aktionären nicht beschädigen.[63] Die Deutsche Bank hielt es für wichtig, den 18. September 1897 offiziell als Schluss der Umtauschfrist einzuhalten. Allerdings könnten spätere Anmeldungen nach Prüfung des Falls noch berücksichtigt werden. Kurz vor dem Ende der Transaktion beschwerte sich die Bergisch-Märkische Bank erneut über den Kursverfall ihrer Aktien um 7½ Prozent.[64] Die Deutsche Bank entgegnete, dass es eine natürliche Markentwicklung sei, dass die Bergisch-Märkische-Bank-Aktie einen Tag nach dem Umtausch niedriger notiere. Die frühere Steigerung des Aktienkurses beider Institute habe vor allem an der Offerte der Deutschen Bank gelegen. Nachdem der Kurs zurückgegangen sei, wollte die Deutsche Bank diesen jetzt stabilisieren. Sie bat die Bergisch-Märkische Bank, ihr keine Bestens-Orders mehr zu geben, denn sie plane, den Kurs auf einem bestimmten Niveau zu halten.[65] Daraufhin beschwerte sich die Bergisch-Märkische, dass die Deutsche Bank sie nicht über ihre Strategie informiert habe, den Kurs sinken zu lassen. Zwar habe die Entwicklung die Umtauschaktion nicht mehr beeinflusst, doch dafür ihre Aktionäre

63 Vgl. Schlesischer Bankverein an die Direktion der Deutschen Bank, 14.8.1897, HADB, S. 4236.
64 Vgl. Bergisch-Märkische Bank an die Direktion der Deutschen Bank, 20.9.1897, HADB, S. 4236.
65 Vgl. Deutsche Bank an die Direktion der Bergisch-Märkischen Bank, 21.9.1897, HADB, S. 4236.

unnötig beunruhigt.[66] Die Deutsche Bank wies die Kritik zurück. Die Bemerkungen seien übertrieben. Sie verwies erneut darauf, dass der Kurs der Bergisch-Märkischen-Bank-Aktie höher sei als vor ihrer Zusammenarbeit.[67] Die Deutsche Bank und die Bergisch-Märkische Bank konnten in dieser Hinsicht keine Einigung erzielen.

4.2.3.2 Kapitalerhöhung 1902: Übernahme

4.2.3.2.1 Governance-Konflikt I

Nach fünf Jahren beschloss die Deutsche Bank 1902 ihr Aktienkapital um 10 M. M erneut zu erhöhen. Einen Teil davon verwendete die Deutsche Bank zur Stärkung ihrer Betriebsmittel und mit dem restlichen Betrag erwarb sie Aktien der Duisburg-Ruhrorter Bank.[68] Bei dieser Kapitalerhöhung traten Konflikte bei den Verhandlungen über den Aktienerwerb zwischen dem Vorstand der Deutschen Bank und dem Aufsichtsratsvorsitzenden der Duisburg-Ruhrorter Bank auf. Die Deutsche Bank hatte sich vor der Kapitalerhöhung noch nicht festgelegt, wie die Zusammenarbeit mit der Duisburg-Ruhrorter Bank aussehen sollte. Sie konnte sich sowohl eine Aktienbeteiligung als auch eine komplette Übernahme vorstellen. Zwar gab es für den Vorstand auch einige Gründe, die gegen einen Zusammenschluss mit der Duisburg-Ruhrorter Bank sprachen. Ihre finanzielle Situation stellte sich nach einer genaueren Prüfung der Bilanzen schlecht dar, sodass es für die Deutsche Bank kein gewinnbringendes Geschäft bedeutet hätte. Zudem weigerten sich der Aufsichtsratsvorsitzender Theodor Böninger und der Aktionär Franz Haniel, in den Aufsichtsrat der Deutschen Bank einzutreten.[69] Auf der anderen Seite war die Duisburg-Ruhrorter Bank für die Deutsche Bank aus strategischen Gründen wichtig. Der Vorstand wollte die Regionalbank nicht der Konkurrenz überlassen. Er befürchtete, dass andere Banken wie der A. Schaaffhausen'sche Bankverein ihr zuvorkommen könnten.[70] Der Aufsichtsratsvorsitzende der Duisburg-Ruhrorter Bank zog wiederum einen Aktientausch gegenüber einer kompletten Übernahme vor. Er wollte nämlich keine Verbindung mit der Bergisch-Märkischen Bank, die zum Konzern der Deutschen Bank gehörte und eigene Filialen in Duisburg und Ruhrort hatte.[71] Während der Verhandlungen kam ein weiterer Akteur hinzu, der ein Interesse an der Duisburg-Ruhrorter Bank hatte. Der Vorstand von der Essener Credit-Anstalt, Albert Müller, teilte der Deutschen Bank mit, dass er schon im Frühjahr überlegt hätte, die Duisburg-Ruhrorter Bank zu übernehmen. Die Geschäftsinhaber der Industriebank wären seit Jahren Kunden bei ihr gewesen. Aus

66 Vgl. Bergisch-Märkische Bank an die Direktion der Deutschen Bank, 22.9.1897, HADB, S. 4236.
67 Vgl. Deutsche Bank an die Direktion der Bergisch-Märkischen Bank, 24.9.1897, HADB, S. 4236.
68 Vgl. Prospekt über 10 Mio. M neue Deutsche-Bank-Aktien, April 1903, HADB, S. 3937.
69 Vgl. Bericht des Vorstandes der Deutschen Bank, 16.9.1902, HADB, S. 3937.
70 Vgl. ebd.
71 Vgl. Bericht Paul Mankiewitz über Duisburg-Ruhrorter Bank, 9.8.1902, HADB, S. 3937.

Rücksicht auf die Bergisch-Märkische Bank hätte sie die Idee nicht weiterverfolgt. Albert Müller bat die Deutsche Bank deshalb, sein Institut bei diesem Geschäft zu berücksichtigen.[72] Die Deutsche Bank wollte sich in dieser Sache noch nicht festlegen. Schließlich gab es noch Interessenkonflikte mit der Duisburg-Ruhrorter Bank, die geklärt werden mussten. Die Deutsche Bank wollte für die Aktienbeteiligung bei der Duisburg-Ruhrorter Bank nicht mehr als 6 Mio. M zahlen.[73] Theodor Böninger blieb hartnäckig und forderte dagegen 7 Mio. M. Andernfalls war das Geschäft für ihn nicht realisierbar.[74]

4.2.3.2.2 Transaktionsstruktur

Am Ende der Verhandlungen einigten sich die Verhandlungspartner auf eine Übernahme. Die Regionalbank sollte ihr gesamtes Aktienkapital von 12 Mio. M gegen neue Deutsche-Bank-Aktien tauschen, aber ihre rechtliche Selbstständigkeit behalten. Die Deutsche Bank bot den Aktionären der Duisburg-Ruhrorter Bank 6½ Mio. junge Aktien der Deutschen Bank zum Umtausch und zusätzlich eine 4-prozentige Dividende (40 M) in bar an. Theodor Böninger gelang es demnach, ein besseres Angebot für seine Aktionäre gegenüber der Deutschen Bank durchzusetzen. Die außerordentliche Generalversammlung der Deutschen Bank fand am 03. Dezember 1902 statt. Die Aktionäre nahmen die Kapitalerhöhung einstimmig an. Der Antrag des Vorstandes und des Aufsichtsrats enthielt noch keine Angabe zum Ausgabekurs der neuen Aktien. Der Aufsichtsrat sollte ihn festsetzen.[75] Die neuen Aktien der Deutschen Bank übernahm ein Syndikat (Tabelle 49). Es wurde vom Vorsitzenden des Aufsichtsrats Adolph vom Rath, von einem weiteren Mitglied des Aufsichtsrats, Hermann Wallich, sowie Paul Mankiewitz aus dem Vorstand geleitet. Bei dieser Kapitalerhöhung wählte die Deutsche Bank nur einen kleinen Kreis von Beteiligten. Er umfasste alle Mitglieder des Aufsichtsrats, den kompletten Vorstand und einige Banken. Bei den ausgewählten Banken handelte es sich um befreundete Regionalbanken und mit dem Wiener Bankverein und der Schweizerischen Kreditanstalt um zwei ausländische Bankhäuser. Die größte Beteiligung erhielten die Bergisch-Märkische Bank und der Schlesische Bankverein. Auf der außerordentlichen Generalversammlung der Deutschen Bank repräsentierten die Syndikatsmitglieder zusammen 33 Prozent. Zwischen der Deutschen Bank und dem Syndikat wurde ein Vertrag abgeschlossen, der die Transaktion regelte. Das Syndikat verpflichtete sich, von den neuen Deutsche-Bank-Aktien 6.499.200 M zu 100 % und 3.500.800 M zu 190 % zu zeichnen und den ersten Teil den Aktionären der Duisburg-Ruhrorter Bank zum Umtausch anzubieten. Das Syndikat übernahm darüber

72 Vgl. Albert Müller an Carl Klönne, 20.9.1902, HADB, S. 3937.

73 Vgl. ebd.

74 Vgl. Theodor Böninger an Carl Klönne, 26.9.1902, HADB, S. 3937.

75 Vgl. Antrag des Aufsichtsrats und Vorstandes, Außerordentliche Generalversammlung 3.12.1902, HADB, S. 3937.

hinaus die Regulierung des Börsenkurses der Duisburg-Ruhrorter Bank. Die erworbenen Duisburg-Ruhrorter-Bank-Aktien musste sie der Deutschen Bank zu einem Kurs von 54 1/6 zur Verfügung stellen. Die restlichen Deutsche-Bank-Aktien sollte das Syndikat an der Börse zu einem Mindestkurs von 190 Prozent verkaufen. Falls es ihr nicht gelang, musste sie den fehlenden Betrag der Deutschen Bank erstatten. Die erforderlichen Börsenoperationen wurden an die Deutsche Bank übertragen.[76] Die Altaktionäre der Deutschen Bank erhielten kein Bezugsrecht. Der Vorstand begründete den Ausschluss damit, dass der Betrag im Verhältnis zum Aktienkapital zu gering sei.[77] Am 06. Dezember 1902 veröffentlichte die Duisburg-Ruhrorter Bank die Offerte an ihre Aktionäre. Das Umtauschangebot galt bis zum 29. Dezember 1902. Die Deutsche Bank zeigte sich allerdings kulant und akzeptierte Nachzügler, die die Umtauschfrist versäumt hatten.[78] Am 17. Januar fragte die Duisburg-Ruhrorter Bank nach, ob die Deutsche Bank noch einen nachträglichen Umtausch eines wichtigen Kunden erlauben würde. Die Bank habe auf Grund eines Versehens die Aktien nicht rechtzeitig angemeldet. Aus Rücksicht auf die geschäftlichen Beziehungen sei ein Umtausch dringend notwendig. Die Deutsche Bank zeigte sich anfangs noch skeptisch, da das Konsortium aufgelöst wurde, gewährte aber den Aktionären den Umtausch der Aktien zu den Konsortialbedingungen. Es handelte sich um Aktien der Familie Haniel[79], die in enger Verbindung zu Theodor Böninger stand.

Mit der Übernahme sicherte sich der Vorstand der Deutschen Bank eine weitere Präsenz in Rheinland und Westphalen. Die Übernahme erfolgte aus strategischen und nicht aus ökonomischen Gründen, da die finanzielle Situation der Duisburg-Ruhrorter Bank schlecht war. Bei der Transaktion erwarb die Deutsche Bank nicht wie geplant das ganze Aktienkapital der Duisburg-Ruhrorter Bank, sondern eine Eingliederungsbeteiligung von 96 Prozent.[80] Einige Aktionäre nahmen das Umtauschangebot der Deutschen Bank nicht an. Auf der anderen Seite war die Duisburgr-Ruhrorter Bank zwar nicht direkt an der Deutschen Bank beteiligt, sie war aber seit 1902 auf den nachfolgenden Generalversammlungen mit einem großen Aktienpaket präsent. Insgesamt wirkte sich die Übernahme vor allem positiv auf die Entwicklung des Aktienkurses der Duisburg-Ruhrorter Bank aus. Das Syndikat erhielt die vereinbarte Gewinnbeteiligung von 2,5 Prozent und die Deutsche Bank verbuchte einen guten Agio-Gewinn von 33 Prozent aus dem Verkauf ihrer Aktien in die Reserve.[81]

---

76 Vgl. Vertrag zwischen der Deutschen Bank und dem Syndikat, 2.12.1902, HADB, S. 3937.

77 Vgl. Außerordentliche Generalversammlung der Deutschen Bank, Berliner Börsen-Zeitung, 3.12.1902.

78 Vgl. Paul Mankiewitz an Duisburg-Ruhrorter Bank, 29.12.1902, HADB, S. 3937.

79 Vgl. Carl Klönne an Duisburg-Ruhrorter Bank, 29.1.1902, HADB, S. 3937.

80 Deutsche Bank an den königlichen Provinzial-Steuer-Direktor Herrn von Schmidt, 10.2.1903, HADB, S. 3937.

81 Vgl. Geschäftsbericht der Deutschen Bank 1902.

Tabelle 49: Beteiligungen im Syndikat, Kapitalerhöhung der Deutschen Bank 1902.

	Beteiligung (%)
Aufsichtsrat	22
Vorstand/Direktoren	17,25
Schlesischer Bankverein	10
Bergisch-Märkische Bank	10
Essener Credit-Anstalt	10
Hannoversche Bank	6
Schweizerische Kreditanstalt	6
Oberrheinische Bank	5
Wiener Bank-Verein	3
Essener Bank-Verein	2,25
Hildesheimer Bank	2,25
Osnabrücker Bank	2,25
Gebrüder Beer	2
Württembergische Vereinsbank	2

Quelle: Eigene Berechnungen, HADB, S. 3937.

4.2.3.2.3 Governance-Konflikt II

Die Deutsche Bank behielt das erworbene Aktienpaket an der Duisburg-Ruhrorter Bank nicht für sich, sondern bot jeweils 4 Mio. M davon der Bergisch-Märkischen Bank und der Essener Credit-Anstalt an. Bei der Offerte kam es zu einem Governance-Konflikt zwischen dem Vorstand der Deutschen Bank und dem Vorstand der Essener Credit-Anstalt. Obwohl die Essener Credit-Anstalt im Herbst noch ihr Interesse an der Duisburg-Ruhrorter Bank bekundet hatte, äußerte Vorstandsmitglied Albert Müller einige Bedenken gegen den Aktienkauf. Seiner Meinung nach würde die Essener Credit-Anstalt beim Angebot der Deutschen Bank langfristig keinen Gewinn machen. Die Aktien würden in den ersten Jahren nur eine mäßige Dividende abgeben. Als Minderheitsaktionär könnte sie zudem keinen Einfluss auf die Gesellschaft nehmen, da die Deutsche Bank eine Zweidrittelmehrheit besitze. Auch profitiere sie nicht von dem Kundenkreis, den sich die Deutsche Bank mit ihrem Aktientausch gesichert habe. Die Essener Credit-Anstalt würde insgesamt nur dazu beitragen, die Duisburg-Ruhrorter Bank wieder stark zu machen, die sich zu einem gefährlichen Konkurrenten entwickeln könnte.[82] Carl Klönne betonte in seiner Antwort an Albert Müller, dass es der Deutschen Bank nicht darum ginge, einen Gewinn zu machen, sondern die Beziehung beider Institute zu stärken. Er schlug vor, ein offizielles Abkommen zwischen der Essener Credit-Anstalt, der Bergisch-Märkischen Bank und der Duisburg-Ruhrorter Bank zu verabschieden. Dieses soll regeln, dass die drei Banken Rücksicht auf die gegenseitigen Interessengebiete nehmen werden. Die Deutsche Bank machte noch mehr Zugeständnisse. Sie versicherte, dass bei der Duisburg-Ruhrorter Bank weder ein Direktor eingestellt noch die Liquidation oder eine Kapitalerhöhung vorgenommen werden sollte, ohne die Zustimmung der Essener Credit-Anstalt. Rechnerisch gesehen sei das Geschäft für die Essener Credit-Anstalt nicht schlecht, da die Deutsche Bank 3.500.000 M Essener-Credit-Anstalt-Aktien zu einem Kurs von 150,80 Prozent erhalte.[83] Innerhalb der Essener Credit-Anstalt stieß diese Rechnung auf Unverständnis. Die Deutsche Bank gebe insgesamt 8 Mio. M ihrer Duisburg-Ruhrorter-Bank-Aktien an die Essener Credit-Anstalt und die Bergisch-Märkische Bank. Im vergangenen Jahr habe der Kurs dieser Aktien bei 76¼ Prozent gelegen und derzeit seien sie unverkäuflich, während die Essener-Credit-Anstalt-Aktien bei 156,50 Prozent liegen.[84] Diese Aufstellung scheint irreführend zu sein, da die Duisburg-Ruhrorter-Bank-Aktie eine steigende Tendenz hatte und im neuen Jahr bei 103 Prozent lag. Nach mehreren Unterredungen akzeptierte die Essener Credit-Anstalt im März das Umtauschangebot von 3 Mio. M ihrer Aktien gegen 3.978.000 M Duisburg-Ruhrorter-Bank-Aktien zu einem Kurs von 75,41 Prozent.[85] Erste Entwürfe enthielten zusätzlich eine einmalige Zahlung von 50.000 M zur Verbesserung des Dividendenertrages in bar an die Essener Credit-Anstalt.[86] Diese entfiel in der neuen Offerte im März 1903. Demnach konnte der Vorstand der Deutschen Bank für sich ein besseres Geschäft aushandeln.[87] Mit dieser Transaktion erhielt die Deutsche Bank eine weitere Beteiligung an der Bergisch-Märkischen Bank und zusätzlich an der Essener Credit-Anstalt. Die Beteiligung an der Essener Credit-Anstalt mündete schließlich 1925 in eine Fusion.[88]

4.2.3.3 Kapitalerhöhung 1920: Fusion und Beteiligungserwerb

4.2.3.3.1 Governance-Konflikt

1920 erhöhte die Deutsche Bank ihr Aktienkapital um 125 Mio. M auf 400 Mio. M. Das neue Kapital nutzte sie, um ihre bisher größte Fusion zu finanzieren. Sie fusionierte mit der Hannoverschen Bank, der Braunschweiger Privatbank AG und der

82 Vgl. Albert Müller an Carl Klönne, 29.12.1902, HADB, S. 3956.
83 Vgl. Carl Klönne an Albert Müller, 31.12.1902, HADB, S. 3956.
84 Vgl. Schreiben Duisburg-Ruhrorter Bank Aktien betreffend, 9.1.1903, HADB, S. 3956.
85 Vgl. Deutsche Bank an Essener Credit-Anstalt, 5.3.1903, HADB, S. 3956.
86 Vgl. Deutsche Bank an Essener Credit-Anstalt, 4.2.1903, HADB, S. 3956.
87 Vgl. Deutsche Bank an Essener Credit-Anstalt, 5.3.1903, HADB, S. 3956.
88 Vgl. Geschäftsbericht der Deutschen Bank 1925.

Privatbank zu Gotha und Erwarb eine Beteiligung an der Hildesheimer Bank und der Württembergischen Vereinsbank.[89] Bei dieser Kapitalerhöhung zeigten sich erstens Governance-Konflikte bei den Verhandlungen zwischen dem Vorstand der Deutschen Bank und dem Vorstand sowie dem Aufsichtsrat der beteiligten Banken. Auf der einen Seite ging es vor allem um das Angebot der Deutschen Bank. Der Vorstand der Deutschen Bank hatte ein Interesse daran, mit bestimmten Banken zu fusionieren, aber einen nicht zu hohen Preis zu zahlen und den Einfluss der Deutschen Bank auszuweiten. Die beteiligten Banken wollten ein hohes Angebot für ihre Aktionäre aushandeln und den Einfluss der Deutschen Bank als Großaktionär dafür gering halten. Auf der anderen Seite zeigten einige Vorstandsmitglieder der beteiligten Banken opportunistisches Verhalten und verfolgten ihre persönlichen Interessen. In zwei Fällen war das eigene Gehalt und die eigene Machtposition wichtiger als eine Wertsteigerung des Unternehmens durch eine Fusion. Zweitens, kam es bei dieser Kapitalerhöhung zusätzlich zu einem Governance-Konflikt innerhalb des Vorstandes der Deutschen Bank. Der Vorstandsvorsitzende Paul Mankiewitz hatte Fusionsverhandlungen mit anderen Banken geführt, ohne seinen Kollegen von der Börsenabteilung, Oscar Wassermann, und die anderen Mitglieder miteinzubeziehen. Oscar Wassermann und Paul Mankiewitz hatten unterschiedliche Vorstellungen davon, mit welchen Banken die Deutsche Bank im Sommer 1920 fusionieren sollte. Dieses Kontrollproblem innerhalb des Vorstandes hat die Beziehung zum Fusionspartner und die Verhandlungen zusätzlich erschwert.

Die Fusionsverhandlungen nahm der Vorstand der Deutschen Bank im Winter 1919 auf. Der Vorstandssprecher Paul Mankiewitz begründete die Pläne für den Zusammenschluss der Deutschen Bank mit anderen Banken mit der allgemeinen Konzentrationsbewegung in den 1920er Jahren. Seiner Meinung nach müsste sich die Bankenbranche am allgemeinen Trend orientieren. Ziel der Deutschen Bank war es, aus strategischen Gründen ihre Verbindungen in Mitteldeutschland zu stärken und sich mehr an der thüringischen Industrie zu beteiligen.[90] Die Deutsche Bank war bereits an einigen Regionalbanken beteiligt und arbeitete seit mehreren Jahren mit ihnen zusammen, sodass es sich anbot, mit ihnen zu fusionieren.

Die Deutsche Bank kooperierte mit der Hannoverschen Bank seit 1897. In diesem Jahr übernahm die Deutsche Bank die Kapitalerhöhung der Hannoverschen Bank und beide trafen weitere Vereinbarungen für die zukünftige Zusammenarbeit. Die Hannoversche Bank stimmte zu, ihre Transaktionen in Berlin vorzugsweise durch die Deutsche Bank durchführen zu lassen. Hierfür verpflichtete sich die Deutsche Bank, bei ihren Geschäften die Hannoversche Bank zu Originalbedingungen zu beteiligen. Wichtig war der Hannoverschen Bank, den Einfluss der Deutschen Bank gering zu halten. Sie vereinbarten, dass die Hannoversche Bank ihre Freiheit

89 Vgl. Außerordentliche Generalversammlung der Deutschen Bank, Berliner Börsen-Zeitung, 29.11.1920.
90 Vgl. ebd.

behalte und die Deutsche Bank nichts unternehmen werde, um die Selbstständigkeit der Hannoverschen Bank in Frage zu stellen. Seit 1898 war Vorstandsmitglied Georg Lucke im Aufsichtsrat der Deutschen Bank und Roland Koch im Aufsichtsrat der Hannoverschen Bank tätig.[91] Aus der Korrespondenz zwischen dem Vorstand und dem Aufsichtsrat der Hannoverschen Bank erfährt man etwas über die Hintergründe der Kooperation mit der Deutschen Bank. Der Vorstand der Hannoverschen Bank beklagte die schlechte Entwicklung für Provinzbanken in den letzten Jahren, während sich die Großbanken an den wichtigen Börsenplätzen gut geschlagen hätten. Die Hannoversche Bank habe schon länger darüber nachgedacht, wie sie sich am Börsenplatz Berlin etablieren könnte. Eine Interessengemeinschaft mit einer Großbank einzugehen, sei für sie am profitabelsten. Die Deutsche Bank biete sich an, weil sie besonders wichtig sei für den deutschen Handel und die Industrie. Sie genieße einen guten Ruf und habe einen fähigen Vorstand. Darüber hinaus pflege die Hannoversche Bank freundschaftliche Beziehungen zum Vorstand der Deutschen Bank.[92] Seit 1898 beteiligte sich damit die Deutsche Bank als Konsortialführerin an den Kapitalerhöhungen der Hannoverschen Bank. Auch die Hannoversche Bank war bei allen Kapitalerhöhungen der Deutschen Bank im Syndikat tätig. Die Deutsche Bank hatte sich seit 1898 einen Bestand an Aktien der Hannoverschen Bank gesichert. 1920 hatte sie eine Beteiligung von 18,53 Prozent. Im Gegenzug war die Hannoversche Bank mit einem Aktienpaket auf den außerordentlichen Generalversammlungen der Deutschen Bank präsent.[93]

Wie kam es 1920 schließlich zur Übernahme durch die Deutsche Bank? Überlegungen dazu stellten Paul Mankiewitz und Vorstand Paul Klaproth von der Hannoverschen Bank im Januar 1920 während eines Treffens in Hannover an. Diese Pläne wurden in der Korrespondenz konkretisiert. Paul Mankiewitz verdeutlichte, dass es sich für die Deutsche Bank anbieten würde, neben der Hannoverschen Bank zwei weitere Provinzinstitute zu übernehmen. Dazu gehörten die Mitteldeutsche Privatbank und die Württembergische Vereinsbank. Paul Mankiewitz wusste jedoch noch nicht, in welchem Umfang die Kapitalerhöhung der Deutschen Bank stattfinden werde. Er bat Paul Klaproth um mehr Zeit, um Details auszuarbeiten.[94] Unabhängig von dem Vorhaben mit der Deutschen Bank plante die Hannoversche Bank seit längerer Zeit, ihr Aktienkapital im selben Jahr zu erhöhen, um ihre Betriebsmittel zu stärken. Paul Klaproth wandte sich zuerst an die Deutsche Bank, weil sie der größte Aktionär der Hannoverschen Bank war und er zudem gute Beziehungen zu Paul Mankiewitz pflegte.[95] Paul Mankiewitz riet jedoch von einer Kapitalerhöhung erst

---

91 1911 folgte auf Georg Lucke Paul Klaproth in den Aufsichtsrat der Deutschen Bank; Vgl. Vorstand der Hannoverschen Bank an den Aufsichtsrat, 28.2.1898, HADB, S. 3976.

92 Vgl. Vorstand der Hannoverschen Bank an den Aufsichtsrat, 20.1.1898, HADB, K16/196.

93 1902: 0,45; 1904: 0,50; 1905: 0,22; 1914: 1,22; 1917: 1,05; 1920: 1,18; 1922: 0,03; 1923: 3,51.

94 Vgl. Paul Mankiewitz an Paul Klaproth, 10.1.1920, HADB, S. 3987.

95 Vgl. Paul Klaproth an Paul Mankiewitz, 29.10.1919, HADB, S. 3985.

einmal ab. In diesem Punkt waren sich die Verhandlungspartner uneinig.[96] Ein anderer Konflikt zwischen Paul Mankiewitz und Paul Klaproth betraf die Gehaltsvorstellungen und damit die persönlichen Interessen des Vorstandes. Paul Klaproth beklagte, dass die Summe, die ihm die Deutsche Bank angeboten habe, deutlich unter seinem derzeitigen Verdienst liege. Zwar bot Paul Mankiewitz an, dass Paul Klaproth in die Revisionskommission eintreten könnte und damit zusätzliche Bezüge hätte, doch gab sich der Vorstand der Hannoverschen Bank damit nicht zufrieden.[97] Am 20. Januar 1920 teilte Paul Mankiewitz schließlich mit, dass die Deutsche Bank ihre Kapitalerhöhung und die geplanten Fusionen verschieben werde. Momentan sei die Arbeitsbelastung zu hoch und die Zeit ungünstig auf Grund von Börsenspekulationen und personeller Engpässe im Konzern. Auch die Hannoversche Bank müsste mit ihrer Kapitalerhöhung warten. Falls die Hannoversche Bank dringend Kapital benötige, sei die Deutsche Bank bereit, ihr einen Kredit von 20 bis 30 Mio. M zu einem „vernünftigen Zinssatz" zu genehmigen.[98] Die Verschiebung zeigt, dass die Deutsche Bank Anfang des Jahres 1920 erhebliche Schwierigkeiten hatte, die mit der Erweiterung des Geschäftsumfanges während der Inflation zusammenhingen.[99] Paul Klaproth war über das Vorgehen der Deutschen Bank überrascht. Immerhin sei die Deutsche Bank an die Hannoversche Bank herangetreten. Er war der Meinung, dass es in einigen Monaten schwieriger sein werde, Vorstand und Aufsichtsrat in Hannover von der Fusion zu überzeugen.[100] Zudem dränge der Aufsichtsratsvorsitzende darauf, die Kapitalerhöhung bei der Hannoverschen Bank schnellstmöglich durchzuführen. Paul Klaproth lehnte den Kredit der Deutschen Bank ab. Er betonte, dass die Hannoversche Bank sich finanziell nicht abhängig machen möchte und eine Kapitalerhöhung unabdingbar sei. Er bat Paul Mankiewitz, es sich doch noch einmal zu überlegen, die Fusion früher durchzuführen. Andernfalls riet er der Deutschen Bank, einen offiziellen Brief an den Vorstand der Hannoverschen Bank zu schreiben, die Gründe für die Verschiebung zu erläutern und wegen einer Konsortialbeteiligung für die Kapitalerhöhung anzufragen.[101] Paul Mankiewitz bekräftigte erneut, dass die geplanten Fusionen nicht unter den gegenwärtigen Verhältnissen durchgeführt würden. Die Deutsche Bank beteiligte sich aber an der Kapitalerhöhung der Hannoverschen Bank.[102] Damit stand zunächst die Kapitalerhöhung der Hannoverschen Bank um 18 Mio. M auf dem Programm, denn die Fusion sollte zu einem anderen Zeitpunkt vollzogen werden. Die Deutsche Bank übernahm die Leitung des Konsortiums für 12 Mio. M. und die restlichen Aktien

96 Vgl. Paul Mankiewitz an Paul Klaproth, 10.1.1920, HADB, S. 3987.
97 Vgl. Paul Klaproth an Paul Mankiewitz, 12.1.1920, HADB, S. 3987.
98 Vgl. Paul Mankiewitz an Paul Klaproth, 20.1.1920, HADB, S. 3987.
99 Vgl. Geschäftsbericht der Deutschen Bank 1920.
100 Vgl. Paul Klaproth an Rudolph von Koch, 3.2.1920, HADB, S. 3987.
101 Vgl. Paul Klaproth an Paul Mankiewitz, 3.2.1920, HADB, S. 3987.
102 Vgl. Paul Mankiewitz and Paul Klaproth, 7.2.1920, HADB, S. 3987.

sollte ein zweites Garantiekonsortium unter der Leitung der Hildesheimer Bank verkaufen.[103] Dabei kam es zu einem Konflikt zwischen Paul Mankiewitz und Paul Klaproth. Paul Klaproth wollte sich über die Quotierung im zweiten Konsortium gegenüber der Deutschen Bank nicht äußern.[104] Anfang April 1920 war Paul Mankiewitz über das Vorgehen der Hannoverschen Bank verärgert. Der Vorstand wunderte sich, warum die Hannoversche Bank 2½ Mio. M neuer Aktien platziert habe, ohne die Deutsche Bank vorher zu fragen. Paul Klaproth habe noch einige Tage zuvor gesagt, dass er noch nicht wisse, wie sich das Konsortium zusammensetzen werde.[105] Paul Klaproth wies die Vorwürfe zurück. Neben der Braunschweiger Privatbank AG habe er noch weitere Aktien an Geschäftspartner direkt verkaufen können. Ein Konsortium habe sich nicht mehr gelohnt. Wie vereinbart habe die Deutsche Bank eine Beteiligung von 25 Prozent bekommen.[106]

Im Mai 1920 zeichnete sich eine neue Auseinandersetzung zwischen der Hannoverschen Bank und der Deutsche Bank ab. Gleichzeitig kam es zu einem Governance-Konflikt innerhalb des Vorstandes der Deutschen Bank. Paul Klaproth wandte sich wegen der Hildesheimer Bank an den Vorstand Oscar Wassermann.[107] Er teilte ihm mit, er habe den Vorstand der Hildesheimer Bank, Max Leeser, davon überzeugt, dass seine Bank nicht selbstständig bleiben könne und sie mit der Deutschen Bank fusionieren solle. Eine vertragliche Bedingung beim Aktientausch müsste es jedoch sein, dass die Hildesheimer Bank nicht bessergestellt werde als die Hannoversche Bank. Darüber hinaus habe er auch mit dem Vorstand der Braunschweiger Privatbank AG und der Osnabrücker Bank geredet.[108] Daraufhin erkundigte sich Oscar Wassermann bei Paul Mankiewitz, ob er mit Paul Klaproth etwas in diese Richtung vereinbart hätte. Oscar Wassermann war der Meinung, dass sie die Herren in Hildesheim, Braunschweig und Osnabrück in Ruhe lassen sollten und Paul Klaproth sich nicht einmischen brauche.[109] Paul Mankiewitz telegraphierte an Oscar Wassermann, dass er mit Paul Klaproth nichts wegen des Zusammenschlusses mit den drei Regionalbanken besprochen hätte. Er unterbreitete nur der Hannoverschen Bank ein Angebot.[110] Die Deutsche Bank hielt sich noch bedeckt, ob sie die Hildesheimer Bank, die Braunschweiger Privatbank AG und die Osnabrücker Bank übernehmen wollte. Oscar Wassermann antwortete Paul Klaproth, dass er über die Fusionspläne überrascht sei und darüber nichts wisse. Er schlug Paul Klaproth vor, nach Berlin zu kommen, um zukünftige Entwicklungen zu besprechen. Ironisch bemerkte er noch zum Schluss,

103 Vgl. ebd.
104 Vgl. Paul Klaproth an Paul Mankiewitz, 28.2.1920, HADB, S. 3987.
105 Vgl. Paul Mankiewitz an Paul Klaproth, 3.4.1920, HADB, S. 3987.
106 Vgl. Paul Klaproth an Paul Mankiewitz, 10.4.1920, HADB, S. 3987.
107 Vgl. Paul Klaproth schrieb an Oscar Wassermann wegen seines guten Kontakts zu Max Leeser.
108 Vgl. Paul Klaproth an Oscar Wassermann, 24.4.1920, HADB, S. 3987.
109 Vgl. Oscar Wassermann an Paul Mankiewitz, 26.4.1920, HADB, S. 3987.
110 Vgl. Telegramm Paul Mankiewitz an Oscar Wassermann, 19.4.1920, HADB, S. 3987.

dass er es bedauere, dass die Hannoversche Bank „nur sehr schön und nicht auch ebenso brav“[111] sei. Paul Klaproth erwiderte an Oscar Wassermann, dass Paul Mankiewitz seit seinem Besuch in Hannover wohl seine Ansichten geändert habe. Die Hannoversche Bank sei von einem anderen Standpunkt ausgegangen und habe im Interesse der Deutschen Bank gehandelt.[112] Ein Schreiben von Paul Mankiewitz an den gesamten Vorstand der Deutschen Bank sollte Klärung in die ganze Angelegenheit bringen. Paul Mankiewitz habe Paul Klaproth bei seinem Besuch zwischen dem 03. und 05. Januar die Fusion mit der Deutschen Bank statt einer Kapitalerhöhung vorgeschlagen. Die Fusion sollte mit der Württembergischen Vereinsbank und der Privatbank zu Gotha durchgeführt werden, ohne die anderen der Hannoverschen Bank nahestehenden Institute zu berücksichtigen. Nach seiner Rückkehr aus dem Kururlaub in Karlsbad schrieb Paul Mankiewitz an Paul Klaproth nur noch, dass die Angelegenheit für ihn erledigt sei und er sich mit ihm über das zukünftige gemeinschaftliche Vorgehen unterhalten möchte, da sich die Verhältnisse in der Bankenbranche in der Zwischenzeit geändert hätten. Die Mitteldeutsche Privatbank sei an die Commerzbank übergegangen.[113] Im Sommer 1920 wollte der Vorstand der Deutschen Bank keine Transaktionen durchführen, da Bankaktien beim Publikum nicht beliebt waren.[114] Anfang September 1920 nahmen Paul Mankiewitz und Oscar Wassermann die Fusionsverhandlungen mit der Hannoverschen Bank wieder auf.[115] Dafür reiste Paul Klaproth nach Berlin.[116] Für den 24. September 1920 lud Paul Mankiewitz die anderen Vorstandsmitglieder sowie die beiden Aufsichtsratsmitglieder Max Steinthal und Rudolph von Koch[117] zum Abendessen zu sich ein.[118] Dabei besiegelten alle Beteiligten die Übernahme der Hannoverschen Bank durch die Deutsche Bank. Neben der Hannoverschen Bank wollte sie schließlich nach den Gesprächen die Hildesheimer Bank, die Privatbank zu Gotha und die Braunschweiger Privatbank AG übernehmen. Die Württembergische Privatbank sollte selbstständig bleiben. Paul Klaproth erklärte sich bereit, als Vorstand zurückzutreten und in den Aufsichtsrat sowie die Revisionskommission der Deutschen Bank einzutreten. Auch sollte Max Leeser seine Stellung im Vorstand aufgeben und in den Aufsichtsrat der Deutschen Bank und den Ausschuss in Hildesheim wechseln.[119] Die Fusionsverhandlungen wurden während der Gespräche in Berlin erschwert, da Paul Klaproth auf ein sehr hohes Gehalt bestand und nicht nachgiebig war.[120] Ende September 1920 versuchte Paul

111 Oscar Wassermann an Paul Klaproth, 1.5.1920, HADB, S. 3987.
112 Vgl. Paul Klaproth an Oscar Wassermann, 5.5.1920, HADB, S. 3987.
113 Vgl. Paul Mankiewitz an Paul Klaproth, 10.5.1920, HADB, S. 3987.
114 Vgl. Oscar Wassermann an Paul Klaproth, 16.8.1920, HADB, S. 3987.
115 Vgl. Paul Klaproth an Oscar Wassermann, 9.9.1920, HADB, S. 3987.
116 Vgl. Paul Klaproth an Paul Mankiewitz, 15.9.1920, HADB, S. 3987.
117 Ehemalige Vorstandsmitglieder der Deutschen Bank.
118 Vgl. Paul Mankiewitz an Paul Klaproth, 20.9.1920, HADB, S. 3987.
119 Vgl. Besprechung mit Paul Klaproth, 24./25.9.1920, HADB, S. 3987.
120 Vgl. Paul Mankiewitz an Carl Michalowsky, 30.9.1920, HADB, S. 3987.

Klaproth zusätzlich noch ein besseres Umtauschverhältnis für die Aktionäre zu erzielen, da der Kurs der Hannoverschen-Bank-Aktien in der Zwischenzeit angestiegen war.[121] Er blieb jedoch erfolglos. Paul Mankiewitz verwies nur darauf, dass der Kurs inzwischen wieder bei 196 Prozent liege und das Umtauschverhältnis nicht gefährdet sei.[122] Anfang Oktober 1920 wurde die Fusion erneut gefährdet, weil sich die Hildesheimer Bank querstellte. Allerdings wollte die Hannoversche Bank ohne Braunschweig und Hildesheim das Geschäft nicht durchführen.[123] In der weiteren Korrespondenz wird deutlich, dass die Deutsche Bank ungern die Hildesheimer und vor allem die Braunschweiger Privatbank AG übernehmen wollte. Dieser Wunsch ging vordergründig von der Hannoverschen Bank aus. Paul Mankiewitz äußerte Bedenken, da er die stillen Reserven der Braunschweiger Privatbank AG und der Hildesheimer Bank nicht kannte. Die Deutsche Bank würde bei derzeitigen Berechnungen nur einen geringen Gewinn mit dieser Fusion machen. Die Braunschweiger Privatbank AG könnte darüber hinaus die Verhandlungen mit der Privatbank zu Gotha und der Württembergischen Vereinsbank behindern.[124] Paul Klaproth erhielt dagegen immer mehr Druck aus den eigenen Reihen und wollte unter keinen Umständen ohne die anderen Banken fusionieren. Aufsichtsratsmitglied Fritz Beindorff erhob zusätzliche Forderungen für die Aktionäre der Hannoverschen Bank. Neben dem Zuschlag von 20 Prozent in bar sollten die Aktionäre ein Bezugsrecht auf die jungen Aktien der Deutschen Bank erhalten.[125] Darauf ließ sich der Vorstand der Deutschen Bank nicht ein und blieb bei den bisherigen Vereinbarungen. Nach einigem Hin und Her ging am 27. Oktober 1920 schließlich die offizielle Offerte beim Aufsichtsrat und der Direktion der Hannoverschen Bank ein.[126]

Neben den Verhandlungen mit der Hannoverschen Bank standen auf dem Programm die Gespräche mit Braunschweig und Hildesheim. Das Ergebnis war: Die Hildesheimer Bank blieb als eigenständiges Institut bestehen. Der Vorstand stimmte einem Aktientausch im Verhältnis von 2:3 zu. Die Deutsche Bank sollte mindestens 2 Mio. M Aktien der Hildesheimer Bank erwerben. Den Aktionären der Hildesheimer Bank sollten die Deutsche-Bank-Aktien zu denselben Bedingungen wie der Hannoverschen Bank angeboten werden. Max Leeser erklärte sich bereit, aus dem Vorstand der Hildesheimer Bank auszutreten und in den Aufsichtsrat der Deutschen Bank zu wechseln. Im Gegenzug sollte ein Vorstandsmitglied der Deutschen Bank im Aufsichtsrat der Hildesheimer Bank vertreten sein.[127] Paul Mankiewitz war mit den Ver-

121 Vgl. Paul Klaproth an Paul Mankiewitz, 30.9.1920, HADB, S. 3987.
122 Vgl. Paul Mankiewitz an Paul Klaproth, 30.9.1920, HADB, S. 3987.
123 Vgl. Paul Klaproth an Paul Mankiewitz 2.10.1920, HADB, S. 3987.
124 Vgl. Paul Mankiewitz an Paul Klaproth, 5.10.1920, HADB, S. 3987.
125 Vgl. Fritz Beindorff an Paul Klaproth, 7.10.1920, HADB, S. 3987.
126 Vgl. Deutsche Bank an den Aufsichtsrat und die Direktion der Hannoverschen Bank, 27.10.1920, HADB, S. 3987.
127 Vgl. Hildesheimer Bank an Deutsche Bank, HADB, S. 4065.

handlungen durchaus zufrieden, da die Deutsche Bank nicht unbedingt an einer Übernahme interessiert war. Wie kam es jedoch zu dieser Kehrtwende? Am 12. Oktober 1920 berichtete Paul Klaproth noch, dass er sich mit Max Leeser nach vierstündigen Verhandlungen über eine Fusion geeinigt habe.[128] Auch in einem Schreiben an Paul Mankiewitz war Max Leeser vom Zusammenschluss überzeugt.[129] Kurz darauf erklärten die anderen Vorstandsmitglieder der Hildesheimer Bank, dass sie der Fusion nicht zustimmen würden. Sie hätten von Mitarbeitern des Konzerns der Deutschen Bank erfahren, dass Filialdirektoren nicht selbstständig und in ihrem Handeln durch Instruktionen beschränkt seien.[130] Am Ende einigte man sich auf einen Aktientausch. Der Vorstand der Hildesheimer Bank musste dann noch unter sich klären, wie er an die Aktionäre wegen des Umtausches herantreten sollte. Max Leeser war für eine öffentliche Aufforderung. Vorstand Lehmann zog es vor, sich unter der Hand die notwendigen Aktien zu besorgen. Schließlich war der Plan zu veröffentlichen und sich an bestimmte Großaktionäre zu wenden. Die Hildesheimer Bank verpflichtete sich, bis zum 21. April 1921 die Aktien an die Deutsche Bank zu liefern.[131]

Die Verhandlungen mit der Württembergischen Vereinsbank nahm die Deutsche Bank im Februar 1920 auf. Vorstand Arthur von Gwinner traf sich mit dem Aufsichtsratsmitglied der Württembergischen Vereinsbank, Alfred von Kaulla, am 23. Februar 1920, um die ersten Details zu besprechen. Sie zogen ein Umtauschverhältnis von 2:1 mit einem Bonus von 3 Prozent für die Württembergische Vereinsbank in Erwägung.[132] Bevor das offizielle Angebot öffentlich gemacht wurde, berichteten die Zeitungen im Mai 1920 von einer vermeintlich bevorstehenden Fusion zwischen der Deutschen Bank und der Württembergischen Vereinsbank. Aus der Presse wird deutlich, dass bei der Württembergischen Vereinsbank ein Governance-Problem entstand. Die Neue Badische Landeszeitung konstatierte, dass der Schritt im Bankgewerbe und in der Industrie als „sehr schmerzlich" empfunden werde. Sie behauptete weiter, dass die Fusion nicht vom Vorstand ausgegangen sei, sondern vom Aufsichtsratsmitglied der Württembergischen Vereinsbank, Alfred von Kaulla. Er habe im Alleingang „über den Kopf des Vorstandes hinweg"[133] die Gespräche eingeleitet. Alfred von Kaulla war seit 1888 im Vorstand der Württembergischen Vereinsbank tätig, wechselte 1900 in den Aufsichtsrat und war seit 1917 auch im Aufsichtsrat der Deutschen Bank präsent. Inwiefern die Berichte stimmten, lässt sich nicht nachvollziehen. Im Mai 1920 stand es jedenfalls noch nicht fest, welche Verbindung die beiden Finanz-

128 Vgl. Paul Klaproth an Paul Mankiewitz, 12.10.1920, HADB, S. 3987.
129 Vgl. Max Leeser an Paul Mankiewitz, 15.10.1920, HADB, S. 4065.
130 Vgl. Paul Mankiewitzs Bericht über die Verhandlungen mit der Hildesheimer Bank, 22.10.1920, HADB, S. 4065.
131 Vgl. ebd.
132 Vgl. Notizen zur Besprechung zwischen Emil Georg von Stauß und Alfred von Kaulla in Stuttgart, 27.5.1920, HADB, S. 4137.
133 Berich an Carl Michalowsky und Emil Georg von Stauß, 29.5.1920, HADB, S. 4137.

institute eingehen wollten. Am 31. Mai 1920 bildeten die Deutsche Bank und die Württembergische Vereinsbank extra eine Kommission, um eine Transparenz bei den Verhandlungen herzustellen. Die Kommission setzte sich aufseiten der Württembergischen Vereinsbank aus den zwei Aufsichtsratsmitgliedern Dr. Georgii und Fritz von Gemmingen-Hornberg und als Vertreter des Vorstands Otto Fischer und Franz Intelmann zusammen. Aufseiten der Deutschen Bank war Vorstand Emil Georg von Stauß beteiligt.[134] Die erste Sitzung der Kommission fand am 03. Mai 1920 statt. Die Anwesenden diskutierten, in welcher Form die Württembergische Vereinsbank an die Deutsche Bank angegliedert werden könnte. Die Deutsche Bank plante, sich stärker in Württemberg zu engagieren, was unter anderem mit der Präsenz anderer Großbanken in der Region zusammenhänge. Die Disconto-Gesellschaft hatte kürzlich die Firma Stahl & Federer übernommen und damit ihre wirtschaftlichen Beziehungen in Württemberg ausgebaut. Die Präsenz der Berliner Banken in Stuttgart könnte im Gegenzug die Württembergische Vereinsbank schwächen. Vier verschiedene Wege standen für einen Zusammenschluss zur Option.[135] Die Interessengemeinschaft als erste Möglichkeit verwarfen die Diskutanten, da sie sich nicht bewährt habe. Eine Fusion bewerteten sie als eine gute Lösung für beide Institute. Dr. Georgii machte allerdings darauf aufmerksam, dass ein Teil der Württembergischen-Vereinsbank-Aktionäre gegen die Fusion sei. Er vermutete, dass ihr Antrag eine Dreiviertelmehrheit auf der außerordentlichen Generalversammlung nicht erreichen werde. Eine solche Niederlage sei besser zu vermeiden. Er empfahl, aus taktischen Gründen eine andere Form zu wählen. Dem stimmte Emil Georg von Stauß zu. Eine Fusion wurde also verworfen, weil die Aktionäre dagegen waren. Alle fanden die Option, dass die Deutsche Bank einen großen Posten Württembergische-Vereinsbank-Aktien übernimmt, am sinnvollsten. Die Stuttgarter Herren waren der Meinung, dass neue Württembergische-Vereinsbank-Aktien im Wert von 10 bis 20 Mio. M leicht an der Börse platziert werden könnten. Dem widersprach Emil Georg von Stauß. Die Kapitalbildung sei derzeit gering und das Publikum nicht willig, neue Aktien zu kaufen. Die letzte Option, die auf dem Programm stand, war ein Umtausch der Aktien der Württembergischen Vereinsbank in Deutsche-Bank-Aktien unter Neugründung einer Württembergischen Vereinsbank. Die Deutsche Bank besäße dann den gesamten Aktienbestand. Diesen Vorschlag begrüßten nicht alle Anwesenden. Zum Schluss vereinbarten die Parteien, dass die Deutsche Bank der Württembergischen Vereinsbank in den nächsten Monaten ein Angebot für einen Zusammenschluss unterbreiten werde, der keine Fusion vorsah.[136] Die Kommission kam am 20. Oktober 1920 zu einer zweiten Besprechung zusammen. Emil Georg von Stauß bot der Württembergischen Vereinsbank einen Aktientausch an, bei dem die Aktionäre frei wählen konnten, ob sie mitmachten. Die

134 Vgl. Auszug aus dem Protokoll des Aufsichtsrats, 31.5.1920, HADB, S. 4137.
135 Vgl. Niederschrift zur ersten Sitzung der Kommission, 3.5.1920, HADB, S. 4137.
136 Vgl. ebd.

Württembergische Vereinsbank blieb dabei als eigenständiges Institut erhalten. Die Herren diskutierten noch, ob die Württembergische Vereinsbank ihr Aktienkapital mit dem Aktientausch erhöhen sollte. Während der Vorstand der Württembergischen Vereinsbank und seine Kollegen sich dafür aussprachen, war Emil Georg von Stauß dagegen. Der Vorstand äußerte zudem Bedenken, dass im Zuge des Aktientausches der Einfluss der Deutschen Bank als Großaktionär zu groß werden würde. Er schlug vor, dass die Deutsche Bank bei späteren Kapitalerhöhungen von ihrem Bezugsrecht nur teilweise Gebrauch machen werde. Davon hielt Emil Georg von Stauß wenig. Der Vorschlag der Deutschen Bank sollte nun dem Aufsichtsrat überbracht werden, um eine endgültige Entscheidung zu fällen. Damit beendete die Kommission ihre Arbeit.[137] Nachdem beide Aufsichtsräte dem Aktientausch zugestimmt hatten, war der Zusammenschluss beider Banken offiziell. Zusätzlich zum Aktientausch vereinbarten sie, dass ein Vorstandsmitglied der Württembergischen Vereinsbank in den Aufsichtsrat der Deutschen Bank neben Alfred von Kaulla eintritt und Emil Georg von Stauß im Gegenzug in den Aufsichtsrat der Württembergischen Vereinsbank gewählt wird. Die Deutsche Bank stimmte auch zu, sich für eine Umwandlung der Württembergischen Vereinsbank in ihre Filiale in den nächsten zehn Jahren die Zustimmung der Verwaltung einzuholen.[138] Der Aufsichtsrat der Württembergischen Vereinsbank versuchte noch, die Barzahlung für die Aktionäre von 20 Prozent zu verbessern mit der Begründung, dass der Aktienkurs in der Zwischenzeit sich erhöht habe. Die Deutsche Bank verwies lediglich darauf, dass die Steigung mit der offiziellen Offerte zusammenhänge und wies die Forderung ab.[139]

4.2.3.3.2 Transaktionsstruktur

Die drei Fusionsbanken übertrugen ihr gesamtes Vermögen an die Deutsche Bank unter Ausschluss der Liquidation. Die Deutsche Bank gewährte den Aktionären der Hannoverschen Bank zu einem Umtauschverhältnis von 2:3 36 Mio. M von ihren neuen Aktien. Sie bildeten den Gegenwert des Geschäftswertes der Hannoverschen Bank mit einem Aktienkapital von 54 Mio. M.[140] Den Aktionären der Privatbank zu Gotha bot die Deutsche Bank 7,5 Mio. M neue Aktien zu einem Umtauschverhältnis von 2:1 an bei einem Aktienkapital von 15 Mio. M. der Privatbank.[141] Die Aktionäre der Braunschweiger Privatbank AG erhielten für 6.667.000 M neue Deutsche-Bank-

137 Vgl. Niederschrift über die zweite Sitzung der Kommission, 20.10.1920, HADB, S. 4137.
138 Vgl. Württembergische Vereinsbank an die Direktion der Deutschen Bank, 27.10.1920, HADB, S. 4137.
139 Vgl. Deutsche Bank an die Direktion der Württembergischen Vereinsbank, 2.11.1920, HADB, S. 4137.
140 Vgl. Angebot der Deutschen Bank an die Hannoversche Bank, 20.11.1920, Bundesarchiv, R 3118/1180.
141 Vgl. Angebot der Deutschen Bank an die Privatbank zu Gotha, 20.11.1920, Bundesarchiv, R 3118/1180.

Aktien im Verhältnis von 2:3 zum Umtausch. Das Aktienkapital der Braunschweiger Privatbank Aktiengesellschaft lag bei 10 Mio. M.[142] Die Aktionäre der drei Banken erhielten auf den Nennwert ihrer Aktien zusätzlich 20 Prozent in bar.[143] Die Barzahlung diente als Entschädigung, weil die Aktionäre der beiden Privatbanken kein Bezugsrecht auf die jungen Deutsche-Bank-Aktien erhielten.[144]

Die übrigen Aktien verwendete die Deutsche Bank für den Aktientausch mit der Hildesheimer Bank im Verhältnis von 2:3 und der Württembergischen Vereinsbank im Verhältnis von 2:1. Ihre Aktionäre erhielten auch zusätzlich 20 Prozent in bar auf den Nennwert ihrer Aktien.[145] Für die Durchführung der Kapitalerhöhung bildete die Deutsche Bank ein Konsortium. Dieses stellte für die Fusion mit den drei Provinzbanken 50.167.000 M Aktien der Deutschen Bank zur Verfügung. Die verbleibenden 74.833.000 M Aktien zeichnete das Konsortium zu 220 Prozent. Das Konsortium gewährte den Altaktionären der Deutschen Bank ein Bezugsrecht und bot ihnen 68.750.000 M Aktien zum Preis von 220 Prozent im Umtauschverhältnis von 1:4 an. Die Deutsche Bank verkaufte ihre eigene Beteiligung an der Hannoverschen Bank von 18,53 Prozent und an der Privatbank zu Gotha von 32,19 Prozent an das Konsortium.[146] Auch die Hannoversche Bank und Braunschweiger Privatbank AG übertrugen ihre gegenseitige Beteiligung an das Konsortium.[147] Den neuen Betrag von 16.211.000 M Aktien nutzte das Konsortium für den Aktienumtausch mit der Württembergischen Vereinsbank und dem Hildesheimer Bankverein sowie für die Barzuzahlung von 20 Prozent an die Aktionäre der Provinzbanken. Die Berechnungen waren anfangs Schätzwerte, da die Deutsche Bank noch nicht wusste, wie viele Aktien bezogen würden. Das Konsortium übernahm zudem sämtliche Kosten der Kapitalerhöhung. Den Gewinn aus der Kapitalerhöhung übertrug das Konsortium an die Deutsche Bank, die sich hingegen verpflichtete, mögliche Verluste zu decken. Das Konsortium war dafür zuständig, alle erforderlichen Börsenoperationen beim Umtauschgeschäft durchzuführen. Dazu zählte unter anderem, die Spitzen zu regulieren und neue Aktien bestmöglich zu verkaufen. Unabhängig davon hatte die Deutsche Bank das Recht, alle Börsenoperationen zu übernehmen und nach eigenem Ermessen vorzugehen.[148] Das Konsortium setzte sich aus in- und ausländischen Banken, Berliner Banken, österreichischen Banken, Filialen der Deutschen

142 Vgl. Angebot der Deutschen Bank an die Braunschweiger Privatbank AG, 20.11.1920, Bundesarchiv, R 3118/1180.

143 Vgl. Korrespondenz innerhalb des Sekretariats, 2.11.1920, HADB, S. 4362.

144 Vgl. Deutsche Bank an den Aufsichtsrat und die Direktion der Hannoverschen Bank, 27.10.1920, HADB, S. 3987.

145 Vgl. ebd.

146 10.011.250 M Aktien der Hannoverschen Bank und 4.828.200 M Aktien der Privatbank zu Gotha.

147 Vgl. Essener Credit-Anstalt an das Sekretariat der Deutschen Bank, 12.11.1920, HADB, S. 4362.

148 Vgl. Bedingungen für die Durchführung der Kapitalerhöhung der Deutschen Bank 1920, HADB, S. 4362.

Bank, Privatpersonen sowie der Essener Credit-Anstalt zusammen (Tabelle 50). Die inländischen Banken übernahmen mit 42,06 Prozent den größten Teil der Aktien. Darunter erhielt die Württembergische Vereinsbank die höchste Beteiligung. Unter den Berliner Banken ging ein größerer Betrag an die BHG, die Deutsche Überseeische Bank, die Disconto-Gesellschaft, die Dresdner Bank, die Mitteldeutsche Creditbank sowie S. Bleichröder, J. Dreyfus & Co. und Mendelsohn & Co.[149] Die Führung des Konsortiums übernahm die Essener Credit-Anstalt. Dieses Mal verzichtete die Deutsche Bank darauf, Beteiligungen an den Vorstand und Aufsichtsrat abzugeben und einen Syndikatsausschuss zu bilden.

Tabelle 50: Beteiligungen im Konsortium, Kapitalerhöhung der Deutschen Bank 1920.

	Beteiligung (%)
Banken Inland	42,06
Berliner Banken	17,82
Banken Ausland	14,21
Filialen zur Weitergabe	8,91
Österreich	8,53
Einzelpersonen	5,40
Essener Credit-Anstalt (Leitung)	3,07

Quelle: Eigene Berechnungen, HADB, S. 4362.

Nachdem der Aufsichtsrat der Deutschen Bank die Transaktion genehmigt hatte, fand am 29. November 1920 die außerordentliche Generalversammlung statt. Die Aktionäre nahmen den Antrag des Vorstandes und des Aufsichtsrats einstimmig an.[150] Von den Vertragspartnern waren die Hannoversche Bank (1,17), die Hildesheimer Bank (0,49), die Privatbank zu Gotha (0,034) und die Württembergische Vereinsbank (0,95) mit einem kleinen Aktienpaket präsent.[151] Im Dezember veröffentlichte die Deutsche Bank eine Aufforderung an ihre Altaktionäre, im Zeitraum vom 04. Januar bis zum 26. Januar 1921 neue Deutsche-Bank-Aktien zu beziehen. Insgesamt wurden 65.707.000 M Aktien bezogen. Der Aktienkurs der Deutschen Bank zeigt für 1920 und 1921 größere Schwankungen, was auch mit der allgemeinen

149 Vgl. Kapitalerhöhung der Deutschen Bank, Beteiligungsliste, HADB, S. 4362.
150 Vgl. Protokoll der außerordentlichen Generalversammlung der Deutschen Bank, 29.11.1920, Bundesarchiv, R 3118/1180.
151 Vgl. Protokoll der außerordentlichen Generalversammlung der Deutschen Bank, 29.11.1920, HADB, Bundesarchiv, R 3118/1180.

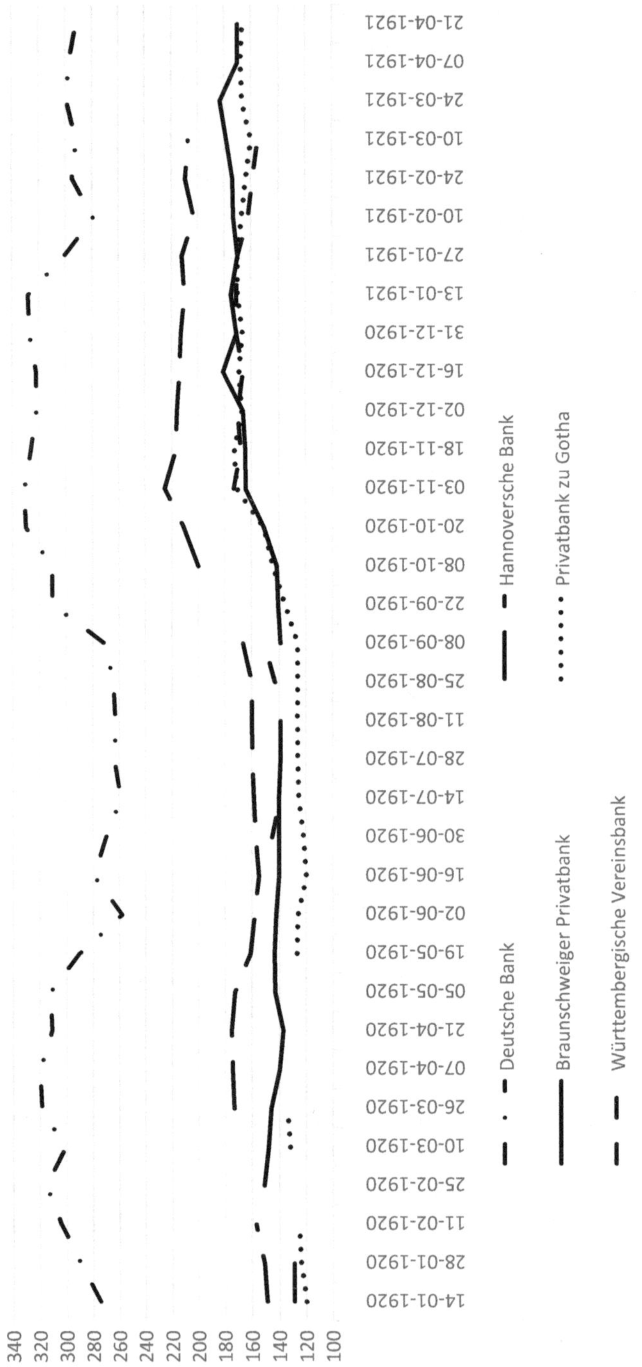

Abbildung 4: Aktienkurs (%) ausgewählter Banken, 14.1.1920–14.4.1921. Quelle: Eigene Berechnungen, Kurszettel der Berliner Börsen-Zeitung.

Instabilität an den Kapitalmärkten zusammenhing. Während der Verhandlungen ging der Kurs ab Mai 1920 zurück auf 259 Prozent im Juli und stabilisierte sich wieder ab September 1920 auf 310 Prozent. Im Januar 1921, nach dem Ende der Bezugsfrist, ging der Kurs wieder zurück (Abbildung 4). Das Bezugsangebot an die Altaktionäre der Deutschen Bank war auch dieses Mal nicht vorteilhaft. Die Aktionäre machten einen Verlust von 0,60 Prozent. Die Württembergische Vereinsbank Aktionäre reichten 27.630.000 M Aktien zum Umtausch ein. Mit ihrer bisherigen Beteiligung verfügte die Deutsche Bank 72,83 Prozent an der Württembergischen Vereinsbank. An der Hildesheimer Bank erwarb die Deutsche Bank mit dem Aktientausch eine Beteiligung von 25,22 Prozent und damit eine Sperrminorität.[152] Beide Beteiligungen mündeten 1924 und 1928 in eine Fusion.[153] Das Konsortium erhielt am Ende 3 Prozent als Gewinnbeteiligung.[154] Die Deutsche Bank verbuchte aus dieser Transaktion 114,47 Prozent in ihre Reserve.[155]

4.2.4 Governance-Konflikt: Einschränkung der Aktionärsrechte beim Zielunternehmen

4.2.4.1 Kapitalerhöhung 1914: Fusion

4.2.4.1.1 Governance-Konflikt I

Seit 1895 übernahm die Deutsche Bank die Durchführung der Kapitalerhöhungen bei der Bergisch-Märkischen Bank und 1897 erwarb sie beim Aktientausch ein großes Aktienpaket der Regionalbank von 75 Prozent. Die Bergisch-Märkische Bank führte bis zur Fusion mit der Deutschen Bank mehrere Kapitalerhöhungen durch, sodass sich der Anteil der Deutschen Bank verringerte. Die Bergisch-Märkische Bank gewährte der Deutschen Bank zwar ein Bezugsrecht auf die neuen Aktien, hatte aber ein Interesse daran, ihren Aktionärskreis zu erweitern. Sie vereinbarte mit der Deutschen Bank als Konsortialführerin, auch andere Aktionäre als die ersten Zeichner und die Altaktionäre zuzulassen.[156] Das Statut der Bergisch-Märkischen Bank jedoch garantierte den ersten Zeichnern ein Bezugsrecht bei Kapitalerhöhungen zum Preis von 145 Prozent. Bei der Kapitalerhöhung 1899 kam es somit zu einem Konflikt mit dem Vorstand der Bergisch-Märkischen Bank, einigen Aktionären und der Deutschen Bank als Großaktionär. Für die Bergisch-Märkische Bank und für die Deutsche Bank war das Bezugsrecht der Erstzeichner lästig und sie hofften, einen Teil, insbesondere die des Barmer Bank-Vereins

152 Vgl. Deutsche Bank an das Finanzamt, HADB, S. 4362.
153 Vgl. Geschäftsbericht der Deutschen Bank 1924 und 1928.
154 Vgl. Deutsche Bank an Deutsche Bank Filiale München, 23.2.1921, HADB, S. 4362.
155 Vgl Geschäftsbericht der Deutschen Bank 1920.
156 Vgl. Vertrag zwischen der Bergisch-Märkischen Bank und der Deutschen Bank, 14.7.1899, HADB S. 4118.

und der Bergisch-Märkischen Industrie-Gesellschaft, zu Fall zu bringen. Die Aktionäre mussten nachweisen, dass sie seit der Gründung durchgehend an ihr beteiligt waren.[157] Paul Mankiewitz gelang es, ein Abkommen mit der Disconto-Gesellschaft zu vereinbaren, von ihrem Bezugsrecht für 3 Mio. M Aktien nicht Gebrauch zu machen und es an die Deutsche Bank für 20.000 M abzutreten.[158] Die Bergisch-Märkische Bank wies die Deutsche Bank darauf hin, dass die Disconto-Gesellschaft nur 1.500.000 M Aktien bei der Gründung gezeichnet und die anderen Aktien von der Provinzial-Disconto-Gesellschaft erworben habe. Das Bezugsrecht sei aber nicht übertragbar.[159] So musste sich die Disconto-Gesellschaft zunächst noch mit der Bergisch-Märkischen Bank einigen, die das Bezugsrecht aus den Aktien der Provinzial-Disconto-Gesellschaft nicht anerkennen wollte.[160] Sie bot der Disconto-Gesellschaft an, entweder für 20.000 M auf ihr Bezugsrecht bei dieser Kapitalerhöhung zu verzichten oder ihre Rechte für immer abzutreten, wenn sie dieses Mal eine Ausnahme machen würde.[161] Die Disconto-Gesellschaft hatte anscheinend kein großes Interesse daran, einen größeren Posten Bergisch-Märkische-Bank-Aktien im Zuge der neuen Kapitalerhöhung zu erwerben.[162] Die beiden einigten sich schließlich auf eine Abfindung von 25.000 M.[163] Damit hatte sich die Angelegenheit erledigt. Im Rechtsstreit um die Bezugsrechte verlor die Bergisch-Märkische Bank gegen den Barmer Bankverein und die Bergisch-Märkische Industrie-Gesellschaft.[164] Die Kläger erklärten sich aber damit einverstanden, gegen eine Abfindung auf ihre Gründerrechte zu verzichten.[165] Dieser Exkurs zur Kapitalerhöhung der Bergisch-Märkischen Bank zeigt, dass Gründerrechte um 1900 bei Unternehmen immer noch eine Rolle spielten und eine wesentliche Konfliktlinie zwischen Vorstand und Aktionären bildeten. Die Deutsche Bank war als Großaktionär und Konsortialführerin in diesen Konflikt involviert.

4.2.4.1.2 Transaktionsstruktur

1914 erhöhte die Deutsche Bank ihr Aktienkapital um 50 Mio. M auf 250 Mio. M. Damit finanzierte sie ihre erste große Fusion. Die Deutsche Bank übernahm im März 1914 die Bergisch-Märkische Bank. Der Zusammenschluss erfolgte im Einvernehmen mit dem Management der zu übernehmenden Firma und die Deutsche Bank gab ein öffentliches Aufkaufangebot ab. Die Fusion mit der Bergisch-Märkischen Bank führte die Deutsche Bank aus zwei Gründen durch. Erstens diente die

157 Vgl. Bergisch-Märkische Bank an Deutsche Bank, 9.9.1899, HADB, S. 4118.
158 Vgl. Disconto-Gesellschaft an das Sekretariat der Deutschen Bank, 11.9.1899, HADB, S. 4118.
159 Vgl. Deutsche Bank an Disconto-Gesellschaft, 12.9.1899, HADB, S. 4118.
160 Vgl. Bergisch-Märkische Bank an das Sekretariat der Deutschen Bank, 12.9.1899, HADB, S. 4118.
161 Vgl. Bergisch-Märkische Bank an Disconto-Gesellschaft, 14.9.1899, HADB, S. 4118.
162 Vgl. Disconto-Gesellschaft an Bergisch-Märkische Bank, 15.9.1899, HADB, S. 4118.
163 Vgl. Bergisch-Märkische Bank an Disconto-Gesellschaft, 16.9.1899, HADB, S. 4118.
164 Vgl. Bergisch-Märkische Bank an das Sekretariat der Deutschen Bank, 16.8.100, HADB, S. 4118.
165 Vgl. Bergisch-Märkische Bank an das Sekretariat der Deutschen Bank, 7.5.1902, HADB, S. 4118.

Verbindung dazu, eine marktbeherrschende Stellung zu erreichen und die Wettbewerbsfähigkeit zu fördern. Die Deutsche Bank sicherte sich eine dauerhafte Präsenz in Elberfeld und den Filialgebieten der Bergisch-Märkischen Bank im Rheinland.[166] Zweitens ist die Übernahme als Konsequenz aus der bisherigen Beteiligung der Deutschen Bank an der Bergisch-Märkischen Bank zu sehen.

Die Verhandlungen zur Übernahme der Bergisch-Märkischen Bank begannen im Jahr 1913. Im Frühling 1914 machte sich der Vorstand Gedanken über die Transaktionsstruktur der anstehenden Kapitalerhöhung. Die 50 Mio. M Aktien der Deutschen Bank übernahm ein Syndikat. Der Kaufpreis für die Bergisch-Märkische Bank betrug 48 Mio. M Deutsche-Bank-Aktien bei einem Aktienkapital von 80 Mio. M der Bergisch-Märkischen Bank.[167] Die Aktionäre der Bergisch-Märkischen Bank konnten zu einem Umtauschverhältnis von 8:5 Bergisch-Märkische-Aktien gegen neue Deutsche-Bank-Aktien tauschen.[168] Für Aktionäre, die vom Umtauschangebot nicht Gebrauch machten, berief sich die Deutsche Bank auf Art. 290 des HGB. Demnach hatte die Gesellschaft das Recht, Aktien für kraftlos zu erklären, wenn sie nach Aufforderung nicht eingereicht wurden. Darüber hinaus zahlte das Syndikat an die Aktionäre der Bergisch-Märkischen Bank eine Dividende von 7½ Prozent sowie eine Tantieme an die Aufsichtsratsmitglieder für 1913 in bar. Die Deutsche Bank besaß eine Beteiligung von 32. Mio. M (40 Prozent) an der Bergisch-Märkischen Bank. Diese verkaufte sie an das Syndikat, welches das Aktienpaket in neue Deutsche-Bank-Aktien umtauschte.[169] Die Aktionäre der Deutschen Bank wurden bei dieser Kapitalerhöhung mitberücksichtigt. Der Vorstand gewährte den Altaktionären ein Bezugsrecht auf 20 Mio. M neue Deutsche-Bank-Aktien zum Bezugspreis von 210 Prozent.[170] Der Kurs der Altaktien lag bei 262,90 Prozent und damit deutlich höher als der Ausgabekurs. Das Bezugsrecht erwies sich für die Altaktionäre als nicht vorteilhaft. Nach der außerordentlichen Generalversammlung am 31. März 1914 fiel der Aktienpreis der Deutschen Bank von 262,90 auf 240 Prozent und erholte sich auch nicht während des Bezugszeitraumes zwischen dem 01. und 21. April 1914, sodass die Altaktionäre einen Verlust von 15,69 Prozent machten.

Die Syndikatsaufstellung fiel 1914 anders als bei den früheren Kapitalerhöhungen aus, da sie von einem Syndikatsausschuss geleitet wurde. Der Vorstand wählte auch dieses Mal einen möglichst breiten Kreis aus Unterbeteiligten, um das Risiko

166 Die Bergisch-Märkische Bank besaß Zweigniederlassungen unter anderem in Aachen, Düsseldorf, Köln, Hagen, Ruhrort, Duisburg, M.-Gladbach, Bonn und Remscheid.

167 Der Kaufpreis entsprach dem verbleibenden Aktienkapital nach Abzug der Beteiligung der Deutschen Bank von 32 Mio. M.

168 9.600 M Bergisch-Märkische-Bank-Aktien gegen 6.000 M neue Deutsche-Bank-Aktien (vgl. Protokoll der außerordentlichen Generalversammlung, 31.3.1914, Bundesarchiv, R 3118/1185).

169 Das entsprach 20 Mio. M. neue Deutsche-Bank-Aktien bei einem Umtauschverhältnis von 8:5.

170 Aktionäre konnten für 12.000 M alte Deutsche-Bank-Aktien eine neue 1.200-M-Deutsche-Bank-Aktie beziehen (vgl. Vertrag zwischen der Deutschen Bank und dem Syndikat für die Kapitalerhöhung 1914, HADB, S. 4343).

zu streuen. Die höchste Beteiligung ging an auswärtige Geschäftspartner mit 26 Prozent (Tabelle 51). Im Berliner Posten gingen die beiden höchsten Beteiligungen an die Tochtergesellschaft Deutsche Überseeische Bank und die BHG. Auch der Aufsichtsrat und der Vorstand waren Teil des Syndikats. Sie beteiligten sich mit zwischen 100.000 und 500.000 M Aktien.[171] Der Syndikatsausschuss setzte sich aus den „intimsten Freunden“[172] zusammen, die entweder im Aufsichtsrat der Deutschen Bank tätig waren oder an denen die Deutsche Bank durch dauernde Aktienbeteiligung interessiert war.[173] Dazu zählte die Hannoversche Bank, die Rheinische Creditbank, die Essener Credit-Anstalt, Lazard Speyer-Ellissen, Jacob S. H. Stern, die Schweizerische Kreditanstalt sowie den Schlesischen Bankverein (Tabelle 52). Diese Banken haben schon an den früheren Vorkonsortien teilgenommen. Die Pfälzische Bank, die Deutsche Vereinsbank, die Württembergische Vereinsbank und die Mecklenburgische Hypotheken- und Wechselbank kamen neu in den Kreis der Auserwählten hinzu.[174] Diese Lösung war für die Deutsche Bank praktisch, weil sie wichtige Angelegenheiten so nur mit dem Syndikatsausschuss klären musste, ohne alle übrigen Mitglieder einzubeziehen. Die Beschlüsse des Syndikats-ausschusses waren für alle bindend.[175] Die Beteiligung des Syndikatsausschusses an der Kapitalerhöhung betrug 15 Prozent. Der Schlesische Bankverein erhielt die höchste Quote und übernahm die Führung. Außer der Schweizerischen Kreditanstalt, der Pfälzischen Bank und der Mecklenburgischen Hypotheken- und Wechselbank waren alle Mitglieder des Syndikatsausschusses mit einem Aktienkapital auf der außerordentlichen Generalversammlung der Deutschen Bank am 31. März 1914 anwesend. Zusammen hatten sie ein Aktienkapital von 23 Prozent. Nach der außerordentlichen Generalversammlung forderte die Deutsche Bank ihre Aktionäre auf, bis zum 21. April 1914 neue Aktien zu beziehen.[176] Auch ging ein Umtauschangebot an die Bergisch-Märkische-Bank-Aktionäre, von dem sie bis zum 28. April 1914 Gebrauch machen konnten.[177] Die Deutsche Bank verhielt sich kulant und nahm noch spät eingereichte Anfragen entgegen.

Nach erfolgter Fusion übertrug die Bergisch-Märkische Bank ihr gesamtes Vermögen an die Deutsche Bank.[178] Eine Liquidation der Bank fand nicht statt.[179] Ein kleiner Teil der Bergisch-Märkischen Bank wurde nicht eingereicht, sodass das Syndikat den entsprechenden Bestand an Deutsche-Bank-Aktien zum Kurs von 184 Pro-

171 Vgl. Beteiligungen, Kapitalerhöhung 1914 der Deutschen Bank, HADB, S. 4343.

172 Fusionskonsortium, 25.2.1914, HADB, S. 4343.

173 Vgl. Carl Michalowsky an Direktion der Bayerischen Handelsbank, 10.3.1914, S. 4343.

174 Vgl. ebd.

175 Vgl. Fusionskonsortium, 25.2.1914, HADB, S. 4343.

176 Vgl. Bezugsangebot für 20.000.000 M neue Aktien der Deutschen Bank, April 1914, HADB, S. 4343.

177 Vgl. Umtausch von Aktien der Bergisch-Märkischen Bank in neue Aktien der Deutschen Bank, HADB, S. 4343.

178 112.375.987 M.

179 Vgl. Fusionsvertrag zwischen der Deutschen Bank und der Bergisch-Märkischen Bank, 21.3.1914, Bundesarchiv, R 3118/1185.

zent verkaufte.[180] Am Ende der Transaktion erhielt das Syndikat einen Gewinn von 2,41 Prozent, der niedriger ausfiel als im Vertrag vereinbart.[181] Die Deutsche Bank verbuchte aus der gesamten Transaktion einen Gewinn von 127 Prozent der Kapitalerhöhung in die Reserve.[182]

4.2.4.1.3 Governance-Konflikt II

Eine wichtige Frage, mit der sich der Vorstand der Deutschen Bank im Vorfeld beschäftigte, war, wie man mit dem eigenen Bestand an Bergisch-Märkische-Bank-Aktien verfährt. Eine Möglichkeit war, diese Aktien zu behalten und umzutauschen. Der Vorstand beschloss aber, seine Anteile an das Syndikat zu verkaufen, sodass die Aktien an einen neuen Besitzer übergingen.[183] Damit sicherte der Vorstand der Deutschen Bank, dass die Aktionäre auf der außerordentlichen Generalversammlung der Bergisch-Märkischen Bank die Übernahme genehmigten.[184] Nach Art. 43 des Statuts der Bergisch-Märkischen Bank mussten in der außerordentlichen Generalversammlung bei Abstimmungen zum einen Zweidrittel des Grundkapitals vertreten sein und zum anderen mussten Dreiviertel des bei der Beschlussfassung vertretenen Kapitals für einen Antrag stimmen.[185] Die Deutsche Bank durfte an der Abstimmung wegen Befangenheit nicht teilnehmen. Da die Mitglieder des Syndikats als die neuen Inhaber der Aktien stimmberechtigt waren, mussten sich nur noch weitere 8 Mio. M. für die Fusion aussprechen. Damit schränkte die Deutsche Bank als Großaktionär die Stimmrechte der Kleinaktionäre der Bergisch-Märkischen Bank ein. Aus juristischer Sicht war das Vorhaben auch problematisch. In einem ähnlichen Fall hatte das Kölner Oberlandesgericht zugunsten der Aktionäre entschieden. Dieser Fall betraf die Berlin-Anhaltische Maschinenfabrik, die Aktien der Maschinenfabrik Bayenthal besaß und mit der sie fusionieren wollte. Vor der Übernahme verkaufte die Berlin-Anhaltische Maschinenfabrik ihre Anteile an ein Konsortium. Das Kölner Oberlandesgericht war der Meinung, dass es sich dabei um ein „Scheingeschäft" handelte und die Aktien deshalb nicht stimmberechtigt waren. Der Vorstand der Deutschen Bank äußerte Bedenken und hoffte, dass sich auf der außerordentlichen Generalversammlung der Bergisch-Märkischen Bank bei der Abstimmung keine Opposition bilden würde. Um das sicherzustellen, zog der Vorstand Juristen hinzu, die auf der außerordentlichen Generalversammlung

180 Vgl. Sekretariat zur Fusion zwischen der Bergisch-Märkischen Bank, der Norddeutschen Creditanstalt und dem Schlesischen Bankverein, 25.8.1919, HADB, S. 4343.
181 Vgl. Deutsche Bank an Carl Fürstenberg, 14.5.1914, HADB, S. 4343.
182 63.500.000 M (vgl. Geschäftsbericht der Deutschen Bank 1914).
183 Vgl. Korrespondenz innerhalb des Sekretariats der Deutschen Bank, 14.4.1914, HADB, S. 4343.
184 Für den Verkauf waren zusätzlich steuerliche Gründe ausschlaggebend (vgl. Korrespondenz innerhalb des Sekretariats der Deutschen Bank, 14.4.1914, HADB, S. 4343).
185 Vgl. ebd.

Unklarheiten klären sollten.[186] Alle beteiligten Parteien versicherten zudem, dass das Syndikat keine Verpflichtung eingeht, für die Fusion zu stimmen.[187] Im Syndikatsvertrag nahm die Deutsche Bank die Klausel auf, dass das Syndikat frei über das Stimmrecht verfügt.[188]

Tabelle 51: Beteiligungen im Syndikat, Kapitalerhöhung der Deutschen Bank 1914.

	Beteiligung (%)
Auswärtige Banken	26,22
Syndikatsausschuss	14,80
Konto Z[189]	14,42
Aufsichtsrat	14,40
Vorstand	11,90
Berliner Banken	9,84
Bergisch-Märkische Bank	8,42

Quelle: Eigene Berechnungen, HADB, S. 4343.

Tabelle 52: Beteiligungen im Syndikatsausschuss, Kapitalerhöhung der Deutschen Bank 1914.

	Beteiligung (%)
Schlesischer Bankverein (Leitung)	20,27
Essener Credit-Anstalt	16,22
Rheinische Creditbank	13,51
Hannoversche Bank	8,11
Schweizerische Kreditanstalt	8,11
Lazard Speyer-Ellissen	6,76
Jacob S. H. Stern	6,76

186 Vgl. Carl Michalowsky an Emil Berve, 24.3.1914, HADB, S. 4343.
187 Vgl. Schlesischer Bankverein an Justizrat Krüll, 25.3.1914, HADB, S. 4343.
188 Vgl. Vertrag zwischen der Deutschen Bank und dem Syndikat für die Kapitalerhöhung 1914, HADB, S. 4343.
189 Darunter wurden einige Aufsichtsrats- und Vorstandsmitglieder verbucht.

Tabelle 52 (fortgesetzt)

	Beteiligung (%)
Deutsche Vereinsbank	5,41
Pfälzische Bank	5,41
Württembergische Vereinsbank	5,41
Mecklenburgische Hypotheken- und Wechselbank	4,05

Quelle: Eigene Berechnungen, HADB, S. 4343.

4.2.4.2 Kapitalerhöhung 1917: Fusion

4.2.4.2.1 Transaktionsstruktur

1917 erhöhte die Deutsche Bank ihr Grundkapital um 25 Mio. M auf 275 Mio. M. Mit dem neuen Kapital finanzierte sie die Fusion mit dem Schlesischen Bankverein und der Norddeutschen Creditanstalt. Das Vermögen beider Institute ging unter Ausschluss der Liquidation auf die Deutsche Bank über. Die Deutsche Bank hat trotz des Ersten Weltkrieges und der schlechten wirtschaftlichen Gesamtlage zwei Fusionen durchgeführt. Die Fusion 1917 mit dem Schlesischen Bankverein und der Norddeutschen Creditanstalt erfolgte aus strategischen Gründen. Die Deutsche Bank hatte bisher noch keine eigenen Niederlassungen in den östlichen Gebieten. Der Schlesische Bankverein war in der Provinz Schlesien aktiv und hatte seine Zentrale in Breslau. Die Norddeutsche Creditanstalt dagegen war in Königsberg ansässig und deckte Pommern sowie Ost- und Westpreußen ab. Der Vorstand rechnete damit, dass dem Osten nach dem Krieg durch die politischen und wirtschaftlichen Veränderungen eine größere Bedeutung zukommen werde. Die Darmstädter und Dresdner Bank seien mit eigenen Filialen dort bereits vertreten und auch die Disconto-Gesellschaft stehe in Verhandlungen mit verschiedenen Finanzinstituten, so der Vorstand.[190] Die Übernahme des Schlesischen Bankvereins ist auch als Konsequenz aus der bisherigen Beteiligung der Deutschen Bank anzusehen. Die Deutsche Bank besaß ein Aktienpaket von 47 Prozent an der Provinzbank.

Der Vorstand ging im Vorfeld von einem schwierigen Zusammenschluss aus und stellte sich auf Widerstand seitens der Geschäftsinhaber und des Aufsichtsrats der Fusionspartner ein.[191] Die Verhandlungen nahm der Vorstand im Dezember 1916 auf. Bevor der Vorstand ein offizielles Kommuniqué abgab, wartete er noch bis Ende Januar

190 Vgl. Korrespondenz innerhalb des Sekretariats, HADB, S. 4359.
191 Vgl. ebd.

1917 die Revision der Deutschen Treuhand-Gesellschaft ab über die finanzielle Situation der beiden Unternehmen.[192] Am Ende einigte man sich auf folgendes Angebot: Die Deutsche Bank bot den Kommanditaktionären des Schlesischen Bankvereins an, ihre Anteile gegen neue Deutsche-Bank-Aktien in einem Verhältnis von 8:5 umzutauschen.[193] Demnach benötigte die Deutsche Bank für ein Aktienkapital von 50 Mio. M des Schlesischen Bankvereins nach Abzug ihrer eigenen Beteiligung an der Provinzbank insgesamt 16.650.000 M neue Deutsche-Bank-Aktien.[194] Ihre eigene Beteiligung von 23.360.000 M Anteile am Schlesischen Bankverein verkaufte sie an ein Konsortium. Die restlichen 8.350.000 M Aktien von der Kapitalerhöhung nutzte die Deutsche Bank für die Übernahme der Norddeutschen Creditanstalt. Die Aktionäre der Norddeutschen Creditanstalt konnten ihre Aktien gegen neue Deutsche-Bank-Aktien zu einem Verhältnis von 2:1 umtauschen. Bei einem Aktienkapital von 24 Mio. M der Norddeutschen Creditanstalt fehlten der Deutschen Bank zusätzlich 3.650.000 M Aktien, die sie sich aus anderen Mitteln beschaffte.[195] Die Aktionäre des Schlesischen Bankvereins und der Norddeutschen Creditanstalt erhielten zusätzlich eine Dividende für 1916 und einen Bonus von 10 Prozent bzw. 6 Prozent ausgezahlt. Die Aufsichtsratsmitglieder bekamen eine Tantieme für 1916 zugesichert.[196]

Die neuen Deutsche-Bank-Aktien von 25 Mio. M. übernahm ein Syndikat. Die Beteiligungen des Syndikats fielen bei dieser Kapitalerhöhung im Vergleich zu 1914 etwas anders aus (Tabelle 53). Die höchste Beteiligung ging dieses Mal auch an Auswärtige. Die Berliner Finanzinstitute erhielten einen Betrag von 28 Prozent, der deutlich höher ausfiel als letztes Mal. Die BHG und Dresdner Bank erhielten die höchste Quote unter den Berlinern. Der Aufsichtsrat wurde mit 10 Prozent berücksichtigt. Der Vorstand beteiligte sich nicht mehr an der Kapitalerhöhung. Die Leitung übernahm wieder ein Syndikatsausschuss, der mit 17 Prozent beteiligt war (Tabelle 54). Er setzte sich aus denselben Mitgliedern wie 1914 zusammen. Nur der Schlesische Bankverein und die Schweizerische Kreditanstalt entfielen. Die Leitung übernahm die Hannoversche Bank.[197] Auf der außerordentlichen Generalversammlung der Deutschen Bank hatten Syndikatsmitglieder zusammen ein Aktienkapital von 14 Prozent. Von den Ausschussmitgliedern waren alle außer der Pfälzischen Bank Aktionäre auf der außerordentlichen Generalversammlung der Deutschen Bank.

Die außerordentliche Generalversammlung der Deutschen Bank fand am 07. März 1917 statt. Den Antrag des Vorstandes und des Aufsichtsrats über die Kapitalerhöhung

192 Vgl. Direktionssitzung der Deutschen Bank, 5.2.1917, HADB, S. 4359.

193 Auf 8.000 M Anteile des Schlesischen Bankvereins entfielen 5.000 M Aktien der Deutschen Bank.

194 Nach Abzug der Aktienbeteiligung der Deutschen Bank hatte der Schlesische Bankverein noch ein Aktienkapital von 26.640.000 M.

195 Aus den Quellen wird nicht deutlich, aus welchen Mitteln sie sich den Fehlbetrag beschaffte.

196 Vgl. Prospekt Kapitalerhöhung der Deutschen Bank um 25 Mio. M Aktien 1917, HADB, S. 4349.

197 Vgl. Beteiligungen, Kapitalerhöhung der Deutschen Bank 1917, HADB, S. 4359.

nahmen die Aktionäre einstimmig an. Die Aktionäre wählten den Geschäftsinhaber des Schlesischen Bankvereins Moritz Lipp und einige Aufsichtsratsmitglieder sowie Aufsichtsratsmitglieder der Norddeutschen Creditanstalt in den Aufsichtsrat der Deutschen Bank.[198] Damit vergrößerte sich der Aufsichtsrat der Deutschen Bank um acht neue Mitglieder. Es gehörte zur Übernahmevereinbarung zwischen den Vertragspartnern, dass die Deutsche Bank Mitglieder in den Aufsichtsrat aufnahm.[199] Die Altaktionäre der Deutschen Bank hatten bei dieser Kapitalerhöhung kein Bezugsrecht auf die neuen Aktien. Inwiefern sich die Übernahme der beiden Banken auf den Aktienkurs ausgewirkt hat, kann man nicht sagen, weil die Börse 1917 geschlossen blieb. Am Ende der Transaktion verbuchte die Deutsche Bank einen Gewinn von 145 Prozent von der Kapitalerhöhung in die Reserve.[200] Das Konsortium erhielt eine Provision von 2 Prozent.[201]

Tabelle 53: Beteiligungen im Syndikat, Kapitalerhöhung der Deutschen Bank 1917.

	Beteiligung (%)
Auswertige Banken	35,28
Berliner Banken	28,11
Syndikatsausschuss	16,99
Österreich-Ungarn	10,11
Aufsichtsrat	9,51

Quelle: Eigene Berechnungen, HADB, S. 4359.

Tabelle 54: Beteiligungen im Syndikatsausschuss, Kapitalerhöhung der Deutschen Bank 1917.

	Beteiligung (%)
Hannoversche Bank	23,81
Essener Credit-Anstalt	23,81

198 Schlesischer Bankverein: Felix Porsch (Breslau), Valentin Graf von Ballestrem (Ober-Gläsersdorf), Fürst von Hatzfeldt (Trachenberg), Caspar Graf Kerssenbrock (Kerssenbrock). Norddeutsche Creditanstalt: Fritz Zielske (Königsberg), Adolf Unruh (Danzig), Georg Manasse (Stettin) (vgl. Protokoll der außerordentlichen Generalversammlung vom 7.3.1917, Bundesarchiv, R 3118/1185).
199 Vgl. Deutsche Bank Bericht, HADB, S. 4091.
200 Vgl. Korrespondenz innerhalb des Sekretariats, 16.2.1917, HADB, S 4359.
201 Vgl. ebd.

Tabelle 54 (fortgesetzt)

	Beteiligung (%)
Rheinische Creditbank	11,90
Lazard Speyer-Ellissen	9,52
Jacob S. H. Stern	9,52
Deutsche Vereinsbank	5,95
Württembergische Vereinsbank	5,95
Mecklenburgische Hypotheken- & Wechselbank	4,76
Pfälzische Bank	4,76

Quelle: Eigene Berechnungen, HADB, S. 4359.

4.2.4.2.2 Governance-Konflikt

Die Deutsche Bank verkaufte ihre Beteiligung von 47 Prozent am Schlesischen Bankverein an das Übernahmesyndikat. Damit sicherte sie sich, dass ihre Anteile am Schlesischen Bankverein auf der außerordentlichen Generalversammlung der Provinzbank stimmberechtigt waren.[202] Durch den Verkauf des Bestandes ging das Stimmrecht auf das Syndikat über.[203] Wie bei der Kapitalerhöhung 1914 schränkte die Deutsche Bank als Großaktionär das Stimmrecht der Kleinaktionäre des Schlesischen Bankvereins ein. Eigentlich wären die Anteile der Deutschen Bank wegen Befangenheit nicht stimmberechtigt gewesen. Das Syndikat meldete die Anteile der Deutschen Bank nicht als Gesamtpaket für die außerordentliche Generalversammlung des Schlesischen Bankvereins an, sondern verteilte die Anteile auf Vorschlag der Deutschen Bank auf mehrere befreundete Banken.[204] Dazu gehörten Abraham Schlesinger, die BHG, die Dresdner Bank, die Hannoversche Bank, Jacquier & Securius sowie S. Bleichröder.[205]

Während sich bei der Deutschen Bank keine Opposition auf der außerordentlichen Generalversammlung bildete, verhielten sich die Anteilseigner des Schlesischen Bankvereins offensiver. 37 Kommanditaktionäre waren auf der außerordentlichen Generalversammlung am 7. März 1917 mit einem Kapital von 63 Prozent erschienen. Der Aufsichtsrat und Vorstand des Schlesischen Bankvereins sprachen sich für die Übernahme durch die Deutsche Bank aus und versuchten die Kommanditaktionäre von

202 Damit fiel auch auf den Betrag der Schlesischen-Bank-Anteile keine Einkommenssteuer (vgl. Korrespondenz innerhalb des Sekretariats, 16.2.1917, HADB, S. 4359).

203 Vgl. Korrespondenz innerhalb des Sekretariats, 8.12.1916, HADB, S. 4359.

204 Vgl. Deutsche Bank an Direktion der Hannoverschen Bank, 28.2.1917, HADB, K16/207.

205 Vgl. Deutsche Bank an Hannoversche Bank, 2.3.1917, HADB, S. 4359.

dem geplanten Geschäft zu überzeugen. Der Vorsitzende des Aufsichtsrats Porsch erklärte, dass der Zusammenschluss als Konsequenz aus der Interessengemeinschaft von 1897 anzusehen sei. Die Deutsche Bank habe in den Jahren einen großen Aktienbesitz der Provinzbank erworben. Die gegenwärtige politische Lage beschleunigte den Entschluss, sich zusammenzuschließen. Vorstand Emil Berve verwies noch darauf, dass der Vorstand sich bei den Verhandlungen dafür eingesetzt habe, ein möglichst gutes Angebot für die Kommanditaktionäre des Schlesischen Bankvereins zu erzielen.[206] Die Rede überzeugte nicht alle anwesenden Kommanditaktionäre. Moritz Schlesinger forderte eine Vertagung der Abstimmung. Er wollte zusätzliche Punkte auf die Tagesordnung setzen, konnte aber im Vorfeld nicht die dafür notwendigen 5 Prozent an Aktienkapital mobilisieren. Er war der Meinung, dass die Abfindung für die Anteilseigner des Schlesischen Bankvereins zu niedrig ausfalle, und setzte sich für eine Erhöhung um 5 Prozent ein. Aktionär Lasskowitz stimmte dem zu, denn er fand die Abfindung auch ungünstig. Schließlich votierten 313.415 Stimmen gegen 320 Stimmen für die Fusion.[207] Die Umtauschfrist wurde auf den 20. April 1917 festgesetzt.[208] Allerdings akzeptierte die Deutsche Bank noch 1919 wegen des Ersten Weltkrieges einen Aktientausch.[209]

4.2.5 Governance-Konflikt: Depotstimmrecht und Aktionärsopposition

4.2.5.1 Kapitalerhöhung 1929: Fusion

4.2.5.1.1 Transaktionsstruktur

Nach der Überwindung der Inflation 1924 führte die Deutsche Bank während der Weltwirtschaftskrise 1929 eine Kapitalerhöhung von 135 Mio. RM auf 285 Mio. RM durch. Mit dem neuen Aktienkapital finanzierte sie die Fusion mit der Disconto-Gesellschaft. Der Zusammenschluss der zwei größten Universalbanken gehörte neben der Bildung der I.G. Farben und der Vereinigten Stahlwerke mit zu den bedeutendsten Ereignissen der Konzentrationsbewegung der Weimarer Republik. Nachdem sich bereits 1922 mit der Darmstädter Bank für Handel und Industrie und der Nationalbank für Deutschland die ersten Berliner Großbanken zusammengeschlossen hatten, entschlossen sich die Deutsche Bank und die Disconto-Gesellschaft auch zu diesem Schritt. Die Geschäftsführer beider Gesellschaften begründeten diesen Entschluss mit Rationalisierungsmaßnahmen, die aufgrund der schlechten wirtschaftlichen Situa-

206 Vgl. Fusion Schlesischer Bankverein – Deutsche Bank, Berliner Börsen-Zeitung, 8.3.1917.
207 Vgl. ebd.
208 Vgl. Umtausch der Anteile des Schlesischen Bankvereins und Aktien der Norddeutschen Creditanstalt, HADB, S. 4091.
209 Vgl. Umtausch Aktien der Bergisch-Märkischen Bank, der Norddeutschen Creditanstalt und des Schlesischen Bankvereins in Aktien der Deutschen Bank, März 1919, HADB, S. 4359.

tion notwendig seien. Mit der Fusion verfolgen sie das Ziel, ihre Fixkosten zu senken, wie der Geschäftsinhaber der Disconto-Gesellschaft Arthur Salomonsohn auf der außerordentlichen Generalversammlung erklärte: „Der Grund für die Fusion liegt in der beiderseitigen Erkenntnis, daß die Mittel, die bisher angewandt worden sind, um die von Jahr zu Jahr steigenden Steuerlasten und Personalunkosten auszugleichen, zwar bisher erfolgreich waren, für die weitere Zukunft aber immer weniger ausreichend sein werden."[210] Die Fusion war keine Ad-hoc-Entscheidung, sondern wurde bereits vor zwei Jahren diskutiert. Über die Verhandlungen ist nur eine Denkschrift von Georg Solmssen von 1929 überliefert. Sie fasst Gespräche zwischen Vorstand Oscar Schlitter von der Deutschen Bank und Geschäftsinhaber Robert Pferdmenges vom Schaaffhausen'schen Bankverein zusammen. Demnach habe Oscar Schlitter Robert Pferdmenges mehrmals eine Fusion mit der Deutschen Bank nahegelegt und ihn aufgefordert, sich mit der Disconto-Gesellschaft über die Sache auszutauschen. Auch habe er dabei auf die Verhandlungen zwischen der Deutschen Bank und der DANAT-Bank bezüglich einer Fusion verwiesen.[211] Akten zu weiteren Verhandlungen gibt es keine. In der Öffentlichkeit betonten beide Geschäftsführer, dass es sich um eine gleichwertige Verbindung zweier starker Partner handele, die nicht dazu diene, ein Institut finanziell zu stützen.[212] Bei der Fusion wurde keine neue Gesellschaft gegründet, sondern die Disconto-Gesellschaft übertrug ihr gesamtes Vermögen auf die Deutsche Bank ohne Ausschluss der Liquidation und gab damit ihre bisherige Rechtsform der KGaA auf. Die Deutsche Bank wechselte ihren Namen in „Deutsche Bank und Disconto-Gesellschaft". Sie bot den Kommanditaktionären der Disconto-Gesellschaft an, 135 Mio. M neue Aktien im Verhältnis von 1:1 umzutauschen. Nicht umgetauschte Aktien erklärte sie für kraftlos.[213] Der Vorstand der Deutschen Bank und Disconto-Gesellschaft wurde von sieben auf zwölf Mitglieder erweitert.[214] Die Aufsichtsräte beider Gesellschaften wurden vereinigt, sodass sich der neue Aufsichtsrat aus 115 Mitgliedern zusammensetzte. Max Steinthal von der Deutschen Bank und Franz Urbig von der Disconto-Gesellschaft übernahmen abwechselnd den Vorsitz.[215] Tochtergesellschaften der Disconto-Gesellschaften und der Deutschen Bank wurden mit der Fusion in den neuen Konzern unter Ausschluss der Liquidation aufgenommen. Dazu gehörten die Norddeutsche Bank in Hamburg, der A. Schaaffhausen'scher Bankverein in Köln, die Rheinische Creditbank

210 Vgl. Außerordentliche Generalversammlung der Disconto-Gesellschaft, Berliner Börsen-Zeitung, 29.10.1929.

211 Vgl. Gall: Die Deutsche Bank (wie Anm. 54), S. 260 f.

212 Vgl. ebd.

213 Vgl. Protokoll der außerordentlichen Generalversammlung der Deutschen Bank, 29.10.1929, Bundesarchiv, R 3118/1181.

214 Die Geschäftsinhaber Georg Solmssen, Eduard Mosler, Gustav Schlieper, Theodor Frank und Franz A. Boner von der Disconto-Gesellschaft und Alfred Blinzig, Werner Kehl, Oskar Schlitter, Emil Georg von Stauß und Oscar Wassermann von der Deutschen Bank bildeten seit 1929 den Vorstand.

215 Vgl. Geschäftsbericht der Deutschen Bank 1929.

in Mannheim und die Süddeutsche Disconto-Gesellschaft AG.[216] Für die Fusion mit diesen Banken nahm die Deutsche Bank kein neues Aktienkapital auf, da sie und die Disconto-Gesellschaft Großaktionäre bei diesen Banken waren. Die Disconto-Gesellschaft hatte eine Eingliederungsbeteiligung von über 95 Prozent bei der Norddeutschen Bank und dem A. Schaaffhausen'schen Bankverein und eine qualifizierte Mehrheitsbeteiligung von über 80 Prozent bei der Süddeutschen Disconto-Gesellschaft.[217] Die Deutsche Bank war mit über 50 Prozent an der Rheinischen Creditgesellschaft beteiligt.[218] Das restliche Aktienkapital dieser Banken wollten die Deutsche Bank und die Disconto-Gesellschaft von den Aktionären gegen eine Barzahlung erwerben.[219] Laut den Fusionsverträgen standen ihnen diese Aktien zur Verfügung.[220]

4.2.5.1.2 Governance-Konflikt

Die Aktionäre der Deutschen Bank stimmten am 29. Oktober 1929 über die Kapitalerhöhung und die Fusion ab. Das Bezugsrecht auf die neuen Aktien schloss die Verwaltung für Altaktionäre der Deutschen Bank aus. Auf dieser außerordentlichen Generalversammlung gab es Gegenstimmen, Protest und zusätzliche Anträge einzelner Aktionäre, was für die Generalversammlung der Deutschen Bank eher ungewöhnlich war. Bereits die Vorbereitungen für die außerordentliche Generalversammlung zeigen einige interessante Governance-Aspekte. Ein Schreiben der Geschäftsinhaber des A. Schaaffhausen'schen Bankvereins an ihre Filialen verrät, wie Banken mit dem Depotstimmrecht ihrer Kunden umgingen. Sie machten ihre Filialen darauf aufmerksam, dass sie für die bevorstehenden außerordentlichen Generalversammlungen der Disconto-Gesellschaft und der Deutschen Bank möglichst viel Aktienkapital zur Vertretung mobilisieren

---

216 Neue Deutsche-Bank-Aktien gegen Aktien der Norddeutschen Bank und dem A. Schaaffhausen'schen Bankverein im Verhältnis von 1:1. Das Aktienkapital der Norddeutschen Bank betrug 12 Mio. RM und das des A. Schaaffhausen'schen Bankvereins 25 Mio. RM. 300 RM neue Deutsche-Bank-Aktien gegen 400 RM Aktien der Rheinischen Creditbank. Das Aktienkapital der Rheinischen Creditbank betrug 24 Mio. RM. 500 RM neue Deutsche-Bank-Aktien gegen 600 RM Aktien der Süddeutschen Disconto-Gesellschaft. Das Aktienkapital der Süddeutschen Disctongesellschaft betrug 15 Mio. RM (vgl. Protokoll der außerordentlichen Generalversammlung der Deutschen Bank, 29.10.1929, Bundesarchiv, R 3118/1181).

217 Vgl. Protokoll der außerordentlichen Generalversammlung der Norddeutschen Bank, des A. Schaaffhausen'schen Bankvereins und der Süddeutschen Disconto-Gesellschaft, 28.10.1929, Bundesarchiv, R 3118/1181.

218 Interessant ist, dass auf der außerordentlichen Generalversammlung am 28.10.1929 bei der Abstimmung über die Fusion die Disconto-Gesellschaft und nicht die Deutsche Bank 52,18 Prozent des Gesamtaktienkapitals repräsentierte (vgl. Protokoll der außerordentlichen Generalversammlung der Rheinischen Creditbank, 28.10.1929, Bundesarchiv, R 3118/1181). Zur Beteiligung der Deutschen Bank vgl. Karl Jahr an Carl Michalowsky, 12.12.1923, HADB, S 4018.

219 Vgl. Prospekt Kapitalerhöhung von 135 Mio. RM neue Aktien der Deutschen Bank und Disconto-Gesellschaft, November 1929, Bundesarchiv, R 3118/1181.

220 Vgl. § 3, Fusionsvertrag zwischen der Deutschen Bank und der Rheinischen Creditbank, 22.10.1929, Bundesarchiv, R 3118/1181.

möchten, die die Verwaltungsanträge unterstützen. Die Geschäftsinhaber baten ihre Filialen, sich um genügend Kommanditanteile der Disconto-Gesellschaft zu kümmern und an Orten, an denen die Deutsche Bank nicht mit eigenen Filialen vertreten war, auch um Deutsche-Bank-Aktien.[221] Sie fügten einen Entwurf bei, den die Filialen an ihre Depotkunden verschicken sollten. Sie informierten ihre Depotkunden darin, dass, wenn sich die Aktionäre bis zum 21. Oktober 1920 nicht melden, der Schaaffhausen'sche Bankverein ihre Kommanditanteile der Disconto-Gesellschaft „im Sinne der Anträge der Verwaltung"[222] vertreten werde. Auch die Disconto-Gesellschaft richtete sich an ihre Filialen und bat sie zusätzlich, sich um Aktien der Deutschen Bank zu kümmern.[223] Diese Maßnahmen erklären auch, warum auf der außerordentlichen Generalversammlung der Deutschen Bank 1929 über 50 Prozent des Aktienkapitals repräsentiert war und damit deutlich mehr als in den Vorjahren. Die Mobilisierung des Aktienkapitals hat funktioniert, da die Anträge der Verwaltung von den Aktionären angenommen wurden. Das Beispiel demonstriert zum einen, dass Banken sich für die Verwendung ihrer Aktien die Erlaubnis ihrer Kunden einholen mussten, und zum anderen, dass es für Banken einfach war, Aktien zu mobilisieren und für die Anträge der Verwaltung zu stimmen.

Die Anträge für die Kapitalerhöhung der Deutschen Bank und die Fusion wurden auf der außerordentlichen Generalversammlung mit 20 Gegenstimmen vom Aktionär Brückner, 100 Gegenstimmen vom Aktionär Alsberg und 2.063 Gegenstimmen vom Aktionär Marx mit der notwendigen Dreiviertelmehrheit angenommen. Die Aktionäre Alsberg und Brückner erhoben zusätzlich Einspruch gegen die Anträge.[224] Aktionär Marx stellte einen eigenen Antrag zur Abstimmung, der sich gegen die geplante Satzungsänderung der Verwaltung richtete. Die neue Satzung der Deutschen Bank enthielt keine Bestimmung mehr darüber, wer den Ausgabekurs neuer Aktien bei einer Kapitalerhöhung festlegte. Aktionär Marx beklagte, dass, wenn diese Aufgabe nicht mehr dem Aufsichtsrat zufalle, der Vorstand diese Aufgabe jetzt übernehmen werde. Er forderte, wieder die alte Regel aufzunehmen, nach der der Aufsichtsrat den Ausgabekurs bestimmte. Zudem wollte er eine Begrenzung für die Anzahl der Vorstandsmitglieder auf acht und der Aufsichtsratsmitglieder auf 30 sowie für beide Gremien eine feste Vergütung in der Satzung festschreiben.[225] Auch setzte er sich dafür ein, dass strengere Regeln für die Ausübung des Depotstimmrechts in die Satzung aufgenommen werden. Damit wollte er erreichen, dass die eigentlichen Aktienbesitzer und

---

221 Vgl. A. Schaaffhausen'scher Bankverein an ihre Niederlassungen, 7.10.1929, HADB, F55/2640.

222 Entwurf eines an die Depot-Kundschaft zu richtenden Schreibens, Oktober 1929, HADB, F55/2640.

223 Vgl. Disconto-Gesellschaft an die Hauptfilialen, 11.10.1929, HADB, F55/2640.

224 Vgl. Stenographische Niederschrift, außerordentliche Generalversammlung der Deutschen Bank, 29.10.1929, HADB, F88/2395.

225 Vgl. ebd.

die rechtmäßigen Vertreter auf der Generalversammlung stärker präsent sind.[226] Die Anträge des Aktionärs Marx wurden von der Mehrheit der anwesenden Aktionäre auf der außerordentlichen Generalversammlung nicht weiter zur Diskussion gebracht, sodass sie sich erledigten.[227] Die außerordentliche Generalversammlung der Disconto-Gesellschaft fand am selben Tag statt. Der Antrag zur Fusion mit der Deutsche Bank wurde mit 224.000 Gegenstimmen angenommen. Repräsentiert waren 75,94 Prozent des Gesamtaktienkapitals der Disconto-Gesellschaft. Der größte Aktionär war mit 36,03 Prozent die niederländische Bank Handel Maatschappij H. Albert de Bary & Co.[228] Der zweitgrößte Aktionär mit 21,63 Prozent war das Kasseler Bankhaus L. Pfeiffer und der drittgrößte Aktionär mit 14,53 Prozent die zum eigenen Konzern gehörende Wirtschaftsprüfungsgesellschaft, die Revision Treuhand AG.[229] Nachdem die Aktionäre aller beteiligten Gesellschaften die Fusion genehmigt hatten, veröffentlichte die Deutsche Bank und Disconto-Gesellschaft im Dezember 1929 eine Aufforderung an die Kommanditaktionäre der Disconto-Gesellschaft und die Aktionäre der anderen Fusionspartner, ihre Aktien bis zum 30. März 1930 in neue Aktien der Gesellschaft umzutauschen.[230]

4.2.6 Neue Governance-Formen

4.2.6.1 Kapitalerhöhung 1923: Schutzaktien

Die Deutsche Bank erhöhte 1923 ihr Aktienkapital um 700 Mio. M auf 1.500 Mio. M und führte damit ihre im Nominalwert bisher größte Kapitalerhöhung durch. Der Vorstand begründete diesen Schritt mit der Geldentwertung und der allgemeinen schlechten Kapitalsituation 1923.[231] Am Ende des Jahres stellte der Vorstand ernüchternd fest, dass die Kapitalerhöhung und die Reserve durch den „restlosen Zusammenbruch unserer Währung bedeutungslos geworden“[232] sind. An dieser Kapitalerhöhung wird deutlich, wie die Deutsche Bank auf die (Hyper-) Inflation reagierte, indem sie nämlich neues Aktienkapital aufnahm und mit den Schutzaktien eine neue Aktiengattung einführte. Es war zunächst nicht vorgesehen, die neuen Aktien dem Publikum anzubieten. Die

---

226 Vgl. ebd.

227 Vgl. ebd.

228 Die Bank wurde 1919 unter Beteiligung der Disconto-Gesellschaft gegründet (vgl. Harold James/Martin L. Müller (Hg.): Georg Solmssen – Ein deutscher Bankier. Briefe aus einem halben Jahrhundert 1900–1956. München 2012, S. 577).

229 Vgl. Protokoll der außerordentlichen Generalversammlung der Disconto-Gesellschaft, 29.10.1929, Bundesarchiv, R 3118/1181.

230 Vgl. Aufforderung zum Umtausch, Deutsche Bank und Disconto-Gesellschaft, Dezember 1929, HADB, S. 4157.

231 Vgl. Außerordentliche Generalversammlung der Deutschen Bank, Berliner Börsen-Zeitung 20.3.1923.

232 Vgl. Geschäftsbericht der Deutschen Bank 1923.

Verwendung der neuen Aktien gestaltete sich wie folgt: 300 Mio. M neue Deutsche-Bank-Aktien übernahm ein Konsortium zu pari und zahlte 25 Prozent davon sofort ein und den Rest später. Davon bot das Konsortium 200 Mio. M neue Aktien den Altaktionären der Deutschen Bank im Verhältnis von 4:1 zum Bezug an.[233] Im Kapitalerhöhungsbeschluss stand der Ausgabekurs für diese Aktien noch nicht fest, sondern sollte vom Vorstand zusammen mit dem Aufsichtsratsvorsitzenden später bestimmt werden. Der Vorstand wollte aufgrund der hohen Schwankungen am Aktienmarkt den Kurs kurzfristig bestimmen. Der Ausgabekurs sollte aber so gestaltet werden, dass er einen Anreiz für die Altaktionäre bot[234] Der Vorsitzende des Aufsichtsrats war 1923 Rudolph von Koch, ehemaliges Vorstandsmitglied der Deutschen Bank. Die restlichen 100 Mio. M neue Aktien im Konsortium sollten nach Weisung des Vorstandes verwendet werden. Der Erlös aus diesen Aktien ging an die Deutsche Bank.[235]

Im März 1923 erhielt Oscar Wassermann von Herrn Fehr von Dreyfus & Co. einen Brief, in dem er sich zur Verwendung dieses Aktienpostens äußerte. Demnach überlegte die Deutsche Bank, 100 Mio. M Aktien in die USA gegen die Ausgabe von amerikanischen Zertifikaten zu verkaufen. Diese Aktien sollten im Depot von Dreyfus & Co. bleiben und das Stimmrecht dem Vorstand der Deutschen Bank überlassen werden.[236] Inwiefern die Deutsche Bank diese Pläne verwirklichte, lässt sich in der Korrespondenz nicht mehr nachvollziehen. Die restlichen 400 Mio. M Aktien aus der Kapitalerhöhung verwendete der Vorstand als Schutzaktien. Diese gingen zu pari an eine Tochtergesellschaft der Deutschen Bank, die Deutsche Treuhand-Gesellschaft, und bildeten 20 Prozent des neuen Aktienkapitals der Deutschen Bank. Die Deutsche Bank errichtete hierfür ein zins- und provisionsfreies Konto. Die Deutsche Bank und die Deutsche Treuhand-Gesellschaft vereinbarten, dass auf diese Aktien vorerst nur 25 Prozent eingezahlt werden. Die Aktien hatten keinen Anspruch auf die Dividende, sodass das Tochterunternehmen von dieser Transaktion nicht profitierte. Allerdings verfügte die Deutsche Treuhand-Gesellschaft mit den Aktien über 20 Prozent des Stimmrechts bei der Deutschen Bank. Laut den Vereinbarungen durfte die Deutsche Treuhand-Gesellschaft die Aktien nur nach Absprache mit der Deutschen Bank verwenden. Demnach konnte der Vorstand der Deutschen Bank auch Einfluss darauf nehmen, wie das Stimmrecht aus diesen Aktien sich gestaltete. Die Deutsche Bank hatte das Recht, diese Aktien jederzeit zum eingezahlten Nennwert zurückzuerwerben.[237] Im Vorfeld der Transaktion ließ sich der Vorstand von der Rechtsabteilung beraten, auf welche Weise die Deutsche Treuhand-Gesellschaft die Schutzaktien übernehmen könnte. So gab es verschiedene Formen, wie

233 Vgl. Zeichnungsschein Württembergische Vereinsbank, 20.3.1923, HADB, S. 4370.
234 Vgl. Protokoll der außerordentlichen Generalversammlung, 20.3.1923, Bundesarchiv, R 3118/1180.
235 Vgl. Zeichnungsschein Württembergische Vereinsbank, 20.3.1923, HADB, S. 4370.
236 Vgl. Fehr an Oscar Wassermann, 21.3.1923, HADB, S. 4370.
237 Vgl. Deutsche Treuhand-Gesellschaft an die Deutsche Bank, 27.3.1923, HADB, S. 4370.

die Deutsche Bank sich die Verwendung ihrer Aktien sichern konnte. Die erste Möglichkeit war, dass die Deutsche Bank bei der Begebung der Aktien ein Rückerwerbsrecht im Vertrag festsetzt. Das Rückerwerbsrecht sollte der Vorstand jedoch nur im Einvernehmen mit dem Aufsichtsratsvorsitzenden vornehmen. Dies war wichtig, damit nicht der Eindruck entsteht, dass der Vorstand die Schutzaktien nutzt, um seine Stellung gegenüber dem Aufsichtsrat und der Generalversammlung zu verbessern. Die zweite Möglichkeit war, dass das Rückerwerbsrecht einem Konsortium übertragen wird, das sich aus dem Vorstand nahestehenden Mitgliedern zusammensetzt. In beiden Fällen waren die Schutzaktien stimmberechtigt, auch wenn die Deutsche Bank darauf verzichtet, ein Rückerwerbsrecht vertraglich festzusetzen.[238] Die Deutsche Bank ließ sich die Option des Rückerwerbs noch offen. Sie schloss jedoch keinen Vertrag mit der Deutschen Treuhand-Gesellschaft ab, sondern hielt die Vereinbarungen in der schriftlichen Korrespondenz fest.

Tabelle 55 veranschaulicht die Beteiligungsquoten im Konsortium. Die Deutsche Bank wählte eine breite Streuung. Die höchste Beteiligung ging an inländische Banken mit 29,82 Prozent. Darunter erhielt die Rheinische Creditbank den höchsten Betrag von 4 Mio. M. Unter den Berliner Finanzinstituten ging der höchste Betrag von 3 Mio. M an die BHG, die Commerz- und Privatbank AG, die Darmstädter und Nationalbank KGaA, die Disconto-Gesellschaft und die Dresdner Bank. Ansonsten gab die Deutsche Bank Beteiligungen an verschiedene ausländische Banken, eigene Filialen, Ortsausschussmitglieder und Privatpersonen aus. Die Filialen erhielten einen festen Betrag, um ihn dann an ihre Kundschaft zu verteilen. Der Vorstand wollte, dass

Tabelle 55: Beteiligungen im Konsortium, Kapitalerhöhung der Deutschen Bank 1923.

	Beteiligung (%)
Banken Inland	29,82
Berliner Banken	22,89
Banken Ausland	19,19
Eigene Filialen	16,33
Ortsausschüsse	6,95
Privatpersonen	2,75
Württembergische Vereinsbank	2,07

Quelle: Eigene Berechnungen, HADB, S. 4369.

238 Vgl. Bericht Schutzaktien, 17.2.1923, HADB, S. 4369.

hauptsächlich Banken und keine Aufsichtsratsmitglieder oder Privatpersonen berücksichtigt werden. Die meisten Beteiligungen der Filialen gingen allerdings an Privatpersonen, was den Vorstand verärgerte. Der Vorstand zog daraus die Konsequenzen, bei zukünftigen Kapitalerhöhungen an die Filialen eine geringere Quote zu vergeben.[239] Die Leitung des Konsortiums übernahm die Württembergische Vereinsbank, die mit 2,07 Prozent beteiligt war. Vorstands- und Aufsichtsratsmitglieder erhielten keine Beteiligung. Das Konsortium bekam von der Deutschen Bank eine Vergütung von 100 Prozent des übernommenen Betrages, also 300 Mio. M.[240] Das bedeutete, dass die Deutsche Bank dem Konsortium einerseits den kompletten Kaufbetrag trotz Verluste erstattete. Andererseits entfiel damit auch eine Prämie für das Konsortium.

Die außerordentliche Generalversammlung der Deutschen Bank fand am 20. März 1923 statt. Die Aktionäre nahmen den Antrag des Vorstandes und Aufsichtsrats einstimmig an und beschwerten sich nicht über das Vorhaben. Ein Aktionär erkundigte sich vor der außerordentlichen Generalversammlung, warum die Aktionäre nur auf einen Teilbetrag ein Bezugsrecht erhielten.[241] Der Vorstand erklärte ausführlich, dass die Deutsche Treuhand-Gesellschaft die restlichen Aktien übernehmen werde und sie zum Schutz der Gesellschaft gedacht seien.[242] Diese Tatsache hielt die Deutsche Bank nicht geheim. Im veröffentlichten Prospekt und Kapitalerhöhungsbeschluss gab sie bekannt, dass die Deutsche Treuhand-Gesellschaft die Schutzaktien übernimmt. Es blieb jedoch unklar, wie der Vorstand die übrigen 100 Mio. M verwendete. Ende April 1923 forderte die Deutsche Bank ihre Aktionäre dazu auf, das Bezugsrecht bis zum 25. Mai 1923 auszuüben. Für die Altaktionäre war das Geschäft vorteilhaft. Insgesamt nahm der Kurs der Deutsche-Bank-Aktie in der Zeit vor der Generalversammlung ab und ging dann wieder in die Höhe. Im Juni 1923 ist ein enormer Anstieg des Aktienpreises auf 15.000 Prozent zu beobachten, was an der Hyperinflation lag. Die Aktionäre machten einen Gewinn von 240.000 Prozent. Am Ende der Transaktion verbuchte die Deutsche Bank 600 Billionen M in ihre Reserve.[243] Die 400 Mio. M Aktien, die sich im Besitz der Treuhand-Gesellschaft befanden, wurden schließlich durch das Bankhaus J. Henry Schröder & Co. im November 1924 in London verkauft, kurze Zeit später von der Deutschen Bank zurückgekauft und am 30. August 1926 den Altaktionären im Verhältnis von 3:1 zum Preis von 150 Prozent angeboten.[244]

239 Vgl. Aktennotiz, Kapitalerhöhung 1923 Beteiligungen, HADB, S. 4369.
240 Vgl. Deutsche Bank an Württembergische Vereinsbank, 8.3.1923, HADB, S. 4369.
241 Vgl. Wilhelm Vogel an Deutsche Bank, 3.3.1923, HADB, S. 4369.
242 Vgl. Deutsche Bank an Wilhelm Vogel, 5.3.1923, HADB, S. 4369.
243 Vgl. Geschäftsbericht der Deutschen Bank 1923.
244 Vgl. Saling's Börsen-Papiere Jg. 1927.

4.3 BHG

4.3.1 Finanzierung, Aktienkurs und Dividende

Die BHG finanzierte sich wie die Deutsche Bank zum größten Teil aus Fremdkapital. Der Fremdkapitalanteil betrug zwischen 1856 und 1930 durchschnittlich 89,16 Prozent und setzte sich vor allem aus Verbindlichkeiten gegenüber Kunden und Kreditinstituten zusammen (Abbildung 5).[245] Der Anteil des Aktienkapitals lag bei der Gründung bei 69,84 Prozent und war bis Anfang der 1880er Jahre höher als das Fremdkapital. Der Anteil des Aktienkapitals an der Gesamtbilanz nahm weiter ab und war während der Inflationsjahre besonders niedrig. Die BHG stellte ihr Aktienkapital am 20. September 1924 von 110 Mio. M auf 22 Mio. RM im Verhältnis von 5:1 um. Die Reserve war seit den 1890er Jahren relativ konstant. Die Schwankungen in den 1870er und 1880er Jahren verdeutlichen die finanziellen Schwierigkeiten der BHG.

Die BHG erhöhte seit 1856 und 1930 zwölf Mal ihr Aktienkapital von ursprünglich 45. Mio. M auf 28 Mio. RM. In Folge von finanziellen Schwierigkeiten folgten 1857, 1859, 1878 und 1882 Kapitalherabsetzungen. Auffällig ist, dass die BHG zwischen 1856 und 1908 elf Kapitalerhöhungen durchführte und danach erst einmal eine lange Pause folgte. Erst 1928 erhöhte sie ihr Aktienkapital um 6 Mio. RM. Die BHG verwendete das Aktienkapital, um vor allem in den ersten Jahren Investitionen zu tätigen und ihre Betriebsmittel zu verstärken. Ein Aktientausch mit anderen Unternehmen kam nicht vor und eine Übernahme finanzierte sie nur 1891 mit den neuen Aktien. In diesem Jahr fusionierte ihre Tochtergesellschaft Breest & Gelpcke mit der Internationalen Bank in Berlin. Die BHG stattete Breest & Gelpcke mit den erforderlichen finanziellen Mitteln von 15 Mio. M aus.[246] Dass die BHG keine Interessengemeinschaften durch gegenseitige Beteiligungen einging, hing mit ihrer Unternehmensstrategie zusammen. Sie war eine Emissions- und Spezialbank für Großkunden und verzichtete bewusst auf eine räumliche Expansion und das Depositengeschäft.

Die BHG hatte vor den Inflationsjahren einen niedrigeren Aktienkurs als die Deutsche Bank.[247] Zwischen 1863 und 1914 lag der Aktienkurs durchschnittlich bei 138,41 Prozent. Die BHG-Aktie profitierte vom Gründungsboom und hatte Ende der 1880er besonders hohe Werte. Während der Gründerkrise 1873 und während des Spekulationsskandals bei der BHG 1882 sowie 1890 gab es einen starken Kursverfall. Seit den 1890er Jahren pendelte sich der Kurs ein und es gab keine großen Steigerungen. Nach der Stabilisierung 1924 verzeichnete die BHG-Aktie besonders hohe Werte, die mit der Wirtschaftskrise 1929 beendet wurden. Die BHG hatte wie die

245 In der Bilanz wurden sie als Kreditoren zusammengefasst.
246 Vgl. Hans Fürstenberg: Carl Fürstenberg (wie Anm. 395), S. 276 f.
247 Vgl. Abbildung 2.

Deutsche Bank eine gute Dividendenrendite, die zwischen 1870 und 1914 bei 5,05 Prozent lag. Während der kurzen Stabilisierungsphase zwischen 1925 und 1930 betrug sie durchschnittlich 5,85 Prozent. Die BHG zahlte eine niedrigere Dividende als die anderen untersuchten Unternehmen. Zwischen 1870 und 1914 betrug diese durchschnittlich 7,5 Prozent. Auch setzte die BHG in den Jahren 1876, 1877, 1878 und 1923 wegen finanziellen Schwierigkeiten die Dividende aus, sodass die Aktionäre einen Verlust machten.

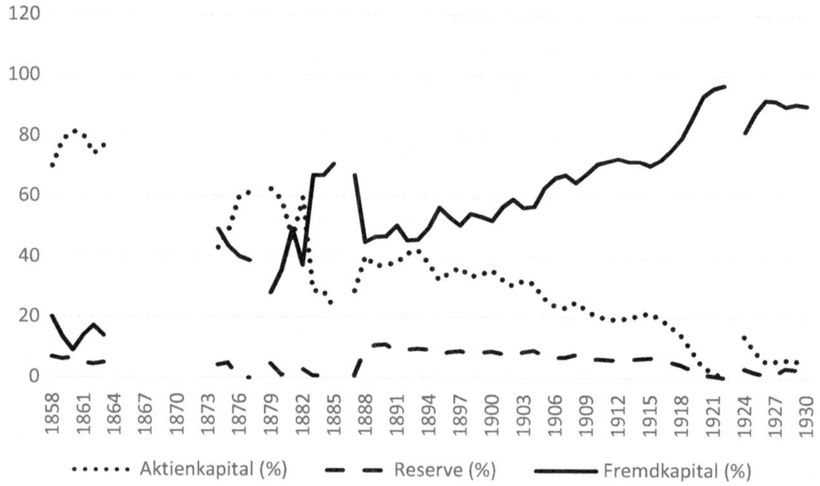

Abbildung 5: Finanzierung der BHG im Verhältnis zur Gesamtbilanz, 1856–1930[248]. Quelle: Eigene Berechnungen, Geschäftsberichte.

4.3.2 IPO 1856

Die BHG wurde mit einem Aktienkapital von 45 Mio. M gegründet, das sich aus 600-M-Anteilen zusammensetzte.[249] Von den neuen Anteilen wurden zunächst einmal nur 15 Mio. M gezeichnet. Davon übernahmen die Gründer 12 Mio. M Anteile und boten 6 Mio. M dem Publikum an. Die restlichen 3 Mio. M Aktien wurden auch dem Publikum angeboten. Für die Ausgabe wurden unterschiedliche Kurse gewählt, die zwischen 117 und 120 Prozent variierten. Die Gründer behielten also zunächst 40 Prozent des gezeichneten Aktienkapitals in ihrem Besitz.[250]

248 Für die fehlenden Jahre sind keine Daten verfügbar. 1923 wurde wegen der Hyperinflation ausgelassen.

249 Das Aktienkapital wurde für die Jahre bis 1870 von Taler in Mark umgerechnet. (Die BHG hatte somit 1956 bei ihrer Gründung ein Aktienkapital von 15 Mio. Taler).

250 Vgl. Übernahmekonsortium der ersten Aktien, 21.10.1856, Institut für Stadtgeschichte, W1-62/846.

4.3.3 Kapitalerhöhungen und Bezugsrecht der Aktionäre 1857–1930

Die ersten Geschäftsjahre waren für die BHG holprig, da sie 1857 von der Wirtschaftskrise erfasst wurde.[251] Die Einzahlung des Grundkapitals setzte die Gesellschaft folglich 1857 und 1859 auf 11.358.000 M (25,24 Prozent) herab.[252] In den 1860er Jahren erholte sich das angeschlagene Finanzinstitut und konzentrierte sich auf das Finanz- und Emissionsgeschäft von in- und ausländischen Staats- und Eisenbahnanleihen. Anfang der 1870er Jahre nutzte die BHG die Möglichkeit, sich an industriellen Gründungs- und Umwandlungsgeschäften zu beteiligen und ihr Aktienkapital 1871 und 1872 auf 45 Mio. M zu erhöhen.[253] Die Verwaltung schränkte in den ersten Jahren bei Kapitalerhöhungen die Aktionärsrechte ein. Die Aktionäre stimmten nicht über diese Kapitalerhöhung auf der Generalversammlung ab. Auch wurde das Bezugsrecht der Altaktionäre auf die neuen Aktien ausgeschlossen.

Nach der Aufschwungsphase folgte auch schon bald der Abschwung, den die Gründerkrise von 1873 forcierte. Da sich die BHG an vielen Unternehmensgründungen und Projekten beteiligt hatte, wirkten sich Liquidationen oder Verluste erheblich auf die Bilanzen des Finanzinstituts aus. Als Konsequenz aus der Krise musste die BHG hohe Abschreibungen auf ihren Effektenbesitz vornehmen und hohe Rückstellungen auf den Bestand an Konsortialbeteiligungen bilden.[254] Die Verluste aus dem Projekt der Muldenthalbahn zwangen die Verwaltung 1878 ihr Aktienkapital durch den Rückkauf und die Herabsetzung des Nominalbetrages von Aktien auf 30 Mio. M zu reduzieren. Über diese Kapitalherabsetzung durften die Aktionäre erstmals auf der außerordentlichen Generalversammlung abstimmen. Die Verwaltung schränkte bei Kapitalmaßnahmen das Stimmrecht der Aktionäre nicht mehr ein. Eine erneute Abstimmung über eine Kapitalherabsetzung erfolgte 1882. Spekulationsgeschäfte mit russischer Valuta, an denen sich der Geschäftsinhaber Hermann Schwieriger ohne das Mitwissen der anderen Geschäftsinhaber beteiligt hatte, brachten der Bank 1882 Verluste in Höhe von 8,25 Mio. M. Daraufhin setzte die BHG ihr Aktienkapital auf 20 Mio. M herab.[255] Dieses Beispiel zeigt auch ein Kontrollproblem innerhalb der Geschäftsführung, das erhebliche Konsequenzen für die Finanzsituation der Gesellschaft hatte.

Die 1880er Jahre waren durch eine Konsolidierungsphase unter den neuen Geschäftsinhabern gekennzeichnet. Die drei wichtigsten Fundamente der Bank bildeten nun das internationale Anleihegeschäft, die Eisenbahnfinanzierung und das Industriegeschäft.[256] Um ihre Kapitalbasis zu stärken, führte das Finanzinstitut 1886, 1887 und 1889 Kapitalerhöhungen durch. 1889 betrug das Aktienkapital bereits 50 Mio. M. Bei diesen

---

251 Vgl. Dahlem: Die Professionalisierung (wie Anm. 54), S. 165.
252 Vgl. Saling's Börsen-Papiere Jg. 1885.
253 Vgl. Dahlem: Die Professionalisierung (wie Anm. 54), S. 166.
254 Vgl. ebd., S. 167.
255 Vgl. ebd., S. 169 f.
256 Vgl. ebd., S. 171–178.

Kapitalerhöhungen stimmten die Aktionäre auf der außerordentlichen Generalversammlung ab und erhielten auch ein Bezugsrecht. Die neuen Anteile wurden 1886 zu 130, 1887 zu 140 und 1889 zu 150 Prozent herausgegeben. Das Bezugsangebot 1886 war für die Aktionäre nicht vorteilhaft, da sie einen Verlust von 3,04 Prozent machten. Bei den anderen beiden machten sie einen Gewinn. Die neuen Anteile der BHG wurden von einem Konsortium übernommen, das sich nur aus wenigen Mitgliedern zusammensetzte. 1889 übernahm die Berliner Bank für Handel und Industrie die neuen Anteile zu 150 Prozent.[257] Mitte der 1890er Jahre profitierte die BHG vom allgemeinen Konjunkturaufschwung der Weltwirtschaft. So folgten 1896 und 1899 zwei weitere Kapitalerhöhungen. 1896 erhöhte die BHG ihr Aktienkapital um 15. Mio. M auf 80 Mio. M. Der Ausgabekurs der neuen Anteile betrug 130 Prozent. Die neuen Anteile übernahm dieses Mal die Disconto-Gesellschaft zu 130 Prozent. 13 Mio. M Anteile bot sie den Altaktionären im Verhältnis von 5:1 zum Kurs von 131 Prozent zum Bezug an.[258] Die Konsortialbedingungen erlaubten der Disconto-Gesellschaft bis zu 2 Mio. M alte Anteile der BHG oder Bezugsrechte aufzukaufen. Diese Regelung galt wahrscheinlich, um den Aktienpreis zu regulieren, da es zur gängigen Praxis gehörte. Am Ende der Transaktion erhielt die Disconto-Gesellschaft eine Provision von ¼ Prozent des übernommenen Aktienbetrages. Den Gewinn aus dem Agio verbuchte die BHG in die Reserve.[259] Die Aktionäre konnten die neuen Anteile zwischen dem 8. und 18. April 1896 beziehen. Das Bezugsangebot war für die Aktionäre vorteilhaft, auch wenn sie nur einen leichten Gewinn von 0,21 Prozent machten. Der Aktienkurs zeigte hohe Schwankungen. Zwischen Januar und Februar 1896 nahm der Kurs um 10 Punkte zu und ging dann wieder zurück. Der Preis für die Altaktien betrug 151,75 Prozent.

Um die Jahrhundertwende hatte die BHG ein Aktienkapital von 90 Mio. M. Vor dem Ersten Weltkrieg führte das Finanzinstitut nur 1903 und 1908 Kapitalerhöhungen von insgesamt nur 20 Mio. M durch, um seine Betriebsmittel zu verstärken. Bei beiden Kapitalerhöhungen wurde den Aktionären ein Bezugsrecht gewährt. Davon war das Bezugsrecht 1903 nicht vorteilhaft. Nach dem Ersten Weltkrieg verzichtete die BHG darauf, Kapitalerhöhungen durchzuführen. Allerdings übernahm im Juli 1925 ein Konsortium 7,5 Mio. RM neue Anteile der BHG.[260] Aus den Quellen wird nicht deutlich, woher diese Anteile stammen. 68 Prozent übernahmen verschiedene Finanzinstitute in den USA, wie Hallgarten & Co. oder Arthur Lipper & Co., und 29 Prozent übernahm die BHG selbst.[261] 1928 erfolgte schließlich eine Kapitalerhöhung. Die BHG nutzte das während des Krieges von den USA vereinnahmte Vermögen der BHG, um ihr Aktienkapital auf 6

257 Vgl. Antrag des Verwaltungsrats und der Geschäftsinhaber zur Kapitalerhöhung 1889, Institut für Stadtgeschichte, W1-62/527.

258 Vgl. ebd.

259 Vgl. Konsortialbedingungen für die Kapitalerhöhung der BHG 1896, Institut für Stadtgeschichte, W1-62/528.

260 Vgl. BGH an S. Bleichröder, 17.7.1925, Bundesarchiv, R 8127/14539.

261 Vgl. Übersicht über die Zeichner der 7,5 Mio. RM Anteile, 5.10.1925, Bundesarchiv, R 8127/14539.

Mio. RM zur Verstärkung der Betriebsmittel zu erhöhen. Davon bot die Verwaltung 5.500 Mio. RM den Altaktionären zu pari im Verhältnis von 4:1 zum Bezug an und die restlichen Anteile gingen in die Pensionszuschusskasse.[262] Die Aktien wurden zunächst von den Geschäftsinhabern der BHG und dem eigenen Unternehmen William Rosenheim & Co. gezeichnet.[263] Die Kommanditaktionäre konnten vom 22.11. bis zum 18.12.1928 die neuen Anteile beziehen.[264] Das Bezugsrecht war für sie nicht vorteilhaft, da sie einen Verlust von 3,40 Prozent machten.

Die Quellenlage für Kapitalerhöhungen der BHG ist schlecht und in den vorhandenen Akten sind keine Governance-Konflikte überliefert. Die Aktionäre nahmen die Kapitalerhöhungen auf der außerordentlichen Generalversammlung seit 1886 immer einstimmig an. Es gab keine Gegenstimmen, Kritik oder Anträge von einzelnen Aktionären gegen die Finanzpolitik der Geschäftsinhaber. Die BHG schränkte von zwölf Kapitalerhöhungen vier Mal das Bezugsrecht der Aktionäre ein. 1886, 1903 und 1928 war das Bezugsrecht für die Altaktionäre nicht vorteilhaft. Bei fünf Bezugsrechten machten die Altaktionäre einen Gewinn.

4.4 AEG

4.4.1 Finanzierung, Aktienkurs und Dividende

Die AEG war ein wachstumsstarkes Unternehmen. Zwischen 1887 und 1913 hatte sie eine jährliche Wachstumsrate von 24,43 Prozent.[265] Die AEG finanzierte sich in der Anfangszeit überwiegend mit Aktienkapital (Abbildung 6). Bei der Gründung 1887 lag das Aktienkapital bei 63,49 Prozent der Gesamtbilanz. Das Aktienkapital nahm bis 1930 ab, wies aber trotzdem noch hohe Werte auf. 1930 betrug das Aktienkapital 34,98 Prozent. Ungewöhnlich ist auch, dass die AEG während der Inflation 1921 ein Aktienkapital von 37,37 Prozent hatte. Der hohe Anteil am Aktienkapital war für Industrieunternehmen in der ersten Hälfte des 20. Jahrhunderts nicht untypisch.[266] Das Fremdkapital setzte sich bei der AEG aus Anleihen und Verbindlichkeiten gegenüber Kunden und Banken zusammen. Die Anleihe lag überwiegend unter 20 Prozent und hatte Ende der 1920er höhere Werte. Die Reserve lag etwas höher als 10 Prozent und hatte nur während der Inflation niedrige Werte.

Die AEG wurde mit einem Aktienkapital von 12 Mio. M gegründet und führte bis 1930 22 Kapitalerhöhungen durch. Sie stellte ihr Aktienkapital im Januar 1925 von

262 Vgl. Geschäftsbericht der BHG 1928.

263 Vgl. Verzeichnis der Zeichner 6 Mio. RM Anteile der BHG, 17.11.1928, Bundesarchiv, R 8127/14880.

264 Vgl. Bezugsaufforderung BHG, 22.11.1928, Bundesarchiv, R 8127/14880.

265 Die Wachstumsrate bezieht sich auf die Bilanzsumme der AEG.

266 Vgl. Franks: The Origins (wie Anm. 4), S. 559.

1 Mrd. M auf 156.250.000 RM um. In der Anfangszeit nutzte sie das neue Aktienkapital hauptsächlich für Investitionen. Ansonsten diente das neue Aktienkapital entweder zur Verstärkung der Betriebsmittel oder zum Erwerb von Beteiligungen an anderen Unternehmen. Die AEG führte einen Aktientausch mit der Holdinggesellschaft Bank für elektrische Unternehmungen, dem schweizerischen Elektrotechnikkonzern Brown, Boveri & Cie., der Berliner Elektrizitätswerke (BEW), der Linke-Hofmann-Werke und der amerikanischen General Electric Comp. durch. Fusionen finanzierte die AEG mit Aktienkapital nur 1904 mit der UEG, 1910 mit der Lahmeyerwerke AG und 1920 mit der Felten & Guilleaume Carlswerk AG. Während der Inflationszeit nutzte sie das Aktienkapital, um Vorzugsaktien auszugeben.

Die Aktien von Elektrounternehmen schnitten im Vergleich mit anderen Branchen schwächer ab. Der Kursindex der Elektroindustrie lag deutlich unter dem HIMAX (Kurs) (Abbildung 7). Die AEG hatte im ersten Jahr einen Aktienkurs von 135,66 Prozent. Einen deutlichen Kursrückgang verzeichnete die Aktie 1890, der mit der allgemeinen Konjunkturschwäche zusammenhing. Danach nahm der Kurs bis auf 284,25 Prozent im Jahr 1898 zu. Einen erneuten Rückgang verzeichnete die Aktie während der Krise in der Elektroindustrie zwischen 1900 und 1907. Vor dem Ausbruch des Ersten Weltkrieges hatte die AEG wieder einen Aktienkurs von 234,8 Prozent. Nach der Inflation stabilisierte sich der Kurs und fiel dann 1930 auf 92,50 Prozent. Die AEG Aktien hatten eine gute Dividendenrendite, die zwischen 1887 und 1914 bei 5,35 Prozent lag.[267] Während der kurzen Stabilisierungsphase nach der Infla-

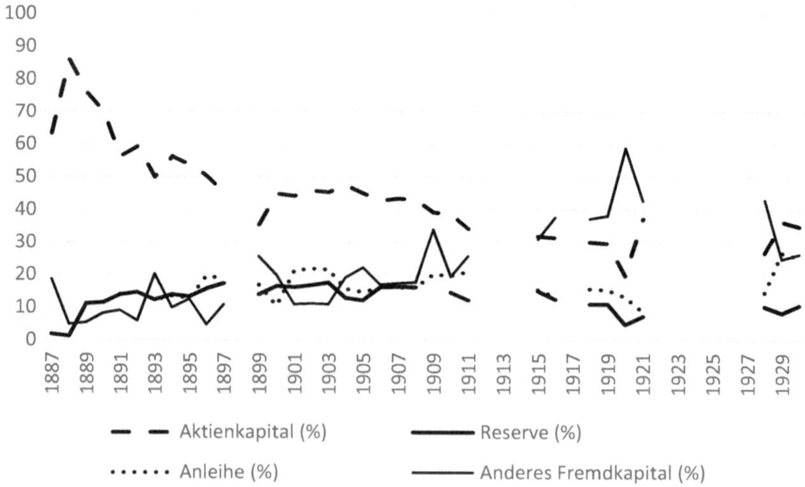

Abbildung 6: Finanzierung der AEG im Verhältnis zur Gesamtbilanz, 1887–1930[268]. Quelle: Eigene Berechnungen, Saling's Börsen-Papiere.

267 Vgl. Tabelle im Anhang: Dividendenrendite Deutsche Bank, BHG, AEG und Siemens, 1870–1930.
268 Für einige Jahre fehlen die Daten. 1922 und 1923 wurden wegen der Inflation ausgelassen.

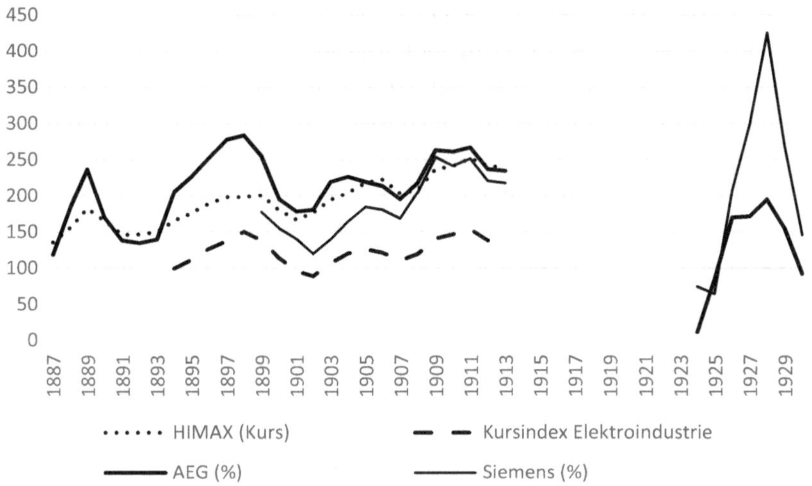

Abbildung 7: Aktienkurs (%): AEG und Siemens, 1887–1930. Quelle: Eigene Berechnungen, Berliner Börsen-Zeitung.

tion fielen die Werte zwar niedriger aus, lagen aber zwischen 1925 und 1929 durchschnittlich bei 5,36 Prozent. Die AEG-Aktie hatte eine niedrigere Dividendenrendite vor allem zwischen 1901 und 1904, sodass sich die wirtschaftliche Krise in der Elektroindustrie nach der Jahrhundertwende für die Aktionäre negativ auswirkte. Auffällig ist, dass die AEG eine besonders hohe Dividendenrendite nach der Umstellung auf die Reichsmark 1924 und 1925 hatte. Die AEG zahlte durchschnittlich zwischen 1887 und 1929 eine hohe Dividende von 10,91 Prozent und setzte sie nur 1922 während der Inflation aus.

4.4.2 Governance-Konflikte mit dem Finanzkonsortium

4.4.2.1 IPO 1887

Die Aktionäre beschlossen am 23. Mai 1887 die Umwandlung der DEG in die AEG. Die DEG wurde ursprünglich im Mai 1883 gegründet, nachdem Emil Rathenau von der französischen Compagnie Continental Edison das Recht erhielt, die Patente für die Edison-Glühlampe in Deutschland zu nutzen. Das Unternehmen war bei der Produktion und dem Vertrieb vertraglich an die französische Gesellschaft und Siemens gebunden. 1887 erreichte schließlich der Vorstand eine Loslösung und eine Neugestaltung der vertraglichen Abmachungen und gründete gleichzeitig die AEG.[269] Das Grundkapital der

269 Vgl. Pohl: Emil Rathenau (wie Anm. 49), S. 39–63.

neuen Gesellschaft wurde um 7 Mio. M auf 12 Mio. M erhöht. Für die Investoren war die Gründung eines neuen Unternehmens in der Phase des Aufschwungs der Elektroindustrie vielversprechend, denn von den jungen Aktien wurden 6 Mio. M dem Publikum angeboten. Der IPO wurde von einem Bankenkonsortium organisiert und erforderte eine lange Vorbereitungsphase. Vor dem Börsengang musste die DEG mit den Finanzinstituten viele Fragen klären, bei denen sich verschiedene Governance-Konflikte zeigten. Dazu gehörten die Zusammensetzung des Konsortiums, das Verhältnis zu Siemens, die Abstimmung auf der außerordentlichen Generalversammlung und die Gestaltung des Prospekts. Die ersten Mitglieder des Finanzkonsortiums waren Jacob Landau und Gebr. Sulzbach. Diese Bankhäuser hatten sich 1883 an der Gründung der DEG beteiligt und einen Großteil des Aktienkapitals gezeichnet.[270] Neu hinzu kamen die Deutsche Bank und das Bankhaus Delbrück, Leo & Co. Die Aufnahme der neuen Banken hing hauptsächlich mit den Verhandlungen mit Siemens zusammen. Die erste Quotenaufteilung im Konsortium stand Ende April 1887 fest (Tabelle 56). Das Konsortium zeichnete die 7 Mio. M AEG-Aktien zu pari. Die Deutsche Bank und Delbrück Leo & Co. hatten die höchste Quote mit jeweils 28,58 Prozent.[271] Delbrück Leo & Co. gab von seinem Anteil eine Unterbeteiligung von 300.000 M an den Gründer der General Electric Henry Villard in New York.[272] Siemens erhielt eine Beteiligung, weil sie ihr Abkommen mit der DEG am 23. März 1887 erneuert hatte. Siemens hatte mit der DEG nach der Gründung zwar vereinbart, dass die DEG Glühlampen produziert und dabei Bogenlampen, Dynamomaschinen, Motoren, Kabel und Drähte von Siemens bezieht. Diese Vereinbarungen waren für die weitere Entwicklung der DEG jedoch hinderlich. Nachdem die Bindung an die Pariser Edison Gesellschaft aufgelöst worden war, war ein neues Abkommen mit Siemens für das neue Unternehmen notwendig. Die Verhandlungen zwischen Siemens und der DEG wurden unter Beteiligung des Finanzkonsortiums seit Januar 1887 geführt und kamen erst im April 1887 zum Abschluss. Das Abkommen teilte das Feld des Schwach- und Starkstroms auf und sah eine Kooperation zwischen den Kontrahenten vor.[273] In der Praxis funktionierte die Zusammenarbeit nicht und bereits nach einigen Monaten traten die ersten Auseinandersetzungen um den Bau von Zentralstationen auf. Nach dem Vertrag mussten alle Konzessionen für den Bau von städtischen Stromversorgungsanlagen durch ein Privatunternehmen an die AEG übergehen. Allerdings war die Stadt nicht bereit, das lukrative Geschäft an private Träger zu übertragen. Die AEG beschuldigte Siemens, sich nicht dafür

---

270 Vgl. ebd., S. 43.

271 Vgl. Deutsche Bank an Deutsche Edison Gesellschaft, 26.5.1887, HADB, S. 76.

272 Vgl. Delbrück, Leo & Co. an Deutsche Bank, 25.4.1887, HADB, S. 76.

273 Vgl. Vertrag zwischen Siemens & Halske und DEG, 23.3.1887, abgedruckt in: Pohl: Emil Rathenau (wie Anm. 49), S. 236 ff.

einzusetzen, dass die AEG Konzessionen erhielt, sondern ihr stattdessen mit eigenen Angeboten Konkurrenz zu machen. 1888 eskalierte der Streit, sodass Werner von Siemens mit Emil Rathenau über die Konditionen zur Aufhebung des Vertrages verhandelte. Im Juni 1894 einigten sie sich schließlich darauf, den Vertrag aufzuheben.[274]

Die Beziehung zu Siemens war nicht der einzige Punkt, mit dem sich die Mitglieder des Finanzkonsortiums beschäftigten. Bei den Vorbereitungen der außerordentlichen Generalversammlung für die Umwandlung überlegten die Finanzinstitute, wie sie eine hohe Präsenz der Aktionäre und eine Majorität für die Anträge der Verwaltung bei der Beschlussfassung erreichen könnten. In einem Schreiben an die Deutsche Bank schlugen die Vorstandsmitglieder der DEG, Emil Rathenau und Felix Deutsch, vor, dass die Konsortialbanken kostenlos die Vertretung für ihre Depotkunden übernehmen, die vorhätten, für den Antrag zu stimmen.[275] Interessant ist, dass das Angebot zur Vertretung von Kundenaktien vom Vorstand kam und nicht von den Banken selbst. Dieser Vorschlag fand nicht bei allen Teilnehmern Zuspruch. Jacob Landau stand dem Vorgehen skeptisch gegenüber. Er befürchtete, dass die Öffentlichkeit es falsch auffassen und dem Finanzkonsortium vorwerfen könnte, Aktien zu sammeln, um ihre Interessen durchzusetzen.[276] Im Gegensatz zu den Banken schienen einige Aktionäre mit der Vertretung ihres Aktienpakets keine Probleme zu haben. Der Aktionär Felix Friedemann teilte der Deutschen Bank mit, dass er der Bank seine Aktien der DEG zur Verfügung stellt.[277] Nachdem die außerordentliche Generalversammlung die Anträge der Verwaltung genehmigt hatte, wurde die Umwandlung des Unternehmens im Juli 1887 rechtskräftig. Das Finanzkonsortium nahm nun Verhandlungen mit dem Vorstand der AEG auf, um die Bedingungen für die zukünftige Zusammenarbeit festzulegen. Die Mitglieder des Finanzkonsortiums vereinbarten, um sich gegenseitig keine Konkurrenz zu machen, einheitliche Geschäftskonditionen mit der AEG durchzusetzen. Delbrück Leo & Co. wandte sich hierzu als Erstes an die Deutsche Bank, um sich später mit den anderen Mitgliedern auszutauschen. Die Banken sahen für die AEG bestimmte Kontokorrentbedingungen vor, wie die Berechnung einer Provision von 1/8 Prozent und eine Verzinsung des Guthabens von 2 Prozent.[278] Im August 1887 veränderte sich die Zusammensetzung und die Quotenverteilung des Finanzkonsortiums bei der Übernahme der neuen AEG-Aktien. Am 24. August 1887 informierte die Deutsche Bank Delbrück Leo & Co., dass die BHG mit 600.000 M (8,58 Prozent) am Konsortium teilnehme und dass sich die anderen Beteiligungen um 100.000 M verringern müssten. Die Vorausset-

274 Vgl. Pohl: Emil Rathenau (wie Anm. 49), S. 117–128.
275 Vgl. Emil Rathenau und Felix Deutsch an Deutsche Bank, 8.5.1887, HADB, S. 76.
276 Vgl. Jacob Landau an DEG, 9.5.1887, HADB, S. 76.
277 Vgl. Felix Friedemann an Deutsche Bank, 12.5 1887, HADB, S. 76.
278 Vgl. Delbrück Leo & Co. an die Deutsche Bank, 27.5.1887, HADB, S. 76.
279 Vgl. Deutsche Bank an Delbrück Leo & Co., 24.8.1887, HADB, S. 76.

zung war, dass die BHG eine Stelle im Aufsichtsrat der AEG und bei allen Übernahmegeschäften eine Beteiligung von 1/5 bekommt.[279] Delbrück Leo & Co. stimmte der Aufnahme der AEG zu.[280] Die Deutsche Bank verhandelte noch mit Gebrüder Sulzbach, Jacob Landau und der Nationalbank für Deutschland über die Anteile bei Übernahmegeschäften.[281] Die Nationalbank für Deutschland beteiligte sich nicht an der Emission junger Aktien der AEG und war nicht Teil des Emissionskonsortiums. Sie gehörte aber mit den vier anderen Banken zum Finanzkonsortium der AEG, welches die zukünftigen Finanzgeschäfte des neuen Unternehmens regeln sollte. Die Nationalbank für Deutschland hielt noch an den Verträgen vom März 1884 fest, war aber mit einigen Änderungen schließlich einverstanden. Sie lehnte jedoch den Vorschlag der anderen Banken ab, die Umsätze der AEG gleichmäßig unter den Mitgliedern zu verteilen.[282] Am 30. September 1887 schlossen die Mitglieder des Emissionskonsortiums und des Finanzkonsortiums mit der AEG neue Verträge ab. Die AEG verpflichtete sich im Vertrag mit dem Finanzkonsortium, ihre Bankgeschäfte, zu denen Aktienemissionen der AEG und ihrer Tochterunternehmen gehörten, nur mit den beteiligten sechs Banken durchzuführen.[283] Art. 3 legte die Beteiligungsquoten fest. Die Deutsche Bank und Delbrück Leo & Co. erhielten zusammen 47,5 Prozent und die BHG 15 Prozent. Die Nationalbank für Deutschland, Jacob Landau und Gebrüder Sulzbach übernahmen jeweils 12,5 Prozent.[284] Die AEG durfte andere Banken nur hinzuziehen, wenn die Konsortialmitglieder nach schriftlicher Aufforderung das entsprechende Geschäft abgelehnt hatten.[285] Die AEG sollte mit jedem der sechs Banken eine Kontokorrentverbindung eingehen. Zu den Konditionen gehörte, dass die Banken im Debet 1 Prozent über und im Kredit 1 Prozent über dem Bankdiskont und halbjährlich für den Umsatz 1 Prozent Provision berechneten. Die AEG war mit dem Zinssatz, den die Banken ihr für ihre Barmittel genehmigten, unzufrieden. Sie nutzte die Gelegenheit, als sie von einer anderen Bank ein besseres Angebot erhalten hatte, über den Zinssatz zu verhandeln. Im März 1888 beklagte Emil Rathenau bei der Deutschen Bank, dass die AEG durch den niedrigen Zinssatz für ihr Guthaben bei den Banken einen großen Nachteil habe. Er erwarte vom Finanzkonsortium einen neuen Vorschlag, andernfalls würde er ein anderes Angebot annehmen

---

280 Vgl. Delbrück Leo & Co. an die Deutsche Bank, 27.8.2887, HADB, S. 76.

281 Vgl. Deutsche Bank an die BHG, 10.9.1887, S. 76.

282 Vgl. Nationalbank für Deutschland an Deutsche Bank, 24.9.1887, S. 76.

283 Vgl. § 2 Vertrag zwischen der AEG und dem Bankenkonsortium (Deutsche Bank, Delbrück Leo & Co., BHG, Nationalbank für Deutschland, Bankhaus Jacob Landau und Gebrüder Sulzbach), 30.9.1887, HADB, S. 76.

284 Vgl. § 3 ebd.

285 Vgl. ebd.

und einen Teil der Barmittel von den Konsortialbanken abziehen.[286] Das Finanzkonsortium genehmigte für das erste Semester 1888 2,5 Prozent und für das zweite 3 Prozent Zinsen auf das Kontokorrent.[287] Die AEG war an das Finanzkonsortium vertraglich bis Januar 1890 gebunden. Das Finanzkonsortium konnte nur neue Mitglieder aufnehmen, wenn alle damit einverstanden waren.[288]

Der zweite Vertrag des Finanzkonsortiums vom 30. September 1887 regelte die Durchführung der Emission der jungen Aktien im Oktober 1887, die noch ausstand. Die Leiter des Emissionskonsortiums, Delbrück Leo & Co. und die Deutsche Bank, übernahmen 27,14 Prozent und 24,29 Prozent. Die BHG hatte eine Quote von 8,57 Prozent. Die Aktien wurden für Rechnung des Syndikats zunächst bei der Deutschen Bank deponiert, da sie die Regulierung der neuen Aktien übernahm.[289] Dazu konnte sie für Syndikatsrechnung alte Stammaktien der AEG bis zu 1 Mio. M „zur Vorbereitung des Marktes" ankaufen und von den neu emittierten Aktien bis zu 1 Mio. M wiederaufnehmen. Das Syndikat bestand bis Juli 1888.[290] Nach Abzug der gesamten Kosten der Aktienemission erhielt das Syndikat 1 Prozent Provision vom Nominalbetrag der Aktien. Der verbleibende Rest wurde auf alle Mitglieder entsprechend ihrer Beteiligung verteilt. Unverkaufte Aktien mussten die Banken übernehmen, die damit das Risiko trugen.[291] Da die Banken die Aktien zu pari erhielten und laut dem Vertrag den Gewinn aus dem Agio der Emission behielten, machte die AEG mit ihrem ersten Gang an die Börse keinen Umsatz. Nachdem Anfang Oktober 1887 die Deutsche Bank das Prospekt der AEG veröffentlicht hatte, gab sie die neuen Aktien im Oktober zu 122 Prozent aus. Der Aktienpreis der AEG betrug am 11. Oktober 129,10 Prozent und lag damit über dem Emissionspreis. Der Aktienkurs nahm in den nachfolgenden Monaten leicht ab, sodass er im März bei 123,40 Prozent lag.

4.4.2.2 Neue Verträge mit dem Finanzkonsortium

Der Vertrag zwischen der AEG und ihrem Finanzkonsortium lief am 1. Januar 1890 aus. Die AEG trat erneut mit den sechs Banken in Verhandlungen und vereinbarte mit ihnen neue Konditionen. Der neue Vertrag hielt am Grundsatz fest, dass die AEG bei ihren Finanzgeschäften an das Konsortium gebunden war. Allerdings gewährte er der AEG mehr Freiheiten. Die Vereinbarungen bezogen sich nur auf die Finanzgeschäfte der AEG und nicht mehr auf die ihrer Tochterunternehmen. Die Banken mussten zudem die Genehmigung der AEG einholen, wenn sie sich an Un-

286 Vgl. AEG an Deutsche Bank, 23.3.1888, HADB, S. 77.
287 Vgl. Verhandlungsprotokoll, 19.4.1887, HADB, S. 77.
288 Vgl. § 4 Vertrag zwischen der AEG und dem Bankenkonsortium, 30.9.1887, HADB, S. 76.
289 Vgl. § 4 Syndikatsvertrag zwischen der AEG und der Deutschen Bank, BHG, Delbrück Leo & Co., Jacob Landau und Gebr. Sulzbach, 30.9.1887, HADB, S. 76.
290 Vgl. § 7 Syndikatsvertrag, 30.9.1887, HADB, S. 76.
291 Vgl. § 9 ebd.

Tabelle 56: Beteiligungen im Konsortium, IPO der AEG 1887.

	Beteiligung (%)
Delbrück Leo & Co.	27,14
Deutsche Bank	24,29
Jacob Landau	16,07
Siemens & Halske	14,29
Gebrüder Sulzbach	9,64
BHG	8,57
Gesamt	7 Mio. M

Quelle: Eigene Berechnungen, HADB, S. 76.

ternehmen beteiligten, die zum Geschäftskreis der AEG gehörten.[292] Die AEG erhielt zusätzlich das Recht, bei ihren Geschäften sich selbst oder anderen Banken eine Beteiligung von bis zu 20 Prozent bei Verringerung der übrigen Quoten anzubieten.[293] Bei der Quotenaufteilung erhielt die BHG 20 Prozent und dementsprechend fiel die gemeinsame Beteiligung der Deutschen Bank und Jakob Landau auf 42,5 Prozent.[294] Der Vertrag verlängerte sich dieses Mal stillschweigend, wenn die Kontrahenten ihn nicht kündigten.[295] 1897 trat die Deutsche Bank aus dem Aufsichtsrat und dem Finanzkonsortium der AEG aus und stattdessen kamen mit der Allgemeinen Deutschen Credit-Anstalt, E. Heinemann, der Aachener Disconto-Gesellschaft und der Schweizerischen Bank vier neue Mitglieder hinzu. Dementsprechend musste der alte Vertrag angepasst werden. Im Vorfeld verständigte sich die BHG mit den neuen Interessenten über die Quotenverteilung im Finanzkonsortium. Carl Fürstenberg stellte der Allgemeinen Deutschen Credit-Anstalt Anfang Januar 1898 eine Beteiligung von 8,90 Prozent in Aussicht. Er erklärte, dass eine höhere Quote nicht möglich sei, er Rücksicht auf die alten Mitglieder nehmen müsste und ihre Zustimmung für die Aufnahme neuer Banken benötige. Die Konsortialmitglieder waren der Meinung, dass neue Banken nicht mit einer gleichhohen Quote beteiligt werden könnten.[296] Am 4. Januar 1898 sandte der Geschäftsführer der BHG, Max Winterfeld, der AEG einen ersten Entwurf des Vertrages für das Finanzkonsortium zu. Emil Rathenau reichte diesen an den Vorsitzenden des Aufsichtsrats der AEG

292 Vgl. § 1 Vertrag zwischen der AEG und dem Finanzkonsortium, 8.4.1890, S. 78.
293 Vgl. § 3 ebd.
294 Vgl. § 2 ebd.
295 Vgl. § 3 ebd.
296 Vgl. Carl Fürstenberg an die Allgemeine Deutsche Credit-Anstalt, 4.1.1898, Institut für Stadtgeschichte, W1-62/853.

mit Anmerkungen weiter.[297] Hier zeichnete sich ein Governance-Konflikt zwischen dem Vorstand der AEG und den Mitgliedern des Finanzkonsortiums ab. Emil Rathenau hob hervor, dass die AEG sich dafür eingesetzt habe, Art. 1 des Vertrages präziser zu fassen, der die Beteiligung des Konsortiums an den Finanzgeschäften der AEG vorsieht. Die Geschäftsinhaber der BHG wollten größere Zugeständnisse von der AEG und sich an allen Finanzgeschäften der Gesellschaft beteiligen.[298] Emil Rathenau war des Weiteren mit der Formulierung des Art. 2 unzufrieden, denn damit begebe sich die AEG „ganz und gar in die Hände des Konsortiums". Nach Art. 2 durfte die AEG vom Vertrag zurücktreten, wenn das Konsortium innerhalb eines Jahres drei ihrer Geschäfte abgelehnt und sie dafür ein anderes Konsortium beauftragt hatte. Er war der Meinung, dass kein Finanzinstitut ein Geschäft übernehmen würde, das bereits vom Stammkonsortium abgelehnt wurde. Zudem verwies er den Aufsichtsratsvorsitzenden auf die neuen Quoten. Die AEG müsste sich ihre Quote von 25 Prozent mit der Bank für elektrische Unternehmungen teilen.[299] Der Aufsichtsratsvorsitzende, Staatsminister Ludwig Herrfurth, antwortete Emil Rathenau, dass der Abschluss der Verträge ein wichtiger Schritt für die AEG sei. Einige Punkte seien allerdings kritisch, so der Staatsminister. Dabei nahm er keineswegs ausdrücklich Partei für die AEG. Zu Punkt 1 bemerkte er, dass die AEG die Freiheit habe, durch die Beteiligung Dritter die Quoten der anderen Mitglieder beliebig zu verringern. Die Beteiligung Dritter müsste durch einen Höchstbetrag von 20 bis 25 Prozent beschränkt werden. Dagegen forderte er eine höhere Strafe für Mitglieder, die sich ohne die Zustimmung der AEG an anderen elektrotechnischen Unternehmen beteiligen. Über die Quotenverteilung wollte er sich nicht äußern, da er sich mit dem Thema zu wenig auskenne. Er fand aber die Forderung der AEG nach einer höheren Quote als angemessen. Ein Veto für die AEG durchzusetzen, wenn die Mitglieder über die Annahme von Geschäften abstimmen, hielt er für schwierig.[300] Im Februar 1898 kam der Vertrag mit dem Finanzkonsortium zustande. Der Vertrag enthielt im Vergleich zu den früheren Fassungen mehr Details. Die AEG hatte weiterhin das Recht, Dritte an ihren Geschäften zu beteiligen. Allerdings war eine Beschränkung vorgesehen, denn die Mehrheit der Mitglieder musste für Beteiligungen über 25 Prozent zustimmen.[301] Die AEG durfte sich an andere Unternehmen wenden, wenn das Konsortium das Geschäft ausgeschlagen hatte und vom Vertrag zurücktreten war sowie wenn das Konsortium innerhalb eines Jahres drei Geschäfte abgelehnt hatte.[302] Die Führung des Konsortiums

297 Vgl. Emil Rathenau an Max Winterfeld, 13.1.1898, Institut für Stadtgeschichte, W1-62/853.
298 Vgl. Emil Rathenau an Ludwig Herrfurth, 8.1.1898, Institut für Stadtgeschichte, W1-62/853.
299 Vgl. ebd.
300 Vgl. Ludwig Herrfurth an Emil Rathenau, 10.1.1898, Institut für Stadtgeschichte, W1-62/853.
301 Vgl. § 1 Vertrag zwischen der AEG und dem Finanzkonsortium (BHG, Nationalbank für Deutschland, Delbrück Leo & Co., Allgemeine Deutsche Credit-Anstalt, E. Heimann, Gebrüder Sulzbach, Aachener Disconto-Gesellschaft), Februar 1898, Institut für Stadtgeschichte, W1-62/853.
302 Vgl. § 2 Vertrag zwischen der AEG und dem Finanzkonsortium, Februar 1898, Institut für Stadtgeschichte, W1-62/853.

übernahm die BHG. Die Mitglieder stimmten nicht nach Köpfen, sondern nach der Höhe ihrer Beteiligung ab. Die AEG durfte nicht mitstimmen und erhielt somit auch kein Vetorecht.[303] Ein wichtiger Zusatz war noch, dass die vertraglichen Vereinbarungen zwischen der AEG und Siemens und der Deutschen Bank berücksichtigt werden müssen. Beide Gruppen mussten sich nämlich bei elektrotechnischen Geschäften mit 25 Prozent beteiligen. Dementsprechend verringerte sich dann die Quotenverteilung der Konsortialmitglieder.[304] Die AEG konnte für sich eine höhere Quote aushandeln, denn sie erhielt zusammen mit der Bank für elektrische Unternehmungen 25 Prozent. Die zweithöchste Quote hatte die BHG mit 16,40 Prozent.[305]

Am 29. September 1900 reichte Emil Rathenau eine Kündigung des Vertrages mit dem Finanzkonsortium bei der BHG ein. Er signalisierte Interesse für ein neues Abkommen, das die veränderten Verhältnisse widerspiegelt.[306] In den nachfolgenden Jahren sind keine Verträge des Finanzkonsortiums mehr überliefert. Die Beziehung zwischen der AEG und ihrem Finanzkonsortium gestaltete sich anscheinend durch mündliche Vereinbarungen.[307] In der Praxis hat sich für die Durchführung von Geschäften seit Jahren ein bestimmtes Schema etabliert, sodass keine Verträge mehr notwendig waren. Zudem pflegte die AEG gute Beziehungen zu ihren Mitgliedern. Dadurch bestand für die Mitglieder ein höheres Risiko, dass auftretende Konflikte schwieriger gelöst werden konnten, da das Konsortium den Rahmen des Geschäftes mit der AEG nicht mehr vertraglich fixierte. Auf der anderen Seite war die AEG ohne eine formelle Bindung flexibler in der Vergabe ihrer Geschäfte und konnte schneller auf Veränderungen reagieren, unter anderem 1903. In diesem Jahr bildete die AEG eine Interessengemeinschaft mit der UEG und im darauffolgenden Jahr nutzte sie ihre Kapitalerhöhung von 26. Mio. M, um die Gesellschaft zu übernehmen. Die Finanzgeschäfte der UEG wurden von führenden Banken geleitet, die im Zuge der Übernahme in das Finanzkonsortium der AEG eintraten. Dazu zählten die Dresdner Bank, die Disconto-Gesellschaft, die Bank für Handel und Industrie, der Schaaffhausen'sche Bankverein und S. Bleichröder. 1905 beschloss das Finanzkonsortium, dass die BHG und die Disconto-Gesellschaft abwechselnd die Führung übernehmen. Auch regelten sie die Quotenverteilung neu.[308] Die AEG hatte die höchste Quote von 11 Prozent. Die BHG, die Disconto-Gesellschaft, S. Bleichröder, die Dresdner Bank und der A. Schaaffhausen'scher Bankverein hatten von den Banken durchgehend die höchste Beteiligung. Obwohl die Deutsche Bank nicht mehr als Mitglied des Finanzkonsortiums fungierte, wurde sie unter der Quote der AEG

303 Vgl. § 9 ebd.
304 Vgl. § 7 ebd.
305 S. Tabelle im Anhang: Beteiligungen im Finanzkonsortium der AEG ab 1898.
306 Vgl. Emil Rathenau an die BHG, 29.9.1900, Institut für Stadtgeschichte, W1-62/853.
307 Für einzelne Geschäfte, wie zum Beispiel Aktienemissionen, wurden sicherlich einzelne Verträge abgeschlossen.
308 Vgl. Übersicht Finanzgeschäfte der AEG, Institut für Stadtgeschichte, W1-62/853.

mitbeteiligt. Bei der Kapitalerhöhung der AEG 1910 zum Beispiel erhielt sie 7,82 Prozent.[309] Da es zu Konflikten wegen der Führung zwischen den beiden Berliner Finanzinstituten kam, verständigten sich die Geschäftsführer Carl Fürstenberg und Arthur Salomonsohn 1908 darüber, dass die BHG und die Disconto-Gesellschaft gemeinsam die Führung innehaben.[310] Im gleichen Jahr wurde die Quote der AEG von 11 auf 17 Prozent erhöht.[311] 1915 zog sich der A. Schaaffhausen'scher Bankverein aus Berlin nach Köln zurück. Die Konsortialmitglieder waren sich einig, dass dementsprechend der A. Schaaffhausen'scher Bankverein nach außen hin weiter mit 7,5 Prozent beteiligt bleibt. Jedoch musste er 3,25 Prozent seiner Beteiligung der AEG zur freien Verfügung stellen.[312] In den darauffolgenden Jahren kamen noch die Finanzinstitute A. Levy und Salomon Oppenheim hinzu.[313] 1929 musste das Finanzkonsortium sich wieder über die Quotenverteilung Gedanken machen, da die Disconto-Gesellschaft mit der Deutschen Bank fusioniert hatte. Am 9. April 1929 wandte sich die AEG an die BHG und bat sie, ein neues AEG-Finanzkonsortium zu bilden. Sie erläuterte, dass sie mit der Deutschen Bank zwar immer freundschaftliche Beziehungen gepflegt habe, aber eine Zusammenarbeit mit ihr durch ihre Verbindung zu Siemens schwierig sei. Deshalb könne die Deutsche Bank und Disconto-Gesellschaft nicht als Leiterin des Finanzkonsortiums auftreten. Sie äußerte aber den Wunsch, dass die Bank am Finanzkonsortium beteiligt bleibt und im Aufsichtsrat sowie im Ausschuss der AEG tätig ist.[314] Auf einer Sitzung am 14. April 1930 beschlossen die Konsortialmitglieder, dass die BHG allein die Führung übernimmt. Die Stammbanken, darunter die BHG, die Deutsche Bank und die Disconto-Gesellschaft, die Darmstädter, die Nationalbank und die Dresdner Bank, erhielten unter den Finanzinstituten die höchste Quote von 11 Prozent.[315] Die Finanzinstitute versicherten, bei Emissionsgeschäften keine Unterbeteiligungen abzugeben. Die Deutsche Bank und Disconto-Gesellschaft hatte beim Vorstand der AEG nachgefragt, ihr zusätzlich von der AEG-Quote eine Unterbeteiligung von 1,5 Prozent abzugeben. Hermann Bücher war dazu bereit und besprach das Vorhaben mit dem Geschäftsinhaber Hans Fürstenberg von der BHG. Die Angelegenheit erledigte sich,

---

309 Vgl. Beteiligung der Deutschen Bank an den Finanzgeschäften der AEG, 10.4.1930, Institut für Stadtgeschichte, W1-62/853.

310 Vgl. Übersicht Finanzgeschäfte der AEG, Institut für Stadtgeschichte, W1-62/853.

311 Vgl. AEG an die BHG, 21.10.1908, Institut für Stadtgeschichte, W1-62/853.

312 Vgl. Carl Fürstenberg an Paul Mamroth, 12.8.1915, Institut für Stadtgeschichte, W1-62/853.

313 S. Tabelle im Anhang: Beteiligungen im AEG Finanzkonsortium ab 1930.

314 Vgl. AEG an die BHG, 9.4.1930, Institut für Stadtgeschichte, W1-62/853.

315 Vgl. Sitzungsprotokoll betreffend Neubildung des AEG-Konsortiums; Anwesend: Fritz Andreas, Theodor Frank, Carl Fürstenberg, Hans Fürstenberg, Jacob Goldschmidt und Henry Nathan, 14.4.1930, Institut für Stadtgeschichte, W1-62/853.

da Carl Fürstenberg aus Rücksicht auf alle anderen Stammbanken keine Erhöhung der Quoten durch Unterbeteiligungen wollte.[316] Die AEG plante, 1930 und 1931 die Gebr. Arnold und die Commerzbank unter ihrer Quote mit 3,5 Prozent zu beteiligen. Beide Finanzinstitute wünschten aber eine „en nom Quote", um offiziell als Mitglieder genannt zu werden. Die AEG besprach die Angelegenheit zunächst mit Carl Fürstenberg. Nachdem dieser einverstanden war, gab das Finanzkonsortium eine Beteiligung an die beiden Bankhäuser aus und kürzte dementsprechend die Quote der AEG.[317]

4.4.3 Governance-Konflikt: Aktionärsrechte und Aktionärsopposition

4.4.3.1 Kapitalerhöhung 1905: Verstärkung der Betriebsmittel

Bei der AEG gab es bei der Abstimmung auf den außerordentlichen Generalversammlungen über Kapitalerhöhungen 1905, 1910, 1915, 1921, 1923 und 1927 Gegenstimmen und Wortmeldungen einzelner Aktionäre. Die AEG erhöhte 1905 ihr Aktienkapital um 14 Mio. M auf 100 Mio. M durch die Ausgabe von 1.000-M-Aktien. Das Unternehmen expandierte seit der Gründung 1887 innerhalb kurzer Zeit und führte acht Kapitalerhöhungen durch. Bei diesen Kapitalerhöhungen schloss sie vier Mal das Bezugsrecht der Aktionäre aus. Die neunte Kapitalerhöhung war für die Verstärkung der Betriebsmittel gedacht, um die „Geldflüssigkeit wiederherzustellen", wie der Vorstand ausführte. Die Vergrößerung der Fabriken und die Beschäftigung neuer Arbeiter hätten das Betriebskapital stark in Anspruch genommen.[318] Am 11. Dezember 1905 fand die außerordentliche Generalversammlung statt. Als erstes erörterte der Vorstand den Jahresabschluss für 1904/05, gegen den sich eine Aktionärsopposition bildete. Einige Aktionäre kritisierten die Geschäftspolitik des Vorstandes, der neue Mittel für Investitionen zurückstellte. Einige Aktionäre waren der Meinung, dass die Gesellschaft in den letzten Jahren genug an stillen Reserven aufgebaut habe und sie die stillen Reserven dafür verwenden solle. Sie beantragten, die geplante Summe für eine Erhöhung der Dividende um ein Prozent zu benutzen. Darüber hinaus bemängelten sie die Geschäftsberichte des Vorstandes. Die Aktionäre fanden sie undurchsichtig. Sie übten Kritik auch an den Tantiemen des Aufsichtsrats. Die meisten Aufsichtsratsmitglieder seien in Aufsichtsräten der Tochterunternehmen tätig und bezögen zusätzliche Gehälter. Der Vorstand Emil Rathenau entgegnete, dass die AEG eine hohe Dividende zahle und

316 Vgl. Notiz zur Besprechung zwischen Hermann Bücher und Hans Fürstenberg, 24.2.1931, Deutsches Technikmuseum Historisches Archiv, I.2.060A/03486.

317 Vgl. AEG an die BHG, 12.3.1931, Institut für Stadtgeschichte, W1-62/853.

318 Vgl. Berliner Börsen-Zeitung, 11.12.1904.

an die Aktionäre nicht mehr verteilen könne. Die Geschäftsberichte der AEG seien sehr ausführlich und enthielten alle notwendigen Informationen. Für die Genehmigung des Jahresabschlusses stimmten 43 gegen 40 Aktionäre.[319] Als Nächstes legte der Vorsitzende den Antrag für die Kapitalerhöhung vor. Der Antrag enthielt keine Angaben zum Ausgabekurs, denn diesen sollte der Vorstand und der Aufsichtsrat festsetzen. Den Aktionären wurde ein Bezugsrecht auf 10.750.000 M AEG-Aktien im Umtauschverhältnis von 8:1 zum Preis von 194,25 Prozent gewährt. Die restlichen 3.250.000 M Aktien übernahm das Finanzkonsortium der AEG zum selben Preis. Die Aktionäre nahmen den Antrag mit 64.912 gegen 259 Stimmen an. Auch bei diesem Punkt gab es einzelne Wortmeldungen und Kritik an der Finanzpolitik des Vorstandes. Ein Aktionär beantragte, den Antrag abzulehnen. Die Verwaltung könne den Kapitalbedarf mit Mitteln aus der stillen Reserve decken. Ein anderer Aktionär bemängelte, dass die Verwaltung keinen Ausgabekurs angab. Er fand außerdem, dass die Verwaltung dem Konsortium einen zu hohen Betrag überlasse, der den Aktionären nicht zum Bezug angeboten werde. Aufsichtsratsmitglied Carl Fürstenberg bemerkte, dass die Börsenlage momentan schlecht sei und für die Aktionäre nicht die beste Zeit, um ihren Besitz zu vermehren.[320]

Die Aktionäre konnten die neuen Aktien vom 20. Januar bis 7. Februar 1906 beziehen. Der Aktienkurs der AEG nahm seit November 1905 stetig zu, stabilisierte sich während des Bezugszeitraumes und nahm danach wieder zu. Der Preis für die Altaktien lag bei 218 Prozent und der Preis für die jungen Aktien nach dem Bezugsrecht betrug 220 Prozent. Das Bezugsangebot war für die Aktionäre vorteilhaft, da sie einen Gewinn von 4,61 Prozent machten.

4.4.3.2 Kapitalerhöhung 1910: Beteiligungserwerb und Fusion

1910 erhöhte die AEG ihr Aktienkapital um 30 Mio. M auf 130 Mio. M durch die Ausgabe von 1.000-M-Aktien. Die AEG nutzte die nach der Konjunkturkrise 1901/02 einsetzende Konzentrationsbewegung in der Elektroindustrie, um Anteile von oder ganze Unternehmen aufzunehmen. Mit der Kapitalerhöhung 1910 verfolgte sie drei Ziele. Erstens ging sie eine Verbindung mit der Felten & Guilleaume-Lahmeyerwerke AG ein. Das Unternehmen ging aus einem Zusammenschluss zwischen Felten & Guilleaume Carlswerk in Köln und Elektrizitäts-AG, vorm. Lahmeyer & Co., in Frankfurt im Jahr 1905 hervor, die sich 1910 nach finanziellen Schwierigkeiten wieder trennten. Die Verbindung zum Unternehmen knüpfte die AEG 1908, indem sie mit Felten & Guilleaume-Lahmeyerwerke AG und SSW einen Vertrag abschloss, der Lieferungsquoten für das Starkstromgeschäft festsetzte. 1910 führte die AEG mit der Felten & Guilleaume Gesellschaft einen Aktientausch durch. Sie bot Theodor von Guilleaume und Max von Guilleaume 8.777.000 M neue Aktien gegen 16 Mio. M Ak-

319 Vgl. ebd.
320 Vgl. ebd.

tien der Felten & Guilleaume Gesellschaft zu pari an. Damit erwarb die AEG eine Beteiligung an der Gesellschaft und besaß mit ihrer Tochtergesellschaft, der Elektrobank in Zürich, zusammen 58 Prozent des Aktienkapitals.[321] Die Beteiligung an der Felten & Guilleaume Gesellschaft führte 1920 schließlich zur Übernahme.[322] Theodor und Max von Guilleaume waren auf der außerordentlichen Generalversammlung der AEG 1912 zusammen mit 2,22 Prozent repräsentiert.[323] Auch waren die beiden seit 1910 im Aufsichtsrat der AEG tätig.

Mit dem anderen Teil des Unternehmens fusionierte die AEG und gründete die AEG Lahmeyerwerke. Dazu überließ sie 11.223.000 M neue AEG Aktien der Lahmeyerwerke zu pari gegen die Einbringung der sämtlichen 10 Mio. M Aktien der neu gegründeten Aktiengesellschaft. Der Vorstand begründete diesen Schritt damit, dass es wichtig sei, mit anderen Unternehmen zu fusionieren und die AEG neue Stützpunkte in Süddeutschland brauche. Zudem wollte der Vorstand die angeschlagenen Dynamowerke in Frankfurt der früheren Felten & Guilleaume-Lahmeyerwerke AG reorganisieren und sie wieder stärken.[324]

Drittens diente die Kapitalerhöhung 1910 darüber hinaus dazu, neue Aktien an das Publikum zu begeben und die Aktien an das Finanzkonsortium zu 200 Prozent mit einem Spesenpauschbetrag von 100 M für jede Aktie zu überlassen. Das Finanzkonsortium bot diesen Teil den Altaktionären der AEG zum Bezug zu 200 Prozent im Umtauschverhältnis von 10:1 an und die Altaktionäre mussten für jede bezogene Aktie einen Spesenpauschbetrag von 100 M pro Aktie zahlen.[325] Den Spesenpauschbetrag verwendete die AEG, um die Kosten der Kapitalerhöhung zu decken. Die nicht bezogenen Aktien verblieben beim Bankenkonsortium. Das Bankenkonsortium trug die Kosten aus der Aktienübernahme, während der AEG die Kosten der Kapitalerhöhung, der Generalversammlungsbeschlüsse, der Ausgabe, der Anschaffung und der Herstellung der neuen Aktien zufielen.[326] Am Ende der Transaktion verbuchte die AEG einen Agio-Gewinn von 28,75 Mio. M in den Reservefonds.[327]

Die Aktionäre der AEG nahmen den Antrag zur Kapitalerhöhung auf der außerordentlichen Generalversammlung am 15. Oktober 1910 mit 102.329 gegen 30 Stimmen an. Auf dieser außerordentlichen Generalversammlung gab es einen Antrag eines Aktionärs. Er wollte, dass der Vorstand den Altaktionären die neuen Aktien als Entschädigung zu pari überlässt. Das war eine erhebliche Differenz zu dem Ausgabekurs von

---

321 Die Feiten & Guilleaume Gesellschaft hatte ein Aktienkapital von 55 Mio. M (vgl. Saling's Börsen-Papiere Jg. 1911).

322 Vgl. Saling's Börsen-Papiere Jg. 1924.

323 Vgl. Außerordentliche Generalversammlung der AEG, 3.12.1912, Deutsches Technikmuseum Historisches Archiv.

324 Vgl. Außerordentliche Generalversammlung der AEG, Berliner Börsen-Zeitung, 15.10.1915.

325 Vgl. Handbuch der Deutschen Aktiengesellschaften (wie Anm. 355), S. 757.

326 Vgl. BHG und Disconto-Gesellschaft an die AEG, 15.9.1910, Deutsches Technikmuseum Historisches Archiv, I.2.060A/2359.

327 Vgl. Handbuch der Deutschen Aktiengesellschaften, (wie Anm. 355), S. 757.

200 Prozent. Emil Rathenau entgegnete, dass der Vorstand dazu nicht bereit sei und dieser Vorschlag die Gesellschaft zu sehr belaste. Die Altaktionäre profitierten schließlich von einer höheren Dividende und einer höheren Bewertung der Gesellschaft durch die Fusion.[328] Damit erledigte sich die Anfrage.

Bei der Anmeldung der jungen Aktien an der Börse in Berlin zeigten sich einige Schwierigkeiten. Sie bestanden darin, dass die Börsenzulassungsstelle bei Kapitalerhöhungen Wert darauf legte, Transparenz zu schaffen. Die Börsenzulassungsstelle bemängelte das von der BHG eingereichte Prospekt und forderte zusätzliche Angaben. So musste die AEG die Bilanz von Felten & Guilleaume-Lahmeyerwerke AG mit ins Prospekt aufnehmen und die Buchwerte der übernommenen und in die neue Gesellschaft einzubringenden Aktien auflisten. Zusätzlich sollte die AEG eine Erklärung abgeben, dass sie die 10 Mio. M Aktien der Lahmeyerwerke AG nicht höher als zum Erwerbspreis in die Bilanz verbucht. Zudem musste sie den Geschäftsgewinn in der Bilanz in Gewinn aus Effekten und Fabrikationsgewinn unterteilen. Wichtig sei, dass die AEG angebe, welchen Teil sie davon für ihre Reserve benutzt habe. Als letztes sollte sie das Konto „Handlungskosten" aufklären.[329] Zum ersten, zweiten und letzten Punkt hatte die AEG keine Einwände und ergänzte die Angaben in ihrem Prospekt. Beim dritten Punkt wollte sie der Börsenzulassungsstelle nicht entgegenkommen. Die AEG habe den Gewinn aus den Effektenbeständen dem Geschäftsgewinn nicht zugeführt, sondern verwende ihn für interne Rückstellungen auf dem Effektenkonto. Sie wolle den Gewinn aus den Effektenbeständen und den Überschuss des Zinsenkontos der Öffentlichkeit nicht preisgeben. Die AEG habe dies bisher immer so praktiziert.[330] Der erzielte Kompromiss war, dass die AEG den Zusatz in die Bilanz aufnahm, dass der Gewinn aus Effekten- und Konsortialbeteiligungen nicht im Fabrikationsgewinn enthalten ist, sondern für Rückstellungen verwendet wurde.[331]

Die neuen Aktien der AEG konnten die Aktionäre vom 3. bis zum 18. November 1910 beziehen. Der Kurs der AEG nahm seit Mitte September 1910 ab und nahm nach dem Bezugsrecht Ende November 1910 wieder zu. Anfang Dezember fiel der Kurs jedoch wieder. Das Bezugsangebot an die Altaktionäre der AEG war nicht besonders vorteilhaft. Der Preis für die Altaktien betrug 268,75 Prozent und der Preis nach dem Bezugsrecht 264,25 Prozent. Die Aktionäre machten einen Verlust von 4,09 Prozent. Bei der AEG gingen mehrere Anfragen von Aktionären während der Umtauschaktion zum Bezugsrecht ein. Der Vorstand verwies die Aktionäre darauf, dass das Bankenkonsortium das Bezugsrecht gewährt und sie sich an die BHG als

328 Vgl. Außerordentliche Generalversammlung der AEG, Berliner Börsen-Zeitung, 15.10.1910.
329 Vgl. Sitzungsprotokoll der Börsenzulassungsstelle, 19.11.1910, Bundesarchiv, R 3118/44.
330 Vgl. BHG an Albert Pinkuss, 21.11.1910, Bundesarchiv, R 3118/44.
331 Vgl. Sitzungsprotokoll der Börsenzulassungsstelle, 26.11.1910, Bundesarchiv, R 3118/44.

Ansprechperson wenden sollten.[332] Es war gängige Praxis, dass die Unternehmen das Bezugsrecht im Kapitalerhöhungsbeschluss ausschlossen und es dann auf das Konsortium verlagerten und damit nicht mehr für die Durchführung zuständig waren.

4.4.4 Governance-Konflikt: Einschränkung der Aktionärsrechte durch Großaktionär beim Zielunternehmen

4.4.4.1 Kapitalerhöhung 1915: Fusion

Die AEG erhöhte ihr Aktienkapital 1915 während des Ersten Weltkrieges um 29 Mio. M auf 184.000.000 M. Das neue Kapital war nicht für die Kompensation der Kriegsfolgen gedacht, sondern für den Aktientausch mit der BEW. Obwohl die AEG mit dem Beginn des Ersten Weltkrieges schwere Verluste im Auslandsgeschäft und damit einen Rückgang ihres Umsatzes hinnehmen musste, erzielte sie mit dem Rüstungsgeschäft neue Gewinne.[333] Die BEW war eine Tochtergesellschaft der AEG, die 1884 von ihrem Vorgänger, der DEG, gegründet worden war. Das Unternehmen war dazu da, um die Stromversorgung in Berlin zu übernehmen. Dabei musste sie nach einem Vertrag mit der DEG alle Maschinen zur Erzeugung und Verwendung des elektrischen Stroms von ihrer Muttergesellschaft beziehen. Die enge Verbindung zur BEW blieb auch nach der Umwandlung der DEG in die AEG bestehen. Die BEW verpflichtete sich, weiterhin alle Maschinen, Einrichtungen, Lampen usw. für bestehende und neue Elektrizitätsanlagen von der AEG zu beziehen. Im Gegenzug musste die AEG alle Anlagen und Konzessionen innerhalb Berlins an die BEW abtreten. Obwohl diese Regelung mögliche Konkurrenz beim Bezug von Maschinen von vornherein ausschloss, waren die Preise und Lieferbedingungen vertraglich festgesetzt. Darüber hinaus bestimmte die AEG die Vorstandsmitglieder der BEW und sie durfte bei jeder Kapitalerhöhung der BEW die Hälfte der Aktien zu pari übernehmen. Dieses verschaffte der AEG einen eheblichen Vorteil gegenüber den anderen Aktionären und sie konnte sich dadurch ein großes Aktienpaket sichern.[334] Die BEW hatte bis 1915 ihr Aktienkapital von ursprünglich 3 Mio. M auf 41.100.000 M erhöht. Die AEG besaß davon 50 Prozent.[335] Die AEG versuchte, die BEW vor allem seit 1915 immer mehr zu einer Holdinggesellschaft auszubauen.[336] Die BEW war auf der anderen Seite als Ak-

---

332 Vgl. AEG an Ernst Grether, 4.10.1910, Deutsches Technikmuseum Historisches Archiv, I.2.060A/2359.

333 Vgl. Strunk: Die AEG, (wie Anm. 54), S. 42 ff.

334 Vgl. Handbuch der Deutschen Aktiengesellschaften (wie Anm. 355), S. 757.

335 Vgl. Mosse & Sachs an die AEG, 7.8.1915, Bundesarchiv, R 3103/312.

336 Vgl. Paul Ufermann/Carl Hüglin: Eine Darstellung des Konzerns der Allgemeinen Elektrizitäts-Gesellschaft. Berlin 1922, S. 40 ff.

tionär auf der außerordentlichen Generalversammlung der AEG präsent. 1920 hatte sie eine Beteiligung von 13,80 Prozent.[337]

Der Aktientausch 1917 mit der BEW gestaltete sich wie folgt: Die AEG bot maximal 33.075.000 M ihrer Aktien den Aktionären der BEW zum Umtausch im Verhältnis von 3:4 an. Insgesamt tauschte die AEG 26.075.000 M ihrer neuen Aktien gegen 34.767.000 M Aktien der BEW. Damit hatte die AEG eine qualifizierte Mehrheitsbeteiligung von 84,59 Prozent an der BEW und konnte die Unternehmensstrategie bestimmen. Die restlichen 2.925.000 M AEG-Aktien übernahm das Finanzkonsortium zu 170 Prozent. Das Finanzkonsortium verpflichtete sich, nach Abzug der Kosten 25 Prozent des aus dem Agio erzielten Gewinns an die AEG zu zahlen, während sie 75 Prozent unter ihren Mitgliedern verteilte. Das Bezugsrecht der Aktionäre wurde bei dieser Kapitalerhöhung ausgeschlossen.[338]

Die außerordentliche Generalversammlung fand am 3. September 1915 statt. Bevor es zur Abstimmung kam, hielt der Vorsitzende des Aufsichtsrats, Walther Rathenau, eine ausführliche Rede, in der er die Transaktion begründete. Er hielt den Aktientausch für notwendig, da die BEW in den nächsten Jahren umstrukturiert werden müsse. Frühere Pläne und Verträge seien durch den Ersten Weltkrieg hinfällig geworden, sodass die Gesellschaft eine neue Grundlage benötige. Die Aktionäre müssten bei ihrer Entscheidung berücksichtigen, dass die AEG nicht zwingend von den Geschäften ihrer Tochtergesellschaft profitiert habe. Während die AEG wichtige Konzessionen in die BEW eingebracht habe, machten Aufträge der BEW nur 2 Prozent der Gesamtaufträge der AEG aus. Die Aktionäre der BEW machten mit dem Aktientausch ein gutes Geschäft. Für die Festsetzung des Umtauschverhältnisses benutzte die Verwaltung den Aktienkurs beider Gesellschaften. Mit seiner Rede wollte Walther Rathenau die Aktionäre der BEW zum Umtausch bewegen und die zuvor in der Öffentlichkeit geäußerte Kritik entschärfen. Eine Gruppe von BEW-Aktionären hatte sich bereits vor der Abstimmung auf der außerordentlichen Generalversammlung mit einem Gegenantrag an die AEG gewandt. Das Bankhaus Mosse & Sachs übernahm die Vertretung der Aktionäre und setzte sich für ihre Rechte als Kleinaktionäre ein. In dem Gegenantrag kritisierten sie das Vorgehen der AEG als Großaktionär bei der BEW in drei Punkten. Erstens übergehe die Verwaltung der BEW ihre eigenen Aktionäre und schränke ihre Rechte ein. Die Aktionäre der BEW erhielten keine Möglichkeit, auf einer außerordentlichen Generalversammlung über die Umtauschofferte der AEG abzustimmen und damit vom ihrem Stimmrecht Gebrauch zu machen. Die Aktionäre seien besorgt, denn bisher „ist niemals versucht worden, die Aktien eines großen Unternehmens durch ein einseitiges Kaufangebot in anderen Besitz überzuführen".[339] Sie gingen davon aus, dass die AEG das Unter-

337 Vgl. Außerordentliche Generalversammlung der AEG, 11.9.1920, Deutsches Technikmuseum Historisches Archiv.

338 Vgl. Prospekt über 20 Mio. M neue Aktien der AEG, September 1917, Bundesarchiv, R 3118/44.

339 Mosse & Sachs an die AEG, 7.8.1915, Bundesarchiv, R 3103/312.

nehmen übernehmen werde.[340] Zweitens gebe die AEG keine Begründung für ihre Umtauschofferte an. Das Angebot komme für die Aktionäre überraschend, denn die Verwaltung habe noch vor einigen Monaten von anderen Plänen gesprochen. Auf der Generalversammlung im Dezember 1917 habe die Verwaltung dargelegt, dass sie neues Kapital aus dem Verkauf ihrer Werke an die Stadt erzielen werde und sich auf die Errichtung eines Großkraftwerkes bei Bitterfeld konzentrieren wolle. Die Braunkohlefelder in den Gemarkungen Golpa und Zschornewitz böten günstige Gewinnverhältnisse und garantierten eine günstige Stromversorgung. Die Aktionäre befürchteten, dass die AEG sich schnellstmöglich die Braunkohlefelder Golpa-Zschornewitz sichern wolle.[341] Und drittens fanden die Aktionäre der BEW das Angebot der AEG zu niedrig. Das Umtauschverhältnis von 4:3 mit halber Dividende für 1915/16 entspreche einem Kurs von 157,50 Prozent der BEW-Aktie, der ziemlich günstig sei. Die Aktionäre machten durch den Umtausch einen Verlust, da sie die Aktien zu einem höheren Kurs erworben hätten. Berücksichtigt man die gezahlte Dividende in Friedenszeiten von 12 Prozent und die Gewinne aus den Effekten, so müsste die AEG einen höheren Kurs ansetzen, so die Aktionäre. Die Aktionäre forderten deshalb, das Umtauschverhältnis auf 5:6 zu bemessen.[342] Inwiefern die Berechnungen richtig waren, ist schwierig zu beurteilen, weil die Börse 1915 keine Kurse veröffentlichte. Vor dem Ersten Weltkrieg lag der Preis der AEG-Aktien bei 240,30 und der der BEW bei 169,50 Prozent. Der Vorschlag der BEW-Aktionäre wurde auch auf der außerordentlichen Generalversammlung der AEG am 3. September 1915 diskutiert. Allerdings lehnte die Mehrheit der AEG-Aktionäre ein höheres Umtauschangebot ab. Die Umtauschofferte wurde mit 144.317 gegen 326 Stimmen angenommen.[343] Die Opposition der BEW-Aktionäre blieb gegen das Vorhaben der AEG erfolglos. Am 9. September 1915 veranstaltete das Bankhaus Mosse & Sachs eine Versammlung für Aktionäre, die ihre Aktien nicht umtauschen wollten. Einige Aktionäre regten an, eine Schutzvereinigung zu gründen, die erzwingen sollte, eine außerordentliche Generalversammlung für die BEW-Aktionäre einzuberufen. Dafür meldeten sich aber zu wenige Aktionäre.[344] Damit erledigte sich die Angelegenheit.

4.4.5 Neue Governance-Formen: Vorzugsaktien

4.4.5.1 Kapitalerhöhung 1920: Vorzugsaktien A

Die ersten Vorzugsaktien brachte die AEG 1920 an die Börse. Die AEG benötigte während der Inflationsjahre – wie alle anderen Unternehmen – neue Finanzmittel,

340 Vgl. ebd.
341 Vgl. ebd.
342 Vgl. ebd.
343 Vgl. Außerordentliche Generalversammlung der AEG, Berliner Börsen-Zeitung, 3.9.1915.
344 Vgl. BEW, Berliner Börsen-Zeitung, 9.9.1915.

um an die Vorkriegszeit anzuknüpfen. Der Ausschuss des Aufsichtsrats beschloss auf der Sitzung am 16. August 1920 die Ausgabe von 250 Mio. M Vorzugsaktien A und damit eine Kapitalerhöhung auf 550 Mio. M. Auf der Sitzung waren der Aufsichtsratsvorsitzende Walther Rathenau und die anderen Aufsichtsratsmitglieder Carl Fürstenberg von der BHG und Arthur Salomonsohn von der Disconto-Gesellschaft sowie die Vorstandsmitglieder Felix Deutsch und Heinrich Peierls anwesend.[345] Danach ging der Antrag an den Aufsichtsrat weiter und am 11. September 1920 wurde er von den Aktionären auf der außerordentlichen Generalversammlung einstimmig genehmigt. Der Aufsichtsratsvorsitzende Walther Rathenau begründete die Entscheidung, Vorzugsaktien auszugeben, mit der allgemeinen Wirtschaftssituation. Die Gesellschaft sei auf frisches Kapital angewiesen, möchte aber vorerst aufgrund der Marktlage keine Obligationen ausgeben. Mit den neuen Aktien wolle die Verwaltung die Kapitalstruktur ausgleichen, um später Obligationen zu schaffen. Die Vorzugsaktien dienten nicht dazu, die Gesellschaft vor einer „Überfremdung" zu schützen. Diese Gefahr bestehe bei der AEG nicht, so Walther Rathenau. Vorzugsaktien seien flexible Wertpapiere und den Obligationen ähnlich, weil sie von der Gesellschaft zurückgekauft werden könnten.[346] Die Vorzugsaktien hatten gegenüber den Stammaktien den Vorteil, dass sie ein Dividendenvorrecht auf 6 Prozent mit Nachzahlungspflicht enthielten. Die Gewinnberechtigung begann für die Vorzugsaktionäre ab dem 1. Juli 1920, jedoch für das Geschäftsjahr 1920/21 nur mit 3 Prozent. Die Vorzugsaktien konnten von der Gesellschaft ab dem 1. Januar 1925 jederzeit mit dreimonatiger Kündigungsfrist zum Preis von 115 Prozent zurückgezahlt werden. Im Falle der Liquidation hatten die Vorzugsaktien ein Vorrecht auf Auszahlung von 115 Prozent vor den Stammaktien. Die Vorzugsaktionäre waren stimmberechtigt. 110 Mio. M Vorzugsaktien übernahm das Finanzkonsortium zu 105 Prozent, 65 Mio. M zu 107 Prozent und verkaufte sie zu 108 Prozent an das Publikum. 75 Mio. M Vorzugsaktien gingen zu 105 Prozent an befreundete Unternehmen. Die Namen der Unternehmen gehen aus den Quellen nicht hervor und werden auch nicht im Prospekt genannt.[347] 75 Mio. M Vorzugsaktien wollte die AEG zu einem späteren Zeitpunkt an der Börse einführen. Das Bezugsrecht der Aktionäre wurde bei dieser Kapitalerhöhung ausgeschlossen, sodass es für die Altaktionäre zu einer Verwässerung kam. Der Aufsichtsrat sollte bis spätestens 31. August 1921 den Zeitpunkt der Ausgabe, die Bedingungen und den Ausgabepreis bestimmen.[348] Auf der außerordentlichen Generalversammlung 1921 wurden die Vorzugsaktien hauptsächlich von den Banken repräsentiert, die auch mit großen Paketen der Stammaktien

---

345 Vgl. Sitzungsprotokoll des Aufsichtsratsausschusses, 16.8.1920, Deutsches Technikmuseum Historisches Archiv, I.2.060A/2384.

346 Vgl. Außerordentliche Generalversammlung der AEG, Berliner Börsen-Zeitung, 11.9.1920.

347 Vgl. Prospekt Kapitalerhöhung der AEG 1920, Dezember 1920, Deutsches Technikmuseum Historisches Archiv, I.2.060A/2439.

348 Vgl. ebd.

anwesend waren. Die Disconto-Gesellschaft zum Beispiel hatte das größte Paket mit 24.578.000 M an Vorzugsaktien, danach folgte die BHG mit 24.410.000 M.[349]

Die Zulassung der Vorzugsaktien an der Berliner Börse übernahm die BHG. Seit Oktober 1920 tauschte sie sich mit der AEG über das zu veröffentlichende Prospekt für die Aktionäre aus, welches sie bei der Zulassungsstelle einreichen musste. Dabei ergab sich mit der Zulassungsstelle ein Governance-Konflikt. Am 30. Oktober 1920 schickte die BHG der AEG einen ersten Entwurf zur Durchsicht. Sie bat den Vorstand, einen Abschnitt zum Stimmrecht der neuen 25 Mio. M Stammaktien einzufügen, die im Mai im selben Jahr im Zuge der Kapitalerhöhung von 100 Mio. M ausgegeben und von einer amerikanischen Gruppe übernommen wurden. Zudem müsse der Vorstand beim Absatz zu den Vorzugsaktien etwas über die Verwendung des Agios sagen.[350] Die AEG überarbeitete das Prospekt. Für die Verwendung des Stimmrechts formulierte sie den Absatz wie folgt: „Die Gruppe hat sich damit einverstanden erklärt, dass zunächst das Stimmrecht dieser Aktien durch ein Komitee ausgeübt werden soll, das aus je einem Vertreter der amerikanischen Gruppe, der AEG und der Firma M. M. Warburg & Co. Hamburg besteht."[351] Zudem gab sie an, dass das aus der Kapitalerhöhung erzielte Agio dem Reservefonds zugeführt werde.[352] Die BHG machte das juristische Büro der AEG darauf aufmerksam, dass die Zulassungsstelle nachfragen wird, was unter „zunächst" zu verstehen ist und was mit dem Stimmrecht nach einem Jahr passiert. Bei der Bilanz für 1919/1920 bat sie die AEG, für das Gewinn- und Verlustkonto noch eine Fußnote aufzunehmen und das Erträgnis des Effektenkontos zu nennen.[353] Das juristische Büro schlug daraufhin vor, den Absatz zum Stimmrecht komplett rauszunehmen.[354] Die BHG strich den Absatz und wollte abwarten, ob die Zulassungsstelle eine Angabe verlangte.[355] Das eingereichte Prospekt vom Dezember 1920 enthielt allerdings den Absatz zum Stimmrecht. In diesem Fall führte also eine Kontrolle durch die Zulassungsstelle für mehr Transparenz im Prospekt.

349 Vgl. Außerordentliche Generalversammlung der AEG, 15.3.1921, Deutsches Technikmuseum Historisches Archiv.

350 Vgl. BHG an das Juristische Büro der AEG, 30.10.1920, Deutsches Technikmuseum Historisches Archiv, I.2.060A/2439.

351 AEG an das Sekretariat der Berliner Handels-Gesellschaft, 12.11.1920, Deutsches Technikmuseum Historisches Archiv, I.2.060A/2439.

352 Vgl. ebd.

353 Vgl. BHG an das juristische Büro der AEG, 19.11.1920, Deutsches Technikmuseum Historisches Archiv, I.2.060A/2439.

354 Vgl. AEG an das Sekretariat der BHG, 22.11.1920, Deutsches Technikmuseum Historisches Archiv, I.2.060A/2439.

355 Vgl. BHG an das Juristische Büro der AEG, 23.11.1920, Deutsches Technikmuseum Historisches Archiv, I.2.060A/2439.

4.4.5.2 Kapitalerhöhung 1921: Vorzugsaktien B

1921 führte die AEG weitere Vorzugsaktien an der Börse ein. Der Ausschuss des Aufsichtsrats legte am 14. Februar 1921 fest, das Aktienkapital um 250 Mio. M Vorzugsaktien B auf 800 Mio. M zu erhöhen und den Antrag dem Aufsichtsrat vorzulegen.[356] Das neue Kapital diente zur Verstärkung der Betriebsmittel und sollte für den Aufbau ihrer Tochtergesellschaften und das durch den Ersten Weltkrieg geschädigte Exportgeschäft verwendet werden. Die Aktionäre nahmen die Kapitalerhöhung am 15. März 1921 auf der außerordentlichen Generalversammlung einstimmig an. Die Vorzugsaktien B hatten vor den Stammaktionären ein Dividendenvorrecht von 5 Prozent mit Nachzahlungspflicht und erhielten einen zusätzlichen Gewinnanteil von 3/8 Prozent für jedes Prozent Dividende der Stammaktionäre über 10 Prozent. Bei der Dividendenverteilung kamen sie nach den Vorzugsaktionären A. In allen anderen Punkten waren die Vorzugsaktien B den Vorzugsaktien A gleichgestellt. Sie nahmen vom 1. Juli 1920 an der Dividende teil, jedoch für das Geschäftsjahr 1920/21 nur mit 1¼ Prozent. Um die Stammaktionäre gegenüber den Vorzugsaktionären nicht zu benachteiligen, verdoppelte der Vorstand ihr Stimmrecht. 500-M-Stammaktien und 1.000-M-Vorzugsaktien hatten jeweils zwei Stimmen.[357] 150 Mio. M Vorzugsaktien übernahm das Finanzkonsortium zu 110 Prozent. Die AEG garantierte den Banken für diese Aktien Marktfreiheit. Die anderen 100 Mio. M Vorzugsaktien zeichnete ebenfalls zuerst das Finanzkonsortium zu 110 Prozent und übergab sie zu 112,5 Prozent an die Tochtergesellschaft BEW.[358] Das Finanzkonsortium erhielt eine Provision von 2,5 Prozent und 1/3 Prozent vom verbleibenden Gewinn. Der Rest ging an die AEG.[359] Auf der außerordentlichen Generalversammlung am 15. März 1921 kritisierten die Altaktionäre, dass die AEG ihnen kein Bezugsrecht auf die neuen Vorzugsaktien gewähre, da ein Teil an das Publikum und ein anderer an die Tochtergesellschaft ging. Aufsichtsratsvorsitzender Walther Rathenau erklärte, dass die Finanzsituation der Gesellschaft es nicht zulasse, den Aktionären ein Bezugsrecht einzuräumen. Daraufhin wurde der Vorschlag gemacht, den Altaktionären ein Vorrecht auf die Vorzugsaktien zu gewähren. Carl Fürstenberg ging darauf ein und versicherte, dass das Finanzkonsortium der AEG darüber nachdenken werde.[360] In diesem Fall entschied das Finanzkonsor-

356 Vgl. Sitzungsprotokoll des Aufsichtsratsausschusses, 14.2.1921. Anwesend: Walther Rathenau, Carl Fürstenberg, Fritz Andreae, Eduard Arnhold, Maximilian Kempner und Arthur Salomonsohn. Deutsches Technikmuseum Historisches Archiv, I.2.060A/2384.

357 Vgl. Außerordentliche Generalversammlung der AEG, Berliner Börsen-Zeitung, 15.3.1921.

358 Vgl. Übersicht über die Zeichner der Vorzugsaktien, 16.3.1921, Deutsches Technikmuseum Historisches Archiv, I.2.060A/2216.

359 Vgl. BHG und Disconto-Gesellschaft an die AEG, 18.2.1921, Deutsches Technikmuseum Historisches Archiv, I.2.060A/2216.

360 Vgl. Außerordentliche Generalversammlung der AEG, Berliner Börsen-Zeitung, 15.3.1921.

tium zugunsten der Stammaktionäre. Es gewährte ihnen auf ihre 150 Mio. M Vorzugsaktien ein Bezugsrecht im Verhältnis von 2:1 zum Preis von 112,50 Prozent.[361]

Bei den nachfolgenden Kapitalerhöhungen im Dezember 1921, 1922 und 1927 erhielten sowohl die Stammaktionäre als auch die Vorzugsaktionäre ein Bezugsrecht auf die neuen Aktien. 1922 bot das Finanzkonsortium von den 300 Mio. M neuen Aktien 62,5 Mio. M den Vorzugsaktionären zu 1.000 Prozent und 150 Mio. M den Stammaktionären zu 400 Prozent an. 1927 wurden beiden Aktionärstypen 23.625.000 M neue Aktien zu 140 Prozent angeboten.[362] Bei den Kapitalerhöhungen 1923 und 1929 wurde das Bezugsrecht für die Aktionäre ausgeschlossen. 1923 begründete der Vorstand den Ausschluss des Bezugsrechts mit der Inflation.[363]

4.4.5.3 Umwandlung von Vorzugsaktien in Stammaktien

1923 plante der Vorstand im Rahmen der Kapitalerhöhung von 300 Mio. M, die Vorzugsaktien einzuziehen. Er bot den Altaktionären an, 10.000 M Vorzugsaktien A oder 5.000 M Vorzugsaktien B gegen eine Stammaktie zu 1.000 M umzutauschen. Der Umtausch war freiwillig. Auf der außerordentlichen Generalversammlung am 1. August 1923 bildete sich bei der Abstimmung über die Kapitalerhöhung eine Opposition. Das Bankhaus Kurt Meyer & Co. vertrat die Interessen der Vorzugsaktionäre. Es forderte den Vorstand und den Aufsichtsrat auf, den Antrag fallen zu lassen. Die Vorzugsaktionäre seien beunruhigt und für sie sei das Angebot nicht vorteilhaft. Wenn der Umtausch nicht vollzogen werde, könne der Vorstand einen Teil der Kapitalerhöhung dazu nutzen, um den Aktionären ein Bezugsrecht auf die neuen Aktien einzuräumen. Zudem müsste der Vorstand eine zusätzliche Generalversammlung einberufen, auf der die Aktionäre über den Umtausch abstimmten. Vorstand und Aufsichtsrat zeigten sich kooperativ. Carl Fürstenberg erklärte, dass die AEG den Umtausch der Vorzugsaktien zunächst verschieben werde. Die Kapitalerhöhung wurde mit 508.653.000 gegen 8.007.500 Stimmen der Stammaktien und mit 141.684.400 gegen 30.068.500 Stimmen der Vorzugsaktien angenommen.[364]

1929 forderte die AEG im Zuge der Kapitalerhöhung ihre Vorzugsaktionäre erneut auf, ihre Aktien in Stammaktien umzuwandeln. Dieses Angebot hing mit der Kapitalbeteiligung von amerikanischen Investoren der General Electric Comp. zusammen, mit der die AEG seit 1903 ein Abkommen über die Aufteilung der Interessengebiete, der Patente und den Austausch von Erfahrungen unterhielt. General Electric Comp. ist 1892 aus den beiden Unternehmen Edison General Electric Comp. und Thomson-Houston Electric Comp. hervorgegangen.[365] Der Mitbegründer von

361 Vgl. Saling's Börsen-Papiere Jg. 1931/32.
362 Vgl. Saling's Börsen-Papiere Jg. 1931/32.
363 Vgl. Außerordentliche Generalversammlung der AEG, Berliner Börsen-Zeitung, 1.8.1923.
364 Vgl. ebd.
365 Vgl. Handbuch der Deutschen Aktiengesellschaften. Berlin 1932, S. 491.

Edison General Electric Comp., Henry Villard, gehörte zu den ersten Aktionären der AEG. Zeitgenossen vermuten, dass die 25. Mio. M neue Aktien von der Kapitalerhöhung 1920, die der Bank Kuhn, Loeb & Co. überlassen wurden, an General Electric Comp. gingen.[366] General Electric Comp. war folglich Aktionär bei der AEG. 1929 sicherte die AEG der General Electric Comp. zusätzlich eine Kapitalbeteiligung von 30 Mio. RM zu 200 Prozent zu und damit 14,28 Prozent des Aktienkapitals. Die Presse spekulierte, dass der Aktienbesitz der Amerikaner bei 30 Prozent lag und sie somit über eine Sperrminorität verfügten.[367] Vertreter von General Electric waren allerdings auf den außerordentlichen Generalversammlungen der AEG nicht präsent, sodass ihr Anteil nicht genau bestimmt werden kann.

Die AEG erhöhte ihr Aktienkapital 1929 bis zu 23.750.000 RM auf 210 Mio. RM. Zusätzlich erhielten die Aktionäre der AEG das Angebot, im Rahmen der Kapitalerhöhung ihre Vorzugsaktien gegen Stammaktien im Verhältnis von 6:3 bis zum 4. Oktober 1929 umzutauschen inklusive einer Barauszahlung von 120 RM. Die AEG gab zunächst 13.750.000 M Stammaktien aus, die das Finanzkonsortium zu 200 Prozent übernahm. Das Finanzkonsortium wandelte die von den Aktionären eingereichten Vorzugsaktien in Stammaktien um. Der Vorstand beschloss 1930 schließlich, die nicht eingetauschten 2.400.000 RM Vorzugsaktien, die noch im Umlauf waren, zum 1. Mai 1930 zur Rückzahlung mit 115 Prozent und 6 Prozent Stückzinsen zu kündigen.[368] Aus den Quellen wird nicht deutlich, aus welchen Mitteln sich schließlich die 30 Mio. M Aktien zusammensetzten, die an General Electric Comp. gingen.

Die Kapitalerhöhung 1929 wurde zwar von den Aktionären am 27. August 1929 einstimmig angenommen, die Transaktion blieb jedoch nicht ganz kritiklos. Vorstand Hermann Bücher begründete das Vorgehen der AEG wie folgt: „Solange weite Kreise des deutschen Volkes der Kapitalbildung feindlich gegenüberstehen und nicht erkennen, daß diese Kapitalbildung für die eigenen Lebensnotwendigkeiten erforderlich ist, sind wir also auf die Inanspruchnahme von Auslandskapital angewiesen."[369] Neben der Finanzierung erhoffe sich die AEG mit der Verbindung weitere Absatzmöglichkeiten auf den ausländischen Märkten.[370] Ein Aktionär beklagte auf der außerordentlichen Generalversammlung, dass die AEG die Forderung des Vereins der Fondsbörse in Hamburg auf eine höhere Dividende ignoriert habe. Er kritisierte zudem, dass die Aktionäre kein Bezugsrecht auf die neuen Aktien bekämen und dass General Electric Comp. einen beherrschenden Einfluss auf die AEG ausüben werde. Hermann Bücher entgegnete, dass eine Verbindung mit der General Electric Comp. dem Unternehmen neue Absatz- und Kapitalmöglichkeiten biete

366 Vgl. Ufermann/Hüglin: Eine Darstellung (wie Anm. 782), S. 90.
367 Vgl. 30 Mio. Aktien der AEG an General Electric, Vossische Zeitung, 3.8.1929, Deutsches Technikmuseum Historisches Archiv, I.2.060A/4568.
368 Vgl. Handbuch der Deutschen Aktiengesellschaften (wie Anm. 811), S. 491.
369 Außerordentliche Generalversammlung der AEG, Berliner Börsen-Zeitung, 27.8.1929.
370 Vgl. ebd.

und den Aktionären auch zugutekäme. Die AEG habe für ihre neuen Aktien auf dem deutschen Markt keinen Abnehmer gefunden.[371] Der Vorstand der AEG wurde nicht nur mit der Kritik der Aktionäre, sondern auch der der Öffentlichkeit konfrontiert. Die bevorstehende Transaktion erregte besondere Aufmerksamkeit in der Presselandschaft. Neben seriöser Berichterstattung prophezeiten manche Artikel die Eingliederung der AEG in den General Electric Konzern. „Die AEG im amerikanischen Weltmachtkonzern" titelte die rechtskonservative Deutsche Zeitung.[372] Die Kapitalbeteiligung wurde kritisch gesehen und die meisten Artikel sahen General Electric Comp. als den Profiteur in diesem Geschäft. Sie hoben hervor, dass die General Electric Comp. ihre Expansion in Europa fortsetzen und ihren Auslandsabsatz ausdehnen könnte. Zudem sichere sie sich eine Sperrminorität bei der AEG und hätte die Möglichkeit, Einfluss auf Entscheidungen zu nehmen. Zudem betonte die Presse den einseitigen Charakter der Transaktion. Während vier Vertreter von General Electric Comp. in den Aufsichtsrat der AEG eintraten, war die AEG nicht im Aufsichtsrats der Amerikaner präsent.[373]

4.5 Siemens

4.5.1 Finanzierung, Aktienkurs und Dividende

Siemens hatte zwischen 1897 und 1914 eine jährliche Wachstumsrate von 5,87 Prozent und zwischen 1924 und 1930 von 17,60 Prozent.[374] Siemens finanzierte sich anfangs zur Hälfte aus Aktienkapital (Abbildung 8). Bei der Gründung 1897 betrug das Aktienkapital 46,82 Prozent und das Fremdkapital 45,04 Prozent im Verhältnis zur Gesamtbilanz. Das Aktienkapital nahm vor allem seit 1910 ab und lag während der Inflation 1922 bei nur 4,50 Prozent. Nach der Währungsumstellung 1924 betrug das Aktienkapital wieder 47,53 Prozent, ging aber bis 1930 auf 20,19 Prozent zurück. Das Fremdkapital setzte sich durchschnittlich zu 17,55 Prozent aus Anleihen und 33,22 Prozent aus anderen Verbindlichkeiten zusammen. Bei der Anleihe ist auffällig, dass ihr Anteil an der Gesamtbilanz während der Inflationszeit stark zurückging und nach 1924 vor allem zunahm. Die Reserve war bis auf die Inflationsjahre recht konstant und betrug durchschnittlich 9,40 Prozent.

371 Vgl. Außerordentliche Generalversammlung der AEG, Berliner Börsen-Zeitung, 27.9.1929.

372 Vgl. AEG im amerikanischen Weltmachtkonzern, Deutsche Zeitung, 3.8.1929, Deutsches Technikmuseum Historisches Archiv, I.2.060A/4568.

373 Owen D. Young, Gerard Swop, Clark H. Minor und E. Arthur von General Electric Comp. wurden in den Aufsichtsrat der AEG gewählt (vgl. AEG – Morgan. Das neue Abkommen mit der General Electric, Deutsche Allgemeine Zeitung, 3.8.1929, Deutsches Technikmuseum Historisches Archiv, I.2.060A/4568).

374 Die Wachstumsrate bezieht sich auf die Bilanzsumme von Siemens.

Siemens wurde mit einem Aktienkapital von 35 Mio. M gegründet und führte sieben Kapitalerhöhungen durch. Im Februar 1925 stellte Siemens sein Aktienkapital von 260 Mio. M auf 97.500.000 RM um. Das Aktienkapital verwendete Siemens, um seine Betriebsmittel zu verstärken und 1900, 1908 und 1929 Beteiligungen an seinen ausländischen Tochtergesellschaften sowie einer Holdinggesellschaft zu erwerben. 1920 verwendete Siemens das neue Aktienkapital, um Vorzugsaktien an Geschäftspartner zu vergeben.

Die Siemens-Aktie war für Investoren eine gute Investition. 1899 lag ihr Kurs bei 178 Prozent. Danach folgte mit der einsetzenden wirtschaftlichen Krise in der Elektroindustrie ein deutlicher Rückgang auf 140 Prozent im Jahr 1903. Nachdem die Krise überstanden war, erhöhte sich der Kurs auf 253,90 Prozent im Jahr 1909. Während der Stabilisierungsphase verzeichnete die Siemens-Aktie besonders hohe Werte. 1930 lag der Kurs allerdings wieder bei 146 Prozent. Die Siemens-Aktie hatte zwischen 1897 und 1914 eine gute durchschnittliche Dividendenrendite von 5,46 Prozent. Zwischen 1925 und 1929 lag sie bei 6,92 Prozent. Besonders niedrige Werte erzielte die Siemens-Aktie zum Beispiel in den Jahren 1902 und 1928. Siemens zahlte zwischen 1897 und 1929 eine hohe durchschnittliche Dividende von 12,57 Prozent und setzte sie nur 1922 und 1923 wegen der Hyperinflation aus.

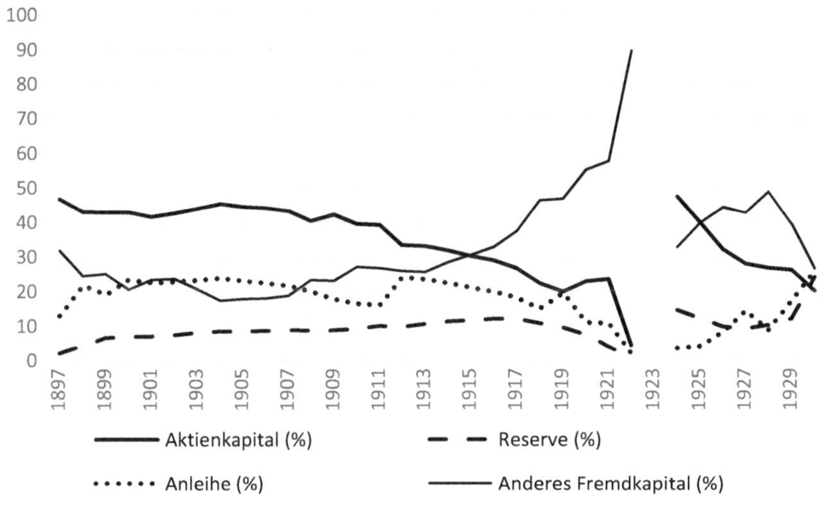

Abbildung 8: Finanzierung von Siemens im Verhältnis zur Gesamtbilanz 1897–1930. Quelle: Eigene Berechnungen, Geschäftsberichte.

4.5.2 Governance-Konflikt: Ausschluss des Bezugsrechts für Kleinaktionäre

4.5.2.1 IPO

1897 entschloss sich die Familie Siemens, die Rechtsform des Unternehmens von einer Kommanditgesellschaft in eine Aktiengesellschaft umzuwandeln, was am 03. Juli 1897 rechtskräftig wurde.[375] Überlegungen hierzu stellte die Familie in den 1880er Jahren an. Die Initiative ging von Carl von Siemens aus, der 1888 versuchte seinen Bruder Werner von Siemens von einem Börsengang zu überzeugen. Das Familienoberhaupt stand dem Kapitalmarkt nach wie vor skeptisch gegenüber und akzeptierte den Vorschlag widerstrebend erst einige Jahre später.[376] Diese Entscheidung hing mit der Entwicklung der Elektroindustrie zusammen, die seit den 1890er Jahren expandierte. Während Siemens mehrere Jahrzehnte eine marktbeherrschende Stellung in der Elektroindustrie einnahm, veränderte sich die Marksituation seit den 1880er Jahren und neue Konkurrenten machten dem Familienunternehmen das Geschäft streitig. Die AEG war ein junges, dynamisches Unternehmen, welches im Gegensatz zu Siemens frühzeitig die Chancen im elektrischen Beleuchtungsgeschäft erkannte und seine Geschäftsexpansion durch den Kapitalmarkt finanzierte. Doch nicht nur die AEG auch andere Unternehmen wie Felten & Guillaume, Schuckert & Co., die UEG und die Helios AG machten Siemens Konkurrenz.[377] Insgesamt profitierte die Elektrobranche seit den 1880er Jahren von der Verbreitung der Starkstromtechnik im Verkehrs- und Beleuchtungswesen. Um große Starkstromprojekte durchzuführen, mussten Unternehmen allerdings viel Kapital aufbringen und sich um neue finanzielle Mittel bemühen.[378] 1893 geriet Siemens in Liquiditätsspannungen, sodass die Familie eine erste Obligationsanleihe von 10 Mio. M aufnahm, die ihr ein Konsortium unter der Leitung der Deutschen Bank zur Verfügung stellte.[379] Ein Jahr später löste Siemens seine 1887 eingegangenen vertraglichen Verbindungen zur AEG, sodass beide Unternehmen auf allen Gebieten der elektrotechnischen Industrie frei agieren konnten. Die Deutsche Bank war zu diesem Zeitpunkt noch im Finanzkonsortium der AEG aktiv. 1896 trat der Vorstand Georg von Siemens, der gleichzeitig ein Neffe Werner von Siemens war, aus dem Aufsichtsrat der AEG aus, um als Hausbank die Finanzangelegenheiten bei Siemens zu betreuen. Die Voraussetzung für eine engere Verbindung zwischen den beiden Unternehmen war, dass Siemens in die Rechtsform einer Aktiengesellschaft umgewandelt wurde, um die Transformation von einem Familienunternehmen zu einem global agierenden Konzern vollziehen zu

---

375 Siemens wurde 1890 von einer Offenen Handelsgesellschaft in eine Kommanditgesellschaft umgewandelt.

376 Vgl. Martin Lutz: Carl von Siemens 1829–1906. Ein Leben zwischen Familie und Weltfirma. München 2013, S. 270 f.

377 Vgl. Feldenkirchen: Siemens 1918–1945 (wie Anm. 54), S. 19–40.

378 Vgl. Kocka: Unternehmensverwaltung (wie Anm. 54), S. 319 ff.

379 Vgl. Helfferich: Georg von Siemens (wie Anm. 365), S. 125.

können.[380] Georg von Siemens war bis zu seinem Tod 1901 gegenüber dem Modernisierungspotential von Siemens skeptisch und favorisierte eigentlich eine Zusammenarbeit mit der AEG, wie aus mehreren Äußerungen hervorging.[381]

Das Aktienkapital von Siemens in Höhe von 35 Mio. M Aktien wurde von den vier Gründern vollgezeichnet übernommen, zu denen Carl Heinrich von Siemens, Arnold Wilhelm von Siemens, Georg Wilhelm von Siemens und Werner Hermann von Siemens gehörten. Davon erhielten sie 7 Mio. M neue Aktien zu pari gegen eine Barzahlung. Die restlichen 28 Mio. M Aktien stammten aus dem Kapital der Siemens & Halske KGaA.[382] Diese 28 Mio. M Aktien verblieben im Besitz der Familie, 7 Mio. M Aktien durfte die Deutsche Bank an bestimmte Kunden verteilen. 300.000 M Aktien waren für den Vorstandsvorsitzenden Tonio Bödiker reserviert. 200.000 M Aktien sollten an eine andere noch unbekannte Person gehen. 5 Mio. M Aktien waren für Likra[383] zum Preis von 160 Prozent plus 4 Prozent Stückzinsen vorgesehen. Die restlichen 1,5 Mio. M verblieben zur freien Verfügung bei der Deutschen Bank.[384] Eine Vereinbarung zwischen Siemens und der Deutschen Bank war, die Siemens-Aktien in den nächsten zehn Jahren nur durch die Deutsche Bank verkaufen zu lassen.[385] Eine weitere Vereinbarung war, dass die Deutsche Bank die notwendigen Konsortien zur Finanzierung der Aktiengesellschaft zusammenstellt, während Siemens in erster Linie diese Institutionen nutzt.[386] Da die Deutsche Bank bei Siemens für die Finanzangelegenheiten verantwortlich war, gingen bei ihr Anfragen von verschiedenen Banken ein, die sich am IPO des jungen Unternehmens beteiligen wollten.[387] Die Deutsche Bank antwortete, dass die Bedingungen noch nicht feststehen und wahrscheinlich keine großen Börsenoperationen erfolgen werden.[388] Der Börsengang von Siemens war für das Publikum wenig spektakulär, da 80 Prozent des Aktienkapitals im Familienbesitz verblieben. Die Berliner Börsenzeitung verzeichnete erstmals einen Kurs für die Siemens Aktie am 9. März 1899, der sich bei 196 Prozent bewegte.[389]

---

380 Vgl. Kocka: Unternehmensverwaltung (wie Anm. 54), S. 321.

381 Vgl. Lutz: Carl von Siemens (wie Anm. 821), S. 302f.

382 Vgl. Gründerbericht, Historisches Institut München, SAA 33/La 239.

383 Likra war eine Holdinggesellschaft, um verschiedene Projekte der Elektroindustrie zu finanzieren. Sie wurde unter anderem von Siemens und der Deutschen Bank gegründet.

384 Vgl. Deutsche Bank an Carl von Siemens, Arnold von Siemens, Wilhelm von Siemens und Werner H. von Siemens, 19.6.1897, Siemens Historical Institute, SAA 33/La 239.

385 Vgl. Siemens & Halske an das Sekretariat der Deutschen Bank, 14.6.1897, Siemens Historical Institute, SAA 33/La 239.

386 Vgl. Gründerbericht, Siemens Historical Institute, SAA 33/La 239.

387 Vgl. zum Beispiel Hardy & Co. an die Deutsche Bank, 20.5.1897, HADB, S. 1352.

388 Vgl. Georg von Siemens an Zahn & Co. Basel, 26.5.1897, HADB, S. 1352.

389 Vgl. Kurszettel der Berliner Börsen-Zeitung, 9.3.1899.

4.5.2.2 Kapitalerhöhungen 1898 und 1899: Verstärkung der Betriebsmittel

Die erste Kapitalerhöhung nach der Umwandlung in eine Aktiengesellschaft führte Siemens bereits 1898 durch. Anfang Januar 1898 schlug der Vorstand auf der Aufsichtsratssitzung eine Erhöhung des Aktienkapitals um 5 Mio. M auf 40 Mio. M zur Verstärkung der Betriebsmittel vor.[390] Am 1. März 1898 genehmigte der Aufsichtsrat die Kapitalerhöhung und legte einen Emissionspreis von 150 Prozent fest.[391] Drei Tage später stimmten auch schon die Aktionäre auf der außerordentlichen Generalversammlung über den Antrag ab, der einstimmig angenommen wurde. Bei Siemens war es seit 1898 gängig, dass vor dem Generalversammlungsbeschluss zuerst Mitglieder der Familie Siemens auf einer Generalversammlung der Siemens-Vermögensverwaltung GmbH über eine Kapitalerhöhung entschieden. Erst wenn sich die Familienmitglieder einig waren, durften alle Aktionäre auf einer außerordentlichen Generalversammlung von Siemens votieren.[392] Das Bezugsrecht für die Aktionäre wurde ausgeschlossen, allerdings erhielt die Siemens-Familie einen festen Betrag von 3 Mio. M Aktien. Damit hatte der Großaktionär gegenüber den anderen (Klein-)Aktionären einen Vorteil. Die Siemens-Familie verfolgte die Strategie, trotz der Kapitalerhöhung ihre qualifizierte Mehrheitsbeteiligung über 75 Prozent nicht zu verlieren. Die restlichen 2 Mio. M Aktien übernahm ein Konsortium zum Preis von 150 Prozent, welches von einem Syndikatsausschuss geleitet wurde.

Der Aufsichtsrat verständigte sich mit der Deutschen Bank im Vorfeld über die Zusammensetzung des Konsortiums. Am 26. Februar 1898 erkundigte sich Arthur von Gwinner bei Wilhelm von Siemens, ob er mit den Quoten und dem Schreiben an die Syndikatsmitglieder einverstanden sei.[393] Vorstandsmitglieder Tonio Bödiker und Heinrich Schwieger stimmten zu, bestanden aber darauf, dass der Abschnitt „die denselben, zu gewährende Emissionsprovision und den Emissionskurs bleibt Verständigung zwischen Siemens einerseits und dem Syndikatsausschuss andererseits vorbehalten“[394] in die Beteiligungsschreiben aufgenommen wird. Der Syndikatsausschuss setzte sich aus der Deutschen Bank, Robert Warschauer & Co., der Mitteldeutschen Creditbank, der Bergisch-Märkischen Bank und Jacob S.H. Stern zusammen. Insgesamt hatte der Syndikatsausschuss von den 2 Mio. M Aktien eine Beteiligung von 43 Prozent. Davon war die Deutsche Bank mit 10,50 Prozent beteiligt. Die anderen 57 Prozent im Konsortium entfielen auf verschiedene Unterbeteiligte (Tabelle 57).[395] Die Provision für das Konsortium sollte zwischen dem Syndikatsausschuss und Siemens am Ende vereinbart werden.

---

390 Vgl. Protokoll Aufsichtsratssitzung, 10.1.1898, Siemens Historical Institute.

391 Vgl. Protokoll Aufsichtsratssitzung, 1.3.1898, Siemens Historical Institute.

392 Vgl. Siemens'sche Vermögensgemeinschaft an Wilhelm von Siemens, 5.1.1899, Siemens Historical Institute, SAA 4.Ld 42.

393 Vgl. Arthur von Gwinner an Wilhelm von Siemens, 26.2.1898, HADB, S. 1353.

394 Tonio Bödiker und Heinrich Schwieger an die Deutsche Bank, 4.3.1898, HADB, S. 1353.

395 Vgl. Auflistung der Beteiligungen im Konsortium, HADB, S. 1353.

Tabelle 57: Beteiligungen im Syndikatsausschuss, Kapitalerhöhung bei Siemens 1898.

	Beteiligung (%)
Deutsche Bank	10,50
Robert Warschauer & Co.	10,00
Mitteldeutsche Creditbank	7,50
Jacob S.H. Stern	7,50
Bergisch-Märkische Bank	7,50
Gesamt	860.000 M

Quelle: Eigene Berechnungen, HADB, S. 1353.

1899 führte Siemens eine erneute Kaplerhöhung von 5 Mio. M zur Stärkung der Betriebsmittel durch. Der Aufsichtsrat genehmigte den Antrag des Vorstandes Anfang Dezember 1899 und klärte erste Einzelheiten. Man zog einen Ausgabekurs von 175 Prozent in Erwägung und die neuen Aktien sollten für das laufende Jahr noch nicht dividendenberechtigt sein. Weitere Emissionsbedingungen sollten mit der Deutschen Bank als Führerin des Konsortiums geklärt werden.[396] Das Finanzinstitut Robert Warschauer & Co. hatte Mitte Dezember 1898 verkündet, dass es gemäß dem Wunsch der Deutschen Bank aus dem Syndikatsausschuss für junge Siemens-Aktien ausscheide, weil die Bank bei Konkurrenzunternehmen tätig war.[397] Nach der Aufsichtsratssitzung machte sich Arthur von Gwinner von der Deutschen Bank Gedanken über die Verteilung der 5 Mio. M Aktien. Er schlug vor, sich an der Verteilung der Obligationsanleihe zu orientieren.[398] Die Transaktion gestaltete sich wie folgt: Das Syndikat unter der Leitung der Deutschen Bank zeichnete die neuen Aktien zu 155 plus 4 Prozent Stückzinsen. Die Familie Siemens tauschte ihre alten Aktien gegen die neuen 5 Mio. M Aktien. Das Syndikat wiederum führte die alten 5 Mio. M Aktien an der Börse zum Preis von 175 Prozent ein. Das Bezugsrecht für Altaktionäre wurde ausgeschlossen.[399] Bei dieser Kapitalerhöhung wurden die kompletten 5 Mio. Aktien dem Publikum angeboten. Auf der Aufsichtsratssitzung am 29. Dezember 1898 berichtete Arthur von Gwinner über die Transaktionsstruktur. Zudem gab er bekannt, welche Bankfirmen am Übernahmesyndikat mitwirkten.[400] Die Quote

396 Vgl. Protokoll Aufsichtsratssitzung, 20.12.1898, Siemens Historical Institute.
397 Vgl. Robert Warschauer & Co. an Deutsche Bank, 12.12.1898, HADB, S. 1355.
398 Vgl. Arthur von Gwinner an Herrn Siemens, 21.12.1898, HADB, S. 1355.
399 Vgl. Arthur von Gwinner und Max Steinthal an Siemens & Halske, 27.12.1898, HADB, S. 1355.
400 Vgl. Protokoll Aufsichtsratssitzung, 29.12.1898, Siemens Historical Institute.

von Robert Warschauer & Co. von 9 Prozent vergab die Deutsche Bank an die Schweizerische Gesellschaft für elektrische Industrie in Basel und die Basler Handelsbank.[401]

4.5.3 Governance-Konflikte mit Hausbank und Tochtergesellschaften

4.5.3.1 Kapitalerhöhung 1900: Beteiligungserwerb

1900 stand bei Siemens eine weitere Kapitalerhöhung an. Das Unternehmen erhöhte sein Aktienkapital um 9.5 Mio. M auf 54.500 Mio. M durch die Ausgabe von neuen Aktien von 1.000 M. Um 1900 befand sich die Elektroindustrie nach dem Boom des Starkstromgeschäfts in einer Krise, was sich durch den Rückgang von Aufträgen, niedrigen Aktienkursen und Dividenden bei den führenden Unternehmen bemerkbar machte. 1901 ging die AG Elektro-Werke vorm. Kummer & Co. in Konkurs und löste damit eine Unruhe in der Branche aus.[402] Siemens nahm 1900 eine Anleihe von 10 Mio. M auf, um die Betriebsmittel zu verstärken, und führte gleichzeitig eine Kapitalerhöhung durch. Mit der Kapitalerhöhung verfolgte die Verwaltung zwei Ziele. Erstens führte Siemens mit ihren ausländischen Tochtergesellschaften in London und Russland einen Aktientausch durch. Wie der Vorstand der Deutschen Bank auf der außerordentlichen Generalversammlung erläuterte, wollte Siemens eine stärkere Angliederung der ausländischen Unternehmen an die Muttergesellschaft.[403] Die Unternehmen in London und St. Petersburg standen seit ihrer Gründung in enger Verbindung zu Siemens, da die Familie zum Teil das Aktienkapital übernahm und die Verwaltungsmitglieder stellte. Die englische Niederlassung Siemens Bros. & Co. Limited London formierte sich im Januar 1865 und wurde 1880 in eine Aktiengesellschaft umgewandelt.[404] Das Management (Managing Director) ging an den Familienexternen Ludwig Löffler, während Wilhelm von Siemens den Chairman of the Board of Directors bis zu seinem Tod 1883 übernahm. Trotz der neuen Organisationsform blieb die Kontrolle über die Gesellschaft zunächst in der Familie Siemens, denn diese besaß 97,5 Prozent der Aktien.[405] Neben England bildete Russland einen zweiten wichtigen Absatzort für das Telegraphengeschäft von Siemens. Eine eigene Niederlassung in St. Petersburg, die Russischen Elektrotechnischen Werke Siemens & Halske AG, bestand seit 1855 und 1898 erfolgte der Börsengang.[406] Die Familie Siemens übernahm 1898 von den ersten Aktien eine Mehrheitsbeteiligung

401 Vgl. Arthur von Gwinner und Max Steinthal an Siemens & Halske, 27.12.1898, HADB, S. 1355.
402 Vgl. Kocka: Unternehmensverwaltung (wie Anm. 54), S. 323 f.
403 Vgl. Außerordentliche Generalversammlung Siemens, Berliner Börsen-Zeitung, 19.4.1900.
404 Vgl. Lutz: Carl von Siemens (wie Anm. 821), S. 141–151.
405 Vgl. ebd., S. 231 f. und S. 239.
406 Vgl. ebd., S. 97.

von über 50 Prozent.[407] Für das Management war der junge, aufstrebende Industrielle Hermann Görz zuständig, den Georg von Siemens von der AEG abgeworben hatte.[408] Mitglieder der Familie Siemens und Arthur von Gwinner von der Deutschen Bank traten in den Aufsichtsrat ein.[409]

Zweitens verfolgte Siemens mit der Kapitalerhöhung von 1900 das Ziel, sich neues Kapital zu beschaffen, ohne Aktien an das Publikum auszugeben. Einige Äußerungen in den Quellen deuten darauf hin, dass der Siemens-Konzern mit u. a. italienischen Geschäften Verluste erlitten hatte. Diese Strategie wurde von der Deutschen Bank initiiert. Am 9. Januar 1900 präsentierte die Deutsche Bank Carl von Siemens ein Programm, wie eine Kapitalerhöhung aussehen könnte. Wichtig war es, „den Markt gänzlich mit jungen Aktien zu verschonen“, da die Marktsituation momentan schlecht sei.[410] Die Deutsche Bank befürchtete bei einer Emission einen starken Rückgang des Aktienkurses und eine Schädigung des eigenen Rufs.[411] Die Deutsche Bank einigte sich mit Carl und Wilhelm von Siemens auf folgendes Verfahren: Von den 9.5 Mio. M Siemens-Aktien übernahm die Familie Siemens 5 Mio. M Aktien. Als Zahlung übergab sie Siemens 2 Mio. Rubel Aktien der Russischen Elektrotechnischen Werke und 200.000 Pfund Aktien der Siemens Bros &. Co. Ltd. in London. Damit ging an Siemens eine Beteiligung von 28,58 Prozent an der russischen und 33,33 Prozent an der englischen Gesellschaft. Die Familie Siemens verpflichtete sich, die jungen 5 Mio. M Aktien bis 1907 nur durch die Deutsche Bank verkaufen zu lassen.[412] Die restlichen 4,5 Mio. M neue Siemens-Aktien übernahm ein Bankenkonsortium zum Preis von 155 plus 4 Prozent Stückzinsen. Das Konsortium gewährte den Altaktionären ein Bezugsrecht im Verhältnis von 1:10. Die Familie Siemens trat ihr Bezugsrecht von 2.995.000 M Aktien an die Deutsche Bank ab. Die Deutsche Bank bot davon in Absprache mit der Siemens-Familie 2 Mio. M Aktien zu 150 Prozent plus Stückzinsen an die Schweizerische Gesellschaft für elektrische Industrie in Basel an. Diese Aktien sollten für mindestens zwei Jahre an ein unter der Leitung der Deutschen Bank stehendes Konsortium gebunden bleiben. Das Konsortium erhielt aus dieser Transaktion eine Provision von 4 Prozent auf den Nominalbetrag der jungen Aktien.[413]

Nachdem die Kapitalerhöhung für den Aktientausch auf der außerordentlichen Generalversammlung der Siemens'schen Vermögensverwaltung im Januar und im

407 Vgl. Deutsche Bank und St. Petersburger Internationale Handelsbank an Robert Warschauer & Co, März 1898, Siemens Historical Institute, 9462.
408 Vgl. ebd., S. 266 f.
409 Vgl. Russische Elektrotechnische Werke Siemens & Halske St. Petersburg an Carl von Siemens, 22.5.1898, Siemens Historical Institute, 9462.
410 Arthur von Gwinner an Carl von Siemens, 20.9.1900, HADB S. 1356.
411 Vgl. ebd.
412 Vgl. Carl und Wilhelm von Siemens an die Deutsche Bank, 20.9.1900, S. 1356.
413 Vgl. ebd.

März 1898 vom Aufsichtsrat genehmigt wurde, korrespondierten die Deutsche Bank und Siemens über weitere Details. So überreichte die Deutsche Bank dem Vorstand von Siemens vorab verschiedene Entwürfe, darunter die Einladung der Aktionäre zur außerordentlichen Generalversammlung, den Antrag des Aufsichtsrats sowie die Offerte der Deutschen Bank und der Familie Siemens.[414] Dabei zeigten sich leichte Governance-Konflikte. Der Vorstand verwies die Deutsche Bank zum Beispiel darauf, dass es nach Art. 284 des HGB notwendig sei, bei der Anmeldung der Kapitalerhöhung einen Vertrag zur Übernahme von Aktien und der Einbringung von Sacheinlagen einzureichen. Das Familienmitglied Carl Friedrich von Siemens müsste vertraglich versichern, dass er die 5 Mio. M Aktien übernimmt. Zudem sollte man den Mindestkurs, unter dem die Aktien nicht auszugeben sind, im Kapitalerhöhungsbeschluss angeben.[415] Mit dem zweiten Punkt stimmte der Vorstand der Deutschen Bank nicht überein. Eine Festsetzung des Mindestkurses sei nicht notwendig.[416] Die Aktionäre nahmen den Antrag zur Kapitalerhöhung auf der außerordentlichen Generalversammlung vom 19. April 1900 einstimmig an.[417] Das Übernahmekonsortium der jungen Aktien setzte sich aus 20 Banken zusammen und wurde von der Deutschen Bank geleitet. Die höchste Beteiligung mit jeweils 405.000 M hatten die Bank für Handel und Industrie, die BHG, S. Bleichröder, die Disconto-Gesellschaft und die Dresdner Bank.[418] Einige Finanzinstitute des Konsortiums waren als Aktionäre auf der außerordentlichen Generalversammlung 1900 vertreten. Dazu gehörten neben der Deutschen Bank die Basler Handelsbank, die Mitteldeutsche Creditbank, Jacob S.H. Stern, Vorstandsmitglied Tonio Bödiker, die Schweizerische Gesellschaft für elektrische Industrie, die BHG sowie Delbrück, Leo & Co. Die Schweizerische Gesellschaft für elektrische Industrie hatte eine Beteiligung von 0,27 Prozent und wurde von Wilhelm von Siemens vertreten.

Nachdem die Kapitalerhöhung vom Handelsgericht genehmigt wurde, stand als Nächstes das Bezugsangebot an die Altaktionäre auf dem Programm. Für die Veröffentlichung des Bezugsangebots und des Prospekts war die Deutsche Bank zuständig. Dazu überreichte sie Siemens zuerst einen Entwurf, den der Vorstand prüfen sollte.[419] Der Vorstand machte einige Änderungsvorschläge. Carl Friedrich von Siemens Name sollte unter anderem gestrichen werden, da er die neuen Aktien von 5 Mio. M nicht persönlich für sich, sondern als Vertreter der Siemens-Familie gezeichnet hatte. Zudem korrigierte der Vorstand den Hypothekenbestand, da er sich

414 Vgl. Deutsche Bank an die Zentral-Abteilung Siemens & Halske, 22.3.1900, HADB, S. 1356.
415 Vgl. Siemens & Halske an das Sekretariat der Deutschen Bank, 7.4.1900, HADB, S. 1356.
416 Vgl. Deutsche Bank an die Zentral-Abteilung Siemens & Halse, 11.4.1900, HADB, S. 1356.
417 Vgl. Protokoll außerordentliche Generalversammlung Siemens & Halske, 19.4.1900, Bundesarchiv, R 3118/897.
418 Beteiligte 4.500.000 M junge „Siemens & Halske"-Aktien, HADB, S. 1356.
419 Vgl. Deutsche Bank an die Zentral-Abteilung Siemens & Halske, 24.4.1900, HADB, S. 1356.

gegenüber dem Vorjahr verändert hatte.[420] Die Deutsche Bank war nicht mit allen Änderungen einverstanden. Carl Friedrich von Siemens müsse im Prospekt als Zeichner und nicht die Familie Siemens genannt werden. Des Weiteren machte sie den Vorstand darauf aufmerksam, dass das Agio der vom Konsortium übernommenen 4,5 Mio. M Aktien, welches dem Reservefonds zugeführt wurde, noch nicht genannt sei. Auch befand sie die Aussage, dass das Ergebnis für das Geschäftsjahr 1899/1900 sich „voraussichtlich befriedigend gestalten" wird, für nicht ausreichend. Sie schlug stattdessen vor, zu sagen, dass das Ergebnis sich nicht schlechter als im Vorjahr gestalten werde.[421] Der Vorstand stimmte den Vorschlägen der Deutschen Bank zu. Das Agio aus den 4,5 Mio. M neuen Aktien sollte voraussichtlich 1.764.549 M betragen.[422] Damit war die Arbeit am Prospekt noch nicht abgeschlossen. Die Zulassungsstelle der Berliner Börse bestand noch auf einige zusätzliche Informationen für die Aktionäre. Siemens müsse das Gründungsjahr und die Dividende der letzten drei Geschäftsjahre der Siemens Brothers & Co. Ltd. und der Russischen Elektrotechnischen Werke im Prospekt angeben, da sie Aktien dieser beiden Gesellschaften übernehmen werde. Nach Meinung der Deutschen Bank müsse Siemens diese Informationen nachtragen. Der Forderung, die Kosten der Emission zu präzisieren, könne sie dagegen widersprechen.[423] Anfang September 1900 lag schließlich das druckfertige Prospekt vor.

Während der Emissionsvorbereitungen der jungen Aktien machte sich noch ein zweiter Governance-Konflikt bemerkbar. Dabei ging es um die Berechnung von Zinsen auf die jungen 4,5 Mio. M Aktien. Ende Mai 1900 bot die Deutsche Bank der Schweizerischen Gesellschaft für elektrische Industrie in Basel wie vereinbart 2 Mio. M neue Siemens-Aktien zum Preis von 155 Prozent zuzüglich Schlussscheinstempel und 4 Prozent Stückzinsen an.[424] Die Schweizerische Gesellschaft für elektrische Industrie in Basel nahm das Angebot der Deutschen Bank an und überreichte ihr eine Auflistung der getätigten Zahlungen.[425] Die Deutsche Bank wunderte sich über die Auflistung. Sie ging davon aus, dass die Schweizerische Gesellschaft für elektrische Industrie die neuen Aktien zu Konsortialbedingungen, d. h. zum Preis von 155 plus 4 Prozent Stückzinsen bis zum 19. April 1900 und vom 19. April 1900 bis zum 13. Juni 1900 4½ Prozent Stückzinsen erworben hatte. Die Schweizerische Gesellschaft für elektrische Industrie machte allerdings deutlich, dass sie die Aktien von der Familie Siemens zum Preis von 155 plus 4 Prozent Stückzinsen vom 1. August 1899 an bis einschließlich 13. Juni 1900 gekauft hatte, was dem Bezugsangebot für die Altaktionäre

420 Vgl. Siemens & Halske an das Sekretariat der Deutschen Bank, 23.8.1900, HADB, S. 1356.
421 Vgl. Deutsche Bank an die Zentral-Abteilung Siemens & Halske, 24.8.1900, HADB, S. 1356.
422 Vgl. Siemens & Halske an das Sekretariat der Deutschen Bank, 25.8.1900, HADB, S. 1356.
423 Vgl. Deutsche Bank an die Zentral-Abteilung Siemens & Halske, 3.9.1900, HADB, S. 1356.
424 Vgl. Deutsche Bank an Carl von Siemens, 21.5.1900, HADB, S. 1356.
425 Vgl. Schweizerische Gesellschaft für elektrische Industrie an die Deutsche Bank, 29.5.1900, HADB, S. 1356.

entsprach.[426] Daraufhin wandte sich die Deutsche Bank direkt an Carl von Siemens.[427] Die Deutsche Bank ist wohl von anderen Vertragsbedingungen ausgegangen. Siemens erklärte sich am Ende bereit, die entstandene Zinsdifferenz zu übernehmen.[428] Damit klärte sich die Angelegenheit.

Am 28. Mai 1900 forderte Siemens seine Aktionäre auf, ihr Bezugsrecht auf 4,5 Mio. M neue Aktien zum Preis von 155 Prozent bis zum 13. Juni 1900 geltend zu machen. Die Siemens-Aktie lag vor dem Bezugszeitraum Ende Januar noch bei 178,75 Prozent. Im Mai ging der Aktienkurs stark zurück, stabilisierte sich um den 13. Juni kurz und ging dann wieder zurück. Anfang Oktober lag der Aktienpreis bei 159,50. Für die Aktionäre war das Bezugsangebot vorteilhaft, denn sie machten einen leichten Gewinn von 0,05 Prozent.

4.5.3.2 Kapitalerhöhung 1908: Beteiligungserwerb

1908 erhöhte Siemens sein Aktienkapital um 8,5 Mio. M auf 63 Mio. M durch die Ausgabe von 1.000 M Aktien. Die Kapitalerhöhung 1908 diente erneut einem Aktientausch mit den ausländischen Tochtergesellschaften. Damit wollte Siemens seine ausländischen Unternehmen stärker an die Stammgesellschaft in Berlin binden. Zum einen hatte sich seit 1900 vergleichbar mit der inländischen Situation der Markt in der Elektroindustrie auch im Ausland verändert. In Russland zum Beispiel bauten die deutschen Konkurrenzunternehmen ihr Auslandsgeschäft expansiv aus, sodass sich im Zarenreich schon bald eine Marktsättigung und eine ähnliche Fusionswelle bemerkbar machte. 1903 verabschiedeten die Russischen Elektrotechnischen Werke und die Russische Gesellschaft Schuckert & Co. ein Abkommen, in dem sie die Marktverteilung regelten. 1906 vereinigten die AEG, Siemens sowie Felten & Guilleaume-Lahmeyerwerke ihre russischen Kabelfabriken.[429] Um der Konkurrenz standhalten zu können, musste sich Siemens stärker auf seine ausländischen Unternehmen fokussieren. Auf der anderen Seite erwiesen sich die ausländischen Unternehmen weniger rentabel und es wurden finanzielle Schwierigkeiten sichtbar, sodass sich die Stammgesellschaft über verschiedene Maßnahmen Gedanken machte, um wieder mehr Kontrolle über die Gesellschaften zu erhalten. Vorstand Friedrich Albert Spiecker von Siemens berichtete bereits 1905 an Wilhelm von Siemens, dass die Aktivposten der Russischen Elektrotechnischen Werke nicht ausreichen würden, um die laufenden Verbindlichkeiten decken zu können.[430] Arthur von Gwinner von der Deutschen Bank, der Vorstand der Zentrale in St. Petersburg beschlossen schließlich, zuerst eine

---

426 Vgl. Schweizerische Gesellschaft für elektrische Industrie an die Deutsche Bank, 2.6.1900, HADB, S. 1356.

427 Vgl. Deutsche Bank an Carl von Siemens, 5.6.1900, HADB, S. 1356.

428 Vgl. Tonio Bödiker an die Deutsche Bank, 7.6.1900, HADB, S. 1356.

429 Vgl. Lutz: Carl von Siemens, S. 305 ff.

430 Vgl. Friedrich Albert Spiecker an Wilhelm von Siemens, 17.3.1905, Siemens Historical Institute, 6340.

Kapitalherabsetzung zur Sanierung des Unternehmens in Russland durchzuführen und später einen Aktientausch mit der Stammgesellschaft. Die Kapitalherabsetzung erfolgte 1908 zu 20 Prozent und die reduzierten Aktien wurden wieder an die Gläubiger der Gesellschaft zur Verminderung der Schulden begeben.[431] Zusätzlich entwarf der Vorstand für die Tochtergesellschaften in London und in St. Petersburg ein Programm, um sie wettbewerbsfähig zu machen. Für London zum Beispiel plante Siemens ein Joint Committee zu errichten, welches sich aus den Mitgliedern der Verwaltung des Stammhauses zusammensetzte und für die Geschäftsführung zuständig war. Auch plante Siemens, der Tochtergesellschaft benötigte Mittel als Darlehen zu gewähren.[432]

Der Aufsichtsrat von Siemens genehmigte die Kapitalerhöhung am 16. Juli 1907.[433] Die Generalversammlung fand am 26 Juni 1908 statt, auf der die Siemens-Aktionäre die Transaktion einstimmig annahmen.[434] Ein Aktionär äußerte sich zu dem geplanten Aktientausch mit den Tochtergesellschaften. Er fand einen Aktientausch von 1:2 mit den Russischen Elektrotechnischen Werken für Siemens ungünstig, da die Gesellschaft 1906 keine Dividende und 1907 nur 4 Prozent gezahlt habe. Vorstand Friedrich Albert Spiecker entgegnete, dass Siemens darauf Rücksicht nehmen müsse, dass die Gesellschaft eine Kapitalreduktion durchgeführt hatte.[435] Das Bezugsrecht für Altaktionäre wurde bei dieser Kapitalerhöhung ausgeschlossen. Eine Aktionärin erkundigte sich im Dezember 1908 bei Siemens danach, ob die neuen Aktien 1908 zum Bezug freigegeben würden.[436] Siemens antwortete, dass die Kapitalerhöhung bereits durchgeführt wurde und die jungen Aktien in die ausländischen Tochtergesellschaften eingebracht wurden.[437]

Für den Aktienumtausch mit den Russischen Elektrotechnischen Werken verwendete Siemens 3.970.000 M neue Aktien. Zu den Aktionären der russischen Gesellschaft, die neue Siemens-Aktien übernahmen, gehörten u. a. Carl Friedrich von Siemens mit 2.331.030 M und die Deutsche Bank mit 493.640 M. Der Rest verteilte sich auf verschiedene Banken. In London wurden insgesamt für den Aktientausch 3.980.000 M Siemens-Aktien gebraucht. Carl Friedrich von Siemens als Aktionär der Londoner Gesellschaft übernahm 2.049.600 M neue Siemens-Aktien. Die übri-

431 Vgl. Görtz an Friedrich Albert Spiecker, 14.3.1906, Siemens Historical Institute, 6340.

432 Vgl. Programm für die ausländischen Gesellschaften, Vorstandssitzung Mai 1907, Siemens Historical Institute 6340.

433 Vgl. Entwurf für die Aufsichtsratssitzung Siemens & Halske, 5.5.1908, Siemens Historical Institute 6530.

434 Vgl. Protokoll der außerordentlichen Generalversammlung Siemens & Halske, 26.6.1908, Bundesarchiv, R3118/895.

435 Vgl. Außerordentliche Generalversammlung Siemens & Halske, Berliner Börsen-Zeitung, 26.6.1908.

436 Vgl. Clara Augustin an Siemens & Halske, Siemens Historical Institute, 9366.

437 Vgl. Siemens & Halske an Clara Augustin, 21.12.1908, Siemens Historical Institute, 9366.

gen Aktien verteilten sich hauptsächlich auf verschiedene Privatpersonen. Beim Tausch mit den Österreichischen Siemens-Schuckertwerke Wien erhielt Carl Friedrich von Siemens 550.000 M Siemens-Aktien.[438] Bei dieser Kapitalerhöhungen wurden die jungen Siemens-Aktien – wie schon 1900 – nicht an der Börse eingeführt. Auf der Aufsichtsratssitzung am 14. Juli 1908 verkündete Friedrich Albert Spiecker, dass der Vorstand mit der Familie Siemens vereinbart habe, dass den Übernehmern der Siemens-Aktien statt junge alte Aktien aus dem Bestand der Familie ausgegeben werden. Es sollte auch kein Prospekt veröffentlicht werden.[439] Siemens gab die jungen Aktien erst 1919 aus.[440]

4.5.3.3 Kapitalerhöhung 1929: Beteiligungserwerb

4.5.3.3.1 Transaktionsstruktur

Nachdem die schwierigen Inflationsjahre überstanden waren, führte Siemens Ende der 1920er Jahre eine Kapitalerhöhung von 14 Mio. RM auf 111,5 Mio. RM durch, um einen Aktientausch vorzunehmen. 5.000.100 RM junge Aktien verwendete Siemens zuerst für einen Aktientausch gegen 7,5 Mio. RM Aktien von Likra. Diese Aktien wurden von der Deutschen Bank zum Kurs von 150 Prozent übernommen. 4.589.900 RM Aktien waren für einen Aktientausch gegen 450.000 Pfund Aktien der Siemens Brothers & Co. Ltd. Die restlichen 4.410.000 M junge Aktien sollten erst später, allerdings bis zum 31. März 1930 gezeichnet werden.[441]

Die außerordentliche Generalversammlung von Siemens fand am 26. Januar 1929 statt. Der Antrag sah eine Kapitalerhöhung bis zu 14 Mio. M vor, enthielt aber nur eine Erläuterung zum Aktientausch mit Likra und den Verweis, dass der restliche Betrag später als Vorratsaktien verwendet werde. Carl Friedrich von Siemens verwies darauf, dass Siemens über weitere Pläne noch nichts bekannt geben könnte. Er rechtfertigte dies mit den Worten: „Im wirtschaftlichen Leben ist es wie in der Diplomatie: wenn über unfertige Pläne oder auch über angebahnte Verhandlungen vorzeitig Nachrichten in die Oeffentlichkeit kommen, wird die Durchführung sehr erschwert, oft sogar unmöglich gemacht."[442] Bei dieser Kapitalerhöhung wurde das Bezugsrecht der Aktionäre ausgeschlossen. Die Aktionäre genehmigten den Antrag einstimmig. Es gab zwar einzelne Wortmeldungen von Aktionären, diese richteten sich aber gegen die schlechte Bilanzierungspolitik von Siemens und nicht die Kapitalerhöhung selbst. Herr Jacobi zum Beispiel übte Kritik an der man-

438 Vgl. Zeichner der 8,5 Mio. M Siemens-Aktien, Siemens Historical Institute, 6530.
439 Vgl. Protokoll der Aufsichtsratssitzung, 14.7.1908, Siemens Historical Institute.
440 Vgl. Siemens & Halske an Deutsche Bank, 20.1.1919, HADB, S. 1359.
441 Vgl. Protokoll gemeinsame Sitzung des Aufsichtsrats und des Vorstandes, Siemens & Halske, 26.1.1929, Siemens Historical Institute.
442 Siemens & Halske, Berliner Börsen-Zeitung, 26.1.1929.

gelnden Offenlegung wichtiger Bilanzzahlen des Unternehmens. Aktionäre hätten keine Möglichkeiten, sich darüber zu informieren, wie das Unternehmen im letzten Jahr gewirtschaftet habe.[443]

4.5.3.3.2 Governance-Konflikte

Eine Vorbesprechung über den Aktientausch mit Likra fand am 12. November 1928 statt, bei der Oskar Schlitter von der Deutschen Bank, Carl Friedrich von Siemens, die Vorstandsmitglieder von Siemens Max Haller und Wolf-Dietrich von Witzleben sowie Alfred Blinzig von Likra anwesend waren.[444] Dabei kam es zu einem Governance-Konflikt zwischen dem Vorstand von Siemens und der Deutschen Bank . Der Vorschlag zu einer stärkeren Angliederung von Likra ging von der Deutschen Bank aus. Oskar Schlitter berichtete nämlich bei den Vorbesprechungen, dass die Gesellschaft für elektrische Unternehmungen (Gesfürel)[445] Likra ein Angebot zum Aktientausch im Verhältnis von 1:1 unterbreitet habe. Als Großaktionär bei Likra hielt die Deutsche Bank es für richtig, sich wegen eines Aktientausches zuerst an Siemens zu wenden. Oskar Schlitter erläuterte mögliche vertragliche Vereinbarungen.[446] Mit dem Aktientausch würde Siemens bei einem Aktienkapital von 30 Mio. M eine Sperrminorität bei Likra erwerben und damit seinen Einfluss ausweiten. Die Deutsche Bank zog einen Aktientausch von 7,5 Mio. RM Likra-Aktien gegen 5 Mio. RM Siemens-Aktien in Betracht. Der Vorstand befürchtete nach den Berichten der Deutschen Bank, dass Gesfürel Einfluss auf Likra nehmen könnte. Er war insgesamt der Meinung, dass sich die Gesellschaft seit ihrer Gründung immer mehr von Siemens entfernt habe, was auch an der Zersplitterung des Aktienkapitals zu sehen sei.[447] Carl Friedrich von Siemens war bereit, die Vorschläge der Deutschen Bank anzunehmen. Vorstand Max Haller wollte ein Umtauschverhältnis von 4,5 Mio. RM Siemens-Aktien gegen 7,5 Mio. RM Likra-Aktien durchsetzen. Oskar Schlitter bemerkte, dass die Deutsche Bank an einem Umtauschverhältnis von 1:1½ festhalten müsse, um eine Zustimmung der übrigen Aktionäre auf der außerordentlichen Generalversammlung für die Transaktion zu erhalten. Den Aktionären lag immerhin ein günstigeres Angebot von Gesfürel vor. Alfred Blinzig empfahl den Aktientausch möglichst bald durchzuführen, da die Aktionäre von Likra Druck ausübten. Der Vertrag zwischen Siemens und Likra, der die Verbindung der beiden Unternehmen bekräftigte, wurde am 11. Dezember 1928 ratifiziert. Der Vertrag hob die Funktion

---

443 Vgl. ebd.

444 Vgl. Besprechungsprotokoll über eine Beteiligung der Siemens & Halske AG an der Elektrischen Licht- und Kraftanlagen AG, 12.11.1928, Siemens Historical Institute, 19617.

445 Die Gesellschaft für elektrische Unternehmungen ist eine Finanzierungsgesellschaft, die 1894 als Kapitalgeber für verschiedene Projekte der Elektroindustrie gegründet wurde.

446 Vgl. Besprechungsprotokoll über eine Beteiligung der Siemens & Halske AG an der Elektrischen Licht- und Kraftanlagen AG, 12.11.1928, Siemens Historical Institute, 19617.

447 Vgl. Protokoll der Vorstandssitzung, 24.11.1928, Siemens Historical Institute.

von Likra als Trustgesellschaft hervor, die darin bestand, Siemens bei der Finanzierung verschiedener Projekte zu unterstützen. Darüber hinaus regelte er den vorgesehenen Aktientausch. Siemens und Likra verzichteten auf den Bezug einer Dividende aus den jeweiligen Aktien. Die Regelung zum Stimmrecht fiel zugunsten von Siemens aus. Likra verpflichtete sich, das Stimmrecht aus den Siemens-Aktien nur nach Weisungen von Siemens auszuüben. Ein Verkauf oder eine Übertragung der Aktien war nur mit der Erlaubnis der jeweiligen Gesellschaft möglich. Die Beteiligungsquoten sollten auch bei zukünftigen Kapitalerhöhungen erhalten bleiben. Beide Gesellschaften mussten dem Vertragspartner ein entsprechendes Bezugsrecht bei der Ausgabe neuer Aktien zum Nachteil von anderen Aktionären gewähren. Der Übernahmekurs für Likra-Aktien betrug 100 Prozent und für Siemens-Aktien 150 Prozent. Der Vorstand und der Aufsichtsrat von Likra und Siemens versicherten, sich dafür einzusetzen, dass die Aktionäre auf der außerordentlichen Generalversammlung die Beschlüsse genehmigten. Der letzte Teil des Vertrages regelte die Beziehung zwischen Siemens und dem Vorzugsaktionär bei Likra. Likra hatte 6 Prozent vom Aktienkapital an Vorzugsaktien, die im Besitz der Deutschen Treuhand-Gesellschaft waren. Die Deutsche Treuhand-Gesellschaft verpflichtete sich, gegen alle Anträge zu stimmen, die sich gegen die Interessen von Likra richteten oder ihre Selbstständigkeit gefährdeten. Bei Meinungsverschiedenheiten zwischen Likra und der Deutschen Treuhand-Gesellschaft sollte auf einer zusätzlichen Sitzung eine Abstimmung vorgenommen werden, auf der ein Vertreter von Siemens anwesend war. Falls keine Übereinstimmung erzielt wurde, ruhte das Stimmrecht der Deutschen Treuhand-Gesellschaft.[448]

Gegen zwei Punkt des Abkommens äußerte der Vorstand von Siemens im Vorfeld bedenken. Max Haller schrieb am 7. Dezember 1929 an Oskar Schlitter, dass er die Vereinbarungen zum Stimmrecht und zu den Vorzugsaktien aus dem offiziellen Abkommen herausnehmen und sie in einem neuen Abkommen nach der außerordentlichen Generalversammlung von Likra aufnehmen wolle. Von der Deutschen Bank wünschte er sich ein offizielles Statement, dass sie sich als Aktionär und Mitglied des Aufsichtsrats bei Likra dafür einsetzt, den Einfluss von Siemens bei Likra zu stärken.[449] Die Deutsche Bank hielt die Vorschläge für nicht durchsetzbar. Oskar Schlitter sah den Wunsch problematisch, die Bestimmungen zum Stimmrecht und zu den Vorzugsaktien aus dem offiziellen Abkommen herauszunehmen. Es wäre für die Deutsche Bank und Siemens unangenehm, wenn die Öffentlichkeit von den inoffiziellen Abmachungen erfahren würde. Auf eine Erklärung von der Deutschen Bank, sich für den Einfluss von Siemens bei Likra einzusetzen, verzichtete Oskar Schlitter. Die Deutsche Bank erweise Siemens mit ihrem Wirken bei Likra einen

448 Vgl. Vertrag zwischen der Elektrischen Licht- und Kraftanlagen AG und Siemens & Halske, 11.12.1928, Siemens Historcial Institute, 19617.

449 Vgl. Max Haller an Oskar Schlitter, 7.12.1928, Siemens Historical Institute, 19617.

freundschaftlichen Dienst.[450] Damit erledigte sich die Angelegenheit. Der Aktientausch erfolgte schließlich im April 1929.[451] Der Vertrag zwischen Likra und Siemens bestand bis 1940 und wurde dann erneuert.[452]

Mit der englischen Tochtergesellschaft in London nahm Siemens die Verhandlungen 1928 wieder auf. Die geschäftlichen Beziehungen zu Siemens Brothers & Co. Ltd. wurden während des Ersten Weltkrieges in Folge des Trading with the Enemy Act 1914 abgebrochen. 1928 war der Vorstand daran interessiert, den Kontakt wiederherzustellen, um gegen die ausländische Konkurrenz aus den USA vorzugehen und die Präsenz des eigenen Unternehmens auf der Insel zu festigen.[453] Mit dem Aktientausch erwarb Siemens eine Beteiligung von 15 Prozent bei Siemens Brothers & Co. Ltd.[454] Die Verhandlungen mit London führten der Aufsichtsratsvorsitzende Carl Friedrich von Siemens und der Vorstandsvorsitzende Adolf Franke mit dem Vorstand Arnold Wright aus London. Die Verhandlungen sollten möglichst geheim gehalten werden. Siemens hatte in seiner Presseerklärung im November 1928 erklärt, dass Verhandlungen mit einem ausländischen Unternehmen geführt werden, aber nicht verraten, dass es sich um Siemens Brothers & Co. Ltd. handelte. Auch die Aufsichtsratsmitglieder von Siemens wurden im November noch nicht über die Einzelheiten informiert, sondern erhielten nur die Information, dass Kontakt zu Siemens Brothers & Co. Ltd. bestünde.[455] Am 19. Juni 1929 wurden die Verhandlungen zwischen Siemens und Siemens Brothers & Co. Ltd. mit dem Abschluss eines ausführlichen Vertrages beendet. Die Voraussetzung für eine Zusammenarbeit zwischen Berlin und London war, dass Siemens Brothers & Co. Ltd. die statutarische Bestimmung aufhob, die den Aktienbesitz von Ausländern verbot.[456] Ähnlich wie deutsche Aktiengesellschaften reagierten auch englische auf das Interesse ausländischer Investoren während der Deflationsjahre mit protektionistischen Maßnahmen. In den 1920er Jahren war es üblich, dass englische Unternehmen in ihren Statuten eine Klausel aufnahmen, die nur einen bestimmten Prozentanteil an ausländischen Aktionären erlaubte oder sogar ausländische Aktionäre verbot.[457] Der

---

450 Vgl. Oskar Schlitter an Max Haller, 8.12.1928, Siemens Historical Institute, 19617.
451 Vgl. Elektrische Licht- und Kraftanlagen AG an Siemens & Halske, 23.4.1929, Siemens Historical Institute, 19617.
452 Vgl. Vertrag zwischen Siemens & Halske AG und der Elektrischen Licht- und Kraftanlagen AG, 10.4.1940, Siemens Historical Institute, 18023.
453 Vgl. ebd.
454 Vgl. ebd.
455 Vgl. Max Haller an Alfred Wright, 20.11.1928, Siemens Historical Institute, 8449.
456 Vgl. ebd.
457 Vgl. Vorkehrungen im englischen Gesellschaftsgesetz gegen Überfremdung, 1.11.1928, Siemens Historical Institute, 16815.

Vertrag zwischen Berlin und London regelte den Aktientausch von 4.589.900 RM Siemens-Aktien gegen 450.000 Pfund Aktien der Siemens Brothers & Co. Ltd.[458] An die Aktionäre wurde kein öffentliches Angebot gemacht, das sie zu einem Aktientausch aufforderte. Die neuen Aktien nahmen ab dem 1. Juli 1929 am Gewinn teil und erhielten somit für das laufende Geschäftsjahr ¼ der Dividende. Die neuen Aktien beider Unternehmen wurden im Depot bei der Basler Handelsbank als Treuhänder bis zur Dauer des Vertrages von 20 Jahren hinterlegt.[459] Für die Aktien galt eine Hinterlegungssperre, sodass die Basler Handelsbank sie nur verkaufen oder verwenden durfte, wenn die Parteien durch ein Schiedsgerichtsurteil den Vertrag auflösten. Durch Beendigung oder Auflösung des Abkommens konnten beide Vertragsparteien von dem anderen verlangen, die Aktien an eine bestimmte Stelle zu verkaufen. Beide Vertragsparteien duften auch die Aktien an eine von ihnen kontrollierte Gesellschaft übertragen, allerdings musste jeweils der andere zustimmen.[460] Der Vertrag enthielt des Weiteren Regelungen zum Stimmrecht, die erneut zugunsten von Siemens ausfielen. Siemens Brothers & Co. Ltd. musste das Stimmrecht aus ihren Siemens-Aktien einem Bevollmächtigten übertragen, den Siemens bestimmten durfte.[461] Bei Meinungsverschiedenheiten, Konflikten oder Vertragsbrüchen war das Genfer Recht und das Urteil eines Schiedsgerichtes bindend, welches allerdings nicht gegen das deutsche und englische Aktiengesetz verstoßen durfte.[462] Den Vertrag schlossen Siemens und Siemens Brothers & Co. Ltd. in der Schweiz ab, weil sie ein politisch neutrales Land war.[463] Neben dem Aktientausch enthielt der Vertrag zusätzlich einen Teil zur technischen Zusammenarbeit zwischen Siemens sowie Siemens Brothers & Co Ltd.[464]

Bis die endgültige Fassung des Vertrages am 19. Juni 1929 feststand, vergingen mehrere Monate, in denen verschiedene Entwürfe erstellt wurden. In manchen Punkten gab es Governance-Konflikte zwischen den Verhandlungspartnern, in anderen wiederum ging es um Änderungen von Formulierungen, um die rechtlichen Anforderungen zu erfüllen. Die ersten Entwürfe tauschten Berlin und London im November 1928 aus. Es folgten weitere Vertragsentwürfe und telefonische Besprechungen. Bei der Besprechung im Dezember ging es zum Beispiel darum, den Abschnitt zum ausländischen Aktienbesitz in den Statuten der englischen Gesellschaft zu ändern. Anwesend waren Arnold Wright aus London, Carl Friedrich von Siemens sowie Vorstandsmitglied Max Haller. Arnold Wright schlug vor, den Aktientausch

---

458 Vgl. Vertrag zwischen Siemens & Halske AG Berlin und Siemens Brothers & Co. Ltd. London, 19.6.1929, Siemens Historical Institute 17964.

459 Vgl. ebd.

460 Vgl. ebd.

461 Vgl. ebd.

462 Vgl. ebd.

463 Vgl. ebd.

464 Vgl. ebd.

vor der nächsten außerordentlichen Generalversammlung im Mai 1929 durchzuführen, damit Siemens teilnehmen und für die Statutenänderungen stimmen könnte. Carl Friedrich von Siemens hielt es für nicht richtig.[465] Bei den Vertragsverhandlungen war es wichtig, die deutsche und die englische Fassung möglichst genau einander anzugleichen, da es später bei der Auslegung der Paragraphen vor einem Schiedsgericht kommen könnte. Im Mai 1929 überreichte Siemens Brothers & Co. Ltd. eine weitere Fassung, die die Rechtsabteilung überarbeitet hatte. Zwei wichtige Änderungen, die das englische Unternehmensrecht betrafen, wurden gemacht. Der Abschnitt zum Stimmrecht besagte in der alten Fassung: „S.B. undertakes to transfer during the continuance of this agreement its voting power in respect of the 6.557 Ordinary Shares in S & H received under the provision of Clause 1 hereof to S & H or such nominee as S & H may appoint."[466] Der Vorstand aus London machte Siemens darauf aufmerksam, dass im Abschnitt zum Stimmrecht „S & H" gestrichen werden müsse. Nach dem englischen Recht durfte eine Gesellschaft nicht auf ihrer eigenen Generalversammlung stimmen. Vollmachten können jedoch Board-Mitgliedern ausgestellt werden.[467] So enthielt der endgültige Vertrag die Klausel, dass ein von Siemens ernannter Bevollmächtigter das Stimmrecht ausüben durfte und nicht Siemens selbst.[468] In der zweiten Änderung ging es um den Verkauf von Aktien. Vorgesehen war folgender Wortlaut: „On the determination of this agreement each of the parties shall have the right to require the other party to sell to it or some party designated by it the whole or part of the shares"[469]. Hier musste Siemens die Klausel umformulieren und vor allem das „to it" streichen, da nach dem englischen Unternehmensrecht Gesellschaften ihre eigenen Aktien nicht erwerben konnten.[470] Nachdem die Aktionäre auf der außerordentlichen Generalversammlung von Siemens Brothers & Co. Ltd. am 29. Mai 1929 der Statutenänderung zustimmten, kamen auch die Vertragsverhandlungen zwischen den beiden Unternehmen zu einem Abschluss.

Die Transaktion war nach Vertragsabschluss noch nicht beendet, denn es mussten einige Fragen geklärt werden. Dazu gehörten vor allem Vereinbarungen mit dem Treuhändler, der Basler Handelsbank. Die Vorstände von Siemens und Siemens Brothers & Co. Ltd. verständigten sich über den Verwahrungsvertrag für die

---

465 Vgl. Protokoll über die Besprechung betreffend Siemens Brothers & Co. Ltd., 1.12.1928, Siemens Historical Institute, 16815.
466 Siemens Brothers & Co. Ltd. an Carl Friedrich von Siemens, 11.5.1929, Siemens Historical Institute, 16815.
467 Vgl. ebd.
468 Vgl. Vertrag zwischen Siemens & Halske AG Berlin und Siemens Brothers & Co. Ltd. London, 19.6.1929, Siemens Historical Institute 17964.
469 Siemens Brothers & Co. Ltd. an Carl Friedrich von Siemens, 11.5.1929, Siemens Historical Institute, 16815.
470 Vgl. ebd.

Basler Handelsbank.[471] Unstimmigkeiten gab es bei Fragen nach der Dauer der Treuhänderschaft, der Offenlegung von Verhandlungen und der Bestimmung über das Stimmrecht. Siemens Brothers & Co. Ltd. lehnte eine Verlängerung der Treuhänderschaft nach 1949 ab und war dagegen, die zwischen Berlin und London abgeschlossenen Verträge an die Basler Handelsbank zu überreichen. Abmachungen, die insbesondere den technischen Bereich betrafen, seien für die Bank uninteressant, da sie nur als Treuhänder fungiere, so Siemens Brothers & Co. Ltd.[472] Siemens dagegen sah keinen Grund, der Basler Handelsbank die Abmachungen zum Aktientausch vorzuenthalten. Zudem bestand Berlin darauf, in den Vertrag mit der Basler Handelsbank aufzunehmen, dass Siemens über das Stimmrecht der „Siemens Brothers & Co. Ltd."-Aktien verfügt.[473] Die Basler Handelsbank war damit einverstanden, Aktien von Siemens sowie der Siemens Brothers & Co. Ltd. zu deponieren. Für ihre Dienste als Treuhänder wollte sie jedoch eine jährliche Paulschalgebühr von 10.000 Franken berechnen. Ihrer Meinung nach war die Gebühr im Vergleich mit anderen Treuhandverhältnissen sehr niedrig.[474] Berlin und London waren sich einig, dass die verlangte Gebühr viel zu hoch sei. Arnold Wright schlug stattdessen vor, die Aktien in einem Safe im neutralen Ausland zu hinterlegen. Siemens lehnte ab und vertagte die Angelegenheit zunächst.[475] Anfang September reiste der Vorstand von Siemens nach Zürich, um mit Direktor Renz von der Basler Handelsbank über die Kosten der Aktiendeponierung zu sprechen.[476] Am 1. Oktober 1929 teilte die Basler Handelsbank mit, dass sie auf die Berechnung der Gebühr verzichte unter der Voraussetzung, dass sie keine zusätzliche Arbeit mit der Deponierung der Aktien habe.[477] Damit war der Governance-Konflikt mit dem Treuhänder gelöst, sodass der Aktientausch schließlich im Dezember 1929 vollzogen wurde.[478] Die detaillierten vertraglichen Vereinbarungen zwischen Berlin und London zeigen, dass sich beide Parteien absichern wollten, wie ihre Aktien und das damit zusammenhängende Stimmrecht verwendet werden. Für Siemens war es wichtig, trotz des Aktientausches den Einfluss des englischen Unternehmens auf die Stammgesellschaft gering zu halten. Der Vertrag regelte verschiedene Bereiche und deckte Eventualitä-

---

471 Vgl. Siemens & Halske an Siemens Brothers & Co. Ltd., 28.8.1929, Siemens Historical Institute, 16815.

472 Vgl. Siemens Brothers & Co. Ltd. an Siemens & Halske, 30.8.1929, Siemens Historical Institute, 16815.

473 Vgl. Siemens & Halske an Siemens Brothers & Co. Ltd., 27.8.1929, Siemens Historical Institute, 20778.

474 Vgl. Basler Handelsbank an Siemens & Halske, 29.8.1929, Siemens Historical Institute, 16815.

475 Vgl. Protokoll über die Besprechung zum Aktienvertrag Siemens & Halske/Siemens Brothers mit Dr. Wright in London, 3./4.9.1929, Siemens Historical Institute, 16815.

476 Vgl. Siemens & Halske an Direktor Renz, 19.9.1929, Siemens Historical Institute, 16815.

477 Vgl. Basler Handelsbank an Siemens & Halske, 1.10.1929, Siemens Historical Institute, 16815.

478 Vgl. Siemens Brothers & Co. Ltd. an Carl Friedrich von Siemens, 6.1.1930, Siemens Historical Institute, 16815.

ten ab, für die das Aktiengesetz keine Lösung vorsah. Auf Grund der politischen Lage nach dem Ersten Weltkrieg gestaltete sich eine Zusammenarbeit zwischen deutschen und englischen Unternehmen schwierig, sodass die Vertragspartner einen neutralen Standort zum Vertragsabschluss wählten. Beim Vertragsabschluss war ein möglicher Zweiter Weltkrieg für die Beteiligten nicht abzusehen, sodass sie für die Vertragsdauer 20 Jahre wählten. In den 1950er Jahren befanden sich die Siemens-Aktien immer noch im Besitz von Siemens Brothers & Co. Ltd. 1953 traten beide Unternehmen in Verhandlungen, um zu entscheiden, was mit den Siemens-Aktien passieren würde. Statt eines Schiedsgerichtes zogen sie einen Vergleich in Betracht, da er für beide weniger Aufwand bedeutete. Diskutiert wurde, ob die Siemens-Aktien aufgeteilt oder zurück an die Stammgesellschaft verkauft werden sollten.[479] Auf welche Lösung sich Berlin und London geeinigt haben, lässt sich aus den Akten nicht entnehmen.

4.5.4 Neue Governance-Formen

4.5.4.1 Kapitalerhöhung 1920 I: Mehrstimmrechtsaktien

Bevor Siemens gestärkt die Inflationsjahre hinter sich lassen konnte, hatte das Unternehmen erhebliche Probleme zu überwinden. Als Folge der Inflation fehlte es dem Unternehmen Anfang 1920 an Kapital. Auf der Aufsichtsratssitzung im Januar 1920 erläuterte Carl Friedrich von Siemens, dass sich die Veränderung der wirtschaftlichen Lage der Weimarer Republik, der Preisanstieg der Rohmaterialien und die Veränderung der Gehälter enorm auf die Umsatzzahlen ausgewirkt hätten. Folglich sei Siemens auf frisches Kapital angewiesen. Zu diesem Zeitpunkt war es noch nicht klar, in welcher Form die Kapitalbeschaffung erfolgte. Carl Friedrich von Siemens regte an, ausländisches Kapital heranzuziehen. Er verwies allerdings auf die Gefahr der Überfremdung, der das Unternehmen mit Vorsorgemaßnahmen entgegenwirken müsse.[480] Im Februar 1920 erwog der Vorstand eine Erhöhung des Aktienkapitals von 42 Mio. RM und die Aufnahme einer Anleihe von 40 Mio. RM.[481] Im Mai 1920 revidierte er die Pläne auf Vorschlag der Banken und beschloss eine Erhöhung des Aktienkapitals um 63 Mio. RM auf 126 Mio. RM und damit fast eine Verdopplung. Der Aufsichtsrat genehmigte am 05. Mai 1920 die Kapitalerhöhung.[482] Die Idee war, mit dieser Kapitalerhöhung ältere Stammaktien im Wert von 9,5 Mio. RM (15,07 Prozent)

479 Vgl. Bericht über Siemens Brothers & Co. Ltd. an Dr. Kerschbaum und Direktor Pelkmann, 19.5.1953, Siemens Historical Institute, 17964.

480 Vgl. Protokoll der Aufsichtsratssitzung Siemens & Halske, 9.1.1920, Siemens Historical Institute.

481 Vgl. Protokoll der Vorstandssitzung Siemens & Halske, 3.1.1920, Siemens Historical Institute.

482 Vgl. Protokoll der Aufsichtsratssitzung Siemens & Halske, 5.5.1920, Siemens Historical Institute.

in Namensaktien umzuwandeln, die ein 30-faches Stimmrecht erhielten. Die Mehrstimmrechtsaktien durften folglich bei Statutenänderungen, Kapitalmaßnahmen, Fusionen, Wahlen zum Aufsichtsrat, Festsetzung der Dividende und Auflösung der Gesellschaft gegenüber den Stammaktien ein 30-faches Stimmrecht ausüben. Bei der ersten Abstimmung hatten alle Aktien das gleiche Stimmrecht. Die Namensaktien konnten jedoch eine zweite Abstimmung verlangen und dann von ihrem bevorzugten Stimmrecht Gebrauch machen. Eine Umwandlung von Inhaber- in Namensaktien war nur deutschen Staatsbürgern erlaubt, die einen dauerhaften Wohnsitz im Deutschen Reich nachweisen konnten.[483] Die zur Umwandlung vorgesehenen Inhaberaktien gehörten den Aufsichtsratsmitgliedern Carl Friedrich von Siemens und Carl Dietrich Harries[484] und den beiden Vorstandsmitgliedern Werner von Siemens (S & H) und Ludwig Gustav Moritz von Winterfeld (SSW).[485] Die außerordentliche Generalversammlung konstituierte sich am 18. Mai 1920, auf der Carl Friedrich von Siemens eine ausführliche Rede zur Lage der wirtschaftlichen Situation hielt, um die Aktionäre von dem Vorhaben zu überzeugen. Er erklärte, dass es für die deutsche Wirtschaft unausweichlich sei, auf ausländisches Kapital zurückzugreifen. Da Siemens ein global operierendes Unternehmen sei, würden sich sicherlich einige ausländische Investoren interessieren. Die Geldbeschaffung dürfte allerdings nicht zu einem beherrschenden Einfluss neuer Aktionäre führen: „Vorstand und Aufsichtsrat haben daher den Beschluss fassen müssen, den heute einzig gangbaren Weg zu gehen, der eine Überfremdung verhütet, auch um in ihren Verhandlungen mit dem Ausland eine feste Grundlage zu haben und jedes offene und versteckte Bestreben des Auslandes nach Errichtung des ausschlaggebenden Einflusses von vornherein auszuschalten.“[486] Die Überfremdungsangst wurde auch von anderen Unternehmensvertreten als Argument benutzt, um Mehrstimmrechts- und Vorzugsaktien auszugeben. Inwiefern diese Sorgen berechtigt war, ist schwierig nachzuvollziehen. Bisher wurde empirisch kein großer Anteil an ausländischem Kapital bei deutschen Unternehmen nachgewiesen. Allerdings müssen ausländische Investoren nicht zwingend als Aktionäre selbst auf den außerordentlichen Generalversammlungen in Deutschland präsent gewesen sein.

Die neuen Siemens-Aktien übernahm ein Konsortium unter der Leitung der Deutschen Bank zum Kurs von 121 Prozent, das sich aus zwei Mitgliedern zusammensetzte. Die Deutsche Bank hatte eine Beteiligung von 85 Prozent und die Mitteldeutsche Creditbank von 15 Prozent. Unterbeteiligungen sah das Konsortium nicht vor. Die Deutsche Bank wollte nämlich nicht, dass Informationen aus dieser Transaktion, insbesondere die Höhe des Aktienbesitzes, der Siemens-Verwaltung unter-

---

483 Vgl. § 6 und § 33 des Statuts Siemens & Halske mit den Änderungen der Generalversammlungsbeschlüsse vom 18.5.1929 und 29.12.1929.

484 Verheiratet mit der Tochter von Werner Siemens, Hertha von Siemens.

485 Vgl. Denkschrift Kapitalerhöhung Siemens & Halske 1920, HADB, S. 1348.

486 Rede Carl Friedrich von Siemens auf der außerordentlichen Generalversammlung, 18.5.1920.

breitet wurden.[487] Die neuen Aktien wurden zu 125 Prozent ausgegeben. Die Altaktionäre erhielten dieses Mal ein Bezugsrecht im Verhältnis von 1:1.[488] Die Bezugsfrist erstreckte sich vom 2. bis zum 26. Juli 1920. Die Siemens'sche Vermögensgemeinschaft machte auf ihren gesamten Aktienbesitz das Bezugsrecht geltend.[489] Der Aktienkurs der Siemens-Aktie unterlag 1920 hohen Schwankungen. Seit April 1920 hatte er eine absteigende Tendenz und nahm erst wieder Ende August bzw. September zu. Das Bezugsangebot war für die Aktionäre besonders vorteilhaft. Der Preis für die Altaktien lag bei 292,75 Prozent und der Aktienpreis nach dem Bezugsangebot bei 260 Prozent. Die Aktionäre machten einen Gewinn von 51,13 Prozent. Im April 1921 hatte das Konsortium immer noch einen Bestand von 361.000 M Aktien, die die Banken schließlich verkauften.[490] Das Konsortium erhielt aus der Transaktion einen Gewinn von 5,91 Prozent.[491] Die Mehrstimmrechtsaktien führte Siemens auch unter dem neuen Aktiengesetz in den 1930er Jahren fort. Das Aktiengesetz von 1937 erlaubte in Ausnahmefällen die Ausgabe von Mehrstimmrechtsaktien, für die aber eine Erlaubnis der Reichsregierung notwendig war.[492]

4.5.4.2 Kapitalerhöhung 1920 II: Vorzugsaktien

4.5.4.2.1 Transaktionsstruktur

1920 stand eine zweite Kapitalerhöhung bei Siemens an. Das Unternehmen erhöhte sein Aktienkapital um 134 Mio. M auf 260 Mio. M, was damit eine erneute Verdopplung war. Dazu gab es 4 Mio. M zu 125 Prozent aus und 130 Mio. M als Vorzugsaktien zu pari.[493] Diese Kapitalerhöhung führte Siemens durch, um eine Verbindung mit GBAG, Deutsch-Lux und der Elektrizitäts-Aktiengesellschaft vorm. Schuckert & Co. (SW Nürnberg) einzugehen.[494] Es handelte sich um einen Zusammenschluss zwischen Unternehmen aus der Elektroindustrie und der Schwerindustrie, die durch Absprachen im Beschaffungs-, Produktions-, Finanzierungs- und Absatzbereich ihre Marktstellung verbessern wollten. Aus der vertikalen Integration ging eine Interessengemeinschaft und die Siemens-Rheinelbe-Schuckert-Union GmbH (SRSU) hervor.

Die neu geschaffenen Siemens-Vorzugsaktien wurden nicht an das Publikum begeben, sondern gingen an die entsprechenden Unternehmen. Das Bezugsrecht

487 Vgl. Deutsche Bank an Mitteldeutsche Creditbank, 22.4.1920, HADB, S. 1254.
488 Vgl. Siemens & Halske Kapitalerhöhung 1920, 20.6.1920, HADB, S. 1254.
489 Vgl. Deutsche Bank an Siemens & Halske, 17.4.1920, HADB, S. 1254.
490 Vgl. Sekretariat an Oscar Wassermann, April 1921, HADB, S. 1254.
491 Vgl. Deutsche Bank an Mitteldeutsche Creditbank, 20.4.1921, HADB, S. 1254.
492 Vgl. Bericht über die Mehrstimmrechtsaktien, 27.10.1939, Siemens Historical Institute, 18031.
493 Vgl. Siemens & Halske, Saling's Börsen-Papiere Jg. 1922/23.
494 Vgl. Protokoll der außerordentlichen Generalversammlung, 29.12.1920, Bundesarchiv, R 3118/895.

der Altaktionäre wurde damit ausgeschlossen. Die Vorzugsaktionäre hatten in der Praxis keine Vorteile gegenüber den Stammaktionären, da sie gleiches Stimmrecht besaßen und der Vorzug auf eine Dividende zunächst ruhte. Auch sicherte sich der Großaktionär von Siemens mit den Mehrstimmrechtsaktien weiterhin eine Kontrolle auf der Generalversammlung. Allerdings hatten die Vorzugsaktionäre durch neu geschaffene Organe, die zur Interessengemeinschaft und der SRSU GmbH gehörten, die Möglichkeit, Einfluss auf die Geschäftspolitik von Siemens zu nehmen. Dies erwies sich für den Vorstand und den Großaktionär von Siemens als problematisch, als sich die politische Situation Anfang der 1920er Jahre veränderte und sich zusätzlich finanzielle Probleme bei den kooperierenden Unternehmen zeigten. Nach Auflösung der Interessengemeinschaft stellte sich die Frage, wie Siemens mit den Vorzugsaktien umgehen sollte. Ein Verkauf der Vorzugsaktien an das Publikum war nicht erwünscht, da der Großaktionär die Vorzugsaktien im Konzern behalten wollte. Schließlich umging Siemens die rechtlichen Schwierigkeiten, indem die Siemens Familienverwaltung GmbH die Vorzugsaktien übernahm. Mit dieser Kapitalerhöhung wurden neue Governance-Formen geschaffen, bei denen rechtliche Probleme auftraten. Zudem zeigten sich Governance-Konflikte zwischen den Vorzugsaktionären und dem Vorstand bzw. Großaktionär von Siemens.

4.5.4.2.2 Verhandlungen

Die Kooperation wurde Ende 1919 in Gesprächen zwischen Albert Vögler (Deutsch-Lux), Hugo Stinnes (Hugo Stinnes GmbH) und Otto Heinrich (SW) initiiert, in denen es um die Versorgung der Schuckert-Werke mit Dynamoblechen ging. Später kamen Carl Friedrich von Siemens (Aufsichtsratsvorsitzender und Großaktionär bei Siemens), Emil Kirdorf (GBAG) und Arthur Salomonsohn (Disconto-Gesellschaft) hinzu. Hugo Stinnes war bei den Verhandlungen dabei, da er Einfluss auf Deutsch-Lux und die GBAG ausübte, denn er gehörte zu ihren Gründern und besaß eine Beteiligung. Ein anderer Großaktionär der GBAG war die Disconto-Gesellschaft.[495] Im August 1920 gründeten die Deutsch-Lux und die GBAG zunächst die Rheinelbe Union, die schließlich vier Monate später im Dezember 1920 unter Einbeziehung der anderen zwei Unternehmen zur SRSU GmbH umgewandelt wurde.[496] Unterschiedliche strategische Interessen gegenüber der Schwerindustrie waren sicherlich ausschlaggebend, warum Siemens nicht schon im Sommer dem Zusammenschluss beitrat.[497] Einige Schreiben zwischen dem Aufsichtsratsmitglied bei SW Oskar Ritter von Petri und Carl Friedrich von Siemens deuten darauf hin, dass Siemens zuerst eine Einigung zwischen der süddeutschen Gruppe SW und Maschinenfabrik Augs-

---

495 Vgl. Alfred Reckendrees: Das „Stahltrust"-Projekt. Die Gründung der Vereinigte Stahlwerke A. G. und ihre Unternehmensentwicklung 1926–1933/34. München 2000, S. 83 f.

496 Vgl. ebd., S. 100–102.

497 Vgl. ebd., S. 101 ff.

burg-Nürnberg (MAN) anstrebte, um eine Quotenverteilung in der Produktion festzulegen und dann in Verhandlungen mit Deutsch-Lux und GBAG zu treten. Die Pläne, MAN in die Union miteinzubeziehen, scheiterten. MAN hatte bedenken, mit einem Konzern zusammenzuarbeiten, und befürchtete, dass es mit der Interessengemeinschaft seine Selbstständigkeit aufgeben werde. Die größte Sorge war, dass Hugo Stinnes in der Interessengemeinschaft die bestimmende Person sein werde, so die Geschäftsführung von MAN.[498] Im Herbst 1920 erhielt die Gutehoffnungshütte die Aktienmehrheit bei MAN, sodass sich die Zusammenarbeit erledigte.[499]

Der Aufsichtsrat von Siemens genehmigte am 03. November 1920 den Antrag des Vorstandes, eine Interessengemeinschaft mit GBAG, Deutsch-Lux und SSW zu gründen. Die außerordentliche Generalversammlung fand am 29. Dezember 1920 statt, auf der Carl Friedrich von Siemens detailliert eine Abkehr von der bisherigen Geschäftspolitik von Siemens begründete: „Wir sind aber jetzt in ein neues wirtschaftliches Zeitalter getreten. Wir können uns nicht mehr beschränken auf die Fortschritte, die im Rahmen unseres eigensten Arbeitsgebietes erzielbar sind, wir müssen die Verbindung herstellen zwischen den einzelnen Zweigen des technischen Lebens und sehen, welche technischen und wirtschaftlichen Vorteile aus dem Ineinandergreifen und der gegenseitigen zweckbewußten Belebung zu erreichen sind. [. . .] Die veränderte wirtschaftliche Grundlage Deutschlands, sein Rückgang in der Eisenproduktion [. . .] machen es sowohl für den Hersteller des Roh- und Halbfabrikates notwendig, sich mit der Weiterverarbeitung des Materials zu befassen, wie auch für den bisherigen Fertigwarenfabrikanten, sich die geeigneten Rohstoffe dauernd zu sichern."[500] Weiter legitimierte er die Ausgabe von Vorzugsaktien: „Diese dienen bei den anderen Firmen gleichzeitig wie bei dem uns ja bereits vorhandenen Schutz gegen Überfremdung und sollen die Interessengemeinschaft vor einer Gefährdung durch Überfremdung auch nur eines ihrer Mitglieder bewahren, wie es bei anderen Interessengemeinschaften schon geschehen ist. [. . .] Der Vertrag bietet ihnen in erster Linie bei den heutigen bewegten und unklaren Zeiten eine erweiterte Sicherheit, durch den Abschluss der Interessengemeinschaft wird das Risiko auf viele Gebiete verteilt, es ist gleichzeitig ein Versicherungsvertrag in doppelter Beziehung und zwar nach fachlichen wie nach territorialen Gesichtspunkten."[501] Die Rede überzeugte die anwesenden Aktionäre, sodass sie den Antrag auf Kapitalerhöhung einstimmig genehmigten, obwohl das Bezugsrecht auf die neuen Aktien ausgeschlossen wurde.

---

498 Anton von Rieppel an Hugo Stinnes, 1.7.1920, Siemens Historical Institute, SAA 4. Lf 635–2/1.

499 Carl Friedrich von Siemens an Albert Vögler, 2.11.1920, Siemens Historical Institute, SAA 4. Lf 635–2/1.

500 Carl Friedrich von Siemens auf der außerordentlichen Generalversammlung vom 29.12.1920, abgedruckt in: Feldenkirchen: Siemens 1918–1945 (wie Anm. 54), S. 189–192.

501 Vgl. ebd.

4.5.4.2.3 Governance-Konflikt

Einen offiziellen Interessengemeinschafts-Vertrag schlossen die beteiligten Gesellschaften am 30. Dezember 1920 ab. Der Vertrag konkretisierte ihre Ziele: Die Gesellschafter wollten unter Wahrung ihrer rechtlichen Selbstständigkeit eine wirtschaftliche Einheit bilden.[502] Die Vorstände der Gesellschafter verpflichteten sich, eine gemeinsame Strategie zu verfolgen und sich bei Geschäften abzusprechen. Damit das möglich war, sollten innerhalb der Interessengemeinschaft, Vorstandsmitglieder gegenseitig ausgetauscht und Vorstandsmitglieder in die Aufsichtsräte der Gesellschafter entsendet werden.[503] So wurden bei Siemens die Anzahl der Aufsichtsratsmitglieder von acht auf 13 erhöht und Hugo Stinnes, Arthur Salomonsohn (Disconto-Gesellschaft), Adolf Pohlmann (Stellvertretender Vorsitzender des Aufsichtsrats der Elektrizitäts-Aktiengesellschaft vorm. Schuckert & Co.), Oskar Ritter von Petri (Aufsichtsratsmitglied SSW) und Baron Georg von Grävenitz zu Davos Pletz in den Aufsichtsrat gewählt.[504] Die Leitung der Interessengemeinschaft übernahm ein Gemeinschaftsrat, der sich aus den Geschäftsführern der SRSU GmbH und anderen Vorstands- und Aufsichtsratsmitgliedern der Gesellschafter zusammensetzte. Die ersten Vorsitzenden des Gemeinschaftsrats waren Hugo Stinnes, Emil Kirdorf und Carl Friedrich von Siemens.[505]

Das zweite Handlungsorgan der Interessengemeinschaft bildete die SRSU GmbH.[506] Mit der Bildung eines rechtlich selbstständigen Gemeinschaftsunternehmens ging die Kooperation zwischen Siemens und seinen Partnern über eine reine Interessengemeinschaft hinaus. Das Gemeinschaftsunternehmen verfolgte das Ziel, Projekte im Interesse der Gesellschafterunternehmen durchzuführen.[507] Die SRSU GmbH wurde mit einem Grundkapital von 517.500 M ausgestattet. Siemens, GBAG und Deutsch-Lux brachten jeweils 150.000 M ein und SSW 67.500 M.[508] Die Organe der GmbH bildeten die Geschäftsführer und die Versammlung der Gesellschafter.[509] Siemens entsandte Adolf Franke, Otto Heinrich und Karl Koettgen in die Geschäftsführung.[510] Die Geschäftsführung der GmbH hatte die Aufgabe, zu kontrollieren, dass die Gesellschafter eine gemeinsame Geschäftspolitik verfolgten. Sie konnte zum Beispiel bei den jeweiligen Unternehmen jederzeit die Geschäftsbücher einsehen sowie ihre Anlagen und Be-

---

502 Vgl. § 1 und § 2 Interessengemeinschafts-Vertrag zwischen Siemens & Halske, GBAG, Deutsch-Lux, SSW und SRSU GmbH, 20.12.1920, Siemens Historical Institute, 12068.

503 Vgl. § 3 Interessengemeinschafts-Vertrag, 20.12.1920, Siemens Historical Institute, 12068.

504 Vgl. Protokoll der außerordentlichen Generalversammlung Siemens & Halske, 20.12.1920, Bundesarchiv, R 3118/895.

505 Vgl. § 5 Interessengemeinschafts-Vertrag, 30.12.1920, Siemens Historical Institute, 12068.

506 Vgl. § 1 Gesellschaftsvertrag der SRSU GmbH, Siemens Historical Institute, 20746.

507 Vgl. ebd., § 2.

508 Vgl. ebd., § 4.

509 Vgl. ebd., § 5.

510 Vgl. Verhandlungsprotokoll, 30.12.1920, Siemens Historical Institute, 20746.

triebe besichtigen.[511] Mit der Geschäftsführung der SRSU GmbH und dem Gemeinschaftsrat der Interessengemeinschaft schufen die kooperierenden Unternehmen weitere Organe, die Einfluss auf ihre Geschäfts- und Finanzpolitik nehmen und in Konkurrenz zum Vorstand und dem Aufsichtsrat treten konnten. Beide Organe waren in der Unternehmensverfassung von Siemens nicht vorgesehen. So musste nun der Vorstand und Aufsichtsrat von Siemens bei zukünftigen Kapitalerhöhungen zusätzlich zum Beispiel den Gemeinschaftsrat einbeziehen.[512] Die Problematik der Einflussnahme war auch den Akteuren bewusst. Auf der Sitzung am 20. November 1920 wurde angemerkt, dass die Entsendung von Vorstandsmitgliedern in eine andere Gesellschaft eine Majorisierung bewirken kann. Die Unternehmen wollten darauf achten, dass die Anzahl der eigenen Vorstände immer größer blieb.[513] Die Beteiligten waren über den Erfolg der Zusammenarbeit optimistisch, denn die Interessengemeinschaft sollte bis zum 30. September 2000 dauern. Auseinandersetzungen zwischen den Gesellschaftern sollte ein Schiedsgericht klären.[514] Eine Kündigung des Interessengemeinschaftsvertrages war im Vertrag nicht vorgesehen. Allerdings konnte die außerordentliche Generalversammlung der jeweiligen Gesellschaft mit einer Vierfünftelmehrheit eine Auflösung beschließen.[515] Für Änderungen des Interessengemeinschaftsvertrages war kein Generalversammlungsbeschluss notwendig, sondern es mussten lediglich die Aufsichtsräte der Gesellschaftsunternehmen zustimmen.[516] Neben der Geschäftspolitik hatte der Interessengemeinschaftsvertrag Auswirkungen auf die Gewinnverteilung bei Siemens. Er sah nämlich einen Gewinnausgleich zwischen den beteiligten Unternehmen vor. Die Gesellschaften verpflichteten sich nach Ablauf eines Geschäftsjahres Vorbilanzen zu erstellen, die sich grundsätzlich an den Regeln des HGB orientierten, aber Sonderregelungen enthielten. Der Gemeinschaftsrat bestimmte auf Grundlage der Vorbilanzen, welche Beträge aus den Überschüssen der Gesellschaften zur Verwaltung an die SRSU GmbH gehen und welche sie als Eigentum der Interessengemeinschaft zurückstellen können. Von dem Gesamtergebnis erhielten Siemens, GBAG und Deutsch-Lux jeweils eine Vollquote während SW eine geringere Quote zustand.[517] Über diesen Betrag konnten die Gesellschaften frei verfügen.[518]

---

511 Vgl. § 4 Interessengemeinschafts-Vertrag zwischen Siemens & Halske, GBAG, Deutsch-Lux, SSW und SRSU GmbH, 30.12.1920, Siemens Historical Institute, 12068.

512 Vgl. § 7 ebd.

513 Vgl. Emil Kirdorf an Oskar Ritter von Petri, 20.5.1921, Siemens Historical Institute, 8818.

514 Vgl. § 13 Interessengemeinschafts-Vertrag zwischen Siemens & Halske, GBAG, Deutsch-Lux, SSW und SRSU GmbH, 30.12.1920, Siemens Historical Institute, 12068.

515 Vgl. Gesellschaftsvertrag Vorzugsaktien, Siemens Historical Institute, 22103.

516 Vgl. § 14 Interessengemeinschafts-Vertrag zwischen Siemens & Halske, GBAG, Deutsch-Lux, SSW und SRSU GmbH, 30.12.1920, Siemens Historical Institute, 12068.

517 Vgl. ebd., § 8.

518 Vgl. ebd., § 9.

Um die vertraglichen Verpflichtungen zu erfüllen, musste Siemens und auch die anderen Gesellschafter ihr Aktienkapital 1920 angleichen und sechsprozentige Vorzugsaktien ausgeben.[519] Gegenüber den Stammaktionären hatten die Vorzugsaktionäre keine Vorteile. Die Vorzugsaktien hatten ein einfaches Stimmrecht und das bevorzugte Recht auf einen Gewinnanteil von 6 Prozent wurde ausgeschlossen.[520] Damit wurden die anderen Siemens-Stammaktionäre beim Stimm- und Dividendenrecht nicht benachteiligt. Die Vorzugsaktien wurden unter den Mitgliedern der SRSU GmbH entsprechend der Quotenregelung verteilt. So übernahmen GBAG und Deutsch-Lux jeweils 53.061.000 M Vorzugsaktien von Siemens und SW 23.333.000 M, sodass sie zusammen ein großes Aktienpaket von 49,79 Prozent des Aktienkapitals von Siemens besaßen[521] Auf der ersten Sitzung des Gemeinschaftsrates der SRSU am 29. Dezember 1920 regte Arthur Salomonsohn von der Disconto-Gesellschaft an, ein Viertel der Vorzugsaktien an der Börse zu verkaufen, da der Markt für sie besonders gut sei. GBAG, Deutsch-Lux und SW lehnten den Vorschlag ab, sodass die kompletten Vorzugsaktien im Besitz der Unternehmen verblieben.[522] Die Verwaltung und die Ausübung des Stimmrechts konnten die kooperierenden Unternehmen jedoch nicht selbst übernehmen, da von offizieller Seite Bedenken geäußert wurden.[523] Die Unternehmen beauftragen somit ein Konsortium, das für die Vorzugsaktien zuständig sein sollte. Dieses setzte sich aus der Disconto-Gesellschaft, der Deutschen Bank, der Dresdner Bank, der Bank für Handel und Industrie, der Bayerischen Vereinsbank, der Siemens'schen Familienbesitzverwaltung, der Hugo Stinnes AG und den Aktienbesitzern zusammen.[524] Hugo Stinnes setzte sich vor allem dafür ein, dass er und die Familie Siemens den Banken gegenüber gleichberechtigt auftraten.[525] Um sicherzugehen, dass das Konsortium im Interesse der SRSU GmbH handelte, schloss sie mit dem Konsortium einen offiziellen Vertrag ab, in dem die Ausübung des Stimmrechts geregelt wurde. Die Abgabe der Stimmen auf der außerordentlichen Generalversammlung erfolgte nach einem Gemeinschaftsbeschluss. Dazu mussten die Mitglieder des Konsortiums einerseits und die Aktienbesitzer andererseits abstimmen und dann zusammen zu einem Beschluss

519 Siehe Kapitel 1.

520 Vgl. § 11 Interessengemeinschafts-Vertrag zwischen Siemens & Halske, GBAG, Deutsch-Lux, SSW und SRSU GmbH, 30.12.1920, Siemens Historical Institute, 12068.

521 Vgl. § 2 Gesellschaftsvertrag Vorzugsaktien, Siemens Historical Institute, 22103.

522 Vgl. Protokoll Sitzung des Gemeinschaftsrates, 29.12.1920, Siemens Historical Institute, 8818.

523 Vgl. ebd.

524 Vgl. Siemens & Halske an E. Heinemann, 29.11.1920, HADB, S1348.

525 Vgl. Reckendrees: Das „Stahltrust"-Projekt (wie Anm. 940), S. 105.

526 Vgl. § 6 Gesellschaftsvertrag für die Verwaltung der Vorzugsaktien, Siemens Historical Institute, 8818.

kommen.[526] Sollten sich die beiden Gruppen nicht einigen können, durften die Vorzugsaktien nicht abstimmen.[527] Da die Vorzugsaktien zusammen nun eine Mehrheitsbeteiligung bei Siemens hatten, traf die Verwaltung zusätzliche Vorkehrungen, um die Kontrolle auf der Generalversammlung zu erhalten und nicht an die Vorzugsaktionäre abzugeben. Nach der neuen Unternehmensverfassung durften die Besitzer der Vorzugsaktien nicht gegen die Mehrstimmrechtsaktien mit 30-fachem Stimmrecht stimmen.[528]

In der Öffentlichkeit herrschte gegenüber der neu geschaffenen Interessengemeinschaft ein negatives Bild vor. Die Presse verbreitete, dass Hugo Stinnes großen Einfluss auf die Vertragsgesellschaften ausübte und dass sie alle im „Stinnes Konzern" aufgegangen seien. Diese Darstellung entsprach nicht den Vereinbarungen. So bemühte sich unter anderem Siemens durch mehr Transparenz der Berichterstattung entgegenzuwirken.[529] Insgesamt fiel die Bilanz der Interessengemeinschaft und der SRSU GmbH im weiteren Verlauf wenig erfolgreich aus. Die Gesellschaften verzichteten in den Inflationsjahren darauf, Vorbilanzen zu erstellen und einen Gewinnausgleich vorzunehmen, sodass die Vereinbarungen keine Auswirkungen auf die Gewinnverteilung bei Siemens hatten. Mit der Wirtschaftskrise verschlechterte sich bei allen involvierten Unternehmen die Finanzlage, wobei die Montangruppe durch die französisch-belgische Ruhrbesetzung ab 1923 und die Auflagen des MICUM-Abkommens in einer besonders schwierigen Situation war.[530] Im August 1924 betrugen die Gesamtschulden der Interessengemeinschaft 24,7 Mio. Dollar und nur 2,5 Mio. Dollar entfielen auf die Elektrounternehmen.[531] Im Sommer 1925 zeichnete sich ein Konflikt zwischen Siemens und seinen Vorzugsaktionären ab. Da sich bei der Montangruppe eine neue Kooperation anbahnte, stand eine Neuausrichtung der Interessengemeinschaft und SRSU GmbH auf dem Programm. Die Montangruppe verhandelte mit der Phoenix AG, der Rheinischen Stahlwerke AG, der Friedrich Krupp AG und der Thyssen AG über einen Zusammenschluss. Wichtig war für Siemens zu klären, wie sich die Interessengemeinschaft zu der neuen Konstellation verhielt. Carl Friedrich von Siemens war der Meinung, dass eine Verbindung in der Schwerindustrie nicht mit dem Grundgedanken der bestehen-

526 Vgl. § 6 Gesellschaftsvertrag für die Verwaltung der Vorzugsaktien, Siemens Historical Institute, 8818.
527 Vgl. § 7 ebd.
528 Vgl. Siemens & Halske an E. Heinemann, 29.11.1920, S1348.
529 Vgl. Rundschreiben des J.G.-Bureaus der Siemens & Halske AG und der Siemens Schuckert Werke GmbH, 27.5.1921, Siemens Historical Institute, 8818.
530 Vgl. Sitzungsprotokoll des Gemeinschaftsrates der SRSU GmbH, 27.1.1925, Siemens Historical Institut, 8818.
531 Vgl. Sitzungsprotokoll des Gemeinschaftsrates der SRSU GmbH, 26.8.1924, Siemens Historical Institut, 8818.

den Interessengemeinschaft zu vereinbaren sei und „es ihm für das Haus Siemens nicht möglich erschiene, in der praktischen Auswirkung ein Anhängsel eines Schwerindustrie-Trustes zu werden“[532]. Er stand 1925 der Interessengemeinschaft skeptisch gegenüber. In einem langen Schreiben an Albert Vögler machte er seinen Standpunkt deutlich. Carl Friedrich von Siemens befürwortete die Bildung eines Stahltrusts, der für die Montangruppe notwendig sei. Der Trust stehe aber im Gegensatz zu den Vereinbarungen der Interessengemeinschaft. Carl Friedrich von Siemens wies darauf hin, dass es erstens schwierig sei, mit dem Stahltrust einen Gewinnausgleich vorzunehmen. Zweitens sehe der Interessengemeinschaftsvertrag vor, dass jede Gesellschaft Einblick in die Geschäftsführung der anderen Mitglieder hat. So bestehe die Gefahr, dass der Stahltrust Einfluss auf Siemens gewinnen könne. Und drittens sei die technische Zusammenarbeit zwischen den Elektrounternehmen und der Montangruppe schwierig durchzuführen.[533] 1926 wurde der Stahltrust realisiert, sodass der Interessengemeinschaftsvertrag im Januar 1927 gelockert wurde. Die Gesellschaften konnten nun flexibel auf wirtschaftliche Veränderungen reagieren. 1927 fusionierte GBAG mit Deutsch-Lux, die beide in der Vereinigte Stahlwerke AG aufgingen. Der überarbeitete Vertrag verkürzte die ursprüngliche Dauer der Interessengemeinschaft auf den 31. März 1930 und er konnte nun jederzeit gekündigt werden. Er sah dieses Mal von einem Gewinnausgleich zwischen den Gesellschaften ab. Zudem erlaubte der Vertrag, dass die Vorzugsaktien bei Auflösung an die Gesellschaften oder an Dritte zurückgegeben werden sollten.[534] 1930 wurde die Vertragsdauer erneut auf drei Jahre verlängert, da sich der Vorstand von Siemens und Carl Friedrich von Siemens einig waren, dass die Vorzugsaktien in der Interessengemeinschaft besser aufgehoben seien als bei einem Treuhänder.[535] Auf Wunsch der GBAG wurde das Stimmrecht der Vorzugsaktien neu geregelt. Die Unterweisung der Stimmen übernahm jetzt der Aufsichtsratsvorsitzende der jeweiligen Gesellschaft und nicht mehr das Bankenkonsortium.[536] Dieser Aktenvermerk stand im Widerspruch zu den Regelungen des Stimmrechts des Gemeinschaftsvertrages mit dem Konsortium von 1920. Wie die Gesellschaften das Stimmrecht in der Praxis gestalteten, lässt sich nicht nachvollziehen. In den folgenden Jahren wurde allerdings immer wieder die Frage nach der Auflösung der Interessengemeinschaft aufgeworfen, da die wirtschaftliche Zukunft der GBAG unsicher war. Die Vereinigten Stahlwerke befanden sich Ende der 1920er Jahre in einer wirtschaftlichen Krise. Geplant war eine Sa-

532 Sitzungsprotokoll des Gemeinschaftsrates der SRSU GmbH, 28.9.1925, Siemens Historical Institute, 8818.

533 Vgl. Carl Friedrich von Siemens an Albert Vögler, 27.12.1925, Siemens Historical Institute, SAA 4.Lf 635–3/1.

534 Vgl. Übersicht über Vertragsänderungen der Interessengemeinschaft, 21.9.1943, Siemens Historical Institute, 22103.

535 Vgl. Besprechungsprotokoll betreffend SRSU GmbH/I.G. Vertrag, 27.11.1929, Siemens Historical Institute, SAA 4.Lf. 722–3.

536 Vgl. Vermerk zwischen Siemens & Halske, GBAG, SW und SRSU GmbH, Siemens Historical Institute 11776.

nierung und Reorganisation des Konzerns, die erst 1933/34 abgeschlossen wurden. Die Vereinigte Stahlwerke AG wurde in eine Holding mit selbstständigen Tochterunternehmen umgewandelt und die Vorzugsaktien der GBAG wurden eingezogen.[537] Für Siemens stellte sich nun die Frage, wie das Unternehmen mit seinen Vorzugsaktien umgehen sollte. Die Interessengemeinschaft fortzuführen und die Vorzugsaktien bei der Vereinigte Stahlwerke AG zu belassen, kam für das Unternehmen nicht in Frage. Es befürchtete, dass die Vereinigte Stahlwerke AG mit den Vorzugsaktien einen zu großen Einfluss ausüben werde, während Siemens von der Vereinigte Stahlwerke AG im Gegenzug nur Stammaktien erhalte. Zudem könne sich auch das Reich als Aktionär bei der Vereinigte Stahlwerke AG bei Siemens einmischen.[538] Der Erwerb eigener Aktien war nach dem Gesetz in bestimmten Fällen möglich und brachte durchaus auch Vorteile mit sich. In der Praxis gestaltete sich der Rückerwerb jedoch nicht ganz so leicht, da dann das Stimmrecht und der Anspruch auf eine Dividende ruhen musste. Es böte sich an, die Vorzugsaktien einer dritten Person zu übergeben, „bei der das Stimmrecht durch die Vorschrift der Aktienrechts-Novelle nicht gefährdet ist"[539]. Weitere Überlegungen waren, entweder die Vorzugsaktien auf SSW zu übertragen oder die Vorzugsaktien zwischen Siemens und SW auszutauschen.[540] Ein Austausch war grundsätzlich praktisch, aber mit weiteren Schwierigkeiten verbunden. Die Anwesenden vermuteten, dass die geplante Aktienrechtsnovelle Bestimmungen zum Stimmrecht enthalten würde, die das Verhältnis zwischen einem herrschenden und einem abhängigen Unternehmen regelten. Zudem hatten die Vorzugsaktien einen unterschiedlichen Wert. Siemens-Vorzugsaktien hatten einen Wert von 6,5 Mio. RM und SW-Vorzugsaktien einen Wert von 3,5 RM. Somit könnten sie nur 3,5 RM Vorzugsaktien tauschen und die restlichen 3,5 Mio. RM müsste SW aufkaufen.[541] Vorgeschlagen wurde in diesem Zusammenhang, 3 Mio. RM Vorzugsaktien von Siemens einzuziehen. Der Vorschlag wurde wieder verworfen, da hierfür eine außerordentliche Generalversammlung einberufen und die Transaktion detailliert erläutert werden musste.[542] Carl Friedrich von Siemens zog in Betracht, statt die Vorzugsaktien einzuziehen, könnte die Siemens'sche Familienbesitzverwaltung GmbH sie erwerben. Die Mittel dazu müsste Siemens ihr als Darlehen zur Verfügung stellen.[543]

Die Mitglieder entschlossen sich schließlich Ende Oktober 1933, den Interessengemeinschaftsvertrag aufzuheben.[544] Wie löste Siemens das Problem mit den Vor-

---

537 Vgl. Reckendrees, Das „Stahltrust"-Projekt (wie Anm. 940), S. 452.

538 Vgl. Besprechungsprotokoll betreffend SRSU GmbH, 8.11.1933, Siemens Historical Institute, SAA 4.Lf. 722–3.

539 Vgl. Besprechung betreffend SRSU GmbH, 6.6.1932, Siemens Historical Institute, 22103.

540 Vgl. ebd.

541 Vgl. ebd.

542 Vgl. ebd.

543 Vgl. ebd.

544 Vgl. ebd.

zugsaktien? Auf einer Besprechung am 8. November 1933 zwischen Carl Friedrich von Siemens, dem Vorstand Fritz Jessen und den Aufsichtsratsmitgliedern Albert Vögler, Oskar Schlitter und Oskar von Petri erwogen die Anwesenden, die Vorzugsaktien von Siemens an die SRSU GmbH zu verkaufen.[545] Die Transaktion sollte sich wie folgt gestalten: Siemens trat nach Auflösung des Interessengemeinschaftsvertrages aus der SRSU GmbH als Gesellschafter aus. Stattdessen wurde die Siemens'sche Familienbesitzverwaltung GmbH neuer Gesellschafter. Die Vereinigte Stahlwerke übertrug 6,5 Mio. RM Siemens-Vorzugsaktien auf die SRSU GmbH. SW zog seine eigenen Vorzugsaktien, die sich im Besitz der Vereinigten Stahlwerke befanden, ein. Das Geld für den Kauf der Siemens-Vorzugsaktien erhielt die SRSU GmbH von Siemens als ein verzinsliches Darlehen. Der Vertrag zwischen den Besitzern und dem Konsortium zur Verwahrung der Vorzugsaktien von 1920 wurde aufgelöst.[546] Diese Lösung schien für Siemens am besten zu sein, da es damit die rechtlichen Schwierigkeiten vermeiden konnte und seine Vorzugsaktien weiter fortführen konnte. Die Vorzugsaktien blieben zum einen im Besitz des Konzerns und zum anderen sicherte sich die Siemens-Verwaltung das Stimmrecht. Siemens schloss mit der SRSU GmbH einen neuen Vertrag ab, der bis Dezember 1936 gültig war. Strittig blieb die Frage, ob nicht die Siemens-Aktionäre auf der außerordentlichen Generalversammlung über die Vorzugsaktien hätten abstimmen müssen. Nach dem Art. 33 der Unternehmensverfassung beschlossen die Aktionäre die Kündigung des Interessengemeinschaftsvertrages mit einer Vierfünftelmehrheit.[547] In diesem Fall schlossen der Vorstand und der Großaktionär das Stimmrecht der Aktionäre aus. 1942 wurde die SRSU GmbH schließlich aufgelöst.

4.6 Fazit

In diesem Kapitel habe ich die private Umsetzung rechtlicher Normen in Entscheidungssituationen analysiert und danach gefragt, wie *Corporate Governance* in der Unternehmenspraxis funktionierte. Am Beispiel von Kapitalerhöhungen habe ich mir angeschaut, wie sich die Machtverhältnisse zwischen dem Vorstand, dem Aufsichtsrat, den Aktionären und anderen Akteuren gestalteten, ob Aktionärsrechte eingeschränkt bzw. ausgeweitet wurden und welche Governance-Konflikte in der Praxis insgesamt aufgetreten waren. Auf Grund der Quellenlage fallen die Ergebnisse für die einzelnen Unternehmen unterschiedlich aus.

Alle Unternehmen haben sich in den ersten Jahren nach der Gründung zur Hälfte der Bilanzsummer aus Aktienkapital finanziert. Der Anteil des Aktienkapitals

545 Vgl. Besprechungsprotokoll betreffend SRSU GmbH, 8.11.1933, Siemens Historical Institute, 11776.

546 Vgl. Dr. Jessen an Oskar Sempell, 23.11.1933, Siemens Historical Institute, 11776.

547 Vgl. Dr. Springer an Direktor Dr. Jessen, 24.1.1934, Siemens Historical Institute, 11776.

nahm in den Jahren ab und war während der Inflationsjahre am niedrigsten. Die Deutsche Bank, die AEG und Siemens nutzten allerdings auch während der Inflationszeit den Aktienmarkt, um ihren hohen Kapitalbedarf in den Krisenjahren zu decken. In den 1920er Jahren war die Marktsituation vor allem für Vorzugsaktien besonders gut. Unternehmen waren zudem auf ausländisches Kapital angewiesen. Eine Überfremdung, wie sie die Zeitgenossen befürchteten, trat bei ihnen nicht auf. Die Deutsche Bank führte 15 Kapitalerhöhungen durch, die BHG zwölf, die AEG 22 und Siemens sieben. Die Deutsche Bank, die AEG und Siemens nutzten das Aktienkapital auch für externes Wachstum, während die BHG damit nur internes Wachstum finanzierte. Die Deutsche Bank verwendete ihr Aktienkapital, um Beteiligungen an Regionalbanken zu erwerben und 1914, 1917, 1920, 1922 und 1929 Fusionen durchzuführen. Die AEG erwarb mit neuem Aktienkapital Beteiligungen an Holdinggesellschaften und anderen elektrotechnischen Gesellschaften und führte 1904, 1910 und 1920 Fusionen durch. Siemens erwarb mit dem Aktienkapital Beteiligungen an seinen ausländischen Tochtergesellschaften und seiner Holdinggesellschaft. Alle Unternehmen verzeichneten seit der Gründung bis 1913 einen deutlichen Kursaufschwung und schnitten besser als der Marktindex in ihrer jeweiligen Branche ab. Nach den Kurssprüngen während der Inflation und Hyperinflation stabilisierten sich bei allen Unternehmen die Kurse bis zum Ausbruch der Weltwirtschaftskrise kurzfristig. Alle Unternehmen verzeichneten zwischen der Gründung und 1913 sowie 1925 und 1930 eine hohe Dividendenrendite.

Für die Börseneinführung und die Durchführung einer Kapitalerhöhung hat sich in der Praxis eine bestimmte Struktur entwickelt, die sich an den gesetzlichen Standards orientierte. Zusätzlich führten die beteiligten Akteure neue Mechanismen ein. Neben dem Vorstand, dem Aufsichtsrat und der Generalversammlung war das Konsortium an der Kapitalerhöhung beteiligt. Das Konsortium übernahm bei Kapitalerhöhungen die jungen Aktien zu einem vereinbarten Kurs, der meistens über pari aber unterhalb des Marktpreises lag, und verkaufte sie dann zum vereinbarten Kurs an das Publikum. Damit übernahm es das komplette Risiko, dass eine Kapitalerhöhung scheitern könnte. Dafür erhielt es einen festen Prozentanteil vom Agio-Gewinn, der andere Teil ging nach Abzug der gesamten Kosten an die Gesellschaft. Banken hatten also ein Interesse daran, die Aktien bestmöglich zu verkaufen, und waren dabei von der Marktsituation abhängig. Es war eine gängige Praxis, dass die Konsortialleitung durch verschiedene Maßnahmen, wie das Aufkaufen von Aktien, die Regulierung des Aktienkurses nach der Börseneinführung übernahm, sodass sie für eine gewisse Stabilisierung des Aktienkurses während der Durchführung der Kapitalerhöhung sorgte. Das Konsortium war somit nach der Aktienübernahme für die Börseneinführung und die Börsenoperationen zuständig. Es übernahm auch die Kommunikation mit der Börsenzulassungsstelle und die Veröffentlichung des Prospekts. Auch waren Banken für das Bezugsrecht der Aktionäre verantwortlich. Verschiedene Beispiele zeigen, dass Konsortialbanken zusätzlich bei der Eigenkapitalfinanzierung eine Beraterfunktion einnahmen und die Unternehmensstrategie bzw. Investitionsentscheidungen von Industrieunternehmen mitgestalteten. Damit unterstütze ich die These der neueren Forschung, dass Banken eine wichtige Funktion bei der Eigenkapitalfinanzierung der Unternehmen durch die Etablierung langfristiger Beziehungen innehatten und sie eine intermediäre Funktion innerhatten.[548]

In der Praxis gestaltete sich die Machtverteilung bei Kapitalerhöhungen unterschiedlich und von der Unternehmensverfassung abweichend. Gängige Praxis war, dass die Akteure zuerst die Transaktionsstruktur, also die Verwendung und die Anzahl der Aktien und den Ausgabepreis festlegten. Danach genehmigte der Aufsichtsrat die Kapitalerhöhung in einer offiziellen Sitzung, bei allen vier Unternehmen ohne überlieferte Governance-Konflikte. Bei der Deutschen Bank gingen Kapitalerhöhungen vom Vorstand aus, der die Unternehmensstrategie bestimmte. Er leitete die Kapitalerhöhung ein, legte die Transaktionsstruktur fest und verhandelte bei einem Aktientausch oder einer Fusion mit den Geschäftspartnern. Die Verhandlungen führte immer jeweils ein Vorstandsmitglied, häufig der Leiter der Börsenabteilung und ab 1919 Sprecher des Vorstandes Paul Mankiewitz oder ein anderer Ressortverantwortlicher. 1920 kam es innerhalb des Vorstandes zu einem Kontrollproblem, als ein Vorstandsmitglied alleine die Verhandlungen führte, ohne die anderen Mitglieder über den Stand zu informieren. In den ersten Jahren übernahm der Aufsichtsratsvorsitzende die Leitung des Konsortiums. Ab 1904 war für die Leitung eine Regionalbank zuständig. Bei den meisten Kapitalerhöhungen legte der Vorstand den Ausgabepreis der jungen Aktien im Vorfeld fest, bevor der Aufsichtsrat darüber abstimmte, und 1923 ging diese Aufgabe endgültig an den Vorstand über. Der Vorstand der Deutschen Bank verfolgte bei Kapitalerhöhungen die Strategie, möglichst viele Beteiligungen in Berlin, in strategisch wichtigen Regionen Deutschlands und ins Ausland abzugeben und damit das Risiko weit zu streuen und eine breite Basis an Aktionären zu gewinnen. Bei einem Aktientausch oder einer Fusion wurden die Aktien an alle Aktionäre der Zielunternehmen begeben und nicht als Aktienpakete an einzelne Gruppen. Bei der AEG verteilte sich die Macht bei Kapitalerhöhungen in der Praxis zwischen dem Vorstand, dem Aufsichtsrat und ihrem Finanzkonsortium. Der Vorstand, darunter vor allem Emil Rathenau und Felix Deutsch, leitete die Kapitalerhöhung ein und besprach die Transaktionsstruktur in einem Ausschuss mit dem Aufsichtsratsvorsitzenden und einzelnen Mitgliedern des Finanzkonsortiums, bevor der ganze Aufsichtsrat darüber beriet. Der Ausgabekurs der jungen Aktien stand entweder im Kapitalerhöhungsbeschluss schon fest oder sollte vom Aufsichtsrat bestimmt werden. Das Finanzkonsortium setzte sich aus einem festen Keis aus Berliner Universalbanken und einigen Privatbanken zusammen, deren Leitung zuerst die Deutsche Bank, dann die BHG zusammen mit der Disconto-Gesellschaft übernahm. Das Finanzkonsortium war bei der AEG alleine für die Kapitalerhöhungen zuständig

548 Vgl. Volker Wellhöner: Grossbanken und Grossindustrie im Kaiserreich (Kritische Studien zur Geschichtswissenschaft, Bd. 85). Göttingen 1989, S. 245.

und vergab nur in einigen Fällen Unterbeteiligungen. Zudem übernahm das Finanzkonsortium nicht nur die Emission junger Aktien, sondern war auch für die Finanzgeschäfte der AEG zuständig. Bei einigen Kapitalerhöhungen vergab die AEG Aktienpakete an einzelne elektrotechnische Gesellschaften, sodass sie mit Aktienkapital an der AEG beteiligt waren. Bei Siemens verteilte sich die Macht bei Kapitalerhöhungen zwischen dem Vorstand, dem Aufsichtsrat, dem kontrollierenden Großaktionär und der Hausbank. Wenn es sich um die Verstärkung der Betriebsmittel handelte, dann beantragte der Vorstand die Kapitalerhöhung, da er die beste Übersicht über den Kapitalbedarf der einzelnen Werke hatte. Beim Beteiligungserwerb war die Deutsche Bank oder der Aufsichtsratsvorsitzende und gleichzeitig kontrollierende Großaktionär, Mitglieder der Siemens Familie, der Initiator, sodass beide die Unternehmensstrategie mitgestalteten. Den Ausgabepreis der jungen Aktien bestimmte der Großaktionär zusammen mit der Deutschen Bank. Siemens war seit 1897 vertraglich an die Deutsche Bank gebunden, die entweder alleine oder mit einigen anderen Banken die jungen Aktien von Siemens übernahm.

Bei allen Unternehmen stimmten die Aktionäre am Ende auf der außerordentlichen Generalversammlung, wie gesetzlich vorgesehen, über eine Kapitalerhöhung ab und hatten damit die letzte Entscheidungsgewalt. Bei der Deutschen Bank, der BHG und Siemens genehmigten die Aktionäre die Anträge des Vorstandes und des Aufsichtsrats einstimmig und überwiegend ohne Kritik an der Unternehmensstrategie. Nur bei der AEG gab es auf den außerordentlichen Generalversammlungen von 1905, 1910, 1923 und 1927 Gegenstimmen. Auf sechs außerordentlichen Generalversammlungen gab es zusätzlich Kritik an der Unternehmensstrategie und Anträge einzelner Aktionäre. Die Aktionäre hatten bei der AEG ein Interesse an einer höheren Dividende und an einem Bezugsrecht auf die jungen Aktien bei Kapitalerhöhungen. Bei einer Anfrage wegen des Bezugsrechts entschied die Leitung des Finanzkonsortiums zugunsten der Aktionäre. In der Praxis war der Aktionärsschutz teilweise schlechter als der formale. Alle Unternehmen schränkten Aktionärsrechte ein und nutzten damit den rechtlichen Gestaltungsspielraum, den der Gesetzgeber ihnen in der Praxis ließ, vor allem bei der Dividende, dem Stimmrecht und dem Bezugsrecht. In der Regel wurde den Aktionären innerhalb eines Zeitraumes von zwei Wochen ein Teilbetrag zu einem festen Peis, der bis 1914 20 bis 50 Prozent unter dem Marktpreis lag, angeboten. In einigen Fällen erwies sich das Angebot für die Aktionäre als nicht vorteilhaft, da der Aktienpreis nach der Transaktion unter dem theoretischen Wert des Bezugsrechts lag. Der Ausschluss des Bezugsrechts erfolgte vor allem in den ersten Jahren nach der Gründung der Gesellschaft und wenn mit dem Aktienkapital ein Aktienerwerb oder eine Fusion vollzogen wurde. Die Deutsche Bank schränkte von 15 Kapitalerhöhungen sechs Mal das Bezugsrecht der Aktionäre ein und bei drei, 1914, 1920 und 1922, war das Bezugsrecht für die Aktionäre nicht vorteilhaft. Die BHG gewährte von zwölf Kapitalerhöhungen acht Mal kein Bezugsrecht und drei Mal, 1886, 1903 und 1928, war das Bezugsangebot nicht vorteilhaft. Die AEG schloss das Bezugsrecht von 22 Kapitalerhöhungen elf Mal aus und drei Mal, 1889, 1890 und 1910, erwies sich das Bezugsrecht als nicht vorteilhaft. Siemens gewährte bei sieben Kapitalerhöhungen nur zwei Mal das Bezugsrecht. Alle Unternehmen setzten während der Hyperinflation die Dividende für die Aktionäre aus. Die BHG setzte auch 1876, 1877 und 1878 wegen finanzieller Schwierigkeiten die Dividende aus.

(Klein-) Aktionäre blieben bei der Deutschen Bank, der BHG und Siemens passiv. Governance-Konflikte wurden bei ihnen auf anderen Ebenen im Unternehmen ausgetragen. Bei der Deutschen Bank trat 1881 ein Governance-Konflikt zwischen dem Vorstand und einzelnen Aktionären um Gründerrechte auf, der zugunsten der Gesellschaft und der Mehrheitsaktionäre entschieden wurde. Darüber hinaus kam es zu Governance-Konflikten zwischen dem Vorstand der Deutschen Bank und ihren Geschäftspartnern während der Kapitalerhöhung bei Verhandlungen über einen Aktientausch oder eine Fusion. Das Umtauschangebot an die Aktionäre der Zielunternehmen hing zum einen von bestimmten Kennzahlen wie dem Aktienkurs und der Dividende ab und zum anderen von der Verhandlungsposition des Vorstandes der Deutschen Bank, der in manchen Fällen nicht immer den für ihn günstigsten Preis festsetzte, sondern den Regionalbanken Zugeständnisse machen musste. Bei Entscheidungen über Kapitalerhöhungen ließ sich der Vorstand der Deutschen Bank nicht immer von ökonomischen Gesichtspunkten leiten, sondern berücksichtigte strategische Überlegungen. In einigen Beispielen musste er zudem, um das Geschäft zu realisieren, die Interessen der Aktionäre der Regionalbanken und die persönlichen Interessen ihrer Geschäftsführer wie ein größeres Gehalt oder die eigene Machtposition im Unternehmen berücksichtigen. Opportunistisches Verhalten seitens der Manager der Regionalbanken erschwerten die schnelle Durchführung einer Kapitalerhöhung. Eine dritte Konfliktlinie, die sich bei Kapitalerhöhungen der Deutschen Bank zeigt, ist die Einschränkung des Stimmrechts von Kleinaktionären durch die Deutsche Bank beim Zielunternehmen. 1914 und 1917 verkaufte die Deutsche Bank ihre eigene Beteiligung am Zielunternehmen im Vorfeld an ein Konsortium, damit dieses auf der außerordentlichen Generalversammlung der Regionalbanken für die Fusion stimmte. 1923 führte die Deutsche Bank als Reaktion auf die Hyperinflation Schutzaktien ein. Diese hatten aber keine direkten Auswirkungen auf die Vermögens- und Verwaltungsrechte der Aktionäre, da die Altaktionäre ein Bezugsrecht auf die jungen Aktien erhielten und das Stimmrecht und die Dividende aus den Schutzaktien ruhte.

Erste Governance-Konflikte traten bei der AEG 1887 beim IPO zwischen dem Vorstand und ihrem Finanzkonsortium über das Depotstimmrecht und über die zukünftige Zusammenarbeit bzw. den Einfluss der Banken auf die Finanzierung auf. Die AEG war am Anfang vertraglich an das Finanzkonsortium gebunden, löste sich aber ab 1900, um mehr Freiheiten bei der Finanzierung ihrer Geschäfte zu haben. Das Konsortium hatte durchgehend eine feste Quotenverteilung, die nur mit der Aufnahme neuer Mitglieder verändert wurde. Ein anderer Governance-Konflikt trat bei der Kapitalerhöhung 1915 auf, als die AEG als Großaktionär das Stimmrecht der Kleinaktionäre beim Übernahmeunternehmen ausschloss, um die Transaktion zu realisieren. Bei der AEG gibt es darüber hinaus verschiedene Beispiele, in denen deutlich wird, wie die Börsenzulassungsstelle eine stärkere Transparenz bei den Angaben im Prospekt forderte. Anfang der 1920er Jahre führte der Vorstand mit den Vorzugsaktien neue Governance-Formen ein, als Reaktion auf den hohen Kapitalbedarf während der Inflation. Die Vorzugsaktien hatten gegenüber den Stammaktien einen Vorzug auf die Dividende, waren ihnen ansonsten gleichgestellt. Bei der Ausgabe von Vorzugsaktien wurden Kleinaktionäre benachteiligt, weil der Vorstand das Bezugsrecht für sie ausschloss und einen bestimmten Betrag an Geschäftspartner vergab. 1923 zeigt sich ein Governance-Konflikt zwischen den Vorzugsaktionären und dem Vorstand um den Einzug von Vorzugsaktien, der zugunsten der Vorzugsaktionäre entschieden wurde. Andere Governance-Konflikte zwischen Stamm- und Vorzugsaktionären traten nicht auf.

Bei Siemens zeigen sich Governance-Konflikte zwischen dem kontrollierenden Großaktionär und den Kleinaktionären. Der kontrollierende Großaktionär, die Familie Siemens, verfolgte die Strategie, bei Kapitalerhöhungen seine Mehrheitsbeteiligung aufrechtzuerhalten und nur einen geringen Teil der neuen Aktien dem Markt zu überlassen. So erhielt der kontrollierende Großaktionär 1898 und 1899 einen bestimmten Betrag an neuen Aktien, obwohl das Bezugsrecht für die anderen Aktionäre ausgeschlossen wurde. Besonders in den 1920er Jahren, als Siemens seinen hohen Kapitalbedarf mit Kapitalerhöhungen deckte, sicherte sich der kontrollierende Großaktionär und der Vorstand durch die Ausgabe von Mehrstimmrechtsaktien und vertragliche Abmachungen zum Stimmrecht die Kontrolle auf der Generalversammlung. Weitere Governance-Konflikte traten bei Siemens zwischen dem Vorstand mit ihren Tochtergesellschaften auf, in denen es um Kontrollprobleme innerhalb ihrer Verwaltung ging. Der Vorstand versuchte, durch den Beteiligungserwerb eine stärkere Kontrolle über die Tochtergesellschaften zu erhalten. Auch gibt es einige Beispiele für Governance-Konflikte wie 1929 zwischen dem Vorstand von Siemens und der Deutschen Bank, in denen die Deutsche Bank als Konsortialführerin oder Aktionär bei anderen Gesellschaften in ihrem eigenen und nicht im Interesse von Siemens handelte. In den 1920er Jahren kooperierte Siemens mit Unternehmen aus der Schwerindustrie und schaffte zusätzliche Organe, die Einfluss auf seine Unternehmensstrategie nehmen konnten. Diese Unternehmen waren gleichzeitig Vorzugsaktionäre bei Siemens. Die (Klein-) Aktionäre hatten einen Nachteil, weil sie bei der Kapitalerhöhung 1920 kein Bezugsrecht auf die Vorzugsaktien erhielten und es somit für sie beim Stimm- und Vermögensanteil zu einer Verwässerung kam. Das Recht auf einen Vorzug bei der Dividende ruhte jedoch aus den Vorzugsaktien. Ende der 1920er Jahre kam es zu einem Konflikt zwischen dem kontrollierenden Großaktionär und den Vorzugsaktionären bei Siemens, nachdem sich die finanzielle Situation und die Machtverhältnisse bei den Vorzugsaktionären verändert hatten. Am Ende entschieden sich der Großaktionär und der Vorstand dazu, die Vorzugsaktien der Siemens'schen Familienbesitzverwaltung zu übergeben.

Insgesamt habe ich in diesem Kapital dargestellt, dass für die Börseneinführung und die Durchführung von Kapitalerhöhungen ein einheitlicher rechtlicher

Rahmen die Voraussetzung war, um einen geordneten Verlauf zu garantieren. Zu einem wichtigen Mechanismus bei der Eigenkapitalfinanzierung entwickelte sich darüber hinaus das Finanzkonsortium. Die gesetzliche Fixierung von Aktionärsrechten war einerseits notwendig, da die Akteure diese bei ihren Überlegungen mitberücksichtigten und das Recht somit gutes Verhalten förderte. Andererseits brauchten Unternehmen einen gewissen Handlungsspielraum, um gewisse Transaktionen durchführen zu können oder auf wirtschaftliche Veränderungen reagieren zu können. Politische Ereignisse oder wirtschaftliche Krisen, wie der Erste Weltkrieg, die Inflation oder die Hyperinflation, wirkten sich für die Aktionäre negativ aus. Einige Beispiele zeigen, dass die Verantwortlichen auch zu ihren Gunsten handelten, sodass das Recht die Ausbeutung der Aktionäre oder opportunistisches Verhalten nicht unterbinden konnte. Aktionäre hingen insgesamt in der Praxis davon ab, dass der Vorstand, der Aufsichtsrat, der Großaktionär und der Finanzintermediär im Interesse des *Shareholder Value* handelten.

5 Fazit

In diesem Buch gebe ich einen Einblick in die Entwicklung des deutschen Corporate-Governance-Systems – der Entwicklung von Finanzmärkten, deren Ordnungsweise und Funktionsweise. Das deutsche Corporate-Governance-System funktionierte bis zum Ausbruch des Ersten Weltkrieges recht gut und war durch gute Institutionen, viele börsennotierte Aktiengesellschaften und florierende Finanzmärkte gekennzeichnet. Dieser Erfolg ist überraschend, denn nach der Law and Finance-These sind die Corporate-Governance-Systeme in Civil-Law-Ländern schwächer als in Common-Law-Ländern. Für die erste Hälfte des 20. Jahrhunderts trifft dies jedoch nicht zu. Die Law and Finance-These und die Einteilung der Welt in ein *Outsider* und *Insider System* lässt sich nicht auf die Gegebenheiten komplett übertragen und verengt die Perspektive. Anhand von vier Fallstudien zeige ich auf, dass sich in deutschen Unternehmen zwischen 1870 und 1930 verschiedene Corporate-Governance-Strukturen etablierten und das deutsche Corporate-Governance-System durch mehrere Komponenten gekennzeichnet war. Regulierung bildete eine zentrale Rolle im deutschen Corporate-Governance-System und trug dazu bei, dass der Finanzmarkt prosperierte. Der Gesetzgeber setzte die Rahmenbedingungen für die Eigenkapitalfinanzierung und ein investorenfreundliches Klima, überließ die Umsetzung jedoch den privaten Akteuren. Wie gut *Corporate Governance* funktionierte, hing somit von den Entscheidungen und Handlungen der privaten Akteure ab. Diese setzten Rechtsnormen unterschiedlich um, entwickelten zusätzlich eigene Mechanismen und verfolgten mit ihren Entscheidungen unterschiedliche Strategien. Unternehmen implementierten jeweils die für ihre Strategie passenden Governance-Strukturen. In der Praxis etablierten sich Finanzintermediäre zu einem Grundpfeiler des deutschen Corporate-Governance-Systems. Privat-, Regional- und Universalbanken übernahmen die Börseneinführung von Unternehmen und Kapitalerhöhungen und sorgten dafür, dass deutsche Unternehmen ihr Wachstum durch den Aktienmarkt finanzierten. Für die einzelnen Kapitel meiner Arbeit lassen sich folgende Ergebnisse zusammenfassen:

Mit der Abschaffung des Konzessionssystems im Jahr 1870 und der wirtschaftlichen Liberalisierung hat sich die Aktiengesellschaft als dominierende Organisationsform für Großunternehmen in Deutschland verbreitet. Zwischen 1861 und 1897 hat der Gesetzgeber in mehreren Schritten einen Ordnungsrahmen für die Finanzmärkte geschaffen. Der Gesetzgeber regelte, wie sich die Machtverteilung bei Entscheidungen in den Unternehmen gestaltete, und er gewährte den Aktionären grundlegende Verwaltungs- und Vermögensrechte. Gleichzeitig sorgte er für eine größere Transparenz bei der Börseneinführung und der Durchführung von Kapitalerhöhungen. Während sich 1861 die Macht noch auf den Vorstand verteilte, mussten seit 1870 Unternehmen ein dualistisches System mit einem Aufsichtsrat haben, der Entscheidungen des Vorstandes überwachen sollte. Seit 1884 stimmten Aktionäre auf der Generalversammlung über wichtige Unternehmensentscheidungen, wie Satzungsänderungen, Kapitalmaß-

https://doi.org/10.1515/9783110716993-005

nahmen, Fusionen und Auflösung der Gesellschaft ab. Um Entscheidungen zu blockieren bzw. herbeizuführen waren die Beteiligungsquoten von 25 und 75 Prozent notwendig. 1861 erhielten Aktionäre grundlegende Verwaltungs- und Vermögensrechte und 1884 stärkte der Gesetzgeber die Position der Kleinaktionäre gegenüber dem Vorstand und dem Großaktionär. So erhielten Kleinaktionäre die Möglichkeit, mit 5 Prozent des Aktienkapitals eine außerordentliche Generalversammlung einzuberufen und mit 10 Prozent Punkte auf die Tagesordnung zu setzen und damit Entscheidungen im Unternehmen herbeizuführen. 1897 kam das Bezugsrecht auf die neuen Aktien hinzu. Die zweite Aktienrechtsnovelle 1884 und das Börsengesetz von 1896 führten zu einer stärkeren Transparenz bei der Börseneinführung und der Ausgabe neuer Aktien. Allerdings schloss der Gesetzgeber einen Großteil von potenziellen Kleinaktionären vom Kapitalmarkt aus, da seit 1884 nur Aktien zum Nennwert von 1.000 M ausgegeben werden durften. In den 1920er Jahren fand keine große Veränderung der formalen *Corporate Governance* statt, da eine notwendige Regulierung seitens des Gesetzgebers ausblieb. Gemessen am modernen Rechtsstandard hatte Deutschland nach den Indices von Rafael La Porta, Florencio Lopez-de-Silanes, Andrei Shleifer und Robert W. Vishny um 1900 einen niedrigen Aktionärsschutz. Berücksichtigt man jedoch, dass sich grundlegende Rechtsnormen erst in dieser Zeit entwickelt haben, dann war der Aktionärsschutz in Deutschland im internationalen Vergleich gut.

Die Gesetzgebung zwischen 1861 und 1897 hat nicht dazu geführt, dass sich in deutschen Unternehmen einheitliche Governance-Strukturen etablierten. Zwischen den Unternehmen gab es Unterschiede. Erstens bestanden Unterschiede in der formalen *Corporate Governance*. Das lag zum einen daran, dass Unternehmen zu einem unterschiedlichen Zeitpunkt der Gesetzgebung gegründet worden waren. Zum anderen setzten Unternehmen Rechtsnormen unterschiedlich um. Das deutsche *Civil Law* gewährte den Unternehmen eine größere Satzungsfreiheit, sodass die Akteure bei der privaten Umsetzung Handlungsspielraum hatten. Unternehmen konnten in ihren Unternehmensverfassungen die Machtverteilung in Entscheidungssituationen verändern, indem sie dem Vorstand oder dem Aufsichtsrat zusätzliche Befugnisse übertrugen oder Zustimmungsvorbehalte einführten. Sie konnten darüber hinaus die Verwaltungs- und Vermögensrechte der Aktionäre einschränken und den Prozentanteil für die Ausübung von Minoritätsrechten verändern. Bei der Gestaltung der Machtverhältnisse gab es bei Unternehmen, die vor 1884 gegründet worden waren, größere Unterschiede. So übernahm bei der Deutschen Bank bis 1881 der Aufsichtsrat eine starke Position, da er Weisungsbefugnisse hatte und über Kapitalerhöhungen entschied. Bei der BHG fiel die Macht am Anfang bis 1885 zugunsten der Komplementäre aus, denn sie leiteten die Geschäfte unter eigener Verantwortung und waren für die Finanzierung zuständig. Bei beiden wurde die Generalversammlung schließlich gestärkt, da diese über wichtige Unternehmensentscheidungen wie Kapitalerhöhungen abstimmen durfte. Bei der Deutschen Bank, der AEG und Siemens waren der Aufsichtsrat und die Generalversammlung gegenüber dem Vorstand gut aufgestellt, sodass bei ihnen um 1900 in der Machtverteilung nur minimale Unterschiede bestanden.

Der Aufsichtsrat hatte Zustimmungsvorbehalte und bei Siemens und der AEG Weisungsbefugnis gegenüber dem Vorstand. Bei der BHG war der Aufsichtsrat schwächer als bei den anderen Unternehmen. Bei der Deutschen Bank und der BHG fand in den 1920er Jahren eine Verschiebung der Machtverhältnisse hin zum Vorstand bzw. zu den Komplementären statt.

Der Aktionärsschutz war in den ersten Jahren nach der Gründung der Unternehmen niedrig. Die Gründer der Unternehmen waren weniger investorenfreundlich orientiert. Zwischen 1880 und 1900 passten sich Unternehmen an die gesetzlichen Standards an, sodass es zu einer Verbesserung kam und es nur leichte Unterschiede in den Unternehmen gab. So schränkten Unternehmen in der Anfangszeit die Stimmrechte der Aktionäre ein, gewährten keine Mindest- bzw. Superdividende, verzichteten auf die Sperrminorität von 25 Prozent und gewährten einzelnen Aktionärsgruppen Sonderrechte. Dagegen war *Proxy Voting*, die Einberufung einer außerordentlichen Generalversammlung und die Bestimmung von Punkten auf der Tagesordnung der Generalversammlung für eine Minorität in allen Unternehmen möglich. Die Einschränkung der Aktionärsrechte war auch bei anderen Unternehmen in der Frühphase von *Corporate Governance* nicht ungewöhnlich, wie Carsten Burhop für verschiedene Banken um 1872 aufzeigt.[1] Bei der BHG und der AEG war der Aktionärsschutz bei der Gründung am schlechtesten. Die Deutsche Bank hatte einen mittelguten Aktionärsschutz und Siemens erfüllte als einziges Unternehmen fast alle gesetzlichen Mindestanforderungen. Die Deutsche Bank, die BHG und die AEG verbesserten ihren Aktionärsschutz jedoch. Bereits 1873 schaffte die Deutsche Bank Sonderrechte für die ersten Aktienzeichner ab, führte 1889 *One Share – One Vote* ein und 1923 die erforderliche Sperrminorität bei Kapitalerhöhungen und hatte damit den besten Aktionärsschutz von allen Unternehmen. Die BHG garantierte eine Mindest- und Superdividende, schaffte ebenfalls bis 1884 Sonderrechte für die ersten Aktienzeichner ab und führte 1924 nach der Währungsumstellung schließlich für alle Aktien *One Share – One Vote* ein. Die AEG implementierte 1899 *One Share – One Vote*, eine Mindestdividende, hatte aber mit den Vorzugsaktien Sonderrechte für einzelne Aktionärsgruppen, keine Superdividende und hielt an der Sperrminorität von 33 Prozent bei Kapitalerhöhungen fest. Bei Siemens dagegen fand in den 1920ern eine Verschlechterung statt, da das Unternehmen mit der Einführung von Mehrstimmrechtsaktien von *One Share – One Vote* abwich. Unternehmen nutzten demnach auch nach 1900 den gesetzlichen Handlungsspielraum.

Die Unternehmen zeigen nicht nur Unterschiede in der formalen *Corporate Governance*, sondern auch in der Zusammensetzung der Akteure. Bei der AEG und Siemens war die Präsenz des Aktienkapitals auf der außerordentlichen Generalversammlung gut, sodass sich bei ihnen die Aktionärsstruktur rekonstruieren lässt. Bei der Deutschen Bank und insbesondere bei der BHG war sie schlecht und über 50 Prozent des Aktienkapitals bleiben weiterhin anonym. Die Deutsche Bank war vermutlich mehrheitlich im Streubesitz, da der größte nachweisbare Aktionär unter 10 bzw. 5 Prozent

1 Vgl. Burhop: No Need (wie Anm. 37), S. 593 f.

des Aktienkapitals besessen hat. Es ist plausibel, da sich Großaktionäre sicherlich bei der Abstimmung wichtiger Unternehmensentscheidungen, wie Kapitalerhöhungen und Fusionen, gezeigt hätten. Auch auf der außerordentlichen Generalversammlung hatte die Deutsche Bank keinen kontrollierenden Aktionär, der mehr als 25 Prozent vereinigte, um alleine Entscheidungen zu blockieren bzw. zu genehmigen. Es mussten sich dazu immer mehrere Aktionäre zusammentun. Die Konzentration des Aktienkapitals war bei der Deutschen Bank bei der Gründung 1870, kurz nach der Jahrhundertwende und während des Ersten Weltkrieges am höchsten und 1897 und Anfang der 1920er am niedrigsten. Berücksichtigt man *Proxy Voting*, dann ergibt sich ein anderes Bild. Ein Großteil der Deutsche-Bank-Aktionäre ließ sich auf der außerordentlichen Generalversammlung durch eine Bank vertreten. Als Konsequenz repräsentierte ein Bankenvertreter eine qualifizierte Mehrheitsbeteiligung. Es gibt jedoch keine Hinweise darauf, dass die entsprechenden Banken in Governance-Fragen bei der Deutschen Bank eine wichtige Rolle einnahmen, sondern sie übernahmen vermutlich eine reine Vertreterfunktion. Auch zu den Großaktionären auf der außerordentlichen Generalversammlung der Deutschen Bank gehörten Privat-, Regional- und ausländische Großbanken sowie eigene Filialen. Bei der BHG gab es 1903 und 1908 keinen nachweisbaren Großaktionär. Dieser zeigt sich erst 1928. Allerdings war auf Grund der schlechten Präsenz des Aktienkapitals die Konzentration auf der außerordentlichen Generalversammlung in allen Jahren ausgeprägt. 1903 und 1908 hatte ein Aktionär alleine eine Sperrminorität und 1928 eine qualifizierte Mehrheitsbeteiligung. Dabei handelte es sich jeweils um eine Privatbank, an der die BHG selbst mit Aktienkapital beteiligt war. Die AEG hatte ab 1905 einen nachweisbaren Großaktionär, der mehr als 10 Prozent des Gesamtaktienkapitals auf sich vereinigte, und damit eine konzentrierte Aktionärsstruktur. Auf der außerordentlichen Generalversammlung hatte sie nur 1912 und 1920 einen kontrollierenden Großaktionär, der mit einer Sperrminorität von 33 Prozent alleine Kapitalerhöhungen blockieren konnte. Allerdings konnten 1899, 1910, 1912 und 1920 drei Aktionäre mit einer qualifizierten Mehrheit von 67 Prozent eine Kapitalerhöhung genehmigen. Bei der AEG nahm die Konzentration seit der Gründung zu und war vor allem vor dem Ersten Weltkrieg 1912 und während der Inflation 1920 am höchsten. 1921 ging die Konzentration wieder zurück. Unter den (kontrollierenden) Großaktionären der AEG dominierte eine Gruppe von Berliner Universalbanken und einigen Privatbanken. Auch befanden sich unter den Großaktionären der AEG einzelne elektrotechnische Unternehmen und Holdinggesellschaften. Bei Siemens dominierte der *Personal Capitalism* noch einige Jahre nach der Umwandlung, da Carl Friedrich von Siemens und Wilhelm von Siemens auf der außerordentlichen Generalversammlung mit einer qualifizierten Mehrheitsbeteiligung von 75 Prozent alleine Entscheidungen treffen konnten. In den 1920er Jahren nahm das gesamte Aktienkapital der Siemensfamilie zugunsten von Banken und anderen Unternehmen ab. 1930 bildete die Siemensfamilie nur noch eine Sperrminorität von 25 Prozent. Zu den anderen Großaktionären von Siemens gehörten Privat- und Universalbanken und eine Holdinggesellschaft. Bei allen Unternehmen waren die Stimm- an die Vermögensrechte gebunden. Die Einführung von Mehrstimmrechtsaktien und Vorzugsaktien bei der AEG und Siemens führte nicht automatisch dazu, dass einzelne Aktionäre die Kontrolle im Unternehmen ohne eine Kapitalmehrheit ausübten. Der Aktienbesitz von *Inside Shareholders* war bei allen Unternehmen auf den außerordentlichen Generalversammlungen relevant. Bei BHG und Siemens war er am höchsten, denn *Inside Shareholders* vereinigten zusammen mehr als 50 Prozent. Insgesamt nahm der Aktienbesitz von *Inside Shareholders* bis 1930 ab. Vorstandsmitglieder hatten eine geringere Beteiligung, denn das meiste Aktienkapital der *Inside Shareholders* ging auf Aufsichtsratsmitglieder zurück. Damit unterstütze ich Julian Franks, Colin Meyer und Hannes Wagner These, dass in deutschen Unternehmen für die Zeit ab 1890 eine Trennung zwischen Leitungsmacht und Teilhaberschaft vorherrschte, wie sie Adolf Berle and Gardiner Means für amerikanische Unternehmen feststellten. Auch teile ich ihre These, dass für deutsche Unternehmen besonders kennzeichnend war, dass die Generalversammlungen von *Inside Shareholders*, Familien, Banken oder anderen Unternehmen dominiert wurden. Kleinaktionäre waren dagegen weniger präsent.[2] Die hohe Präsenz von Banken auf den Generalversammlungen hing damit zusammen, dass sie bei der Börseneinführung und Kapitalerhöhungen Aktien übernahmen und sie an der Börse platzierten. Auf den Generalversammlungen repräsentierten sie überwiegend das Aktienkapital ihrer Kunden. (Klein-) Aktionäre hatten somit kein Interesse daran, selbst an den Generalversammlungen teilzunehmen, sondern überließen ihr Stimmrecht den Banken. Diese hatten die Möglichkeit, Unternehmensentscheidungen zu beeinflussen. Banken gingen dabei unterschiedlich mit den Aktien ihrer Kunden um. In manchen Fällen machten sie deutlich, dass sie als Vertreter fungierten und in anderen wiederum trugen sie sich als Aktionäre in die Verzeichnisse der Generalversammlung ein. *Proxy Voting* war somit ein gängiger Mechanismus im Deutschen Corporate-Governance-System.

In der Zusammensetzung des Vorstandes und Aufsichtsrats zeigen die Deutsche Bank, die BHG, die AEG und Siemens einige typische Merkmale von Großunternehmen in der ersten Hälfte des 20. Jahrhunderts. Die Deutsche Bank, die AEG und Siemens haben mit einem kleinen Vorstand angefangen und ihn mit der Entstehung einer komplexen Konzernstruktur ausgeweitet. Der Vorstand wurde durch einen Sprecher repräsentiert. Die BHG behielt einen kleinen Kreis von Komplementären ohne einen Leiter. Alle Unternehmen hatten ein gut ausgebildetes professionelles Management. Bei der Deutschen Bank und der BHG waren klassische Bankiers und Juristen im Vorstand tätig, während bei Siemens und der AEG Ingenieure und Naturwissenschaftler dominierten. Familienmitglieder oder kontrollierende Aktionäre findet man bei ihnen nicht. Bei der BHG waren allerdings am Anfang bis 1880 die Gründer des Unternehmens als Komplementäre tätig. Neben dem Fachwissen waren besonders in der Finanzbranche persönliche und wirtschaftliche Kontakte ausschlaggebend, um in den Vorstand aufzusteigen, wie verschiedene Einzelbeispiele zeigen. Während die Vorstände in den Unternehmen gut aufgebaut waren,

2 Vgl. Franks: The Origins (wie Anm. 4), S. 568–573.

zeigten die Aufsichtsräte in der Praxis einige Mängel. Die Deutsche Bank, die BHG und die AEG hatten bereits bei der Gründung einen großen Aufsichtsrat, der die optimale Größe für Großunternehmen von zehn Mitgliedern überschritt. Damit unterschieden sie sich von anderen Unternehmen, bei denen die Aufsichtsräte nach den Zahlen von Caroline Fohlin um 1900 klein waren.[3] Nach 1900 haben die drei Unternehmen ihre Aufsichtsräte zusätzlich ausgeweitet, sodass sie während der Weimarer Republik übermäßig groß waren. Die Vergrößerung hing unter anderem mit der Entwicklung einer Konzernstruktur sowie der Ausweitung von Geschäftskontakten zusammen. Die Deutsche Bank und die AEG nahmen zum Beispiel neue Mitglieder nach einem Beteiligungserwerb und nach einer Fusion auf. Eine Überwachung war bei allen drei Unternehmen durch den gesamten Aufsichtsrat kaum noch gegeben, da mit der Vergrößerung auch die Anzahl an Trittbrettfahrern zunahm. Eine optimale Funktion wie sie in der Unternehmensverfassung festgeschrieben war, wurde damit verfehlt. Siemens arbeitete seit der Gründung mit einem kleinen Aufsichtsrat und auch während der 1920er Jahre behielt dieser eine mittlere Größe. Bei der Deutschen Bank, der BHG und AEG dominierten in den ersten Jahren nach der Gründung Banken im Aufsichtsrat, die entweder zu den Gründern oder zu den ersten Aktienzeichnern zählten. Bei allen drei Unternehmen blieb der Anteil an Banken zwar hoch, allerdings findet man mehr Vertreter aus der Industrie, Handel und Transport sowie Staatsbedienstete und ehemalige Vorstandsmitglieder im Aufsichtsrat. Der Anteil an Aktionären war im Aufsichtsrat in allen Unternehmen hoch, nahm aber bis 1930 ab. Auf den Generalversammlungen kontrollierende Aktionäre waren größtenteils auch im Aufsichtsrat tätig. Eine wichtige Funktion innerhalb des Aufsichtsrats nahm der Vorsitzende ein, da er die Verbindung zum Vorstand und zur Generalversammlung herstellte. Bei der Deutschen Bank übernahm den Vorsitz bis 1907 nacheinander eine der Gründerbanken und ab 1914 ging diese Aufgabe an ein ehemaliges Vorstandsmitglied über. Auch bei der BHG war für den Vorsitz bis 1897 eine der Gründerbanken zuständig und danach ein Vertreter aus der Industrie. Bei der AEG dagegen übernahm in den ersten Jahren bis 1896 der Leiter ihres Finanzkonsortiums den Vorsitz, bis 1911 ein Staatsbeamter und danach wieder der Leiter des Finanzkonsortiums. Bei Siemens hatte durchgehend ein Familienmitglied und gleichzeitig kontrollierender Aktionär den Aufsichtsratsvorsitz. An der Deutschen Bank und der BHG sieht man, dass die Präsenz von Banken im Aufsichtsrat nicht nur ein typisches Element in den Industrieunternehmen war, sondern auch bei den Finanzinstituten gängig. Ich teile Caroline Fohlins These, dass die Präsenz von Banken nicht allein mit informationsökonomischen Modellen erklärt werden kann, sondern im Einzelfall überprüft werden muss.[4] Bei der Deutschen Bank waren Privat- und Regionalbanken im Aufsichtsrat tätig, die für die Eigenkapitalfinanzierung zuständig waren, an denen die Deutsche Bank mit Aktienkapital beteiligt

3 Vgl. Fohlin: Finance Capitalism (wie Anm. 43), S. 125–133.
4 Vgl. Fohlin: Finance Capitalism (wie Anm. 43), S. 144–167.

war oder mit denen sie Fusionen durchführte. Bei der AEG und Siemens waren Berliner Universalbanken und Privatbanken im Aufsichtsrat tätig, die unter anderem für ihre Eigenkapitalfinanzierung zuständig waren.

Neben dem formalen Ordnungsrahmen und den Akteuren untersuche ich in meiner Studie, wie *Corporate Governance* in konkreten Entscheidungssituationen funktionierte. Dieser Teil stellt einen wichtigen Beitrag zur Forschung dar, denn ich zeige auf, dass es bei *Corporate Governance* nicht nur auf Rechtsnormen ankommt, sondern die Entscheidungen und Handlungen privater Akteure wichtig sind. Die Aktionäre hingen in der Praxis davon ab, dass die Entscheidungsträger im Interesse des *Shareholder Value* handelten. Verschiedene Beispiele zeigen, dass es nicht immer der Fall war. In der Praxis musste in Entscheidungssituationen ein Ausgleich zwischen den verschiedenen Interessen gefunden werden. Opportunistisches Verhalten der Akteure konnte Transaktionen zusätzlich erschweren. Politische und wirtschaftliche Krisen, wie der Erste Weltkrieg, die Inflation und die Hyperinflation, wirkten sich auch auf die *Corporate Governance* aus. Alle Unternehmen finanzierten sich bei der Gründung bis zur Hälfte der Bilanzsumme aus Aktienkapital. Das Aktienkapital nahm im Laufe der ersten Hälfte des 20. Jahrhunderts ab und war während der Inflationsjahre niedrig. Allerdings nutzten die Deutsche Bank, die AEG und Siemens auch in den 1920er Jahren den Aktienmarkt, um ihren hohen Kapitalbedarf zu decken. Besonders gut war während der Inflationszeit die Marktlage für Vorzugsaktien. Zusätzlich waren die Unternehmen auf ausländische Investoren angewiesen. So war es gängige Praxis, dass Aktienpakete in die USA oder nach Großbritannien verkauft wurden. Eine Überfremdung, wie sie die Zeitgenossen befürchteten, ist bei den Unternehmen auf den Generalversammlungen nicht festzustellen. Alle Unternehmen nutzten den Aktienmarkt, um ihr Wachstum in der zweiten Hälfte des 19. Jahrhunderts und in der ersten Hälfte des 20. Jahrhunderts zu finanzieren. Die Deutsche Bank, die AEG und Siemens nutzten das Aktienkapital für externes, die BHG nur für internes Wachstum. Die Deutsche Bank erwarb von ihren 15 Kapitalerhöhungen 1897, 1902 und 1920 Beteiligungen an Regionalbanken und 1914, 1917, 1920, 1922 und 1929 fusionierte sie mit anderen Unternehmen und Finanzinstituten. Die AEG erwarb von 22 Kapitalerhöhungen sieben Mal eine Beteiligung an anderen elektrotechnischen Unternehmen und Holdinggesellschaften und 1904, 1910 und 1920 führte sie eine Fusion durch. Siemens erwarb von sieben Kapitalerhöhungen 1900, 1908 und 1929 eine Beteiligung an ihren ausländischen Tochtergesellschaften und einer Holdinggesellschaft.

Bei der Börseneinführung und der Durchführung von Kapitalerhöhungen sieht man, dass die Akteure sich zwar an der rechtlichen Struktur orientierten, zusätzlich aber eigene Mechanismen etablierten und den gesetzlichen Handlungsspielraum nutzten. Für das gute Funktionieren der Eigenkapitalfinanzierung waren in der Praxis Finanzintermediäre verantwortlich. Sie stellten den Unternehmen das Aktienkapital zur Verfügung, indem sie die jungen Aktien bei Kapitalerhöhungen zu einem festen Preis zeichneten und sie dann an das Publikum verkauften. Damit übertrugen Unternehmen bei der Börseneinführung und Kapitalerhöhungen das komplette Risiko auf die Banken. Das Konsortium erhielt am Ende der Transaktion einen vereinbarten Anteil am Agio-Gewinn, den Rest verbuchte die Gesellschaft in die Reserve. Banken waren also daran interessiert, die Aktien bestmöglich zu verkaufen, hingen aber dabei von der Marktsituation ab. Sie sorgten durch das Aufkaufen von Aktien dafür, dass während der Durchführung der Kapitalerhöhung der Aktienkurs stabil blieb. Insgesamt übernahm das Konsortium alle Aufgaben, die mit einer Börseneinführung und Börsenoperation zusammenhingen. Auch waren sie für das Bezugsrecht bei Kapitalerhöhungen zuständig.

In der Praxis gestaltete sich die Machtverteilung in den Unternehmen bei der Börseneinführung und Kapitalerhöhungen unterschiedlich und wich von der formalen *Corporate Governance* ab. Als Erstes bestimmten die Akteure die Transaktionsstruktur, d. h. die Anzahl, die Verwendung und den Ausgabepreis der jungen Aktien. So verteilte sich bei der Deutschen Bank die Macht zugunsten des Vorstandes, der die Kapitalerhöhung initiierte, die Transaktionsstruktur festlegte und Verhandlungen mit den Geschäftspartnern bei einem Aktientausch oder einer Fusion führte. Auch legte er überwiegend den Ausgabepreis der jungen Aktien fest und 1923 ging diese Aufgabe komplett an ihn über. Die Verhandlungen übernahm in der Regel der Leiter der Börsenabteilung oder ein anderer Ressortverantwortlicher. Für die Leitung des Konsortiums war der Aufsichtsratsvorsitzende zuständig und ab 1904 eine Regionalbank. Der Vorstand verfolgte bei der Ausgabe junger Aktien die Strategie, möglichst viele Beteiligungen abzugeben, um damit das Risiko weit zu streuen und einen großen Kreis an Aktionären zu gewinnen. Er vergab Beteiligungen nach Berlin, in strategisch wichtige Regionen Deutschlands und ins Ausland. Bei der AEG gestaltete sich die Macht zwischen dem Vorstand, dem Aufsichtsrat und ihrem Finanzkonsortium. Es war gängige Praxis, dass der Vorstand die Transaktionsstruktur bei Kapitalerhöhungen in einem Ausschuss mit dem Aufsichtsratsvorsitzenden und Mitgliedern des Finanzkonsortiums festlegte. Die AEG ist ein gutes Beispiel für die enge Verbindung zwischen Banken und Industrieunternehmen in der zweiten Hälfte des 20. Jahrhunderts, wie sie die ältere Forschung Alexander Gerschenkrons für Deutschland beschrieb. Die enge Verbindung ging bei der AEG vor allem auf die Eigenkapitalfinanzierung zurück. Das Finanzkonsortium der AEG nahm bei Investitionsentscheidungen eine beratende Funktion ein und gestaltete somit die Unternehmensstrategie. Es setzte sich aus einem festen Kreis an Berliner Universalbanken und einigen Privatbanken und wurde zuerst von der Deutschen Bank und später von der BHG zusammen mit der Disconto-Gesellschaft geleitet. Das Konsortium orientierte sich an einer festen Quotenverteilung, die sich nur mit der Aufnahme neuer Mitglieder änderte. Damit ist auch die Konzentration des Aktienkapitals auf den Generalversammlungen der AEG zu erklären. Zusätzlich vergab die AEG bei einigen Kapitalerhöhungen Aktienpakete an einzelne elektrotechnische Unternehmen. Bei Siemens gestaltete sich die Macht zwischen dem Vorstand, dem Aufsichtsrat, dem kontrollierenden Großaktionär und der Hausbank. Bei Verstärkung der Betriebsmittel ging die Kapitalerhöhung vom Vorstand aus, während bei einem Beteiligungserwerb der kontrollierende Großaktionär zusammen mit der Hausbank die Transaktionsstruktur bestimmte. Auch legten sie den Ausgabepreis der jungen Aktien fest. Siemens arbeitete bei Kapitalerhöhungen eng mit der Deutschen Bank zusammen, die entweder alleine die Transaktion übernahm oder einige Banken beteiligte. Ähnlich wie bei der AEG hatte auch bei Siemens die Hausbank bei Investitionsentscheidungen eine beratende Funktion. Am Ende des Entscheidungsprozesses stimmten bei allen Unternehmen die Aktionäre auf der außerordentlichen Generalversammlung über den Antrag des Vorstandes und des Aufsichtsrats ab. Bei der Deutschen Bank, der BHG und Siemens nahmen die Aktionäre die Anträge überwiegend einstimmig an, sodass sie die Unternehmensstrategie der Entscheitungsträger befürworteten. Governance-Konflikte wurden bei ihnen in diesem Gremium nicht ausgetragen, sondern traten auf anderen Ebenen auf. Die (Klein-) Aktionäre blieben passiv. Bei einem Unternehmen mit Streubesitz wie der Deutschen Bank gab es überraschenderweise kaum Konflikte zwischen den Aktionären und dem Vorstand. Der einzige Konflikt zwischen den beiden Parteien trat 1881 um die Sonderrechte der ersten Zeichner auf. Dieser wurde am Ende zugunsten der Gesellschaft und der Kleinaktionäre entschieden. Ansonsten gab es bei der Deutschen Bank Governance-Konflikte zwischen dem Vorstand und den Regionalbanken bei Verhandlungen, wenn es sich um einen Aktientausch oder eine Fusion handelte. Häufig ging es dabei um das Umtauschangebot an die Aktionäre der Regionalbanken. Dieses hing in der Regel von bestimmten Kennzahlen wie dem Aktienkurs und der Dividende ab. Doch der Vorstand der Deutschen Bank ließ sich nicht immer von diesen Kennzahlen leiten, da er den Verhandlungspartnern entgegenkommen musste, um die Transaktion zu gewährleisten. So war der Vorstand gezwungen, in manchen Fällen die persönlichen Interessen der Manager der Regionalbanken zu berücksichtigen, wie ein größeres Gehalt oder die eigene Machtposition im Unternehmen. Auch musste der Vorstand bei Investitionsentscheidungen des Aktienkapitals strategische Gesichtspunkte einbeziehen, und ließ sich somit nicht nur von ökonomischen Gesichtspunkten leiten. Eine dritte Konfliktlinie bei der Deutschen Bank wird zwischen ihr als Großaktionär und den Kleinaktionären der Regionalbanken deutlich. Bei den Fusionen 1914 und 1917 verkaufte die Deutsche Bank ihre eigene Beteiligung an den Regionalbanken an ein Konsortium, damit dieses auf der Generalversammlung für die Transaktion stimmte. Für den Großaktionär war es folglich möglich, das Stimmrecht der Kleinaktionäre auszuschließen. Die neuen Governance-Formen, die die Deutsche Bank als Reaktion auf die Hyperinflation 1923 mit den Schutzaktien einführte, hatten keine direkten Auswirkungen für die Aktionäre. Für die Altaktionäre kam es zu keiner großen Kapitalverwässerung und auch die Dividende sowie das Stimmrecht ruhten bei diesen Aktien. Bei der AEG auf der anderen Seite traten trotz der Kontrolle durch das Finanzkonsortium verschiedene Governance-Konflikte zwischen dem Vorstand und den Aktionären auf. Bei der AEG gab es 1905, 1910, 1923 und 1927 Gegenstimmen bei der Abstimmung über eine Kapitalerhöhung auf der außerordentlichen Generalversammlung. Zusätzlich gab es auf sechs außerordentlichen Generalversammlungen Kritik und einzelne Anträge der Aktionäre gegen die Unternehmensstrategie des Vorstandes. Aktionäre hatten ein Interesse an einer höheren Dividende und an einem Bezugsrecht bei Kapitalerhöhungen auf die jungen Aktien. In einem Fall entschied die Konsortialleitung zugunsten der Aktionäre, indem sie ihnen im Nachhinein ein Bezugsrecht einräumte. Darüber hinaus zeigen sich bei der AEG Governance-Konflikte zwischen dem Vorstand und ihrem Finanzkonsortium. Bei der Börseneinführung 1887 ging es zum Beispiel um das Depotstimmrecht und in den darauffolgenden Jahren um den Einfluss der Banken auf die Finanzgeschäfte der AEG. Die AEG war seit 1887 vertraglich an das Finanzkonsortium gebunden und ab 1900 erlangte der Vorstand mehr Freiheiten. Bei der AEG gab es zudem einen Governance-Konflikt zwischen ihr als Großaktionär und den Kleinaktionären eines elektrotechnischen Unternehmens, mit dem sie 1915 einen Aktientausch durchführte. Die AEG schränkte das Stimmrecht der Kleinaktionäre ein, da diese nicht auf einer Generalversammlung über die Transaktion abstimmen durften. Bei der AEG sind auch Governance-Konflikte mit der Börsenzulassungsstelle überliefert, die bei einigen Kapitalerhöhungen eine stärkere Transparenz im Prospekt forderte. Als Reaktion auf die Inflation führte die AEG 1920 mit den Vorzugsaktien neue Governance-Formen ein, die sich auf die Vermögens- und Verwaltungsrechte der Aktionäre auswirkten. Die Aktionäre erhielten auf die Vorzugsaktien kein Bezugsrecht und die Vorzugsaktionäre hatten einen Vorzug bei der Dividende. 1923 trat ein Governance-Konflikt zwischen dem Vorstand und den Vorzugsaktionären auf, als der Vorstand die Vorzugsaktien wieder einziehen wollte. Der Konflikt wurde zugunsten der Vorzugsaktionäre entschieden.

Bei Siemens finden sich Governance-Konflikte zwischen dem kontrollierenden Großaktionär und den Kleinaktionären. Der Großaktionär verfolgte die Strategie, bei Kapitalerhöhungen seine Mehrheitsbeteiligung aufrechtzuerhalten und nur einen geringen Teil der Aktien an das Publikum zu bringen. 1898 und 1899 erhielt der Großaktionär einen festen Betrag an Aktien, obwohl das Bezugsrecht für die (Klein-) Aktionäre ausgeschlossen wurde. Kleinaktionäre blieben jedoch passiv. 1920 sicherte sich der Großaktionär mit der Ausgabe von Mehrstimmrechtsaktien bei wichtigen Unternehmensentscheidungen die Kontrolle auf der Generalversammlung, als Siemens einen großen Betrag an jungen Aktien an das Publikum ausgab. Zudem traten bei Siemens Governance-Konflikte zwischen dem Vorstand und ihren Tochtergesellschaften auf, in denen es um Kontrollprobleme innerhalb der Geschäftsführung ging. Bei einigen Kapitalerhöhungen gab es bei Siemens Governance-Konflikte zwischen dem Vorstand und der Deutschen Bank. Zum Beispiel 1929 bei einem Aktientausch, als die Deutsche Bank als Konsortialleiterin und Großaktionär in ihrem eigenen Interesse und nicht im Interesse von Siemens agierte. In den 1920er Jahren ging Siemens als Reaktion auf die Inflation eine vertikale Verbindung mit anderen Unternehmen aus der Schwerindustrie ein und schuf dabei neue Organe, die Einfluss auf die Unternehmensstrategie nehmen konnten. Zusätzlich gab Siemens an die kooperierenden Unternehmen Vorzugsaktien aus. Die Vorzugsaktien wirkten sich auf die Vermögens- und Verwaltungsrechte der Aktionäre negativ aus, da das Bezugsrecht ausgeschlossen wurde und es zu einer Kapitalverwässerung kam. Zwischen den Vorzugsaktionären und dem Großaktionär kam es schließlich zum Governance-Konflikt, als sich die finanzielle Situation und die Machtverhältnisse bei ihnen veränderten. Um zu verhindern, dass neue Akteure Einfluss auf die Unternehmensstrategie von Siemens nehmen konnten, übernahm am Ende die Siemens'sche Familienbesitzverwaltung und damit der Großaktionär die Vorzugsaktien.

In allen Unternehmen gestaltete sich der Aktionärsschutz in der Praxis schlechter als der formale. Alle Unternehmen schränkten die Vermögens- und Verwaltungsrechte der Aktionäre in bestimmten Jahren ein und nutzten bei den Stimmrechten, der Verteilung der Dividende und den Bezugsrechten den gesetzlichen Handlungsspielraum. Beim Bezugsrecht wurde den Altaktionären in der Regel ein Teil der jungen Aktien zu einem festen Betrag angeboten, der 20 bis 50 Prozent und während der Inflation noch größer unter dem Marktpreis lag. Unternehmen schlossen das Bezugsrecht vor allem in den ersten Jahren nach der Gründung und bei einem Aktientausch oder einer Fusion aus. Die Deutsche Bank schloss bei 15 Kapitalerhöhungen sechs Mal, die BHG von zwölf acht Mal, die AEG von 22 elf Mal und Siemens von sieben fünf Mal das Bezugsrecht aus. In manchen Fällen war das Bezugsrecht für die Aktionäre nicht vorteilhaft, da der Aktienpreis nach dem Bezugsrecht unterhalb des theoretischen Wertes des Bezugsrechtes lag. So waren bei der Deutschen Bank, der BHG und der AEG drei Bezugsangebote nicht vorteilhaft, während bei Siemens alle vorteilhaft waren. Besonders kennzeichnend war allerdings für alle Unternehmen, dass sie eine regelmäßige und hohe Dividende zahlten. Die Deutsche Bank, die AEG und Siemens setzten diese nur während der Hyperinflation 1922 bzw. 1923 aus. Die BHG zahlte auch 1876, 1877 und 1878 wegen finanzieller Schwierigkeiten keine Dividende. Die regelmäßigen Dividendenzahlungen und die hohen Dividendenrenditen könnten eine Erklärung sein, dass ein Großteil der (Klein) Aktionäre in den Unternehmen passiv blieb.

Anhang

A1 Akteure im Corporate-Governance-System: Aktionäre, Aufsichtsrat und Vorstand

Komplementäre der BHG, 1856–1936

Komplementär	Amtsperiode
Heinrich Conrad Carl	1856–1857
Paul Eduard Conrad	1856–1860
Johann Friedrich Ludwig Gelpcke	1856–1874
Wilhelm Conrad	1860–1883
Wilhelm Seifert	1874–1883
Hermann Schwieger	1882–1882
Carl Fürstenberg	1883–1929
Hermann Rosenberg	1883–1902
Max Winterfeldt	1883–1902
Gustav Ahrens	1902–1914
Hans Winterfeldt	1902–1903
Walther Rathenau	1902–1907
Eduard Mosler	1904–1910
James Zutrauen	1908–1909
Walter Merton	1911–1913
Bruno Herbst	1913–1918
Paul Wallich	1913–1915
Gustav Sintenis	1918–1931
Otto Jeidels	1918–1938

https://doi.org/10.1515/9783110716993-006

(fortgesetzt)

Komplementär	Amtsperiode
Siegfried Bieber	1919–1936
Hans Fürstenberg	1919–1936

Quelle: Lücke, Die Berliner Handels-Gesellschaft.

Konzentration im Verhältnis zum Gesamtaktienkapital, Deutsche Bank, 1870–1929

Jahr	A1	A3	A5
1870	15,98	31,66	38,23
1897	1,89	4,27	5,85
1902	3,02	5,93	7,34
1904	2,85	5,89	7,56
1905	2,54	5,54	7,45
1914	3,18	6,27	8,98
1917	2,52	5,94	8,40
1920	1,40	4,11	6,49
1922	1,52	4,32	6,73
1923	2,73	5,14	7,33
1929	4,03	11,61	18,15
MW	**3,79**	**8,24**	**11,14**

Quelle: Eigene Berechnung, Aktionärsverzeichnisse. A1 = größter Aktionär; A3 = drei größten Aktionäre; A5 = fünf größten Aktionäre.

Konzentration im Verhältnis zum Gesamtaktienkapital, BHG, 1903–1928

Jahr	A1	A3	A5
1903	3,23	4,95	5,88
1908	2,61	5,66	6,52
1928	60,14	61,98	63,52

Quelle: Eigene Berechnungen, Aktionärsverzeichnisse. A1 = größter Aktionär; A3 = drei größten Aktionäre; A5 = fünf größten Aktionäre.

Konzentration im Verhältnis zum Gesamtaktienkapital, AEG, 1899–1929

Jahr	A1	A3	A5
1899	3,31	9,39	10,54
1905	9,68	17,39	23,66
1910	12,84	31,51	34,57
1912	44,52	67,09	72,35
1915	13,88	19,68	24,53
1917	13,93	27,43	34,57
8.5.1920	16,82	28,89	35,55
11.9.1920	25,00	45,67	54,50
1921	10,96	27,14	37,11
1922	9,88	26,61	35,03
1927	12,18	29,77	44,78
1929	15,16	34,46	46,33
MW	**15,68**	**30,42**	**37,79**

Quelle: Eigene Berechnungen, 1899–1929. A1 = größter Aktionär; A3 = drei größten Aktionäre; A5 = fünf größten Aktionäre.

Konzentration im Verhältnis zum Gesamtaktienkapital, Siemens, 1900–1930

Jahr	A1	A3	A5
1900	66,56	97,21	80,49
1908	62,02	93,27	71,24
18.5.1920	10,74	37,04	39,49
29.12.1920	20,68	63,34	53,71
1930	10,75	32,90	35,51
MW	**34,15**	**64,75**	**56,09**

Quelle: Eigene Berechnung, 1900–1930. A1 = größter Aktionär; A3 = drei größten Aktionäre; A5 = fünf größten Aktionäre.

Fünf größten Aktionäre auf der Generalversammlung, Deutsche Bank, 1870–1929

Jahr	Aktionär	Ort	Aktienkapital (M)[1]	Aktienkapital (%)	Stimmen (%)	Aktionärstyp/Unternehmen	Aufsichtsrat
1870	Gebrüder Sulzbach	Frankfurt	799.000	16,23	16,31	Bank	Rudolf Sulzbach
	E.J. Meyer	Berlin	470.000	9,55	9,59	Bank	A.Meyer
	Marcuse Hermann	Walluf	314.000	6,38	6,41		Ja
	Magnus F. Martin	Berlin	164.600	3,34	3,35		
	Deichmann & Co.	Köln	164.000	3,33	3,35	Bank	Adolph v. Rath
1897	Hans Jordan	Elberfeld	1.887.000	9,15	9,18	BM/Bergisch-Märkische Bank	Ja
	Gebrüder Sulzbach	Frankfurt	1.351.200	6,55	6,57	Bank	Rudolf Sulzbach
	Jacob S.H. Stern	Frankfurt	1.035.000	5,02	5,04	Bank	
	E. Krug	Bremen	822.600	3,99	4,01	FM/Deutsche Bank	
	Carl Colin	München	756.000	3,67	3,68	FM/Deutsche Bank	

(fortgesetzt)

1 Ab 1924 RM.

(fortgesetzt)

Jahr	Aktionär	Ort	Aktienkapital (M)[1]	Aktienkapital (%)	Stimmen (%)	Aktionärstyp/Unternehmen	Aufsichtsrat
1902	Benno von Roy	Elberfeld	4.522.800	14,99	14,99	BM/Bergisch-Märkische Bank	Hans Jordan
	Niederösterreichische Escompte-Gesellschaft	Wien	2.514.600	8,33	8,33	Bank	
	Schlesischer Bankverein	Breslau	1.863.000	6,17	6,17	Bank	Conrad Fromberg
	E. Breustedt	München	1.248.000	4,14	4,14	FM/Deutsche Bank	
	Ferd. Bultmann	Bremen	856.800	2,84	2,84		
1904	Arthur Schuchart	Elberfeld	4.554.000	14,41	14,52	BM/Bergisch-Märkische Bank	Hans Jordan
	Niederösterreichische Escompte-Gesellschaft	Wien	3.104.400	9,82	9,90	Bank	
	Emil Berve	Breslau	1.759.200	5,56	5,61	BM/Schlesischer Bankverein	Ja
	Theodor Böninger	Berlin	1.466.400	4,64	4,68		Ja
	Ad. Hoppe	München	1.206.000	3,81	3,85	FM/Deutsche Bank	

1905	Bruno v. Roy	Elberfeld	4.564.200	11,16	11,16	BM/Bergisch-Märkische Bank	Hans Jordan
	Niederösterreichische Escompte-Gesellschaft	Wien	2.863.200	7,00	7,00	Bank	
	Theodor Böninger	Berlin	2.544.000	6,22	6,22		Ja
	Emil Berve	Breslau	2.170.800	5,31	5,31	BM/Schlesischer Bankverein	Ja
	Richard Brosien	Mannheim	1.258.800	3,08	3,08	BM/Rheinische Creditbank	Ja
	Adolph v. Rath	Berlin	1.123.200	2,75	2,75	Ehem. BM/Deichmann & Co.	Ja
1914	Bergisch-Märkische Bank	Elberfeld	6.365.400	14,73	14,73	Bank	Hans Jordan
	Jacquier & Securius	Berlin	3.303.000	7,65	7,65	Bank	
	Wilhelm Kuczynski	Berlin	2.880.000	6,67	6,67	Bank	
	A.E. Wassermann	Berlin	2.772.000	6,42	6,42	Bank	
	E.J. Meyer	Berlin	2.640.000	6,11	6,11	Bank	
1917	Georg Herrmann	Elberfeld	6.300.600	12,46	12,46	FM/Deutsche Bank	
	Theodor Böninger	Berlin	5.125.800	10,14	10,14		Ja
	Jacquier & Securius	Berlin	3.421.200	6,77	6,77	Bank	
	Wilhelm Kuczynski	Berlin	3.245.400	6,42	6,42	Bank	
	A.E. Wassermann	Berlin	2.895.600	5,73	5,73	Bank	

(fortgesetzt)

(fortgesetzt)

Jahr	Aktionär	Ort	Aktienkapital (M)[1]	Aktienkapital (%)	Stimmen (%)	Aktionärstyp/Unternehmen	Aufsichtsrat
1920	Lazard Speyer-Ellissen	Frankfurt	3.848.400	7,42	7,42	Bank	Eduard Beit von Speyer
	A.E. Wassermann	Berlin	3.834.000	7,42	7,39	Bank	
	Jacquier & Securius	Berlin	3.610.200	6,96	6,96	Bank	
	Wilhelm Kuczynski	Berlin	3.486.000	6,72	6,72	Bank	
	Moritz Lipp	Breslau	3.074.400	5,93	5,93	Ehem. BM/Schlesischer Bankverein	Ja
1922	Moritz Lipp	Lichterfelde	6.099.000	6,74	6,74	Ehem. BM/Schlesischer Bankverein	Ja
	Lazard Speyer-Ellissen	Frankfurt	5.691.000	6,29	6,29	Bank	Eduard Beit von Speyer
	Jacquier & Securius	Berlin	5.486.000	6,06	6,06	Bank	
	E.J. Meyer	Berlin	4.994.600	5,52	5,52	Bank	
	Max Kluge	Hannover	4.633.000	5,12	5,12	FM/Deutsche Bank	
	A.E. Wassermann	Berlin	4.624.200	5,11	5,11	Bank	

1923	Wiener Bank-Verein	Wien	21.808.000	12,66	12,66	Bank	
	A.E. Wassermann	Berlin	9.763.000	5,67	5,67	Bank	
	Jacquier & Securius	Berlin	9.519.800	5,53	5,53	Bank	
	Wilhelm Kuczynski	Berlin	8.809.000	5,11	5,11	Bank	
	Gebrüder Arons	Berlin	8.720.000	5,06	5,06	Bank	
	Lazard Speyer-Ellissen	Frankfurt.	8.654.000	5,02	5,02	Bank	Eduard Beit von Speyer
1929	Lazard Speyer-Ellissen KGaA	Frankfurt	6.048.000	7,63	7,63	Bank	Eduard Beit von Speyer
	Jacquier & Securius	Berlin	5.910.000	7,45	7,45	Bank	
	A.E. Wassermann	Berlin	5.461.000	6,89	6,89	Bank	
	E.J. Meyer	Berlin	5.119.000	6,45	6,45	Bank	
	J. Dreyfus & Co.	Berlin	4.693.000	5,92	5,92	Bank	

Quelle: Eigene Berechnungen, Aktionärsverzeichnisse und Geschäftsberichte. BM = Bankmanager; FM = Filialmanager.

Fünf größten Aktionäre auf der Generalversammlung, BHG, 1903–1928

Jahr	Aktionär	Ort	Aktienkapital (M)	Aktienkapital (%)	Aktionärstyp/Unternehmen	Aufsichtsrat
1903	Robert Borchardt	Berlin	2.908.000	42,74	Teilhaber bei Breest & Gelpcke	Ja
	I.H. Cohn	Dessau	1.072.000	15,76	Bank	
	Born & Busse	Berlin	475.000	6,98	Bank	
	A. Schaaffhausen'sche Bankverein	Berlin	430.000	6,32	Bank	
	Nationalbank für Deutschland	Berlin	405.000	5,95	Bank	
1908	N. Helfft & Co.	Berlin	2.612.000	33,44	Bank	
	G. Schlesinger-Trier & Co.	Berlin	2.363.000	30,26	Bank	
	Fritz von Friedlaender-Fuld	Berlin	685.000	8,77	Manager Industrie	Ja
	Hermann Rosenberg	Berlin	654.000	8,37	Ehem. Komplementär/BHG	Ja
	Richard Pintsch	Berlin	210.000	2,69		Ja
1928	William Rosenheim & Co.	Berlin	13.231.000	87,17	Bank	
	Merck, Finck & Co.	München	212.000	1,40	Bank	
	Albert Hahn	Frankfurt a.M.	193.200	1,27	BM/ DEWB	
	Gustav Benario	Berlin	174.200	1,15	BM	
	M.M. Warburg & Co.	Hamburg	163.600	1,08	Bank	

Quelle: Eigene Berechnungen, Aktionärsverzeichnisse. BM = Bankmanager.

Fünf größten Aktionäre auf der Generalversammlung, AEG, 1899–1929

Jahr	Aktionär	Ort	Aktienkapital (M)[2]	Aktienkapital (%)	Stimmen (%)	Aktionärstyp	Aufsichtsrat
1899	Breest & Gelpcke	Berlin	1.555.500	24,43	24,45	Bank	
	Nationalbank für Deutschaland	Berlin	1.500.000	23,56	23,58	Bank	Jacob Landau
	Paul Luhe		1.359.500	21,36	21,36		
	Born & Busse	Berlin	300.000	4,71	4,72	Bank	
	Gebrüder Sulzbach	Frankfurt	238.000	3,74	3,74	Bank	Rudolph Sulzbach
1905	Deutsche Bank	Berlin	8.323.500	24,95	24,95	Bank	
	Loewe, Ludwig & Co. AG.	Berlin	3.560.000	10,67	10,67	Industrieunternehmen	Isidor Loewe
	Disconto-Gesellschaft	Berlin	3.071.500	9,21	9,21	Bank	Joseph Hoeter
	BHG	Berlin	2.931.000	8,79	8,79	Bank	Carl Fürstenberg
	Gesellschaft für elektrische Unternehmungen	Berlin	2.459.000	7,37	7,37	Industrieunternehmen	Samuel Kocherthaler

(fortgesetzt)

2 Ab 1924 RM.

(fortgesetzt)

Jahr	Aktionär	Ort	Aktienkapital (M)[2]	Aktienkapital (%)	Stimmen (%)	Aktionärstyp	Aufsichtsrat
1910	Gustav Karger	Berlin	12.840.500	24,81	25,09	BM/Deutsche Bank	
	Friedrich Vortmann	Berlin	9.918.000	19,16	19,38	ehem. Vorstand/AEG	Ja
	Walther Rathenau	Berlin	8.755.500	16,92	17,11	ehem. Vorstand und Komplementär/AEG und BHG	Ja
	Alfred Daus	Berlin	1.750.000	3,38	2,30		
	Kimmich	Berlin	1.690.500	3,27	3,30		
1912	nicht lesbar wg. Tintenkleks im Dokument	Frankfurt	57.870.000	47,96	47,96		
	Robert Braun	Berlin	16.806.000	13,93	13,93		
	Neumann	Berlin	12.535.000	10,39	10,39		
	Rudolf Benoit	Berlin	3.641.000	3,02	3,02		
	Leopold		3.198.500	2,65	2,65		

1915	Otto Böhme	Berlin	21.516.500	29,75	29,75		
	Walther Rathenau	Berlin	4.846.500	6,70	6,70	ehem. Vorstand und Komplementär/AEG und BHG	Ja
	Alfred Schöpke	Berlin	4.138.500	5,72	5,72		
	Hölscher	Berlin	3.820.000	5,28	5,28		
	Walter Nadolny	Berlin	3.702.000	5,12	5,12	BM/Dresdner Bank	Eugen Gutmann
1917	Deutsche Bank	Berlin	25.628.500	31,58	31,58	Bank	
	Disconto-Gesellschaft	Berlin	14.511.000	17,88	17,88	Bank	Arthur Salomonsohn
	Dresdner Bank	Berlin	10.331.500	12,73	12,73	Bank	Eugen Gutmann
	Bank für Handel und Industrie	Berlin	7.140.000	8,80	8,80	Bank	M. von Klitzing
	BHG	Berlin	5.990.000	7,38	7,38	Bank	Carl Fürstenberg
08.5.1920	Deutsche Bank	Berlin	33.640.500	39,01	39,01	Bank	
	Disconto-Gesellschaft	Berlin	13.202.000	15,31	15,31	Bank	Arthur Salomonsohn
	Dresdner Bank	Berlin	10.933.000	12,68	12,68	Bank	Eugen Gutmann
	BHG	Berlin	7.315.500	8,48	8,48	Bank	Carl Fürstenberg
	Bank für Handel und Industrie	Berlin	6.000.000	6,96	6,96	Bank	

(fortgesetzt)

(fortgesetzt)

Jahr	Aktionär	Ort	Aktienkapital (M)[2]	Aktienkapital (%)	Stimmen (%)	Aktionärstyp	Aufsichtsrat
11.5.1920	BHG und Disconto-Gesellschaft	Berlin	75.000.000	38,74	38,74	Bank	Carl Fürstenberg und Arthur Salomonsohn
	Deutsche Bank	Berlin	35.260.000	18,21	18,21	Bank	
	BEW	Berlin	26.737.000	13,81	13,81	Industrieunternehmen	
	Disconto-Gesellschaft	Berlin	14.469.000	7,47	7,47	Bank	Arthur Salomonsohn
	Dresdner Bank	Berlin	12.034.500	6,22	6,22	Bank	Eugen Gutmann
1921	BHG	Berlin	60.285.000	18,52	18,52	Bank	Carl Fürstenberg
	Disconto-Gesellschaft	Berlin	44.566.500	13,69	13,69	Bank	Arthur Salomonsohn
	Deutsche Bank	Berlin	44.431.500	13,65	13,65	Bank	
	Warburg M. M. & Co.	Hamburg	33.586.000	10,32	10,32	Bank	Max Warburg
	A. Levy	Köln	21.263.000	6,53	6,53	Bank	Louis Hagen

1922	Oskar Kurowsky	Berlin	108.644.000	17,71	17,74		
	BHG	Berlin	95.751.000	15,61	15,85	Bank	Carl Fürstenberg
	Disconto-Gesellschaft	Berlin	88.270.000	14,39	13,94	Bank	Arthur Salomonsohn
	Danat-Bank	Berlin	50.126.500	8,17	8,07	Bank	Georg von Simson
	Dresdner Bank	Berlin	42.792.500	6,98	6,50	Bank	Henry Nathan
1927	Georg Torman	Berlin	19.023.910	21,44	21,78		
	Disconto-Gesellschaft	Berlin	14.731.320	16,60	17,10	Bank	Gustaf Salomonsohn
	BHG	Berlin	13.725.820	15,47	13,94	Bank	Carl Fürstenberg
	Hermann Scholz	Berlin	12.765.050	14,39	14,91		
	Danat-Bank	Berlin	9.719.180	10,95	11,22	Bank	Julius Goldschmidt
1929	Disconto-Gesellschaft	Berlin	28.237.150	21,85	21,86	Bank	Gustaf Salomonsohn
	Georg Torman	Berlin	18.345.340	14,20	14,40		
	Danat-Bank	Berlin	17.603.360	13,62	14,04	Bank	Julius Goldschmidt
	Hermann Scholz	Berllin	11.588.410	8,97	9,17		
	BHG	Berlin	10.516.000	8,14	7,32	Bank	Carl Fürstenberg

Quelle: Eigene Berechnungen, Aktionärsverzeichnisse. BM = Bankmanager.

Fünf größten Aktionäre auf der Generalversammlung, Siemens, 1900–1930

Jahr	Aktionär	Ort	Aktienkapital (M)[3]	Aktienkapital (%)	Stimmen (%)	Aktionärstyp/ Unternehmen	Aufsichtsrat
1900	Carl Friedrich von Siemens	Berlin	29.950.000	81,28		Familie Siemens	Familie Siemens
	Likra	Berlin	4.000.000	10,85		Industrieunternehmen	
	Deutsche Bank	Berlin	1.873.000	5,08		Bank	Arthur von Gwinner
	Basler Handelsbank	Berlin	200.000	0,54		Bank	
	Mitteldeutsche Creditbank	Berlin	199.000	0,54		Bank	
1908	Wilhelm von Siemens	Berlin	33.801.000	83,78		Familie Siemens	Ja
	Deutsche Bank	Berlin	3.830.000	9,49		Bank	Karl Klönne
	Disconto Gesellschaft	Berlin	769.000	1,91		Bank	
	Carl Friedrich von Siemens	Berlin	560.000	1,39		Familie Siemens	Ja
	BHG	Berlin	424.000	1,05		Bank	

3 Ab 1924 RM.

18.5.1920	Carl Harries	Berlin	13.028.000	30,92	30,92	Familie Siemens	
	Carl Friedrich von Siemens	Heinenhof	9.111.000	21,62	21,62	Familie Siemens	
	Werner von Siemens	Berlin	4.553.000	10,80	10,81	Familie Siemens	
	Oskar Caminneci	Berlin	3.600.000	8,54	8,54	Familie Siemens	
	Georg Fromberg & Co.	Berlin	3.545.000	8,41	8,41	Bank	
29.12.1920	Bagge af Boo	Berlin	13538000	14,71	14,71	Familie Siemens	Familie Siemens
	Werner von Siemens	Berlin	10914000	11,86	11,86	Familie Siemens	Familie Siemens
	Carl Friedrich von Siemens	Berlin	9633000	10,47	10,47	Familie Siemens	Ja
	Deutsche Bank	Berlin	9287000	10,09	10,09	Bank	E.Heinemann
	Delbrück, Schickler & Co.	Berlin	6381000	6,94	6,94	Bank	

(fortgesetzt)

(fortgesetzt)

Jahr	Aktionär	Ort	Aktienkapital (M)[3]	Aktienkapital (%)	Stimmen (%)	Aktionärstyp/ Unternehmen	Aufsichtsrat
1930	Springer	Berlin	11.988.900	13,31	13,31		
	Deutsche Bank und Disconto-Gesellschaft	Berlin	11.681.600	12,97	12,97	Bank	Oskar Schlitter
	Mira A.G.	Schaffhausen	5.957.000	6,61	6,61	Industrieunternehmen	
	Likra	Berlin	5.000.100	5,55	5,55	Industrieunternehmen	
	Maria von Graevenitz	Rom	4.964.400	5,51	5,51	Familie Siemens	

Quelle: Eigene Berechnungen, Aktionärsverzeichnisse.

A2 Corporate Governance in der Praxis: Machtverteilung, Aktionärsrechte und Governance-Konflikte bei Kapitalerhöhungen

Kapitalerhöhungen bei der Deutschen Bank, 1870–1929

Jahr	Aktienkapital (M)[4]	Kapitalerhöhung (M)[5]	Grund	Ausgabekurs	Bezugsrecht	Generalversammlung
1870	15.000.000			100		
1871	15.000.000	15.000.000		110	Gründer	
1872	30.000.000	15.000.000		100	Gründer	
1881	45.000.000	15.000.000	Investitionen	130	Ja	1.11.1881
1888	60.000.000	15.000.000	Investitionen	140	Ja	26.5.1888 einstimmig
1895	75.000.000	25.000.000	Investitionen	150	Ja	11.11.1895 einstimmig
1897	100.000.000	50.000.000	Aktientausch Bergisch-Märkische Bank und Schlesischer Bankverein	100 185	Nein	20.8.1897 einstimmig

(fortgesetzt)

4 Ab 1924 RM.

5 Ab 1924 RM.

(fortgesetzt)

Jahr	Aktienkapital (M)[4]	Kapitalerhöhung (M)[5]	Grund	Ausgabekurs	Bezugsrecht	Generalversammlung
1902	150.000.000	10.000.000	Verstärkung der Betriebsmittel Übernahme Duisburg-Ruhrorter Bank	100 190	Nein	3.12.1902 einstimmig
1904	160.000.000	20.000.000	Verstärkung der Betriebsmittel	180 186	Ja	25.6.1904 einstimmig
1905	180.000.000	20.000.000	Verstärkung der Betriebsmittel	200	Ja	27.11.1905 einstimmig
1914	200.000.000	50.000.000	Fusion Bergisch-Märkische Bank	210	Ja	31.3.1914 einstimmig
1917	250.000.000	25.000.000	Fusion Schlesischer Bankverein und Norddeutsche Credit-Anstalt		Nein	7.3.1917 einstimmig
1920	275.000.000	125.000.000	Fusion mit Hannoversche Bank, Braunschweiger Privatbank AG und Privatbank zu Gotha Aktientausch mit Hildesheimer Bank und Württembergische Vereinsbank	220	Ja	29.11.1920 einstimmig
1922	400.000.000	400.000.000	Fusion mit Deutsche Petroleum-AG	350	Ja	18.5.1922 einstimmig

1923	800.000.000	700.000.000	Schutzaktien Verstärkung der Betriebsmittel	10 000	Ja	20.3.1923 einstimmig
1929	150.000.000	135.000.000	Fusion mit Disconto-Gesellschaft, Norddeutsche Bank, Schaaffhausen'scher Bankverein, Rheinische Creditbank und Süddeutsche Disconto-Gesellschaft AG		Nein	29.10.1929 Gegenstimmen

Quelle: Eigene Berechnungen, Saling's Börsen-Papiere, HADB Sekretariatsakten.

Kapitalerhöhungen bei der BHG, 1856–1928

Jahr	Aktienkapital (M)[6]	Kapitalerhöhung (M)[7]	Grund	Ausgabekurs	Bezugsrecht	Generalvers ammlung
1856	45.000.000		Gründung			Nein
1869	11.358.000	5.517.000			Nein	Nein
1871	16.875.000	5.625.000	Investitionen		Nein	Nein
1872	22.500.000	22.500.000	Investitionen		Nein	Nein
1886	20.000.000	10.000.000		130	Ja	8.4.1886 einstimmig
1887	30.000.000	10.000.000		140	Ja	19.11.1887
1889	40.000.000	10.000.000		150	Ja	18.11.1889
1891	50.000.000	15.000.000	Fusion mit Internationale Bank		Nein	5.11.1891 einstimmig
1896	65.000.000	15.000.000	Verstärkung der Betriebsmittel	130 131	Ja	26.3.1896 einstimmig
1899	80.000.000	10.000.000	Verstärkung der Betriebsmittel	140	Ja	20.3.1899 einstimmig
1903	90.000.000	10.000.000	Verstärkung der Betriebsmittel	145	Ja	19.12.1903 einstimmig
1908	100.000.000	10.000.000	Verstärkung der Betriebsmittel	145	Ja	7.10.1908 einstimmig
1928	22.000.000	6.000.000	Verstärkung der Betriebsmittel	100	Ja	17.11.1928 einstimmig

Quelle: Eigene Berechnungen, Saling's Börsen-Papiere, Kurszettel der Berliner Börsenzeitung.

6 Ab 1924 RM.

7 Ab 1924 RM.

Kapitalerhöhungen bei der AEG, 1887–1929

Jahr	Aktienkapital (M)[8]	Kapitalerhöhung (M)[9]	Grund	Ausgabekurs	Bezugsrecht	Generalversammlung
1887	5.000.000	7.000.000	Gründung	122		23.5.1887
1889	12.000.000	4.000.000	Investitionen	150	Ja	6.4.1889
1890	16.000.000	4.000.000	Investitionen	165	Ja	28.7.1890
1895	20.000.000	2.000.000	Investitionen	100	Nein	30.4.1895 einstimmig Anfrage wegen Bezugsrecht
1896	22.000.000	3.000.000	Aktientausch mit Ges. Elektrochemische Werke Investitionen	100 175	Nein	28.5.1896 einstimmig
1897	25.000.000	10.000.000	Investitionen	190	Ja	29.3.1897 einstimmig
1897	35.000.000	12.000.000	Verstärkung der Betriebsmittel Aktientausch mit Bank für elektrische Unternehmungen		Nein	6.12.1897 einstimmig

(fortgesetzt)

8 Ab 1924 RM.

9 Ab 1924 RM.

(fortgesetzt)

Jahr	Aktienkapital (M)[8]	Kapitalerhöhung (M)[9]	Grund	Ausgabekurs	Bezugsrecht	Generalversammlung
1899	47.000.000	13.000.000	Verstärkung der Betriebsmittel Investitionen	100 200	Ja	10.5.1899 einstimmig
1904	60.000.000	26.000.000	Fusion mit UEG Aktientausch mit Brown Boveri & Co. AG	100	Nein	27.2.1904
1905	86.000.000	14.000.000	Verstärkung der Betriebsmittel	194	Ja	11.12.1905 Antrag mit 259 Stimmen bei 36 Enthaltungen angenommen Anfrage wegen Dividende
1910	100.000.000	30.000.000	Verstärkung der Betriebsmittel Aktientausch mit Felten & Guilleaume Fusion mit Lahmeyerwerke AG	100 200	Ja	15.10.1910 Antrag mit 30 Gegenstimmen angenommen Anfrage Bezugsrecht zu pari
1912	130.000.000	25.000.000	Verstärkung der Betriebsmittel	203 + 4 % Stückzinsen 210	Ja	3.12.1912 einstimmig

1915	155.000.000	29.000.000	Aktientausch mit BEW	170	Nein	3.9.1915 einstimmig Opposition der BEW Aktionäre: Umtauschverhältnis von 6 BEW Aktien zu 5 AEG
1917	184.000.000	16.000.000	Aktientausch mit BEW		Nein	8.6.1917 einstimmig
8.5.1920	200.000.000	100.000.000	Fusion mit Felten & Guilleaume	100 250	Nein	8.5.1920 einstimmig
11.9.1920	300.000.000	250.000.000	Verstärkung der Betriebsmittel Vorzugsaktien A	108	Nein	11.9.1920 einstimmig
15.3.1921	550.000.000	250.000.000	Verstärkung der Betriebsmittel Vorzugsaktien B	110 112,50	Ja	15.3.1921 einstimmig
15.3.1921	800.000.000	50.000.000	Aktientausch Linke Hoffmann Gesellschaft	106	Nein	15.3.1921 Anfragen wegen Bezugsrecht
20.12.1921	850.000.000	250.000.000	Aktientausch nach Bedarf	255 305	Ja	20.12.1921 Anfragen wegen höherer Dividende
1922	1.100.000.000	300.000.000	Verstärkung der Betriebsmittel	400 1000	Ja	16.11.1922 einstimmig

(fortgesetzt)

(fortgesetzt)

Jahr	Aktienkapital (M)[8]	Kapitalerhöhung (M)[9]	Grund	Ausgabekurs	Bezugsrecht	Generalversammlung
1923	1.400.000.000	300.000.000	Verstärkung der Betriebsmittel	400	Nein	1.8.1923 Antrag mit 264.682 Gegenstimmen angenommen Opposition gegen den Antrag, Vorzugsaktien in Stammaktien umzutauschen.
1927	156.250.000	30.000.000	Verstärkung der Betriebsmittel Investitionen	140	Ja	19.7.1927 Antrag mit 761.404 Gegenstimmen angenommen
1929	186.250.000	23.750.000	Umwandlung von Vorzugsaktien in Stammaktien Aktienangebot an I.G. General Electric	200	Nein	27.8.1929 einstimmig

Quelle: Eigene Berechnungen, Saling's Börsen-Papiere, AEG Akten Archiv des Technikmuseums Berlin.

Kapitalerhöhungen bei Siemens, 1897–1929

Jahr	Aktienkapital (M)[10]	Kapitalerhöhung (M)[11]	Grund	Ausgabekurs (%)	Bezugsrecht	Generalversammlung
1897	30.000.000		Umwandlung in eine AG			
1898	35.000.000	5.000.000	Verstärkung der Betriebsmittel	150	Nein	4.3.1898
1899	40.000.000	5.000.000	Verstärkung der Betriebsmittel	175	Nein	12.1.1899
1900	45.000.000	9.500.000	Aktientausch mit Siemens Brothers & Co. Ltd. London und Russische Elektrotechnische Werke Siemens & Halske AG St. Petersburg	155 + 4% Stückzinsen	Ja	19.4.1900 einstimmig Enthaltung Carl Friedrich von Siemens und Deutsche Bank
1908	54.500.000	8.500.000	Aktientausch mit Russische Elektrotechnische Werke Siemens & Halske AG St. Petersburg, Siemens Brothers & Co. Ltd. London und Österreichische Siemens Schuckert Werke	100	Nein	26.6.1908 einstimmig
18.5.1920	63.000.000	63.000.000	Verstärkung der Betriebsmittel Mehrstimmrechtsaktien	125	Ja	18.5.1920 einstimmig

(fortgesetzt)

10 Ab 1924 RM.

11 Ab 1924 RM.

(fortgesetzt)

Jahr	Aktienkapital (M)[10]	Kapitalerhöhung (M)[11]	Grund	Ausgabekurs (%)	Bezugsrecht	Generalversammlung
29.12.1920	126.000.000	134.000.000	Vorzugsaktien an SRSU	100 125	Nein	29.12.1920 einstimmig
1929	97.500.000	14.000.000	Aktientausch mit Likra und Siemens Brothers & Co. Ltd. London	100	Nein	26.1.1929 einstimmig Einzelne Wortmeldungen

Quelle: Eigene Berechnungen, Saling's Börsen-Papiere, Akten des Siemens Historical Instituts.

Übernahmekonsortium bei Kapitalerhöhungen der Deutschen Bank, 1897–1923

Jahr	Leitung	Betrag (M)	Übernahmepreis (%)	Ausgabepreis (%)	Sonstiges	Gewinnanteil (%)
1897	Adolph vom Rath, Gustav Gebhard und Hugo von Löbbecke	50.000.000	100	100 185	Garantiert Aktienpreis von 185%	3,15
1902	Adolph vom Rath, Hermann Wallich und Paul Mankiewitz	6.499.200 3.500.800	100 190	100 190	Garantiert Aktienpreis von 190%	2,5
1914	Schlesischer Bankverein	30.000.000 20.000.000	100	100 210		2,41
1917	Hannoversche Bank	25.000.000	100	100		2
1920	Essener Credit-Anstalt	50.167.000 74.833.000	100 210	100 210		3
1923	Württembergische Vereinsbank	300.000.000	100	100 1000		100

Quelle: Eigene Berechnungen, HADB Sekretariatsakten.

Übernahmekonsortium der AEG, 1887–1829

Jahr	Leitung	Betrag (M)	Übernahmekurs (%)	Ausgabekurs (%)	Gewinnanteil (%)
1887	Deutsche Bank und Delbrück Leo & Co.	7.000.000	100	122	Nach Vereinbarung
1889	Deutsche Bank		150	150	Nach Vereinbarung
1896	Deutsche Bank	2.000.000	175	175	Nach Vereinbarung
1899	BHG	9.400.000	100	200	Nach Vereinbarung
1905	BHG	14.000.000	194,25	194,25	Nach Vereinbarung
1910	BHG und Disconto-Gesellschaft	10.000.000	200	200	Nach Vereinbarung
1912	BHG und Disconto-Gesellschaft	25.000.000	100	203 + 4% Stückzinsen 210	Nach Vereinbarung
1915	BHG und Disconto-Gesellschaft	2.925.000	170	170	Nach Vereinbarung
08.5.1920	BHG und Disconto-Gesellschaft	33.000.000	150		Nach Vereinbarung
11.9.1920	BHG und Disconto-Gesellschaft	110000000/ 65.000.000	105,11	108	Nach Vereinbarung
15.3.1921	BHG und Disconto-Gesellschaft	250.000.000	110	112,50	Nach Vereinbarung
20.12.1921	BHG und Disconto-Gesellschaft	175.000.000	220	225	Nach Vereinbarung
1922	BHG und Disconto-Gesellschaft	150.000.000, 150.000.000	355 100	400 10000	Nach Vereinbarung
1923	BHG und Disconto-Gesellschaft	300.000.000	355 100	400	Nach Vereinbarung

(fortgesetzt)

Jahr	Leitung	Betrag (M)	Übernahmekurs (%)	Ausgabekurs (%)	Gewinnanteil (%)
1927	BHG und Disconto-Gesellschaft	23.625.00	135	140	Nach Vereinbarung
1929	BHG und Discnto-Gesellschaft	13.750.000	200		Nach Vereinbarung

Quelle: Eigene Berechnungen, Saling's Börsen-Papiere, AEG Akten des Archivs Technikmuseum Berlin.

Beteiligungen im Finanzkonsortium der AEG ab 1898

	Beteiligung (%)
AEG	25
BHG	16,4
Nationalbank für Deutschland	14,23
Delbrück Leo & Co.	12,5
Allgemeine Deutsche Credit-Anstalt	8,4
E. Heimann	8,4
Gebrüder Sulzbach	8,4
Aachener Disconto-Gesellschaft	6,67

Quelle: Eigene Berechnungen, Institut für Stadtgeschichte Frankfurt, W1-62/853.

Beteiligungen im Finanzkonsortium der AEG ab 1905

	Beteiligung (%)
AEG	11
Bank für Handel und Industrie	8,86
BHG	8,86
Disconto-Gesellschaft	8,86
Dresdner Bank	8,86
Nationalbank für Deutschland	8,86
S. Bleichröder	8,86
Schaffhausen'scher Bankverein	8,86
Delbrück Leo & Co.	6
Bank für elektrische Unternehmungen	6
E. Heimann	3
Gebrüder Sulzbach	3
Gesellschaft für elektrische Unternehmungen	3
Hardy & Co.	3
Schweizerische Kreditanstalt	3

Quelle: Institut für Stadtgeschichte Frankfurt, W1-62/839.

Beteiligungen im Finanzkonsortium der AEG ab 1920

	Beteiligung (%)
AEG	14,50
Bank für Handel und Industrie	7,50
BHG	7,50
Disconto-Gesellschaft	7,50
Dresdner Bank	7,50
Nationalbank für Deutschland	7,50
S. Bleichröder	7,50
Schaffhausen'scher Bankverein	7,50
Delbrück Leo & Co.	5,25
Bank für elektrische Unternehmungen	6,50
E. Heimann	2,50
Gebrüder Sulzbach	2,50
Gesellschaft für elektrische Unternehmungen	2,50
Hardy & Co.	2,50
Schweizerische Kreditanstalt	4,25
A.Levy	3,50
Salomon Oppenheim	3,50

Quelle: Eigene Berechnungen, Institut für Stadtgeschichte Frankfurt, W1-62/839.

Beteiligungen im AEG Finanzkonsortium ab 1930

	Beteiligung (%)
AEG	13
BHG	11
Deutsche Bank und Disconto-Gesellschaft	11
Darmstädter und Nationalbank	11
Dresdner Bank	11
S. Bleichröder	7,5
Elektrobank	6,5
Delbrück Schickler & Co.	5,25
Hardy & Co.	5
Schweizerische Kreditanstalt	4,25
A.Levy	3,5
Sal. Oppenheim	3,5
Gebrüder Sulzbach	2,5
E. Heimann	2,5
Gesfürel	2,5

Quelle: Eigene Berechnungen, Institut für Stadtgeschichte, W1-62/839.

Übernahmekonsortium bei Kapitalerhöhungen von Siemens, 1897–1929

Jahr	Leitung	Betrag (M)[12]	Preis (%)	Ausgabe (%)	Gewinnanteil (%)
1897	Deutsche Bank	7.000.000			
1898	Deutsche Bank	2.000.000	150	150	Nach Vereinbarung
1899	Deutsche Bank	5.000.000	155 + 4 % Stückzinsen	175	Nach Vereinbarung
1900	Deutsche Bank	4.500.000	155 + 4 % Stückzinsen	155 + 4 % Stückzinsen	4
18.05.1920	Deutsche Bank	63.000.000	121	125	Nach Vereinbarung
1929	Deutsche Bank	5.000.100	150		Nach Vereinbarung

Quelle: Eigene Berechnungen, Akten des Siemens Historical Instituts.

12 Ab 1924 RM.

TERP, Deutsche Bank, 1881–1923

Jahr	Kapitalerhöhung (M)	Aktienangebot (M)	Bezugszeitraum	Altaktienpreis (%)	Ausgabekurs (%)	Aktienpreis ex Bezug (%)	TERP (%)	Gewinn/ Verlust (%)
1881	45.000.000	15.000.000	05.11.–26.11.1881	170	130	160,40	160	0,40
1888	60.000.000	15.000.000	07.06.–20.06.1888	162,40	140	164,00	157,92	6,08
1895	75.000.000	25.000.000	16.11.–03.12.1895	199,80	150	196,60	187,35	9,25
1904	160.000.000	20.000.000	04.07.–18.07.1904	219,80	186	217,00	216,04	0,96
1905	180.000.000	20.000.000	10.01.–26.01.1906	241,75	200	240,60	237,58	3,03
1914	200.000.000	20.000.000	01.04.–21.04.1914	262,90	210	242,40	258,09	–15,69
1920	275.000.000	68.750.000	04.01.–26.01.1921	327	220	305,00	305,60	–0,60
1922	400.000.000	100.000.000	01.06.–26.06.1922	555	350	505,00	514	–9,00
1923	800.000.000	200.000.000	x.04.–25.05.1923	30000	10000	50000	26000	24000

Quelle: Eigene Berechnungen, Saling's Börsenpapiere, Kurszettel der Berliner Börsen-Zeitung.

TERP, BHG, 1886–1928

Jahr	Kapitalerhöhung (M)[13]	Aktienangebot (M)[14]	Bezugszeitraum	Altaktienpreis (%)	Ausgabekurs (%)	Aktienpreis ex Bezug (%)	TERP (%)	Gewinn/Verlust (%)
1886	20.000.000	7.500.000	12.04.–23.04.1886	143,80	130	137	140,04	–3,04
1887	30.000.000	7.500.000	21.11.–28.11.1887	154,75	140	153,50	151,80	1,70
1889	40.000.000	8.000.000	23.11.–07.12.1889	199,50	150	206,50	191,25	15,25
1896	65.000.000	13.000.000	08.04.–18.04.1896	151,75	131	148,50	148,29	0,21
1899	80.000.000	8.000.000	30.03.–10.04.1899	161,75	140	161,90	159,77	2,13
1903	90.000.000	10.000.000	24.12.–11.01.1904	165,40	145	158,75	163,36	–4,61
1908	100.000.000	10.000.000	12.10.–26.10.1908	165	145	165,70	163,18	2,52
1928	22.000.000	5.500.000	22.11–18.12.1928	286,75	100	246	249,40	–3,40

Quelle: Eigene Berechnungen, Saling's Börsenpapiere, Kurszettel der Berliner Börsen-Zeitung.

13 Ab 1924 RM.

14 Ab 1924 RM.

TERP, AEG, 1889–1910

Jahr	Kapitalerhöhung (M)	Aktienangebot (M)[15]	Bezugszeitraum	Aktienpreis (%)	Ausgabekurs (%)	Altaktienpreis ex Bezug (%)	TERP (%)	Gewinn/Verlust (%)
1889	4.000.000	3.000.000	03.06–17.06.1889	183,50	150,00	170,00	176,80	–6,80
1890	4.000.000	4.000.000	30.08.–12.09.1890	211,50	165,00	200,50	202,20	–1,70
1897	10.000.000	10.000.000	15.04.–28.04.1897	260,50	190,00	247,50	240,36	7,14
1899	13.000.000	9.400.000	07.06.–19.06.1899	290,60	200,00	277,00	275,50	1,50
1905	14.000.000	10.750.000	20.01.–07.02.1906	218,00	194,50	220,00	215,39	4,61
1910	30.000.000	10.000.000	03.–18.11.1910	268,75	200,00	264,25	268,34	–4,09
1912	25.000.000	18.572.000			203,00			
1921	250.000.000	150.000.000			110,50			
1921	250.000.000	175.000.000			255,00			
1922	300.000.000	150.000.000			400,00			
1927	30.000.000	23.625.000			140,00			

Quelle: Eigene Berechnungen, Saling's Börsenpapiere, Kurszettel der Berliner Börsen-Zeitung.

15 Ab 1924 RM.

TERP, Siemens, 1900–1920

Jahr	Kapitalerhöhung (M)	Aktienangebot (M)	Bezugszeitraum	Aktienpreis (%)	Ausgabekurs (%)	Aktienpreis ex Bezug (%)	TERP 1	Gewinn/Verlust (%)
1900	9.500.000	4.500.000	28.05.–13.06.1900	172	155	170,50	170,45	0,05
18.5.1920	63.000.000	63.000.000	02.07.–26.07.1920	292,75	125	260	208,88	51,13

Quelle: Eigene Berechnungen, Kurszettel der Berliner Börsen-Zeitung.

Dividendenrendite (%): Deutsche Bank, BHG, AEG und Siemens, 1870–1930

Jahr	Deutsche Bank	BHG	AEG	Siemens
1870	4,88	6,91		
1871	6,84	8,20		
1872	6,96	7,86		
1873	4,79	5,47		
1874	5,68	5,85		
1875	3,92	5,39		
1876	7,59	0,00		
1877	6,81	0,00		
1878	6,52	0,00		
1879	6,24	6,06		
1880	6,57	5,41		
1881	6,47	4,88		
1882	6,83	0,00		
1883	6,12	5,97		
1884	5,77	5,90		
1885	5,81	5,81		
1886	5,28	5,57		
1887	5,75	6,24	5,93	
1888	5,31	5,79	4,89	
1889	5,80	5,92	4,24	
1890	6,31	6,04	5,32	
1891	6,16	5,98	5,44	
1892	5,28	4,55	6,18	
1893	5,26	3,95	6,49	

(fortgesetzt)

Jahr	Deutsche Bank	BHG	AEG	Siemens
1894	5,28	4,58	5,39	
1895	5,41	5,52	5,76	
1896	5,13	5,66	5,95	
1897	4,79	5,15	5,41	
1898	5,10	5,39	5,30	
1899	5,33	5,65	5,88	5,65
1900	5,62	5,45	6,16	6,49
1901	5,47	5,09	4,50	5,72
1902	5,21	4,76	4,45	4,20
1903	4,93	4,94	4,12	5,04
1904	5,11	4,85	4,43	5,49
1905	4,99	5,28	5,03	5,44
1906	4,97	5,19	5,64	6,11
1907	5,30	5,88	6,17	6,55
1908	4,98	5,36	5,98	5,88
1909	5,05	4,95	5,33	4,74
1910	4,76	5,34	5,38	4,98
1911	4,74	5,57	5,26	4,78
1912	5,04	5,84	5,94	5,45
1913	5,06	5,50	4,28	4,61
1914				
1915				
1916				
1917				

(fortgesetzt)

Jahr	Deutsche Bank	BHG	AEG	Siemens
1918				
1919				
1920				
1921				
1922				
1923				
1924	84,18	6,33	54,55	8,14
1925	9,62	7,45	8,33	15,63
1926	5,26	4,35	4,73	5,80
1927	6,01	4,71	4,69	4,70
1928	5,86	4,84	4,65	3,30
1929	7,12	7,02	4,53	5,19
1930	5,50	6,72		

Quelle: Eigene Berechnungen, Saling's Börsen-Papiere.

A3 Abstract

In dieser Arbeit gebe ich einen neuen Einblick, wie das deutsche Corporate-Governance-System in der zweiten Hälfte des 19. und der ersten Hälfte des 20. Jahrhunderts funktioniert hat. Aus einer mikroökonomischen Perspektive untersuche ich, welche Rolle Recht bei der Gestaltung von Corporate-Governance-Systemen einnimmt. Mich interessiert, wie sich der rechtliche Investorenschutz gestaltet hat und welche Auswirkungen er auf die Unternehmenspraxis bei Kapitalerhöhungen hatte. Am Beispiel von vier deutschen Aktiengesellschaften (Deutsche Bank, BHG, AEG und Siemens) zeige ich auf, dass die Unternehmen ihr Wachstum zwischen 1870 und 1930 zu einem großen Teil über den Aktienmarkt finanzierten. Der Gesetzgeber setzte zwischen 1861 und 1897 gute Rahmenbedingungen für die Eigenkapitalfinanzierung, überließ aber die Umsetzung den privaten Akteuren, da eine große Satzungsfreiheit vorherrschte. In allen Unternehmen verbesserte sich der formale Investorenschutz mit der Gesetzgebung. Aktionäre erhielten das Recht, sich an wichtigen

Unternehmensentscheidungen über die Generalversammlung zu beteiligen. In der Praxis implementierten Unternehmen allerdings die zu ihrer Strategie passenden Governance-Strukturen. Charakteristisch war, dass in allen Unternehmen eine Trennung zwischen Leitungsmacht und Teilhaberschaft vorherrschte und sich ein dualistisches System mit einem professionellen Management etablierte. In der Unternehmenspraxis waren für die Durchführung von Kapitalerhöhungen neben den rechtlichen Arrangements eigene Lösungen der Akteure wichtig und Aktionäre hingen davon ab, ob die Entscheidungsträger in ihrem Interesse handelten. Beteiligte Akteure ließen sich nicht nur durch das *Shareholder Value* Prinzip leiten, sondern auch durch eigene Machtinteressen, sodass verschiedene Governance-Konflikte aufgetreten sind. Politische und wirtschaftliche Ereignisse, wie der Erste Weltkrieg, die Inflation und die Hyperinflation wirkten sich zusätzlich auf Finanzierungsentscheidungen aus und damit auf die Situation der (Klein-) Aktionäre. Eine zentrale Komponente des deutschen Corporate-Governance-Systems bildete ein gut funktionierendes Bankensystem. Banken übernahmen bei der Eigenkapitalfinanzierung von Unternehmen das komplette Risiko, da sie die jungen Aktien zeichneten und sie an das Publikum verkauften. Sie fungierten zusätzlich als Berater bei Finanzierungsentscheidungen und übernahmen die Vertretung der Aktionärsinteressen. An Entscheidungen über Kapitalerhöhungen beteiligten sich in den Unternehmen hauptsächlich *Inside Shareholders* (Vorstands- und Aufsichtsratsmitglieder), Banken, Familienmitglieder oder andere Unternehmen. Kleinaktionäre blieben überwiegend passiv, ergriffen jedoch die Initiative, wenn gewisse Aktionärsrechte eingeschränkt wurden. Ihr Desinteresse ist vor allem mit den hohen Dividendenrenditen zu erklären.

In my PhD theses I give a new insight into the German corporate governance system during the second half of the 19th and the first half of the 20th century. Using a microeconomic approach, I examine which role does law play in creating strong financial markets. How did the law protect shareholders and what impact did legal rules had on decision making in corporations? I have assembled data for four German corporations (Deutsche Bank, BHG, AEG and Siemens) from charters, shareholder lists of the general meeting and letters from board members. I show that German corporations financed their growth mainly by raising large amounts of equity capital. The government provided a favourable institutional environment for equity financing between 1861 and 1897, but left the enforcement to private parties. Many default rules could be replaced by charters and private contracts. During the legislation process all corporations improved the formal investor protection, as shareholders received the power to intervene in crucial corporate decisions. Nevertheless, there were key differences in governance structures. Corporations adopted the right governance structure that fitted well with their strategy. A common feature of German corporations was the separation of ownership and control and a two-tier system with a professional management. When it came to the decision to issue new share, law was only one component that may influence the behaviour of market participants. A second component that was important in corporate governance were private mechanisms. In practice, shareholders were depending whether corporate insiders acted in the best interest of the corporation. But corporate insiders had their own interests and were not only guided by the purpose of maximizing shareholder value. Conflicts of interest had to be solved by private parties. Besides, political events and economic crises, as for instance the First World War, inflation and hyperinflation, can have negative effects on equity financing and the situation for shareholders. One key component of the German corporate governance system was a well-functioning banking system. Banks functioned as financial intermediaries, reduced the vulnerability of investors and provided security for corporations. They underwrote the new securities in an IPO or SEO, sold the securities to the public and took a significant risk. Further, banks acted as advisors in equity financing for corporations and casted a large number of votes at the general meeting on behalf of other shareholders. As a consequence, the main actors in corporate decision making were inside shareholders, banks, family members or other companies. Small shareholders remained mostly passive, but took the initiative when their rights were restricted by corporate insiders. The lack of interest can be explained by high dividend yields during the first half of the 20th century.

Quellenverzeichnis

a) Archivquellen

Bundesarchiv Berlin-Lichterfelde

Bestand Börsenzulassungsstelle R 3118:

Deutsche Bank:
1180, 1181, 1183, 1184, 1185
BHG:
1195, 1196, 1197
AEG:
43, 44, 45, 46, 47, 49
S & H:
895, 896, 897

Bestand BHG R 8127:

14539, 14880

Historisches Archiv der Deutschen Bank

Sekretariat (Vorstandsakten):

S 1254, S 1348, S 1352, S 1353, S 1355, S 1356, S1359, S 3937, S 3956, S 3976, S 3987, S 3985, S 4065, S 4018, S 4091, S 4118, S 4137, S 4157, S 4211, S 4222, S 4236, S 4343, S 4349, S 4359, S 4362, S 4369, S 4370, S 76, S 77, S 78

Hannoversche Bank:

K16/196

Sonstiges:

F55/2640, F88/2395, SG 10/2, SG 10/3
Geschäftsberichte der Deutschen Bank für 1871, 1897, 1923
Geschäftsbericht der Bergisch-Märkischen Bank 1913
Statuten der Deutschen Bank für 1870, 1881, 1889, 1897, 1899, 1923, 1929

Institut für Stadtgeschichte Frankfurt

Bestand BHG W1-62:

846, 527, 528, 846, 853

https://doi.org/10.1515/9783110716993-007

Deutsches Technikmuseum Historisches Archiv Berlin

Bestand AEG I.2.060A:

03486, 2216, 2359, 2384, 2439, 2439, 4568
Generalversammlungsprotokolle für 1888, 1889, 1912, 1921
Sitzungsprotokoll des Aufsichtsratsausschusses 16.8.1920
Statuten der AEG für 1887, 1903, 1905, 1920

Siemens Historical Institute

Bestand Siemens & Halske:

6340, 6530, 8449, 8818, 9366, 9462, 11776, 12068, 16815, 17964, 18023, 18031, 19617, 20746, 20778, 22103, SAA 33.La 239,

Nachlässe:

Carl Friedrich von Siemens: SAA 4. Lf 635-2, SAA 4.Lf 635-3, SAA 4.Lf. 722-3
Wilhelm von Siemens: SAA 4.Ld 42
Protokoll Aufsichtsratssitzung 20.12.1898
Protokoll Vorstandssitzung 24.11.1928
Statuten von S & H für 1897, 1899, 1920

b) Gesetzestexte

Allgemeines Deutsches Handelsgesetzbuch 1861
Erste Aktienrechtsnovelle 1871
Zweite Aktienrechtsnovelle 1884
Handelsgesetzbuch 1897
Börsengesetz 1896
Reichsgesetzblatt 1915, 1919

c) Veröffentlichte Quellen

Berliner Börsen-Zeitung 1899–1929.
Handbuch der Deutschen Aktiengesellschaften. Berlin 1932.
Handbuch der deutschen Aktiengesellschaften. Darmstadt u. a. 1925.
Handbuch der deutschen Aktiengesellschaften. Darmstadt u. a. 1914.
Motive zum preußischen Entwurf, in: Drucksachen zu den Verhandlungen des Bundesrathes des Norddeutschen Bundes Nr. 86/1869, S. 11–13.

Saling's Börsen-Papiere Jg. 1885–1931.
Stenographische Berichte über die Verhandlungen des Reichstages, 5. Legislaturperiode, 4. Session 1884, Bd. 1.
Stenographische Berichte über die Verhandlungen des Reichstages, 5. Legislaturperiode, 4. Session 1884, Bd. 3.

Literaturverzeichnis

Achleitner, Ann-Kristin/Thommen, Jean-Paul: Allgemeine Betriebswirtschaftslehre. Umfassende Einführung aus managementorientierter Sicht. 7. Aufl., Wiesbaden 2012.

Armour, John u. a.: Shareholder Protection and Stock Market Development. An Empirical Test of the Legal Origins Hypothesis, in: Journal of Empirical Legal Studies 6/2 (2009), S. 343–380.

Barkai, Avraham: Oscar Wassermann, in: Hans Pohl (Hg.): Deutsche Bankiers des 20. Jahrhunderts. Stuttgart 2008, S. 431–444.

Bebchuk, Lucian: The Case for Increasing Shareholder Power, in: Harvard Law Review 118 (2005), S. 833–917.

Becht, Marco/Boehmer, Ekkehart: Voting Control in German Corporations, in: International Review of Law and Economics 23 (2003), S. 1–29.

Berghoff, Hartmut/Köhler, Ingo: Redesigning a Class of its Own. Social and Human Capital Formation in the German Banking Elite, 1870–1990, in: Financial History Review 14 (2007), S. 63–87.

Berle, Adolf/Means, Gardiner: Modern Corporation and Private Property. New York 1933.

Blair, Margaret M: Locking in Capital. What Corporate Law Achieved for Business Organizers in the Nineteenth Century, in: Law Review 387 (2003), S. 387–455.

Brill, Franz: Deichmann, Wilhelm Ludwig, in: Neue Deutsche Biographie 3 (1957), S. 567f. URL: http://www.deutsche-biographie.de/pnd138678707.html.

Burhop, Carsten: Die Kreditbanken in der Gründerzeit. Stuttgart, 2004.

Burhop, Carsten: Banken, Aufsichtsräte und Corporate Governance im Deutschen Kaiserreich, 1871–1913, in: Bankhistorisches Archiv 32/1 (2006), S. 1–25.

Burhop, Carsten: Did Banks Cause the German Industrialization?, in: Explorations in Economic History 43 (2006), S. 39–63.

Burhop, Carsten: No Need for Governance? The Impact of Corporate Governance on Valuation, Performance and Survival of German Banks during the 1870s, in: Business History 51/4 (2009), S. 569–601.

Burhop, Carsten/Chambers, David/Cheffins, Brian: Is Regulation Essential to Stock Market Development? Going Public in London and Berlin, 1900–1913, Max Planck Institute for Research on Collective Goods Bonn Working Paper Nr. 15. (2011), S. 1–37.

Burhop, Carsten: The Underpricing of Initial Public Offerings at the Berlin Stock Exchange, 1870–96, in: German Economic Review 12 (2011), S. 11–32.

Burhop, Carsten: Wirtschaftsgeschichte des Kaiserreichs 1871–1918. Göttingen 2011.

Burhop, Carsten: Ressourcenkonflikte bei Aktienerstemissionen im Deutschen Reich um 1900, in: Bankhistorisches Archiv 39 (2013), S. 1–19.

Burhop, Carsten/Chambers, David/Cheffins, Brian: Law, Politics and the Rise and Fall of German Stock Market Development, 1870–1938, European Corporate Governance Institute Law Working Paper Nr. 283 (2015), S. 1–44.

Burhop, Carsten: Regulierung und Selbstregulierung am Berliner Aktienmarkt. Maßnahmen zur Transparenz und Qualitätssicherung bei Aktienerstemissionen ca. 1870 bis 1930, in: Zeitschrift für Neuere Rechtsgeschichte 37 (2015), S. 32–49.

Campbell, Gareth/Turner, John D: Substitutes for legal Protection. Corporate Governance and Dividends in Victorian Britain, in: Economic History Review 64/2 (2011), S. 571–597.

Chandler, Alfred D.: Scale and Scope. The Dynamics of Industrial Capitalism. Cambridge/London 1990.

Cheffins, Brian R.: Does Law Matter? The Separation of Ownership and Control in the United Kingdom, in: Journal of Legal Studies 30/2 (2001), S. 459–84.

Cheffins, Brian R.: Corporate Ownership and Control. British Business Transformed. Oxford 2008.

https://doi.org/10.1515/9783110716993-008

Colli, Andrea/Rose, Mary: Family Business, in: Geoffrey G. Jones/Jonathan Zeitlin (Hg.): The Oxford Handbook of Business History. Oxford 2008, S. 194–214.
Dahlem, Markus: Die Professionalisierung des Bankbetriebes. Studien zur institutionellen Struktur deutscher Banken im Kaiserreich 1871–1914 (Bochumer Schriften zur Unternehmens- und Industriegeschichte, Bd. 17). Essen 2009.
Djankov, Simeon u. a.: The Law and Economics of Self-dealing, in: Journal of Financial Economics 88 (2008), S. 430–465.
Drygala, Tim/Staake, Marco/Szalai, Stephan: Kapitalgesellschaftsrecht. Mit Grundzügen des Konzern- und Umwandlungsrechts. Berlin/Heidelberg 2012.
Eisenbach, Ulrich: Speyer, in: Neue Deutsche Biographie 24 (2010), S. 674–676. URL: http://www.deutsche-biographie.de/pnd1020733403.html.
Engelke, Sylvia/Maltschew, Reni: Weltwirtschaftskrise, Aktienskandale und Reaktionen des Gesetzgebers durch Notverordnungen im Jahre 1931, in: Walter Bayer/Mathias Habersack (Hg.): Aktienrecht im Wandel. Bd. I: Entwicklung des Aktienrechts. Tübingen 2007, S. 570–618.
Feldenkirchen, Wilfried: Siemens 1918–1945. München 1995.
Feldenkirchen, Wilfried: Siemens, Carl Friedrich von, in: Neue Deutsche Biographie 24 (2010), S. 377–379. URL: http://www.deutsche-biographie.de/pnd118765256.html.
Fiedler, Martin: Fusionen und Übernahmen in der deutschen Industrie, 1898–1938, in: Jahrbuch für Wirtschaftsgeschichte 43/2 (2002), S. 209–239.
Fohlin, Caroline: The Rise of Interlocking Directorates in imperial Germany, in: Economic History Review 52/2 (1999), S. 307–333.
Fohlin, Caroline: The History of Corporate Ownerhship and Control in Germany, in: Randall K. Morck (Hg.): A History of Corporate Governance around the World. Family Business Groups to Professional Managers. Chicago 2005, S. 223–281.
Fohlin, Carolin: Finance Capitalism and Germany's Rise to Industrial Power. Cambridge 2007.
Franks, Julian/Mayer, Colin/Wagner, Hannes F.: The Origins of the German Corporation – Finance, Ownership and Control, in: Review of Finance 10/4 (2006), S. 535–58.
Franks, Julian/Mayer, Colin/Rossi, Stefano: Ownership. Evolution and Regulation, in: The Review of Financial Studies 22/10 (2009), S. 4009–4056.
Fürstenberg, Hans: Die Lebensgeschichte eines deutschen Bankiers. Wiesbaden 1961.
Gall, Lothar u. a. (Hg.): Die Deutsche Bank 1870–1995. München 1995.
Gerschenkron, Alexander: Economic Backwardness in Historical Perspective. A Book of Essays. Cambridge 1962.
Grossman, Sanford J./Hart, Oliver D.: One Share–One Vote and the Market for Corporate Control, in: Journal of Financial Economics 20/1–2 (1988), S. 175–202.
Hannah, Leslie: The 'Divorce' of Ownership from Control from 1900 Onwards. Recalibrating Imagined Global Trends, in: Business History 49/4 (2014), S. 404–438.
Hart, Oliver D.: Firms, Contracts, and Financial Structure. Oxford/New York 1995.
Helfferich, Karl: Georg von Siemens. Ein Lebensbild aus Deutschlands großer Zeit. Bd. 2. Berlin 1921.
Heribert, Hirte: Kapitalmaßnahmen. Kapitalerhöhungen und Kapitalherabsetzungen, in: Walter Bayer/Mathias Habersack (Hg.): Aktienrecht im Wandel. Bd. II: Grundsatzfragen des Aktienrechts. Tübingen 2007, S. 827–892.
Hilferding, Rudolf: Das Finanzkapital. Wien 1910.
Hofer, Sibylle: Das Aktiengesetz von 1884 – ein Lehrstück für prinzipielle Schutzkonzeptionen, in: Walter Bayer/Mathias Habersack (Hg.): Aktienrecht im Wandel. Bd. I: Entwicklung des Aktienrechts. Tübingen 2007, S. 389–414.
Hoffmann, Bernhard: Finck, Wilhelm Peter von, in: Neue Deutsche Biographie 5 (1961), S. 150 f. URL: http://www.deutsche-biographie.de/pnd118687220.html.
Jeidels, Otto: Das Verhältnis der deutschen Großbanken zur Industrie. Leipzig 1905.

Jensen, Michael C./Meckling, William H.: Theory of the Firm, Managerial Behaviour, Agency Costs and Ownership Structure, in: Journal of Financial Economics 3/4 (1976), S. 305–360.
Jones, Geoffrey/Rose, Mary: Family Capitalism, in: Business History (Special Issue on Family Capitalism) 35 (1993), S. 1–16.
Kießling, Erik: Das preußische Aktiengesetz von 1843, in: Walter Bayer/Mathias Habersack (Hg.): Aktienrecht im Wandel. Bd. I: Entwicklung des Aktienrechts. Tübingen 2007, S. 193–236.
Kling, Gerhard: The Long-term Impact of Mergers and the Emergence of a Merger Wave in Pre-World-War I Germany, in: Explorations in Economic History 43 (2006), S. 667–688.
Kocka, Jürgen: Unternehmensverwaltung und Angestelltenschaft am Beispiel Siemens 1847–1914. Zum Verhältnis von Kapitalismus und Bürokratie in der deutschen Industrialisierung (Arbeitskreis für moderne Sozialgeschichte, Bd. 11). Stuttgart 1969.
Kocka, Jürgen: Industrielles Management. Konzeptionen und Modelle in Deutschland vor 1914, in: Vierteljahrschrift für Sozial- und Wirtschaftsgeschichte 56/3 (1969), S. 332–372.
Kocka, Jürgen: Organisierter Kapitalismus oder Staatsmonopolistischer Kapitalismus? Begriffliche Vorbemerkungen, in: Gerald D. Feldman/Heinrich August Winkler: Organisierter Kapitalismus. Voraussetzungen und Anfänge. Göttingen 1974, S. 19–35.
Kocka, Jürgen: Entrepreneurs and Managers in German Industrialization, in: Peter Mathias/Michael M. Postan (Hg.): The Industrial Economies. Capital, Labour and Enterprise (The Cambridge Economic History of Europe, Bd. 7). Cambridge 1987, S. 180–230.
Kocka, Jürgen: Management in der Industrialisierung. Die Entstehung und Entwicklung des klassischen Musters, in: Zeitschrift für Unternehmensgeschichte 44/2 (1999), S. 135–149.
Köhler, Ingo: Wirtschaftsbürger und Unternehmer – Zum Heiratsverhalten deutscher Privatbankiers im Übergang zum 20. Jahrhundert, in: Dieter Ziegler (Hg.): Großbürger und Unternehmer (Bürgertum. Beiträge zur europäischen Gesellschaftsgeschichte, Bd. 17). Göttingen 2000, S. 116–143.
Krause, Detlef: Die Commerz- und Disconto-Bank 1870–1920/23. Bankgeschichte als Systemgeschichte (Beiträge zur Unternehmensgeschichte, Bd. 19). Stuttgart 2004.
Krenn, Karoline: Alle Macht den Banken? Zur Struktur personaler Netzwerke deutscher Unternehmen am Beginn des 20.Jahrhunderts. Wiesbaden 2012.
Winfried Lampe: Der Bankbetrieb in Krieg und Inflation. Deutsche Großbanken in den Jahren 1914 bis 1923. (Schriftenreihe des Instituts für bankhistorische Forschung, Bd. 24.) Stuttgart 2012.
La Porta, Rafael/Lopez-de-Silanes, Florencio/Shleifer, Andrei: What Works in Securities Laws?, in: Journal of Finance 61/1 (2006), S. 1–32.
La Porta, Rafael/Lopez-de-Silanes, Florencio/Shleifer, Andrei: The Economic Consequences of Legal Origins, in: Journal of Economic Literature 46 (2008), S. 285–332.
Lehmann, Sibylle: Die Bedeutung der Emissionsbanken auf dem deutschen Aktienmarkt 1896–1913, in: Vierteljahresschrift für Sozial- und Wirtschaftsgeschichte 98 (2011), S. 331–8.
Lehmann, Sibylle H.: Taking Firms to the Stock Market. IPOs and the Importance of Large Banks in Imperial Germany, 1896–1913, in: Economic History Review 67/1 (2014), S. 92–122.
Lehmann, Sibylle: Taking Frms to the Stock Market. IPOs and the Importance of Large Banks in Imperial Germany, S. 1896–1913, in: Economic History Review, 67/1 (2014), S. 92–122.
Lehn, Kenneth M./Patro, Sukesh/Zhao, Mengxin: Determinants of the Size and Composition of US Corporate Boards. 1935–2000, in: Financial Management 38/4 (2009), S. 747–780.
Lengemann, Jochen: Das Deutsche Parlament von 1850. München/Jena 2000.
Lubinski, Christina: Familienunternehmen in Westdeutschland. *Corporate Governance* und Gesellschaftskultur seit den 1960er Jahren (Schriftenreihe zur Zeitschrift für Unternehmensgeschichte, Bd. 21). München 2010.
Lutz, Martin: Carl von Siemens 1829–1906. Ein Leben zwischen Familie und Weltfirma. München 2013.

Lübbers, Thorsten: Shareholder Value Mining. Wealth Effects of Takeovers in German Coal Mining, 1896–1913, in: Explorations in Economic History 45 (2008) 462–476.

Lüke, Rolf E.: Die Berliner Handelsgesellschaft in einem Jahrhundert deutscher Wirtschaft 1856–1956. Frankfurt am Main 1956.

März, Eduard: Österreichische Bankpolitik in der Zeit der großen Wende 1913–1923. Am Beispiel der Credit-Anstalt für Handel und Gewerbe. Wien 1981.

Müller, Martin L.: "Siemens, Georg von" in: Neue Deutsche Biographie 24 (2010), S. 375–376. URL: https://www.deutsche-biographie.de/gnd118797093.html#ndbcontent.

Müller, Martin L.: Salomonsohn, Arthur Moritz, in: Neue Deutsche Biographie 22 (2005), S. 395–396. URL: http://www.deutsche-biographie.de/pnd117618136.html.

Oechelhäuser, Wilhelm: Die Nachtheile des Aktienwesens und die Reform der Aktiengesetzgebung. Berlin 1878.

Pahlow, Louis: Aktienrecht und Aktiengesellschaft zwischen Revolution und Reichsgründung. Das Allgemeine Deutsche Handelsgesetzbuch von 1861, in: Walter Bayer/Mathias Habersack (Hg.): Aktienrecht im Wandel. Bd. I: Entwicklung des Aktienrechts. Tübingen 2007, S. 237–286.

Palyi, Melchior/Quittner, Paul: Handwörterbuch des Bankwesens. Berlin 1933.

Perlick, Alfons: Friedländer-Fuld, Friedrich Viktor von, in: Neue Deutsche Biographie 5 (1961), S. 456 f. URL: http://www.deutsche-biographie.de/pnd141706597.html.

Pohl, Manfred: Koch, Rudolph von" in: Neue Deutsche Biographie 12 (1979), S. 277. URL: https://www.deutsche-biographie.de/gnd136109608.html#ndbcontent.

Pohl, Manfred: Landau, Eugen Freiherr von, in: Neue Deutsche Biographie 13 (1982), S. 482. URL: http://www.deutsche-biographie.de/pnd12657491X.html

Pohl, Manfred: Ausgewählte Dokumente zur Geschichte der Deutschen Bank, in: Beiträge zu Wirtschafts- und Währungsfragen und zur Bankengeschichte 22 (1987), S. 35–55.

Pohl, Manfred: Verzeichnis der ersten Zeichner der Deutschen Bank, in: Beiträge zu Wirtschafts- und Währungsfragen und zur Bankengeschichte 22 (1987), S. 42–44.

Pohl, Manfred: Emil Rathenau und die AEG. Berlin/Frankfurt a.M. 1888, S. 39–63.

Rajan, Raghura G./Zingales, Luigi: The Great Reversals. The Politics of Financial Development in the Twentieth Century, in: Journal of Financial Economics 69/1 (2003), S. 5–50.

Reckendrees, Alfred: Das „Stahltrust"-Projekt. Die Gründung der Vereinigte Stahlwerke A.G. und ihre Unternehmensentwicklung 1926–1933/34. München 200.

Reitmayer, Morten: Bankiers im Kaiserreich. Sozialprofil und Habitus der deutschen Hochfinanz (Kritische Studien zur Geschichtswissenschaft, Bd. 136). Göttingen 1996,

Riesser, Jakob: Die deutschen Großbanken und ihre Konzentration. Jena 1910.

Ronge, Ulrich: Die langfristige Rendite deutscher Standardaktien. Konstruktion eines historischen Aktienindex ab Ultimo 1870 bis Ultimo 1959. Frankfurt am Main 2002.

Seidenzah, Fritz: 100 Jahre Deutsche Bank 1870–1970. Frankfurt a.M. 1970.

Seiz, Walter: Bücher, Hermann, in: Neue Deutsche Biographie 2 (1955), S. 718. URL: http://www.deutsche-biographie.de/pnd13356293X.html.

Selgert, Felix: Börsenzulassungsstellen, Reichsregierung und die (Selbst) Regulierung der Mehrstimmrechtsaktie, 1919–1937. Bonn 2017 (ungedruckt).

Siems, Mathias u. a.: CBR Extended Shareholder Protection Index, Centre for Business Research, University of Cambridge Working Paper (2009), S. 1–105.

Spamann, Holger: Law and Finance Revisited, in: The Harvard John M. Olin Fellow's Discussion Paper Nr. 12/2 (2008), S. 1–31.

Spindler, Gerald: Kriegsfolgen, Konzernbildung und Machtfrage als zentrale Aspekte der aktienrechtlichen Diskussion in der Weimarer Republik, in: Walter Bayer/Mathias Habersack (Hg.): Aktienrecht im Wandel. Bd. I: Entwicklung des Aktienrechts. Tübingen 2007, S. 440–569.

Spoerer, Mark/Streb, Jochen: Neue deutsche Wirtschaftsgeschichte des 20. Jahrhunderts. München 2013.
Strunk, Peter: Die AEG. Aufstieg und Niedergang einer Industrielegende. Berlin 1999;
Stulz-Herrnstadt, Nadja: Berliner Bürgertum im 18. und 19. Jahrhundert. Unternehmerkarrieren und Migration Familien und Verkehrskreise in der Hauptstadt Brandenburg-Preußens. Die Ältesten der Korporation der Kaufmannschaft zu Berlin. Berlin/New York 2002.
Ufermann, Paul/Hüglin, Carl: Eine Darstellung des Konzerns der Allgemeinen Elektrizitäts-Gesellschaft. Berlin 1922.
Veil, Rüdiger: Umwandlungen, in: Walter Bayer/Mathias Habersack (Hg.): Aktienrecht im Wandel. BD. II: Grundsatzfragen des Aktienrechts. Tübingen 2007, S. 1059–1095.
Weigt, Anja: Der deutsche Kapitalmarkt vor dem ersten Weltkrieg. Gründerboom, Gründerkrise und Effizienz des deutschen Aktienmarktes bis 1914. Frankfurt 2005.
Welge, Martin/Eulerich, Marc: Corporate-Governance-Management. Theorie und Praxis der guten Unternehmensführung. Wiesbaden 2014.
Wellhöner, Volker: Grossbanken und Grossindustrie im Kaiserreich (Kritische Studien zur Geschichtswissenschaft, Bd. 85). Göttingen 1989.
Windolf, Paul: Unternehmensverflechtung im organisierten Kapitalismus. Deutschland und USA im Vergleich 1896–1938, in: Zeitschrift für Unternehmensgeschichte 51/2 (2006), S. 191–222.
Wixforth, Harald: Die Böhmische Escompte-Bank nach dem Zerfall der Habsburger Monarchie – eine Bank zwischen Eigentümer und nationalen Wirtschaftsinteressen, in: Zeitschrift für Unternehmensgeschichte 49 (2004), S. 222–238.
Zabel, Hans-Henning: Herz, Wilhelm, in: Neue Deutsche Biographie 8 (1969), S. 732. URL: http://www.deutsche-biographie.de/pnd11675964X.html.
Ziegler, Dieter/Wixforth, Harald: Deutsche Privatbanken und Privatbankiers im 20. Jahrhundert, in: Geschichte und Gesellschaft 23 (1997), 205–235.
Ziegler, Dieter: Kontinuität und Diskontinuität der deutschen Wirtschaftselite 1900 bis 1938, in: Dieter Ziegler (Hg.): Großbürger und Unternehmer (Beiträge zur europäischen Gesellschaftsgeschichte, Bd. 17). Göttingen 2000, S. 30–53.

Namensregister

https://doi.org/10.1515/9783110716993-009

Ortsregister

https://doi.org/10.1515/9783110716993-010